地市级开放大学的可为之道

吴隽 著

苏州大学出版社

图书在版编目(CIP)数据

地市级开放大学的可为之道 / 吴隽著. —苏州：苏州大学出版社,2018.3
ISBN 978-7-5672-2377-6

Ⅰ.①地… Ⅱ.①吴… Ⅲ.①开放大学-教育建设-研究-中国 Ⅳ.①G724.82

中国版本图书馆 CIP 数据核字(2018)第 047180 号

地市级开放大学的可为之道
吴 隽 著
责任编辑 施 放 苏 秦

苏州大学出版社出版发行
(地址：苏州市十梓街 1 号 邮编：215006)
镇江文苑制版印刷有限责任公司印装
(地址：镇江市黄山南路 18 号润州花园 6-1 号 邮编：212000)

开本 700 mm × 1 000 mm 1/16 印张 22.5 字数 416 千
2018 年 3 月第 1 版 2018 年 3 月第 1 次印刷
ISBN 978-7-5672-2377-6 定价：69.00 元

苏州大学版图书若有印装错误，本社负责调换
苏州大学出版社营销部 电话：0512-65225020
苏州大学出版社网址 http://www.sudapress.com

前 言

> 如果让我用 6 小时砍下一棵树，那么我会用前 4 个小时去磨刀。
> ——亚伯拉罕·林肯

当其他人都在忙着"砍树"的时候，你不能专注于砍树（工作），而是要专注于磨刀（自我思考及学习提升）。机遇和想法类似，你利用的越多，你获得的收获就越大。当你非常自信，清楚地知道自己正在做什么、往哪个方向走的时候，正确的策略便会自行出现。因此，当你清楚了"为什么做"之后，就会自然而然地知道该"怎么做"。

新常态下教育的最大变革是服务人的终身发展与全面发展。终身教育是我们自然人从出生到终老的认知、认识、学习、成长、成才，然后再认知、再认识、再学习、再成长、再成才，伴随我们一生与我们生活、工作息息相关的学习成长过程。我们欣喜地发现，终身学习是打开 21 世纪之门的关键"钥匙"，"学会学习"是满足每个人在学校与工作中不断学习之需要的重要"出路"。人生是一场马拉松，拿到一所名牌大学的毕业证书，不过是在马拉松赛跑中取得了一个还不错的站位而已。"人生"这所真正的大学，路途才刚刚开始。看过马拉松比赛的人都知道，在起跑的那一瞬间道路是很拥挤的，但是，当 1/4 赛程过去之后，选手们彼此的距离就拉开了，在起跑时占得的那一点先机到这时早就荡然无存了。因此，教育是一辈子的事情，笑到最后的人一定是持续接受教育的人。一个人也好，一个地区也好，一个民族也好，甚至一个国家也好，只有以能学习、会学习、有条件学习的个人进取，民族和国家才有可能在今后的发展中具备源源不断的吸引力、生产力、创造力、竞争力、影响力……

开放大学是教育改革发展的一项全新事业。现任江苏省教育厅厅长、时任中央广播电视大学校长葛道凯曾说过："电大事业具有无限的想象力，是不可穷尽的一个事业。人人都可以学习，人人随时随地都可以学习，人人都可以随时随地学到任何自己想学的知识，怎么可以穷尽呢？人们对这个事业发展的要求是无止境的，这个事业本身的发展潜力永远是存在的，这给了人们充分的想象空间。"从时间维度来看,以学校的产生为标志,开启了教育1.0时代的大幕,这种原始的、自发的个别化教育形态持续近千年。直到第一次工业革命兴起重新塑造出标准化的教育形态,教育才进入2.0时代,它以班级授课制、分科教学、现代学校组织为特征。进入2010年以来,教育3.0时代正在到来,互联网、云计算、物联网等新技术使得世界各地的学校能够便捷地共享资源,打破了学校、学科之间的界限,教育的空间与机会得到了极大拓展。作为现代市场经济体系中一个充满活力的开放大学,其所提供的开放教育服务正是现代信息技术和教育教学深度融合的产物。今后的开放大学不仅要办成一个实体大学,更要以实体大学为核心打造一个多元化发展的教育平台,可以吸引大量的关键性资源,实现教育业态与非教育业态的跨界整合。[1]

当前,我国处在经济转型升级时期,大力推进供给侧改革,推进"大众创业、万众创新""一带一路""中国制造2025"、新型城镇化、新型农村建设等重大发展战略的关键时期,新形势下的开放大学建设有着广阔的发展前景。当前,我国教育发展面临着五大契机:教育综合改革、继续教育转型发展的大趋势;教育服务国家经济社会发展大战略的要求;"互联网+教育"发展大趋势的必然走向;校际、校企合作是产教融合发展趋势的客观需要;普通高校、职业院校、继续教育学习成果积累转换,成为终身学习立交桥构建的有效途径。新任务下的开放大学建设不仅是国家和省级开放大学的当务之急,更是地市级开放大学的长远发展方向。

办好开放大学是国家站在推进教育供给侧改革的战略高度采取的战略举措。党的十九大对我国社会主要矛盾发生历史性变化的重大政治论断,为准确把握新时代中国特色开放大学的发展新要求提供了重要依据和实践遵循。中国特色社会主义进入新时代后,我国社会主要矛盾已经转化为人民日益增长的美好生活需要和不平衡不充分的发展之间的矛盾。从"物质文化需要"到"美好生活需要",从"落后的社会生产"到"不平衡不充分的发展",关注的光圈变大了,问题的对焦却更精准。在新时代人们对教育的需求已经不再满足于受教育机会的获得,而是追求更优质的教育。中国特色开放大学是一个面向全体社会成员、服务终身教育的特殊的庞大的教育综合实体。[2] 正如2010年联合国教科文组织年度教育报告《普及到边缘化群体》中提出,要把接受教育的机会普及到尚不能达到的地区和人群。

---

〔1〕 南旭光.我国开放大学建设的路径及模式选择——基于商业模式创新的分析[J].高教探索,2015(3).

〔2〕 王一兵.中国特色开放大学体系的建立和发展研究报告[J].开放教育研究,2014(6).

办好开放大学是全国电大系统改革和发展的战略课题。对于转型中的广播电视大学和新建的开放大学而言,高质和均衡是开放大学建设的两大重要课题。高质是赢得办学声誉的前提,开放大学必须把发展主题转换到提高质量上来,转向办学定位和使命上来,即为构建终身教育体系和建设学习型社会服务,为全体社会成员服务。均衡是获得持续发展的关键,应当使职业教育、老年教育、社区教育、非学历培训等与传统学历教育均衡发展,即各种教育形式、教育资源、教育类型在开放大学办学中都能找到或放置到恰当的位置上并得到相应的发展。[1] 虽然任重道远,但不可不为。正如中国教育发展战略协会名誉会长郝克明指出:"开放大学从广播电视大学基础上的战略转型中,生命力已经显现出来了。一个是学校的自主权,一个是省市地方政府的积极性,还有领导干部和同志们的认识。"

全民学习是新型的学习形态,开放教育是新型的教育形态,开放大学是新型的大学形态。开放大学与其说是一个大学机构,不如说是一个开放的公共服务教育平台,包括"有教无类、面向社会"的教育理念的开放;"高校教师、行业人士"组成的师资队伍的开放;"开放入学、宽进严出"的入学制度的开放;"远程为主、面授为辅"的教学模式的开放;"自主学习、全面服务"的学习模式的开放;"多种媒体、资源共享"的教学资源的开放;"课程超市、学分积累"的课程选择的开放;"任何时间、任何场所"的学习环境的开放等。[2] 随着"互联网+"时代的兴盛,各行各业都在与互联网发生深度融合,重构运行模式,形成新业态和新生态。

在此命题下,地市级开放大学应回答好如何在办学进程中推进从转型向新型的转变、如何在依法治校中推进从管理向治理的转变、如何在资源配置中推进从整合向融合的转变、如何在服务地方中推进从模式向样式的转变等若干重要问题。地市级开放大学应着力解决教育发展过程中的三个核心问题:教育机会、教育质量和教育成本。通过探寻从"转型"到"新型"的发展之道,重塑教育模式,在增加教育机会、提升教育质量和降低教育成本之间实现更好的平衡,为社会公共服务体系建设提供持久动力。

吴隽

2017 年 10 月于华美楼

---

[1] 王正东.蝶变与涅槃:开放大学建设进程中广播电视大学的转型[J].远程教育杂志,2016,35(3).

[2] 张伟远,谢青松,王晓霞.国际视野中开放大学的最新发展和关注热点[J].远程教育杂志,2017,35(4).

目 录

第一篇　发展转型的可为之道

电大与开大 …………………………………………………… 2
转型与新型 …………………………………………………… 9
开放与放开 …………………………………………………… 39
文化内涵建设 ………………………………………………… 44
师资队伍建设 ………………………………………………… 49
学分银行建设 ………………………………………………… 53
校企合作的"融合" …………………………………………… 65
校馆合作的"互动" …………………………………………… 70
职业教育的"增能" …………………………………………… 74
继续教育的"常态" …………………………………………… 82
"一带一路"行动 ……………………………………………… 94

第二篇　参与社区的可为之道

社区教育的"学习型" ………………………………………… 104
社区教育的"研究性" ………………………………………… 108
社区教育的"体系性" ………………………………………… 114
社区教育的"终身性" ………………………………………… 121
社区教育的"文化性" ………………………………………… 127
社区教育的"治理性" ………………………………………… 130
社区教育的"可为性" ………………………………………… 135
社区教育的"供给侧" ………………………………………… 139

社区教育的"共同体"……………………………………… 145
社区教育的中国进行时…………………………………… 153
社区教育的苏州进行时…………………………………… 158
社区教育的党建区域化…………………………………… 164
社区教育的"进一步推进"《意见》……………………… 167
社区教育的"加快发展"《意见》………………………… 171

第三篇　服务社会的可为之道

公共服务和公共决策……………………………………… 176
教育培训的精准发力……………………………………… 181
新型职业农民教育培训…………………………………… 189
禁毒教育培训基地建设…………………………………… 193
全民学习服务的模式研究之一：理论背景分析………… 198
全民学习服务的模式研究之二：基于政策报告………… 209
全民学习服务的模式研究之三：发展现状分析………… 213
全民学习服务的模式研究之四：过程性转变…………… 220
全民学习服务的模式研究之五：体验式学习…………… 227
全民学习服务的模式研究之六：教育价值链…………… 233
全民学习服务的模式研究之七：学习服务体系………… 239

第四篇　在线学习的可为之道

远程教育的"在线化"……………………………………… 248
远程教育的"网络化"……………………………………… 254
远程教育的"场景化"……………………………………… 258
远程教育的"区块链"……………………………………… 263
阿里生态与映客直播……………………………………… 270
大数据的区域融合………………………………………… 274
大数据的"三个如何"……………………………………… 277
互联网思维中的人才培养………………………………… 284

第五篇 多元教育的可为之道

城乡教育 …………………………………………… 292

乡村教育 …………………………………………… 297

非遗教育 …………………………………………… 302

游学教育 …………………………………………… 306

民俗教育 …………………………………………… 313

国民教育 …………………………………………… 318

生命教育 …………………………………………… 322

老年教育 …………………………………………… 329

健康教育 …………………………………………… 341

后　记 …………………………………………… 349

「第一篇」

发展转型的可为之道

电大与开大

纵观世界上典型的开放大学,其属性可以分为国家公立开放大学、地区公立开放大学和私立开放大学三种。主要区别是:国家公立开放大学体现国家的意志并得到国家的拨款援助,比如西班牙国家远程教育大学、英国开放大学、荷兰开放大学等;地区公立开放大学则主要为地区的教育发展服务并得到地区政府的财政拨款,比如澳门地区开放大学和印度的几所邦属公立开放大学;私立开放大学则意味着需要自筹资金向社会提供教育服务并实现自负盈亏,典型的是美国凤凰城大学、马来西亚开放大学、马德里开放大学等。[1]同时,严格的质量标准、优质的课程资源、周到的支持服务、出色的教学及管理也成了国外开放大学成功和彰显特色的"四要素"。[2]

英国的大学最初的办学模式并不提供教育,只提供考试。牛津大学、剑桥大学是这样,后来建立的伦敦大学最初也是这种模式。伦敦大学举行两种考试,一种是针对本校学习者的考试。这是指伦敦大学本身不组织教学,它的教学由各学院负责组织,学院开设各种类型的课程,学习者在学院里完成预定的教学内容后,参加伦敦大学组织的考试,考试合格,颁发伦敦大学的学历或学位证书。另一种是针对校外学习者的考试。这是指伦敦大学以外的一些教育机构,它们没有颁发学历或学位证书的资格,但可以开设各种课程,并组织教学。学习者在那里完成预定的教学内容后,可以去申请伦敦大学的校外考试,考试合格,同样颁发伦敦大学的学历或学位证书。这就是最初的英国大学教育制度,它是开放办学的,这种开放是面向整个社会,面向其他学校的,是蕴含着一种全民教育的理念。[3]

任何教育、任何学校都是在特定的教育背景下发展起来的。我国的开放教育历史很久,不是广播电视大学和开放大学成立之后才有的,只是最初的开放教育不具有高等教育性质。中国最早的开放教育是从函授开始的,中华人民共和国成立以后,高校办函授教育从中国人民大学和东北师范大

---

[1] 侯松岩.西班牙加泰罗尼亚开放大学管理体制和运行机制探析与启示[J].中国远程教育,2017(2).

[2] 王正东.英国远程开放教育质量保证研究[D].杭州:浙江大学,2011.

[3] 别敦荣.开放大学的定位与发展[J].中国高教研究,2017(3).

学开始,这也是我国远程教育的开端。1959年开办的哈尔滨电视师范大学是我国最早的电视远程教育。1960年2月创办北京广播电视大学,1960年4月创办上海广播电视大学。"文革"期间,函授教育和电视教育基本处于停滞状态,整个高等教育停滞不前。[1]直至1977年10月19日,邓小平会见英国前首相爱德华·希思时,谈到中国恢复教育的艰难和人才短缺的严重问题,对希思介绍的英国利用电视等现代化手段办开放大学的情况很感兴趣。10月下旬,根据会谈纪要中邓小平的有关指示精神,教育部、中央广播事业局邀请有关部门,就开办电视教育、筹办电视大学问题交换了意见,并成立了电视教育领导小组。12月7日,《人民日报》发表题为《大力发展各级各类教育事业》的评论员文章,提出为了多出人才、快出人才,必须从我国的实际情况出发,坚持"两条腿走路"多种形式办学的方针,强调要"办好电视、函授、广播等业余教育"。12月19日,教育部、中央广播事业局联合举办的面向全国的电视教育讲座(英语、数学、电子技术3种)在北京电视台(中央电视台前身)开播。

　　1978年2月6日,邓小平在教育部和中央广播事业局《关于筹办电视大学的请示报告》上亲笔批示"同意"。4月22日,他在全国教育工作会上提出"要制订加速发展电视、广播等现代化教育手段的措施,这是多快好省发展教育事业的重要途径,必须引起充分的重视"。3个月后,教育部和中央广播事业局联合召开全国广播电视大学筹备工作会议,会后正式通知全国积极筹备成立广播电视大学。10月30日又联合发出通知,成立中央广播电视大学筹备处并开始办公。[2]1979年1月11日,国务院以国发〔1979〕14号文件批转教育部、中央广播事业局《关于全国广播电视大学工作会议的报告》,并在通知中指出:"举办广播电视大学,是我国高等教育事业发展中的新事物,对于扩大高等教育的规模,提高广大群众的科学文化水平,加速培养大量又红又专的人才,将会起重大作用。"2月6日,在邓小平同志的直接筹划下,中央广播电视大学正式开学。后来发展起来的开放教育,包括函授教育、夜大学教育、广播电视教育等,面向成年人,做的主要是学历补偿教育。这种补偿教育的对象主要包括两类人群:一类是"文革"期间没有机会接受高等教育的那一代人;另一类是在高等教育毛入学率比较低的时候,没有获得接受普通高等教育机会的人。多年来,开放教育的受教育者中这两类人占比较大,同时各级电大依据和发挥现代远程教育的办学优势,实行"五统一"(教学计划、教学大纲、教材、授课、考试),按照"四级管理"(中央、

---

〔1〕朱肖川.远程教育:教育平民化的崛起[J].现代远程教育研究,2017(2).

〔2〕赵曼初.论开放大学需要怎样的文化自觉[J].湖南广播电视大学学报,2014(1).

省、市、县),各级电大分工职责,为我国培养了大量的专门人才。[1]

此后的30多年,广播电视大学的发展伴随着改革开放的历史步伐不断发生着深刻变化。从1997年至2006年,电大"开放教育试点项目""现代远程教育公共服务体系""国家远程教育资源库"三大支柱体系,为电大发展注入了强大生命力,电大发展从"单纯办学"走向"办学与服务"并重的新时期。2007年,党的十七大报告中提出"发展远程教育和继续教育,建设全民学习、终身学习的学习型社会",以此为标志,电大的发展进入了一个新阶段,明确了三项新使命,即实现教学内容的针对性和适应性变革、搭建全民终身学习大平台、建设一流的开放大学。正如江苏开放大学党委书记彭坤明所言:一是从学历补偿教育的主体到终身教育的重要载体;二是从应用型人才培养的基地到全民学习的支持体系;三是从"四个面向"的服务宗旨到面向人本发展的价值取向;四是从远程手段的运用到网络学习环境的创设;五是从校本式开放到人本开放模式的探索;六是从办学任务的多元性到发展目标的确定性;七是从高等教育的补充形式到国民教育体系的重要组成部分;八是从艰苦创业的精神到创新文化的形成;九是从行政办学的特征到开放大学的设计;十是从层级式的体制构架到整合式的系统运作。

同时,我们也清醒地看到,广播和电视已经逐步退出了教学阵地,网络和计算机取而代之,逐渐成为教学的主要媒介。电大有一阶段的历史始终定位于政策主导下的外驱式发展,没有走自驱式内涵发展的道路。即从电大举办时起,在电大历次面临生存危机的重要时刻,都是政府下发文件以开办新的教育项目形式给电大予以支持。[2]这种情况在高等教育资源相对匮乏时期可以使得电大继续存在、发展,同时也使电大形成了"等、靠、要"的思想,省级电大自身办学自主权的丧失,制约了电大的发展。加之从中央电大到省、市、县的纵向办学体系的影响,使得电大更像行政管理部门,注重权力控制分配等"虚"项,忽视了教学、科研和人才培养等"实"项的发展,即重管理、轻教学、轻学术的校园氛围,禁锢了电大人的思想,没有重视内涵发展。

在中国,要求在广播电视大学基础上重新建构开放大学的讨论一直没有停止过,尤其是20世纪90年代中后期开始,67所网络学院的建立和中央电大开放教育项目的实施,使得开放大学的研究视野和范围急剧扩大。[3]另外,在2000年之前,普通高校开办的成人教育学院招生规模受到严格限制的情况下,广播电视大学成为成人高等继续教育的主体。但是,在2000

---

[1] 张和平.开放大学办学模式研究[J].继续教育,2014(2).

[2] 王军锋,肖晓飞.略论我国远程教育的可持续发展之路[J].现代远距离教育,2007(2).

[3] 王军锋.关于中国远程开放大学构建的思考——基于历史文化的视角[J].中国医学教育技术,2011(5).

年之后,普通高校开始大扩招,同时民办高校勃勃兴起,于是大量的生源流入了这两个渠道,国家自学考试制度面临着生存危机,广播电视大学的生源以及普通高校的成人教育学院等同样也受到了严重冲击。这意味着,广播电视大学再坚持传统的"宽进宽出"模式就很难行得通,为此必须改弦更张,实行"宽进严出"制度,即不能以教育对象特殊而寻求特别保护,必须通过质量来证明自己的文凭价值,否则就难以在越来越激烈的生源市场竞争中立足。我国开放大学实际上是在这一背景下产生的。[1]

在进化论中,不是最强者生存,而是最适应者生存。系统办学是广播电视大学的基本特征之一,因此由广播电视大学向开放大学转型发展,系统的建设成为了开放大学顶层设计的首要问题。1999年8月,教育部有关部门转发中央广播电视大学《关于广播电视大学贯彻落实〈面向21世纪教育振兴行动计划〉的意见》,明确提出广播电视大学在我国现代远程教育体系中承担的主要任务,除举办现代远程高等专科、本科教育和中等专业等学历教育,举办岗位培训、继续教育等各种非学历教育以外,还要为普通高校以及其他教育机构开展现代远程教育提供教育资源、教学管理和学习支持服务。[2] 2003年2月,陈至立在纪念邓小平批准创办电大25周年的署名文章中,进一步强调"远程教育是构建学习型社会的重要手段,我国的广播电视大学作为世界上最大的远程教育教学系统,是我国发展远程教育的骨干力量,要在建设现代国民教育体系和全民学习、终身学习的学习型社会中发挥重要作用"。同时,随着信息技术的不断发展以及英国开放大学的巨大成功,上海市政府于2000年把上海电视大学、上海教育电视台、上海市电化教育馆和上海电视中专"四电"整合在一起,组建上海远程教育集团,其目标之一就是要建设开放大学。2006年1月,上海市委进一步就开放大学的内涵提出了"新型大学"的构想。即将正式出台的《上海市中长期教育改革和发展规划纲要》更是明确提出,要"以上海电视大学开放教育为基础,整合高等学校继续教育学院、高等学校网络学院、独立设置成人高等学校等教育资源,构建上海开放大学",并把它列为"市民终身学习促进工程"的重要内容。2010年7月23日,上海广播电视大学更名为上海开放大学,最早开启了我国地方广播电视大学向开放大学转轨的工程。[3]

自《国家中长期教育改革与发展规划纲要(2010—2020年)》提出"办好

---

〔1〕 王洪才.开放大学转型发展:定位、路径与挑战[J].江苏开放大学学报,2016(3).

〔2〕 严冰.发展社会化公共支持服务构建全民终身学习平台——广播电视大学的功能拓展与探索空间[J].中国远程教育(综合版),2010(1).

〔3〕 上海成立全国首家开放大学努力构建终身教育体系[J].云南教育(视界综合版),2010(9).

开放大学"之后,开放大学作为一种正式的高等教育办学机构是从2012年6月之后开始的,当时教育部同意在中央广播电视大学基础上建立国家开放大学。国务院副总理刘延东在国家开放大学成立时强调:开放大学是另外一种类型的大学,有别于传统大学,与普通高校实行错位发展,实现结构调整、流程再造,是将大学办在社会中。在此精神上,国家开放大学明确了办学组织体系,即在一个大的平台上,与各种各样的大学、机构、行业组织一起,在共同的意愿下,本着"共商、共管、共建、共享、共赢"的五原则,按照"五个统一"(统一品牌、统一标准、统一平台、统一管理、统一评价)的运行机制,实现"各在其位、各尽其责、各展所长、各具特色、各得其所",建立办学共同体,来共同开展和实施开放远程教育。国家开放大学校长杨志坚在《国家开放大学建设:改革与创新》中指出:"人才培养模式决定着人才培养质量。国家开放大学不完全是一所新建大学,它的未来不仅有建设任务,也有改革任务,最大的改革任务就是人才培养模式的改革。"另外,《国家开放大学建设方案》把办学模式改革作为开放大学建设改革的四大重点任务之一。办学模式改革的目标:一是要根据国家或区域经济社会的实际,形成政府主导、社会参与、办学形式多样、学历继续教育与非学历继续教育并重发展的格局;二是要根据开放大学的发展规律和自身特点,突出与普通高校、相关教育机构、行业、企业的合作办学,充分利用其优质教育教学资源,提升办学能力和服务水平;三是要增强学校创新发展动力,拓展国际发展空间。与相关国家的开放大学进行实质性合作,在平等互利的基础上,通过基于互联网的网络平台,实施双边境外招生和远程学习支持服务项目,共同面向全球开展远程开放教育活动。[1]

随后,教育部又相继批准上海、北京、江苏、广东、云南5所省级广播电视大学更名为开放大学。由广播电视大学到开放大学绝不是简单的更名,是个继承、扬弃、转型、重生、发展、壮大的复杂过程,也是中国终身教育事业发展的一个标志性事件。这主要体现在入学者不需要参加入学考试,而改为"宽进严出"的注册入学制度,由此突出其不受严格的已有学习水平的限制,且学习年限、学习时间和学习地点有较大弹性的特点[2]。进而言之,开放大学的"开放性",既要在入学的方式上把考试入学改革为注册入学,人人可学,把学习场所由课堂集中学习发展为处处时时可学,也要建设开放式的管理体制、课程体系、办学经费来源。教育设施、教育场所、师资人员对社会开放,实现学校、社会、家庭的教育一体化,搭建服务于学习型社会建设的开

---

[1] 中央广播电视大学.国家开放大学建设方案[Z].2011-05-20.
[2] 吴遵民.论建设国家学分银行的路径与机制[J].开放教育研究,2016(1).

放式教育服务平台和开放式的学习立交桥[1],使之成为教育资源"开放"和"共建""共享"的中继站;成为城市社区教育的核心;成为区域经济建设与发展的人力资源培养基地;成为市域终身教育体系的支撑平台[2]。

从电大到开放大学转型的过程是社会发展使然、高等教育大众化使然、创建新型大学使然的结果。社会发展使然方面,伴随着人均收入大幅增长和人口平均预期寿命延长,我国社会管理方式正在发生转变,日益重视社会资本、重视社区建设与社区发展,出现了向社区回归的发展趋势,即社会社区化或社会人文化的趋势。高等教育大众化使然方面,国家"十三五"规划提出,到2020年高等教育毛入学率为50%。高等教育从精英、大众化到普及化,整个教育领域发生了四个转变:从局限于封闭的校园向融入社会转变,从只关注学龄阶段的教育向重视终身教育转变,从只关心少数人的教育向重视全民教育转变,从只关注专业教育向重视多样化教育转变。创建新型大学使然方面,我国提出的创新、协调、绿色、开放、共享五大发展理念,给出了破解经济新常态下的各种问题的路径。加之新技术的驱动,互联网催生网络社会的快速成长,这对于办好一个能够满足多样化学习需求的新型大学是呼之欲出的。例如,成都电大近年来积极探索中心城市电大向城市开放大学的转型之路,并提出"建设一所不可或缺的新型开放大学"的目标。在该校规划中,成都城市开放大学将成为全民终身学习的重要平台,成为推进成都学习型城市建设的主载体,致力形成四个核心竞争力,即独特的社会价值和学校文化,对体制有所突破的组织架构和运行机制,现代信息技术支撑下的教学模式创新,适用的资源和周到的学习支持服务。

从电大到开放大学转型的过程是办学机制转换的过程,即要从以学历教育为主体转向以服务全民终身学习;从高等教育、远程教育理念转向全民终身教育和社会建设理念;从过去依靠政策和政府扶持转向依靠市场和创新来谋求发展。国家教育部教职成〔2016〕2号文件《办好开放大学的指导意见》明确指出,开放大学要"坚持面向基层、面向行业、面向社会、面向农村,广泛开展职工教育、社区教育、老年教育、新型农民教育和各类培训"。从办学模式的改革而言,应建立起"一体两翼双驱动"的办学模式,即建立起以开放大学为主体,以学历教育与非学历教育为两翼,开放教育与高职教育为双驱动的办学模式。[3]从系统建设的路径而言,以省级开放大学为中心,将市、县开放大学分为三类:核心层——受省校委托,在相关学历教育专业

---

[1] 丁兴富.远程教育研究[M].北京:首都师范大学出版社,2002.
[2] 邵文梅.大庆国家开放大学地方学院构成要素分析[J].中小企业管理与科技,2016(1).
[3] 施菱,时锦雯.探索开放大学"一体两翼双驱动"的办学模式[J].广州广播电视大学学报,2013(6).

上,承担教学建设任务,并面向全省组织实施教学管理和学习支持服务;中间层——受省校委托,发挥区域学习中心作用,承担学历教育有关专业的具体办学任务;外围层——接受省校的业务指导,在地方发挥社会教育方面的职能。这样的分类管理和分工建设,有利于地方开放大学明确建设方向和重点领域,打造区域特色;有利于形成良性竞争机制,避免同质化发展和重复建设;有利于形成合理的梯次结构,提升系统建设的整体性和有效性。例如,天津广播电视大学提出:"我们采取的做法是对表、搭车、跟进,即对央校之表,搭国家开放大学之车,跟京沪试点之进。"[1]内蒙古广播电视大学在向开放大学在转型中尤其要做好"内"和"外"的功夫,加强蒙语教学,扩大招生范围,将国内的教育范围延伸到外域。

---

[1] 冯雪飞.团结奋斗开拓进取努力创建天津开放大学[J].天津电大学报,2012(2).

转型与新型

世界上正在出现一些新型的学校,如密涅瓦大学、奇点大学,以及中国马云的湖畔大学等。在"正统"教育之外,职业教育、科普教育、生命艺术教育、幼儿教育、互联网教育……也受到越来越多阶层和人们的关注,吸引越来越多的政策倾斜和资源投入。任何一种大学形态或新的大学类型的产生,都是经济社会变革需求和大学自我转型发展诉求共同作用的结果,都需要在办学理念和办学定位、发展战略和行动策略、组织管理模式与运行机制、职能侧重和资源配置方式等方面进行必要的变革和调整,从而为其存在和发展提供合法的理论依据和可操作性的时间路径。[1]

开放大学是"破"与"立"的统一,"破"是改革的深化,"立"是创新的行为。所谓"破",主要指打破传统体制及模式的束缚,破解建设与发展中的难题;所谓"立",主要指确立开放的教育模式,建立开放的新型大学制度。2014年,受教育部综合改革司委托,"1+5"和教育部发展研究中心、华南师范大学等单位合作,共同开展了研究课题——新型大学的建构。原联合国教科文组织高等及远程教育专家王一兵作为该课题的召集人,对"新型大学"做了一个定义:开放大学是以开放、灵活、全纳、终身、优质为核心理念,面向全体社会成员,以现代信息技术为支撑,实行多种模式办学和混合式学习,服务终身学习和学习型社会建设的新型高等学校。

因此,从"转型"到"新型",是一个不断实现的过程,一个阶段的成功意味着另一个阶段的新的转型的开始,需要勇气,更需要改革创新。

一、要素之一:阶段性

中国广播电视大学成功的一个重要原因是自上而下地建立了一个覆盖全国城乡的办学系统。这个系统通过资源共享、优势互补、协同运作,有效地解决了我国高等教育资源封闭、地域分布不均衡、东西部差距较大等问题。从20世纪70年代末至今,中国社会迅速转型,经济迅速发展,高等教育从恢复到扩大,从精英型高等教育走向大众化高等教育,发生了巨大的变化。广播电视大学作为这个时期远程教育的主流模式,从创办全国性的广

---

[1] 白海雄.教学服务型大学:缘起、内涵与建设路径[J].中国成人教育,2015(4).

播电视教育办学系统发展到基于计算机和互联网的现代远程教育系统经历了四个发展阶段。

第一阶段(1979—1989年)是"电大学历补偿教育一度辉煌"。该阶段的招生对象主要是在职职工,只有部分社会青年和应届高中毕业生,主要的学习方式是业余学习,划入中国的成人教育。该阶段的发展更大意义上是为被耽误的一代学习者提供补偿教育。中央电大通过政策协调自上而下地建立全国办学系统,通过汇聚高校优质教育资源提供给系统,发挥了巨大的作用。

第二阶段(1989—1999年)电大经历了"在夹缝中求生存的左冲右突阶段"。该阶段国家收缩了成人高等专科教育办学规模,举办普专班避免了电大教育资源的更大浪费,在一定程度上减缓了那几年电大教育投资效益日渐跌落的趋势。该阶段的封闭是作为精英阶段高等教育的补充。中央电大的作用逐步淡化,省级电大主导了普通专科班的发展。[1]

第三阶段(1999—2010年)是电大"系统异化的自救式维持阶段"。该阶段中国电大教育抓住国家的政策机遇,迅速从广播电视教育转型为基于网络的远程教育,从日趋封闭的普通专科教育转型为面向终身教育和学习型社会的开放教育。该阶段开放教育的发展促使了电大逐步转向为终身教育和学习型社会服务,这种转变也促使着中国广播电视大学向现代意义上的开放大学转变,中央电大主导的开放教育试点的办学权和管理权及办学规模达到历史最高水平。但是,在生存环境的变化和形势的发展所带来的冲击下,电大系统内部也有新的矛盾产生,存在着制度环境、办学格局、办学机构、运行机制、主体变换等方面的不适应性和脆弱性。[2]有的研究者甚至认为在此阶段"省级电大在发展了20多年后,几乎丧失了独立的高等学历教育的所有办学权,省级电大在一定程度上已经成了中央电大的校外支持服务中心,而不是一所真正意义上的独立的高等学校。当省级电大作为一所独立的高等学校的独立办学权被剥夺后,省级电大面临前所未有的生存危机"[3]。

第四阶段(从2010年开始)是电大系统进入"艰难转型的探索期"。党的十八届五中全会对提高教育质量做出的总体部署,为"十三五"时期的教育改革和发展发出了新的动员令。教育部《关于办好开放大学的意见》也为我国电大系统的转型发展提出了明确要求。电大引以骄傲、最具特色和核

---

〔1〕 单从凯.开放大学之路——从广播电视大学到开放大学的历史嬗变[J].现代远距离教育,2010(6).

〔2〕 胡继明.新时期广播电视大学系统的反思与再造研究[J].中国远程教育,2013(6).

〔3〕 蒋立文,经贵宝.中国电大系统的危机与对策[J].开放教育研究,2006,12(5).

心竞争力的办学体系已不适应新形势、新任务,原体系在二元结构、市场竞争、运行机制、办学声誉、法规保障、政府政策支持、被边缘化等方面存在的问题日益凸显,已经严重影响和制约了电大向开放大学的转型升级,对此我们应有清醒的认识。[1]

二、要素之二：背景性

转型指事物的结构形态、运行方式和人的观念等的转变过程。学校转型发展是指学校由转型而引起的不断扩展和提升的动态变化过程,是从观念到形式,从外延到内涵诸多方面的深刻变化,包括转变发展方式、优化办学结构、增强创新能力、提升社会绩效、充分发挥功能、谋取更大作为等。[2] 开放大学作为一种新型大学,兴起于我国经济社会转型和高等教育大众化的大背景,转型的原因主要有社会需求转型、政府导向推动转型、自身发展促进转型等。

曾经,电大教育被认为属于普通高等教育中的补偿教育,是边缘化的高等教育。随着普通高校的扩招,高等教育资源从绝对匮乏到相对匮乏,社会对电大的认知从教学手段转向教育方式,认为电大是借助广播电视媒体传播普通高校资源的一种新型高校,是有质量保证的以远程教育方式办学的高校。真正专业化的远程教育发展是伴随着中国改革开放的进程展开的。1998年在全国政协大会上,全国政协委员、湖北函授大学校长游清泉提出的《面向21世纪构建我国现代远程教育的开放体系》的提案,受到党中央、国务院高层领导的高度重视,时任国务院副总理的李岚清将此提案批转原国家教委研阅,经教育部研究后,我国"现代远程教育工程"正式启动。1998年年末,教育部批准清华大学、北京邮电大学、浙江大学、湖南大学开展网上远程教育试点工作,1999年4月,教育部批准中央广播电视大学开展"人才培养模式改革和开放教育试点"工作,截至2007年年底,教育部共批准68所高校开展现代远程教育试点工作。为了提供优质的教育资源,中央电大与国内知名高校进行合作,推出了一些开放教育本科专业。这是整个电大系统从远程向基于信息技术的开放教育的一次大转型。[3]

中国并不缺少大学,为什么国家还要下这么大决心再建一所大学呢,理由就是,开放大学与普通意义上的大学是不同的。其特殊性主要表现在:

---

[1] 刘智刚.供给侧改革视角下开放大学体系建设的思考[J].中国远程教育(综合版),2017(7).

[2] 崔文杰.独立设置成人高校职业化转型分析及实践探索——以北京市东城区职业大学为例[J].继续教育,2017(1).

[3] 朱肖川.远程教育：教育平民化的崛起[J].现代远程教育研究,2017(2).

第一,开放大学不是一所单独设置的学校。应该是多所大学的集合,每所省级电大都应该是相对独立、彼此分离,却又相互交融,有机地构成一个体系,相依互存,共同发展。第二,开放大学人才培养模式不能是单一的建设标准模板。既然开放大学要服务于地方各级各类人群,就一定要具有多样化,是立交桥,每个省都有适合自己省情的模式和资源,做成差异化。第三,离散的开放大学需要统一的大学精神内核来维系。建立这样一所从教育对象、教育方式、教育环境、教育内容上,既不同于普通高校,又区别于其他成人高校的开放大学,尤其需要既有区别又有联系的精神内涵。[1]

综上所述,开放大学是在广播电视大学基础上建立的,这是一种转型,更是一种教育类型的升级。这种升级主要依赖于技术的进步、网络的发达,这种升级使得教育的覆盖面、受众面变得越来越宽。[2]因此,广播电视大学需在原有基础上推进信息技术更好地与教育融合,并引领信息技术在教育中应用,使这种教育深入社会,使教育的信息化得到新发展,这是我们组建开放大学的一个很重要的支撑和背景。[3]

三、要素之三:理论性

教育再生产理论是法国著名的社会学家、教育家布迪厄提出来的理论。在社会变化过程中,教育所产生的影响究竟是引导社会变化,还是只是社会再生产的机制?面对当时法国社会及教育现状,布迪厄试图揭示教育系统内隐含着的不公平的社会再生产机制,认为教育系统控制着文化资本的生产、传递和转换,是支配社会地位、形塑社会无意识的重要体制,也是再生产不平等社会结构的主要手段。[4]教育正是通过再生产的这种机制,合理实现了社会原有结构和秩序的保持与延续。

开放大学是优质继续教育的再孵化、再生产的平台。当前我国继续教育的办学主体有普通高校、广播电视大学、业余大学、自学考试和其他民间办学机构五大部分。其中,普通高校占据几乎所有优质教育人力资源和绝大部分教育物质资源,其他主体不得不直接或间接地依附于普通高校开展教育教学活动。再如非学历培训,我国非学历培训的主体是干部培训、资质培训和考试培训,其中干部培训几乎为普通高校所包办,因为普通高校具有无可比拟的教育资源优势;资质培训和考试培训由于周期短、利润低,普通

---

〔1〕 姜玉田.开放大学的多元文化建设[J].广播电视大学学报(哲学社会科学版),2014(1).
〔2〕 别敦荣.开放大学的定位与发展[J].中国高教研究,2017(3).
〔3〕 张少刚.电大开展社区教育的时机选择及实现途径[J].广东广播电视大学学报,2011(20).
〔4〕 牛海彬,白媛媛.解析布迪厄教育再生产理论[J].外国教育研究,2006(5).

高校不愿意做或没有时间做才勉强与其他民办机构共同经营,虽然非学历培训采取市场化的运营模式,但干部培训看的是政绩,资质培训要的是证书,考试培训求的是分数,唯独没有给提高学识、能力和素养留下一席之地。[1]

四、要素之四:目标性

任何新事物的出现,都是对变化了环境的反映。在创建全民学习、终身学习的学习型社会的进程中,开放大学已经被赋予了新的目标定位和新的职责使命,中共中央政治局委员、国务院副总理刘延东在多次会议上强调要以现代信息技术为支撑,整合共享优质教育资源,创新教育教学模式,办好具有中国特色的开放大学。据不完全统计,到目前为止,世界上有 50 多所用开放大学命名的学校,而具有开放大学性质的学校和机构有 1 400 多个。2012 年,教育部批准中央广播电视大学和北京、上海、江苏、云南、广东 5 所省市电大更名为开放大学,我国广播电视大学正在向开放大学转型升级。

在目标的价值实现层面,定位包含了目标,而目标是实现定位的一个必要的而且非常重要的过程,一个定位是由无数个目标来实现与达成的。教育部明确开放大学是以现代信息技术为支撑,主要面向成人开展远程开放教育的新型高等学校。开放大学作为高等教育办学主体的基本定位包括了三个基本层面:一是开放大学是新型高等学校;二是开放大学以现代信息技术为支撑;三是开放大学与普通高等教育的主要区别在于通过远程开放教育的形式开展高等教育。另外,开放大学的定位和发展不是成人高校和普通高校的问题,而是教育的校园化和网络化的问题。广播电视大学以远程教育为手段,注重技术、模式和系统,更多地侧重于感性的东西;而开放大学则以开放教育为境界,坚持理念、结构和制度,在内涵和追求上更具理性。同时,开放大学与其他普通高校也不完全一样,普通高校所提供的是校园化高等教育,开放大学提供的是在线高等教育,是网络化高等教育[2],强调全民学习,终身学习,为老百姓提供多种多样的教育机会,强调国民素质,强调机会公平,强调通过学习提升民族素质。例如,湖南电大在创办湖南开放大学的过程中提出了五大价值愿景:(1)服务全省终身教育和学习型社会建设的公共服务体系;(2)体系完善、质量最优的网上大学;(3)各行各业技能人才培养的重要基地;(4)全民终身教育指导服务中心;(5)终身教育研究基地。又例如,北京开放大学根据转型发展的需要制定了"十三五"发展的规划,主要是开展"一五一十工程",即"一条主线":向新型开放大学转

---

[1] 刘素娟.继续教育人才培养的学分银行机制设计研究[D].长春:东北师范大学,2014.
[2] 别敦荣.开放大学的定位与发展[J].中国高教研究,2017(3).

型发展;"五个着力点":质量立校、人才强校、开放兴校、智慧校园、和谐校园建设;"一个中心":提高人才培养质量;"十大工程":教学品质提升工程、管理制度建设工程、人才队伍建设工程、科研能力培育工程、办学系统凝聚工程、开放办学拓展工程、智慧校园建设工程、信息平台联通工程、校园文化弘扬工程、师生幸福保障工程等。同时,北京开放大学针对开放教育的新型大学明确了三个方面的要求:一是新理念,即学有所教、有教无类。开放大学和普通大学的一大差异在于,学生分布在不同的年龄段,所以需要因材施教,个性化培养。二是新机制,即不为所有、但为所用。开放大学的办学资源无法与普通大学相比,就必须发挥整合功能,让社会优质资源为我所用。三是新模式,即开放学习、学分累积。开放大学从学生注册到教师招聘、资源建设都将是开放的。

在目标的人才培养层面,甘肃广播电视大学副校长纪平教授指出,必须明确开放大学与普通高等教育和高职教育的不同,进而准确定位开放大学的培养目标。普通高等教育(本科)的培养目标是,专业性应用型人才或复合型人才;高职教育培养目标是,动手创造、实现技术创新及产品制造的高级技能型人才;开放大学的培养目标是,知识与能力并重、专业教育与职业教育相结合的职业性应用型人才。从性质上看,普通高等教育是一种专业性教育,强调基础性,属于学术性教育范畴;高职教育是一种职业性教育,强调技能性,属于职业性教育范畴;开放大学是一种职业后教育,强调应用性,属于继续教育范畴。在能力培养上,普通高等教育注重应用能力和适应能力的培养;高职教育注重动手能力和就业能力的培养;开放大学注重实践能力和学习能力的培养。在课程体系上,普通高等教育强调一般性的基础理论知识和一定的专业知识;高职教育强调一般性基础知识和岗位技能知识;开放大学强调一般性专业知识和职业岗位知识。在学习过程上,普通高等教育讲究知识体系和知识的连贯性,以科学实验、技术创新及产品开发为主线;高职教育突出实用性、简约性和因材施教,将大量的教育教学与实际工作结合起来,以动手创造、技术开发及产品制造为主;开放大学注重学习的开放和课程资源的开放,更加强调生活性、经验性和职业性,以自主学习能力、岗位能力及发展能力为主线。总体上来看,普通高等教育整体重心在素质教育;高职教育整体重心在职业能力教育;开放大学整体重心在持续能力教育。三类教育在不同的人才培养体系中,特色不同,规律有别,功能互补,协调发展。[1]

---

[1] 刘莉.开放大学:战略转型与人才培养模式创新——"中国远程教育学术论坛"综述[J].中国远程教育,2012(6).

五、要素之五：特色性

"开放"是开放大学区别于普通高校的特色，也是开放大学的本色与底色。国家开放大学副校长严冰有一个比喻，基本意思是说普通高校培养的人是苹果，开大（电大）培养的人是梨，它们都是水果，苹果有苹果的功能，梨有梨的作用。开大（电大）做职业教育、社区教育、老年教育等各式各样的教育，也可比喻为一个大大的水果篮，在这个篮子里，装满了各式各样的教育机构和学校培育出的特色水果。

当前，国家正在健全高等教育分类体系，加强分类指导、分类评价、分类管理，促进高校合理定位、各安其位、各展所长、办出特色。这将使普通高校由大学继续教育向大学后继续教育转型，由学历继续教育向非学历继续教育转型，力促普通高校继续教育的综合改革。2016年1月，教育部印发《关于办好开放大学的意见》（教职成〔2016〕2号），提出主要目标：到2020年，中国特色开放大学体系初步建成，现代信息技术应用更加成熟，优质教育资源更加丰富，学习条件更加先进，学习制度更加灵活，办学体系不断完善，基本满足多样化学习需求，为学习型社会提供重要支撑，为人力资源开发提供重要保障。《意见》主要任务的第一点就是"明确功能定位，创建新型高校"，指出："开放大学要以终身教育思想为引领，树立开放、灵活、优质、便捷的办学理念，充分运用现代信息技术，创新办学形式、组织模式和运行机制，努力办成服务全民终身学习的新型高等学校。要依据区域经济社会发展水平、高等教育状况、教育普及程度等因素，确定学校在构建区域终身教育体系和建设学习型社会中的功能作用。根据自身办学基础和社会需求，科学编制学校中长期发展规划。凝练办学宗旨，明确学校发展目标、办学层次、人才培养类型和规格。发挥教育资源整合集成、现代信息技术与教育教学深度融合、人才成长通道转换衔接等方面的优势，开展人才培养模式创新。细化学校服务面向，针对区域、行业、企业等不同人群提供相适应的教育服务，坚持面向基层、面向行业、面向社区、面向农村，广泛开展职工教育、社区教育、老年教育、新型农民教育和各类培训，突出人才培养特色和学校办学特色。"例如，针对全民终身学习公共服务有效供给不足的现状，浙江广播电视大学积极发挥"项目引导、系统办学和优质教学"的优势，下移办学重心，着力为新农民、新市民和老年人三大群体提供低成本、有"温度"的教育服务，也带来了办学空间的扩大。如今，越来越多的村干部、合作社负责人、农民等走进电大的象牙塔,接受知识的洗礼,成为新农村建设的顶梁柱。[1]

六、要素之六:质量性

质量取决于设定的目的、目标和达到目的、目标的程度。开放大学办学面向社会大众,相当部分来自社会弱势群体,开放大学的质量取决于开放大学设定的培养目标,目标达到了,就有质量。开放大学实行"宽进严出",在入学要求、学习过程、学习方式等外在形式上的开放创新,决定了它必须重视和强调质量上的规范性,必须把质量规范建设作为学校转型发展的核心任务。换而言之,从"转型"到"新型",开放大学已经从时间维度转向性质维度,需要认清其使命与精神之新、职能与目标之新,需要不断完善基于全民学习的质量保障体系,将组织与机构、资源与设施、职责与程序、监控与反馈、调控与改进以及学校自评与社会等环节构成有机整体。[2]正如国家开放大学的办学职能定位,实际上是对其质量观的内涵进行了阐述:(1)"面向人人,实现校园教育向社会教育延伸,实行学历教育与非学历教育并重",这是明确了质量观的需求属性和产品属性。(2)"基于网络自主学习、远程支持服务与面授相结合的教学方式",这是强调了质量观的供给属性。(3)通过学分积累和转换等方式,建立与普通高校有效对接的"立交桥",这是提出了质量观的层次性和发展属性。(4)"促进教育公平、构建终身教育体系、形成学习型社会的重要支撑",这是涉及质量观的评价属性。(5)"深化办学模式和人才培养模式改革,建立严格而有弹性的教学管理制度和宽进严出的学习制度",这是强调了质量观的生成属性。

如果说,广播电视大学多以学历教育为本,主要培养应用型专门人才。那么,开放大学则以"学历+证书"教育并举,注重培养学习型社会中的"人"。从"人才"到"人"其实是教育的回归,体现了教育的本体价值和相对独立性,表现出了教育质的规律性和永恒性——培养人。

《国家开放大学建设方案》提出:"适应我国经济社会、现代信息技术和远程教育发展趋势,改革传统人才培养模式,探索建立与国家开放大学人才培养目标相适应,以提升职业能力为核心的新的人才培养模式。"从人才培养的质量而言,开放大学是以信息技术为支撑,与教育深度融合,来支撑这个大学的教、学、管、服等。目前,国家开放大学正在探索以"六网融通"为特征的人才培养模式,就是技术的手段和教育的流程紧密结合。"六网"指的

---

〔1〕 禹跃昆,蒋亦丰.教育,送给最需要的人——透视浙江广播电视大学转型发展之路[N].中国教育报,2017-05-01.

〔2〕 周蔚.开放大学质量文化建设:意义认识与途径选择[J].江苏开放大学学报,2016(4).

是"网络学习空间、网络学习课程、网络教学团队、网络支持服务、网络学习测评、网络教学管理"。六网相对独立,六网互相支撑,六网相互融通,成为一个整体。"六网融通"的价值在于逐步把学生学习的散养状态,通过网络变成圈养状态,体现了"互联网+大学"的本质特征。

西安广播电视大学校长张宁教授指出:未来开放大学所承担的主要功能,是在学习型社会和终身教育体系构建中,在继续教育领域发挥作用,同时,其所面对的服务对象将会不断发生变化。在现阶段,其所面对的群体大多数尚属于接受高等教育相对弱势的一部分人群。在这样的背景下考量开放大学的办学质量,要抓住教育质量保证体系中的四项基本要素,即高质量的多种媒体课程学习材料、为学生提供各类学习支助服务、良好的教学管理、扎实的研究基础。[1]要把握最根本的两条标准:一是学习者经过在开放大学的学习之后,作为社会人的综合素质全面提升,文化文明程度明显提高,能够在社会文明发展进程中发挥推动或表率的作用;二是学习者的社会适应能力明显增强,生存能力和生存空间明显提升。

由此可知,开放大学的质量问题,事关开放大学的办学面向、改革、创新、发展方向,事关何谓新型大学、如何和能否办成新型大学的重大导向问题。"新型"开放大学的质量根基必须坚持"社会性标准",应合理把握"个适性质量(标准)""内适性质量(标准)"和"外适性质量(标准)"之间的关系。其中,"个适性质量(标准)"关注的是个体的人,培养的是自由发展的人;"内适性质量(标准)"关注的是培养具有明确发展方向和专长的人;"外适性质量(标准)"关注的是培养普通的、博雅的或全面发展的人,具有明确发展方向和专长的人。对开放大学来说,在"个适性"的基础和前提下,着重追求的是社会性("外适性")而非学术性("内适性")质量。[2]我们已欣喜地看到,江苏开放大学、云南开放大学等邀请了麦可思公司作为第三方开展评价,加强质量保证体系建设。上海开放大学成立了校长为组长的质量保障体系研制和领导小组,形成了教学质量内部保证体系和120个观测点。

七、要素之七:功能性

一方面,开放大学的办学特征决定了我们有能力为每个有愿望学习的人提供教育机会和便捷服务,为优质教育资源共享提供平台和社会化服务,同时也要求自身做到"三个角色转变":从"电大办学系统"到"新型大学办学实体"的转变;从依附于上级电大纯粹办学到服务于地区全民终身学习的

---

[1] 丁兴富.远程教育研究[M].北京:首都师范大学出版社,2002:466-467.
[2] 顾永安.新型大学在"性质维度"如何精准落点[N].中国教育报,2017-02-20.

转变;从教师"在校学生知识技能的传授者"到"社会上全体市民终身学习的服务者"的转变。

另一方面,开放大学的功能定位赋予了学校主动服务和满足地方区域社会经济全面发展的需求,承担社会责任,促进教育公平。也就是说,开放大学应以服务区域经济为办学目标,做好四个服务,即服务政府、服务企业、服务社区、服务市民。具体来说,开放大学要在办学定位上转变过去以学历教育为主向服务区域经济社会发展,满足市民终身学习需求转型;人才培养模式上转变过去"单纯注重学历文凭"向培养"职业技能+职业素养+高适应性"人才转型,满足社会多元多层次人才需求;教学体系上改变过去的传统教学模式,向着职业化教学体系转型;办学模式上转变过去封闭的学历教育办学向产教融合、校企合作转型。[1]

"新型"的开放大学注重产学研合作,既将知识传授、知识创新、技术开放和现实生产相结合,也将人才培养、科学研究、服务社会的三大职能相结合,使开放办学与整个社会发展的联结更为紧密。例如,常州开放大学明确要将学校建设成为"全市教育信息化公共服务平台、现代远程教育的龙头、社会培训的基地、社区教育的中心、全民终身学习的超市"。学校的主要功能除了以开放的模式和信息化手段,举办高等学历继续教育、非学历继续教育和高等职业教育外,还有四项功能:(1)为全民终身学习提供现代化、多样化、人本化的支持服务;(2)受教育行政部门委托,承担社区教育管理职能,对辖市、区社区教育进行业务指导和管理;(3)统筹协调优质教育资源的开发、整合、利用和共享;(4)对常州构建终身教育体系、建设学习型社会过程中的重大问题开展研究,为教育行政部门提供决策咨询服务。

八、要素之八:智库性

开放大学的师资建设,是开放大学最重要的人力资源,也是办学的关键所在。一方面,开放大学作为新型大学,强调思想的开放、模式的开放、方法的开放和对象的开放,充分利用先进的科学技术开展远程教育。北京开放大学胡晓松校长用"八个开放"对开放教育理念进行了诠释,即学生入学的开放、教学人员的开放、课程选择的开放、学习媒体的开放、学习环境的开放、教学模式的开放、教学理念的开放。因此,开放大学教师应该具备更强的专业素质、教育技术素质、服务素质和更高的社会责任感。另一方面,教育大数据属于社会公共资产,应走向开放。教育大数据取代不了教师,但会

---

[1] 崔文杰.独立设置成人高校职业化转型分析及实践探索——以北京市东城区职业大学为例[J].继续教育,2017(1).

带来新的分工。作为新型大学的开放大学需要为教师的职业发展提供更多的空间、更好的环境、更有效的服务,包括扩展和理顺职业发展通道,建立培养机制,组织培训,搭建交流平台,开展分享、评优、大赛等活动,依靠教师团队开展协同工作或研究项目,鼓励教学创新、教学学术的研究和反思,完善教师发展相关制度,建立教师能力标准等。教师培训的需求比较强烈,分层次分岗位的结合工作的培训是最需要的,多种形式相结合的混合式培训是大家认可的研修模式。[1]

百年大计,教育为本,教育大计,教师为本。在"互联网+"的时代背景下,要跟踪世界"互联网+教育"的未来趋势,教师教育智库发挥着重要作用。随着智库"咨政启民"的重要作用日益突显,开放大学必须顺势而为,强化精准理念,不断做好新型智库建设。特别在地方新型智库建设中,针对决策需求把握不准确、研究成果针对性不强、智库之间交流不畅通、决策咨询程序不规范等一系列问题,需要在教育系统内进一步确立以政策需求为导向的智库群工作策略,把党政、高校、研究机构、中小学、幼儿园、职教、教师培养培训、教育部门有机耦合;进一步重点围绕教师教育重大战略需求开展前瞻性、针对性、储备性政策研究,不断提供创新的教师教育咨政政策动因,积极填补教师教育决策部门在知识和政策方面的缺位与鸿沟;进一步搞好教师教育智库专题数据库和实验基地建设,重点建设一批学校调查、统计分析、案例集成等专题数据库;进一步依托高校和有关机构、部门,突破界限,群策群力,担负教师教育课题攻关责任,彰显智库成果及品牌效应。

2017年2月26日,江苏省重点培育智库教育现代化研究院在南京揭牌成立,旨在深入开展教育现代化理论和实践研究,为全面深化教育改革,引领教育发展提供有效支撑。目前,苏州开放大学正通过本校教师发展中心的建设、借助苏州市发展规划研究院落户本校的契机,积极探索高校智库人员柔性流动运行机制。

九、要素之九:技术性

开放大学的学习模式,必须立足于教育模式的改革与创新,着眼于满足大众多样化、个性化的学习需求,致力于提高开放学习支持服务能力。英国开放大学的大卫·西沃特最初对学习支持服务的界定是"开放与远程教育学生支持是一种服务产业,它以满足服务产业大多数人的利益为普通原则"。后来的研究中,他又将学习支持定义为一种手段,即"通过这种手段,学习者可以充分利用远程教育机构提供的各种功能"。

---

[1] 冯立国.国家开放大学办学体系教师队伍现状研究[J].湖北广播电视大学学报,2016,36(6).

一方面，业内多年来对"自主学习"和"自学"这两个概念的混淆,已造成了相当程度的负面影响,再也不能用"自学"来顶替"自主学习"。另一方面,电大在利用先进信息技术、促进技术与教育融合方面有着悠久历史。中国在20世纪末开始组织实施的《面向21世纪教育振兴行动计划》中就设立了"现代远程教育工程"。进入21世纪以来,中国政府对信息技术的认识进一步深化,《国家中长期教育改革和发展规划纲要（2010—2020年）》强调,"信息技术对教育发展具有革命性影响,必须予以高度重视",并为此专门制定了《教育信息化十年发展规划（2011—2020年）》和《教育信息化"十三五"规划》,明确了教育信息化的行动纲领和路线图,提出了坚持促进信息技术与教育教学深度融合的核心理念和应用驱动与机制创新的根本方针。在深度融合这一核心理念引领下,中国教育信息化快速发展,"三通两平台"（宽带网络校校通、优质资源班班通、网络学习空间人人通及教育资源和教育管理两大平台）快速推进,已经走出了一条具有中国特色以信息技术支撑引领教育现代化发展的教育信息化路子。

不断学习、借鉴和应用新技术,是开大（电大）新时期的新任务,也是开大（电大）转型发展的新方向。在2017年3月19日第二届中美智慧教育大会上,教育部副部长杜占元指出：面向2030的教育,应该是更加开放的教育,突破时空界限和教育群体的限制,人人、时时、处处可学。我们必须深刻认识当代科学技术、特别是信息技术对教育的革命性影响,必须加大力度推进信息技术与教育的深度融合,必须对传统的工业社会框架下构建起来的教育体制进行深刻变革,这是实现教育现代化2030发展目标的必由之路。

北京师范大学智慧学习研究院和美国新媒体联盟在2016年合作发布《2016新媒体联盟中国基础教育技术展望：地平线项目区域报告》的基础上,首次开展了针对中国高等教育新技术应用状况的地平线报告项目,并正式发布了《2017新媒体联盟中国高等教育技术展望：地平线项目区域报告》（简称中国高教版《地平线报告》）。中国高教版《地平线报告》提出了未来五年内中国高等教育中推动技术应用的九大关键趋势、影响技术应用的九大重要挑战以及教育技术的十二项重要发展（技术采纳）,并按照时间（短期、中期、长期）和难度（可应对的、有难度的、严峻的）进行了归类和排序（表1-1）。其中,"开放教育资源快速增加"已经成为我国高等教育中教育技术应用的一种现实性趋势。高校应制定支持院系采用"在线课程"的配套政策,鼓励学生选修校外甚至国际上高质量在线课程,在数字校园建设中应妥善解决网络接入及访问速度问题。[1]

---

〔1〕 黄蔚,高媛,魏雪峰.看"双一流"如何从地平线上跃起[N].中国教育报,2017-03-25.

表1-1 《2017新媒体联盟中国高等教育技术展望：地平线项目区域报告》框架内容

推动技术应用的九大关键趋势	短期趋势	（1）更多应用混合式学习设计 （2）开放教育资源快速增加 （3）STEAM学习的兴起
	中期趋势	（1）重设学习空间 （2）跨机构协同日益增加 （3）反思高校运作模式
	长期趋势	（1）程序编码素养的兴起 （2）推进变革和创新文化 （3）转向深度学习方法
影响技术应用的重大挑战	可应对的挑战	（1）技术融入师资培训（解决方案：优化教师培训内容） （2）混合采用正式与非正式学习（解决方案：形成教学应用常态） （3）提升数字素养（解决方案：提高教师数字素养）
	有难度的挑战	（1）个性化学习（解决方案：发展互联网教育服务） （2）教育大数据的管理问题（解决方案：制定管理规程） （3）推广教学创新（解决方案：鼓励教师教学创新）
	严峻的挑战	（1）培养复合思维能力（解决方案：重构人才培养体系） （2）平衡互联与非互联生活（解决方案：进一步平衡技术使用） （3）重塑教师角色（解决方案：培育教学创新文化）
教育技术的重要发展	采纳时间一年之内的	（1）翻转课堂 （2）移动学习 （3）创客空间 （4）大规模开放在线课程（慕课）
	采纳时间二到三年的	（1）学习分析及适应性学习 （2）增强现实及虚拟现实技术 （3）虚拟和远程实验室 （4）量化自我
	采纳时间四到五年的	（1）情感计算 （2）立体显示和全息显示 （3）机器人技术 （4）机器学习

美国权威杂志《麻省理工科技评论》发布的2017全球十大突破性技术榜单中,"强化学习技术"位列该榜单第一位。"强化学习技术"是一种人工智能方法,能使计算机在没有明确指导下像人一样自主学习,通过"搜索""推荐"等深度学习,可以从海量用户行为数据中寻找行为规律,结构化行为序列,并从规律中预测结果,更重要的是给出有效的流量中心化和去中心化的投放决策,从而实现消费者、卖家、平台三者社会福利的最大化。该技术曾在2016年双十一期间大规模应用于阿里电商搜索,表明了阿里将用"新技术"战略推动人工智能技术在商业化方向的全面落地,这对开放大学"新型"的技术变革有着同样重要的借鉴。

江苏省教育信息化工程技术研究中心副主任杨现民把技术支持下学习发展历程分为四个阶段:数字学习、移动学习、泛在学习和智慧学习。目前正处于智慧学习阶段,新一代信息技术构建了具有感知化、泛在化、个性化和预判性的新的智慧环境,同时也为新的学习方式转变提供了可能。上海交通大学继续教育学院是全国第一所同时拥有宽带、移动和卫星传输的全国远程教育试点高校,技术为先导、课程为关键、学员为核心的办学理念,满足了各类在职人员的实际需要。学院的"混合型教学模式"让更多学员在千里之外也能和现场听课的学员一起感受课堂体验。2016年,该学院与中国电信合作,建设了基于新一代互联网络的在线继续教育基地,拥有40个现代智能教室,包括多媒体直播教室、4K超高清演播室、集中监控管理等硬件设施与技术手段。[1]

十、要素之十:服务性

开放大学是集大学、平台、体系于一体,这"三位一体"确立了开放大学应有的战略地位;是以"大学"为主体,以"平台"与"体系"为两面,这"一体两面"确立了开放大学建设的基本格局。

一方面,开放大学的学习服务是基于广播电视大学的基础服务之上,但其未来的发展趋向应有区别。一是在管理服务方面,广播电视大学对所有的学习者提供固定的、缺乏个性的服务,效能不高;开放大学提供的是个性化服务,管理人性化。二是在学习资源方面,广播电视大学资源虽然比较丰富,但优质资源比例较少,可供学习者选择的余地小,资源的互动性效果差;开放大学的优质资源可在国际国内范围共享。三是在学习过程辅导方面,广播电视大学交互性弱,服务阶段性;开放大学交互性强,服务贯穿学习前、学习中和学习后,具有持续性。四是在技术设备方面,广播电视大学很多教

---

〔1〕 薛佳怡.海峡两岸高校交流继续转型心得[J].在线学习,2016(11).

学点设备欠缺,网络不够畅通,异构系统不兼容;开放大学教学设备齐全先进,网络畅通、平台学习便利。五是在运作机制方面,广播电视大学支持服务具有个体性;开放大学具有公共性。六是在服务媒介方面,广播电视大学网络学习主要靠计算机网络,随时随地学习有局限;开放大学学习支持服务智能化,学习者使用终端工具可随时随地学习。

另一方面,开放大学在普通高校中长期处于边缘化,这是客观现实。其中一个重要原因在于,开放教育长期重视对外办学,注重社会效益和经济效益,却忽视对校内全日制教育的服务,使得开放大学(继续教育学院)长期游离于高校办学之外,没能在高校发展中充分发挥作用。因此,开放教育要实现由单纯对外办学向校内和校外服务结合转型:一是开放教育所开发的优质数字化学习资源可以成为校内全日制学生的选修学习资源;二是开放教育所开发的远程教学平台和管理系统可以为校内全日制教育提供支撑;三是开放教育办学机构可以和校内教学院系在课程建设、实验室建设等方面进行合作,实现资源共享、优势互补;四是开放教育在对外合作办学的过程中,可以为校内教师的成长和学校学科专业建设搭建平台,尤其是在实践教学基地建设、一线生产实践等方面开放教育可以为校内教育提供优质服务。[1]

我们知道,在开放教育的办学过程中,仅仅把教学资源传递给学习者并不能达到预期的教学效果,更重要的是要以服务的视角对学生提供持续的关注,加强学习过程中的导学、助学、促学等各类服务。可以说,学习者学习的过程就是使用、接受服务的过程,就是通过学校提供的全方位的学习支持服务完成学业的过程。学习支持服务是保证学生顺利完成学业的关键因素,直接影响开放大学的教育教学质量和学生满意度。学习支持服务的思想首先是在英国开放大学的远程教学和远程学习实践中产生和发展起来的。1978年,西沃特在《远程学习系统对学生的持续关注》中第一次对学生学习支持服务做了系统论述。在我国,将学习支持服务的概念第一次正式写入电大文件的时间是在1996年。国家开放大学自2012年挂牌后,于2013年启动了以学习过程设计为中心的网络核心课程的建设工作,形成了支持服务的实施主体,主要由三部分构成:为学生提供课程学习辅导和帮助的课程教学团队,为学生提供各类非学术指导和服务的导学教师团队(班主任),综合运用计算机网络、移动互联网、通信网络等多种媒介为学生提供各类非学术和学术服务的远程接待中心;于2014年起开展了"国家开放大

---

[1] 李翠红,林世员,王林,万光龙.高等学校继续教育转型发展推进路径与政策建议[J].继续教育,2015(2).

学个人学习空间建设研究""国家开放大学全过程学习支持服务研究与实践""国家开放大学基于网络课程的教学模式改革""开放大学课程教学团队建设研究"等多项科研课题。同时,国家开放大学开展以"六网融通"为特征的人才培养模式中,"网络支持服务"提供了可以对接课程开发者、服务提供者和学习者三方的"支持服务云",让优质的课程能够借助国家开放大学的平台,无缝对接招生、教学、咨询、管理等服务提供方,已成为联结课程、学生和教师,联结网络虚拟空间和教学管理实际业务的关键环节,发挥承上启下、流程优化、业务重组的枢纽作用。

十一、要素之十一:文化性

2009年,中央电大在全面系统总结电大办学30年来文化建设经验的基础上,出台的《关于推进广播电视大学文化建设的意见》(电校办〔2009〕5号,以下简称《意见》)中指出:"电大教育的价值取向和电大精神是文化建设的基本内核。电大教育的核心价值是:平民进步的阶梯,教育公平的砝码,充实自我和增进动力的补给站。勇于开拓、善于学习、艰苦奋斗、勤奋进取,锲而不舍、百折不挠是电大的精神。自强、求知、有为是电大保持旺盛生命力的源泉。"同时,《意见》还强调指出:"电大教育共有的核心价值和办学理念,所遵循的共同的行为准则、管理模式和工作规范,是全国电大一盘棋的基础。"[1]国家开放大学校长杨志坚指出,电大系统的转型升级,说到底,最根本、最核心、最首先迫切需要转型升级的是电大精神文化层面的转型升级。没有精神文化的创新和重建,整个电大系统的转型升级将会陷入"穿新鞋,走老路"的误区。当前电大正处于向开放大学转型的特殊时期,校园文化的现状不容乐观,存在着理念紊乱、校园环境简陋,网络文化内容单一、缺少人文素质教育,人际关系疏远、师生参与不足等方面的问题。因此,重建电大核心价值观,要在传承传统电大核心价值观的基础上,全面贯彻落实国家开放大学提出的"开放、责任、质量、多样化、国际化"新的办学理念,逐步形成明确清晰的独具开放大学特色的核心价值理念。

开放大学文化是对电大文化的继承和创新,其内涵可以由"精神、制度、环境"三个层面构成。精神层面主要体现开放大学理念的价值取向,是开放大学文化的内核;制度层面则是开放大学理念的体制化外显,是开放大学文化可操作性的制度安排;环境层面由实体环境、网络环境和学习氛围等三个

---

〔1〕 中央电大.关于推进广播电视大学文化建设的意见(电校办〔2009〕5号)[DB/OL]. http://ou.china.com.cn.2009-2-24.

部分组成,是开放大学文化的物质体现,折射开放大学理念。[1]学习需求是行为的内在驱动力,而这种内在驱动力并不是简单的对文凭、学历的功利性的追逐,而是一种全民对学习本身的崇尚,对知识的追崇以及自我提高的需求。这正是电大在向开放大学转型过程中所需要的文化土壤,也是转型过程中电大自身所要构建的一种理念——全民自觉学习理念。[2]中央广播电视大学现代远程教育资源中心研究员单从凯、浙江电大海宁学院院长陈勤分别从不同角度阐述了电大成立至今30多年经历开放—封闭—开放三个阶段特征(表1-2)。[3]

表1-2 电大不同阶段学校文化比照表

阶段	时间	使命	招生对象	文化特征	效果
第一阶段	1979—1986	致力于补偿教育	面向社会招收在职生	思想开放,大胆创新	满足了因"文革"失去学习机会的有志青年学习需求
第二阶段	1986—1999	补充高等教育资源的不足	招收普通高考生、成立普专班	强调应试教育、封闭、统一(传统学校文化)	弥补了高等学校教育资源的不足
第三阶段	1999—2012	现代远程教育工程	在职从业人员	教育产业化、经济利益驱动	重视招生,与其他成人教育机构抢夺生源;忽略文化建设,导致电大学校文化缺失
开放大学阶段	党的十七大以来	学习型社会的支撑,终身学习体系的构建	在职人员学历教育和非学历教育	开放、责任、质量、多样化、国际化	期待中

一方面,文化传承是转型期电大文化构建的首要意义,转型中的电大所要传承的是一种既具有大学文化、学习文化共性,又具有电大特性的特色文化。当前开放大学建设从文化角度看,最根本的就是要在建设全民学习、终

---

〔1〕 薛伟.论开放大学的文化自觉与文化自信——以上海开放大学文化建设为例[J].开放教育研究,2012(12).

〔2〕 周文.电大向开放大学转型过程中的文化构建[J].湖南广播电视大学学报,2014(1).

〔3〕 张幼芳,周红兵,刘红侠.开放大学视觉下电大文化建设转型路径探索[J].继续教育,2014(3).

身学习的学习型社会中找到自己存在的方式,发挥自身存在的力量,形成社会的影响力、感召力、吸引力[1],实现从文化传承到文化辐射的效能发挥。

另一方面,文化传播是开放大学的主要教育功能,课程是开放大学文化传播的有机载体、人文表征、组织方式、技术途径、方法策略和基本形态。远程教育课程文化是人类社会现有课程文化形态中最具发展潜力的一种课程文化形态,凸显了开放大学的人才培育价值,它将一种更加关注学习者学习生命体验、教育生命感悟的学习形态和方式呈现在我们的面前。只有立足发展课程文化,不断拓展校园文化空间,把握住本土化、技能化、民族化的发展趋势,才能为开放大学成功担负远程教育文化传播使用,提供强有力的人文支撑。[2]

十二、要素之十二:环境性

从内部环境而言,开放大学的转型发展,是从学历教育管理到大学实体建设的转变。长期以来,地方电大在中央电大的羽翼下,习惯于从事教学管理和端口服务,而教学内涵建设,特别是大学实体建设从未成为其重点工作领域,致使其办学服务能力日趋弱化,办学主体地位逐步丧失。由此,地方电大作为办学实体的属性式微,其教学服务能力长期得不到提升,特别是在20世纪90年代中后期以来我国高等教育快速发展的背景下,广播电视大学全系统的发展严重滞后。

从外部环境而言,应充分考量地方区域开放教育所处的政策环境、经济环境和社会人文环境。政策环境主要包括科教兴国宏观战略、终身教育方针政策、开放教育体系确立、地方政府教育投入状况等;经济环境主要包括地方经济发展总体趋势、地方经济发展的特点、家庭可支配收入变化、家庭教育投资状况的表现等;社会人文环境主要包括学习型社会的创建、开放教育为社会服务的基本功能、开放教育为人的发展服务的基本功能、开放教育预期和教育目标的关系等。[3]

开放大学的转型发展,正从学历教育主体向社会教育主体转变。基于高等教育资源的日益丰富,特别是东部沿海地区教育供给出现结构性矛盾、高等教育的低层次供给相对过剩的情况下,从补社会教育"短板"的角度,开放大学的主体任务应该是面向全民终身学习提供学习支持服务,以加强青少年的校外教育,提高从业人员的职业技能,推进老年教育的发展,从而为

---

[1] 马成斌.开放大学建设的文化视角[J].福建广播电视大学学报,2011(1).

[2] 张亚斌,周宏,李笑涛,李艳,王爱赪,等.从加拿大的远程教育发展趋势看开放大学的文化使命(上)[J].中国远程教育(综合版),2011(5).

[3] 霍迎旦.开放教育的SWOT分析及对策研究[N].新校园(阅读版),2016(9).

全面提升公民素质和职业技能、建设学习型社会做出积极贡献。[1]

十三、要素之十三：使命性

开放大学的办学使命和学习型社会建设基点相互契合。党的十七大报告首提"学有所教"，并把它放在"劳有所得、病有所医、老有所养、住有所居"之前，作为五大社会建设之首。2010年颁布实施的《国家中长期教育改革和发展规划纲要（2010—2020年）》明确提出："现代国民教育体系更加完善，终身教育体系基本形成，促进全体人民学有所教、学有所成、学有所用。"其中，"学有所教"是保障国民享有接受良好教育的机会；"学有所成"是国民学习或通过老师、师傅教（引）导，或通过自主学习提升素质和能力；"学有所用"是国民学成后有用武之地。总之，三个"学有"正是学习型社会建设的基点和核心。《国家开放大学建设方案》中赋予开放大学一项伟大的历史使命，即"适应国家经济、社会发展和人的全面发展需要，促进终身教育体系建设，促进全民学习、终身学习的学习型社会形成"。

开放大学的办学使命是基于学习型社会建设的需要。开放大学的使命，与选拔适合教育的学生的传统大学不同，开放大学是力图创造适合学习者需要的教育，承担终身教育、构建学习型社会的使命。开放大学的诞生，正是基于"学有所教、学有所成、学有所用"的学习型社会的产物。同时，作为一所新型的大学，开放大学将优质教育资源传播到包括广大农村和边远地区在内的各个角落，因此不仅是广大社会成员继续教育的重要提供者和学习型社会建设的有力推动者，也是教育公平和均衡发展的重要促进者，更是促进我国教育信息化的先行者。[2]

开放大学要在推进国家战略服务过程中承担新的使命。"人类命运共同体"是中国政府近年来反复强调的关于人类社会发展的新理念。在众多的战略中，可服务于开放大学加速转型发展的有两个突出的战略：

一个是网络强国战略。2015年，党的十八届五中全会提出了"实施网络强国战略"与"互联网+"行动计划，作为互联网建设未来五年的战略构想。在该战略下，互联网将与各行各业的发展日益密切，包括互联网金融、互联网医疗、互联网工业以及互联网教育等。在我国当前社会发展背景下，办好一所基于网络开展教学、管理、科研与服务的开放大学无疑将推进我国"互联网+教育"的实践，推进"互联网+教育"的人才培养模式、办学模式、

---

[1] 吴进.差异化发展战略下的体系重构：开放大学的体制创新探索[J].终身教育研究，2017（3）.

[2] 李海燕.开放大学：建设学习型社会的载体[J].高教探索，2016（12）.

管理模式、服务模式等的创新。[1]

　　一个是"一带一路"倡议。2015年3月8日,中国政府正式发布了《推动共建丝绸之路经济带和21世纪海上丝绸之路的愿景与行动》,确定了与沿线国家合作的主要内容——"五通",即政策沟通、设施联通、贸易畅通、资金融通、民心相通。教育是"五通"的基础,特别是"民心相通"的基础,可以通过其知识优势、智力优势、人才优势为"一带一路"倡议提供全方位的支持,有利于开放大学在国际合作中新项目和业务的规划与创新。开放大学在"一带一路"中的最重要的教育使命和责任就是人才培养和培训。一是专业技能人才培养,为大规模的基础设施建设培养不同领域的工程技术、项目设计与管理、质量控制与保障等方面的专业技能人才,为经贸活动培养商贸、金融、交通、物流、能源等方面的专业技能人才,为人文交流培养宗教、文化、法律、旅游等方面的专业技能人才;二是小语种人才培养,为"一带一路"沿线65个国家培养通晓各种小语种、熟知当地政治、经济、文化、宗教等国情的专门人才;三是技术人员和工人劳务培训,对外派技术人员和工人进行必要的当地国情教育和语言、文化、习俗培训,需要围绕工程项目对当地人员进行技术、技能培训;四是高层次青年领袖人才培养,为发展中国家培养一批知华、友华、亲华、爱华的未来领袖人才,为我国国家战略和外交战略营造良好的国际空间。[2]

　　开放大学要在创建学习型社会过程中承担新的使命。一是应继续担负起"培养人、作为科研和知识创造的自治中心、服务并引导社会和国际合作"四大使命和发挥"示范、先导和前沿"三大作用;二是应该成为学习型社会的助推器,解除传统教育机构常有的种种限制,将公共教育资源向社会各类学习对象开放,供求学者学习;三是开放大学应在淡化社会的"学历化、学科化和学校化"之风方面主动做好引导工作,要意识到当前大学过于凸现的学历、学科和学校建设是有悖于学习型社会建设主导思想的;四是开放大学应在通过学习促进人的全面发展上起到引导作用;五是开放大学应在学习科学的理论研究和推广方面做出应有的贡献;六是开放大学应在学习型组织建设方面积极走在社会的前列。[3]

十四、要素之十四:结构性

　　结构决定功能。电大系统自从诞生的那一天起,就带着深深的计划经

---

[1] 李薇."一带一路"倡议与我国开放大学国际化发展[J].世界教育信息,2016(19).
[2] 刘宝存."一带一路"中教育的使命与行动策略[J].神州学人,2015(10).
[3] 杨树雨.我国建设学习型社会进程中的终身学习服务体系的建立[J].教师教育论坛,2008(11).

济体制的烙印,其构建和运作本质上是一种建筑学模式。就是这样一个形成于计划经济体制下,规范于计划经济体制下,发展于向市场经济转轨的体制下的电大系统,展示了其特殊的一面:一方面,各级电大的人、财、物的投入和领导班子的配备由同级政府负责,接受当地教育行政部门的管理;另一方面,在教学上按照"统筹规划、分级办学、分级管理、资源共享、协调发展"的原则,上级电大对下级电大的教学业务进行指导。换句话说,地方电大的人、财、物隶属地方行政管理系统,而其教学管理业务却隶属于电大系统,从而使得电大系统与地方行政系统在地方电大这一层面上实现二元交叉[1],这就是一种典型的二元结构的管理模式。

电大教育的"二元结构"实现了电大办学功能的纵向管理,国家开放大学对省级电大和省级以下基层电大的办学业务可以实行管理和指导,但对省级电大和省级以下基层电大的学校设置、人财物资源配置等没有支配权和决定权,形成了各级电大的管理交叉、事权分离、职责不清和相互制约的矛盾。这种纵向的办学业务指导和横向的行政管理,形成了体系内部交错纵横的二元结构管理体制。这是两个法人和两个非真正意义上大学之间的关系。这种关系客观上削弱了国家开放大学对整个体系的管理与制约,也很难统筹兼顾体系内的不同权益要求和不同的办学需求。

同时,由于存在管理体制的二元结构,地方开放教育招收的学生属于国家开放大学,使得开放教育游离于地方教育体系和教育规划之外。虽然地方电大也为地方培养了大批人才,但是学生人数没有办法统计到地方教育事业发展中,因此地方政府没有积极性,甚至开放教育被一些地方政府边缘化。某些地方电大举办中高职教育,由于其教育形式能够纳入地方教育规划,地方政府就有积极性举办中高职教育。由此,相当一部分基层电大在当地政府的支持下,与地方中高职院校或成人高校合并,形成了多块牌子一套人马的办学格局。虽然这样可以暂时解决电大的生存问题,但是电大的办学功能和办学体系的完整性、有效性受到极大冲击和削弱,体系办学的优势受到了制约。[2]

毋庸置疑,建筑学模式下的电大体系构建和运作,办学的社会适应主体单一,以中央电大适应社会需求为主,省级以下电大只是执行管理要求[3],容易导致关系僵化、运转程序冗长,并衍生各种问题,呈现出机械性、外塑性、标准化、封闭性等特点,电大引以骄傲、最具特色和核心竞争力的办学体

---

〔1〕 邵南.旗舰战略:省级远程教育系统建设的变局策略研究[J].现代远程教育研究,2004(4).

〔2〕 刘智刚.供给侧改革视角下开放大学体系建设的思考[J].中国远程教育,2017(7).

〔3〕 王正东.试论广播电视大学对现代社会之适应[J].成人教育学刊,2001(10).

系已不适应新形势、新任务。2016年1月16日,《教育部关于办好开放大学的意见》(以下简称《意见》)正式出台,这是教育部第一份有关开放大学建设的全面指导性文件,对整个电大系统的战略转型,具有重大的现实意义和长远的战略意义。《意见》提出的12项重点任务,其核心就是要创建新型大学。其中主要任务的第十二条"完善治理结构,提高治理能力"明确指出:要进一步落实和完善高等学校党委领导下的校长负责制。实行依法治校,逐步完善学校自主办学、自主发展、自我管理、自我约束的制度框架。制定学校章程,完善学校内部治理结构,使章程成为学校所有教育教学活动的依据,作为制定、修改、完善学校其他规章制度的依据。完善决策机制,建立由政府、行业企业、办学系统组成的决策机构,广泛吸引社会资源积极参与开放大学办学。健全民主管理机制,建立健全学位评定委员会、学术委员会、质量保证委员会等相关机构,切实发挥各委员会作用,提高办学水平。创新教师岗位职责分类,完善相应的考评制度和职务评聘办法。完善学校内部分配激励机制。优化学校日常运行流程,发挥信息技术优势,提高办学效益。探索网络教育条件下学校日常运行模式。加强网络监管,确保网络安全,规范网上教学和学习行为。丰富学生管理方式,创新以课程为单位的学生管理模式。推进网上校园文化建设,进一步增强学生对开放大学的认同感和归属感。

根据《意见》,新建的开放大学将是各自独立的高校,应视作"组织人",强调其"生物性",尊重并发挥其主观能动性和创造性。生物学模式下的开放大学大学系统应具备适应主体的多元化、发展路径的自主性、办学能力的成长性和系统架构的开放性。[1]特别是在组织结构上应注重三个有利于:一是有利于开放大学办学系统作为一个整体按大学要求进行标准化、规范化建设;二是有利于稳固办学系统,整合系统资源,确保开放大学办学系统高效、有序运行;三是有利于确保开放大学整个办学系统的人才培养质量。[2]正如国家开放大学校长杨志坚认为,开放大学的办学体系应力求社会广泛参与,多元多样机构参加,按照"五共"即共商、共建、共管、共享、共赢的原则,建立一个开放性的共建共治的办学组织体系。

一方面,可以学习借鉴欧洲共同体的发展模式,形成一个集团办学、多样化主体、共建共享、开放性的联合办学共同体,是破解电大系统转型升级难题的关键所在。例如,国家开放大学提出了"国开共同体"创新发展思路,

---

〔1〕 王正东.蝶变与涅槃:开放大学建设进程中广播电视大学的转型[J].远程教育杂志,2016,35(3).

〔2〕 周正岐.以广播电视大学为基础建设开放大学的几点思考[J].南京广播电视大学学报,2016(4).

出台了《关于推进办学组织体系建设的若干意见》,39所省级电大和5所地方开放大学与国家开放大学签订了共建区域分布协议。江苏开放大学推动全省电大办学系统向新型大学体系的整体性转型,强化了市、县开放大学的服务定位,实现了新型大学组织体系的创新。[1]

另一方面,可以利用自身已有的平台投身社区教育,通过社区教育的推动来促进电大的结构性转型,这一发展之道不仅可以有效解决电大当前面临的生源困境,又可以在部分省市政府尚未着手的社区教育领域进行新的"拾遗补缺"的尝试,从而使电大重振雄风、重拾新的办学增长点,无疑是个极好的转型与创新的机会。[2]

十五、要素之十五:系统性

在新的历史时期,如何高效推进这个世界上最大规模的开放大学的办学系统建设是一个重大课题。美国著名系统学大师丹尼斯·舍伍德教授所言:"我们应该更加了解系统多棱镜,它可以帮助我们打破原有的思维定式,纵观全局,看清事件背后的结构和逻辑,解决现实世界中的复杂问题。"[3]"系统"对于广播电视大学而言,具有独特的意义。1979年2月6日,中央广播电视大学与全国28所省级广播电视大学同时开学。自此以后,一个由中央电大、省级电大、地市级、县级电大分校和工作站组成的覆盖我国大陆地区的远程教育系统逐渐得以形成。电大人通常将这样一个庞大而独特的远程教育系统亲切地简称为"电大系统"或者"系统"。近40年来,这个系统遵循"分级办学、分级管理"的办学思路,坚持"统一计划、统一教学大纲、统一教材、统一考试、统一评分标准"的"五统一"教学总原则,在国民教育,特别是在继续教育中规模巨大,颇有影响。

在这样一个系统内,每一个参与者都有不同的期望,都尽力采取措施,将其拉向不同方向,以实现自己的预期目标。不少基层电大不同程度地出现了"背离"系统的现象,且趋势越来越明显。尽管中央电大和省级电大采取了各种政策措施,试图去修复该系统,但整个系统却好像很顽固,甚至缺乏必要的信任和沟通,每时每刻都会产生相同或相似的行为,使得所采取的措施基本上是治标不治本。[4]

---

〔1〕徐辉富,魏志慧,李学书.开放大学五年:总结与反思——"开放大学建设进展与成效研讨会"综述[J].开放教育研究,2017(6).

〔2〕吴遵民,陈玉明.电大转型社区教育何以可能[J].开放教育研究,2015(3).

〔3〕丹尼斯·舍伍德.系统思考[M].北京:机械工业出版社,2014:18.

〔4〕南旭光.我国电大系统潜在危机的深层成因剖析——面向开放大学建设的透视与反思[J].江苏开放大学学报,2016,27(2).

当系统的整体目标和各个子系统的目标之间不相同或者不一致时,就难免会产生创新或变革的政策阻力。江苏开放大学副校长吴进以江苏为例对办学形态所存在的问题进行了说明:系统是一种树型结构,由于地方政府在整合区域教育资源的策略不同,导致部分市、县电大或功能弱化,或名存实亡。各级电大办学同质化现象严重,对于学科,甚至是专业,缺乏服务地方、主动建设的意识。这样的大学体系,充其量是连锁店,根本未能形成一个完备的系统。

对电大系统及正在建设的开放大学系统而言,这是一个多方利益相关者集合体,"它们的特质差异性较大,利益诉求千差万别,而且又都是随时间、信息、政策等因素而不断动态变化的"[1]。一方面,一些地方政府为了整合当地教育资源,促进各类教育机构合并,省级以下、特别是一些区县电大分校、工作站不断被整合或并入地方教育机构(如党校、教师进修校、职教中心等),或与其他学校合并后办学重心转移,或与普通高校远程教育网络学院合作。一些电大在自身资源基础上创办高职院校,或者在政府的统整下与其他学校合并组建高职院校。[2]另一方面,中央电大和省级电大这些处在电大系统链条顶端的上层机构在向开放大学转型升级的过程中,多方努力推进内涵质量建设,想以更好的教学质量和社会声誉立世,以赢得更佳的社会地位。但是底层的众多办学机构却往往以获取办学收益为出发点,更多考虑的是在办学中所能获得的直接经济利益,对于长期的非经济利益并不感兴趣,表现出来的是并不真正关注教学质量,而是忽视教学过程、轻视支持服务、不注重教学基本建设等,只强调以招生数量为表征的办学规模的扩大。

赫拉克利特在《论自然界》一书中说:"世界是包括一切的整体。"它启示我们要从整体的角度来看待事物,做好系统管理,不能只见树木不见森林。随着时代的推进,大学发展趋势从"点状"到"线状",再由"线状"到"块状",最终进入到网络时代的"网状"。根据网络结构理论,中国开放大学体系的网状结构上的每一所办学单元都是相对独立自治的中心,而非可有可无的节点,它们既依托网络维系着自身独立的运行,但同时又共同支撑着中国开放大学这个宏大的体系,松散、互补、高效、低耗。[3]时任联合国教科文组织教育总干事约翰·丹尼尔将其美誉为"这就是未来的大学"。例如,常

---

〔1〕 张培.开放大学价值网络建构及发展策略研究——一个基于利益相关者框架的分析[J].现代远距离教育,2015(4).

〔2〕 胡继明.新时期广播电视大学系统的反思与再造研究[J].中国远程教育(综合版),2013(6).

〔3〕 徐皓.读懂中国开放大学的立足基点和思索径向[J].中国远程教育(综合版),2014(11).

州开放大学已建立了"市开放大学——辖市(区)社区学院(开放大学)——社区教育中心——居(村)民学校"四级社区教育网络体系和8所分校教育联盟;与常州高新区生命健康产业园(薛家镇)、新北区社会事业局三方共建常州开放大学新北学院;与常州市南师校友培训中心共建常州开放大学老年教育白云教学点……逐步形成了覆盖全市的开放教育办学网络。[1]

十六、要素之十六:资源性

1968年,英国学者加勒特·哈丁在《科学》杂志上发表了一篇题为《公地的悲剧》的文章。他在该文中设置了这样一个场景:一群牧民一同在一块公共草场放牧。一个牧民想多养一只羊增加个人收益,虽然他明知草场上羊的数量已经太多了,再增加羊的数目,将使草场的质量下降。牧民将如何取舍?如果每人都从自己私利出发,肯定会选择多养羊获取收益,因为草场退化的代价由大家负担。每一位牧民都如此思考时,"公地悲剧"就上演了——草场持续退化,直至无法养羊,最终导致所有牧民破产。"公地悲剧"的思想表明了对于人们共同分享的、有限的资源,很容易出现开发或消耗逐步升级或增长的态势,从而导致资源枯竭,系统被破坏。[2]

重要的公共资源最容易"公地悲剧"。相较于其他教育形式和教育类型,电大教育具有较强的政策支撑,是中国改革开放的总设计师邓小平亲手签批而创立的一所没有围墙的大学,占据了得天独厚的政治优势,为中国电大系统争取了办学资源和发展基础,这也是电大系统经常提起并引以为豪的事情。但是,正是这种其与生俱来的行政层级的血缘关系,使办学业务和管理体制之间产生了二元交叉甚至二元割裂,造成了基层办学单位,往往把电大教育当成了一种公共资源,一种本地范围内所依赖的"公地",不断从中求取利益,却在相当长的一段时期内几乎不加以投入建设。同时,教育服务的供给过程具有较强的专业性,消费者处于明显的信息劣势,教育服务的供给者可能会为了自身利益而让消费者购买更多的教育资源,进而客观上造成了过度消费。人们对教育资源的过度需求主要表现在两个层面:一是在数量层面,人们倾向于消费尽可能多的教育资源,既包括尽可能多的教育类型或内容,又包括尽可能多的教育时间;二是在质量层面,人们倾向于消费质量尽可能高的教育资源。面对供给扩张乏力的教育资源,共享带来的相对规模扩张无疑可以缓解这种巨大的需求压力。作为一种新型的公共资源

---

[1] 袁彩哲.市级开放大学管理体制改革的路径选择——基于常州开放大学建设实践的探索[J].南京广播电视大学学报,2016(3).

[2] 南旭光.博弈与决策[M].北京:外语教学与研究出版社,2012:34.

配置方式,教育资源共享主要是一种基于存量的资源优化配置方式,资源的配置方式从"独占"到"共享"的嬗变必然会导致教育资源本身的变化,包括存在状态、经营模式、作用方式等。因此,开放与共享已成为开放大学的核心教育理念和最重要的文化特征。

稀缺的公共资源既可能因过度利用而发生"公地悲剧",也可能因利用不足而发生"反公地悲剧"。1998年,美国黑勒教授提出"反公地悲剧"理论模型。黑勒认为,尽管"公地悲剧"说明了过度利用公共资源的恶果,但同时忽视了资源未被充分利用的可能。由于公地内存在着很多权利所有者,为了达到某种目的,每个当事人都有权阻止其他人使用该资源或相互设置使用障碍,导致资源的闲置和使用不足,造成浪费,于是就发生了"反公地悲剧"。在一些开放大学的校、系两级管理体制下,按照"谁买谁管、谁管谁用"的思路来管理、使用设备,形成了实训设备由二级系部、教研室或者个人专用的"多头、分散、封闭、独享"的管理模式。虽然这种模式对于实训资源的专业化建设和对二级系部自身发展具有一定的优势和便利,但是这种管理模式容易引起信息传递不畅、阻塞或失真。实训资源的管理者(占有者)不知道在这个封闭系统以外,还有谁需要使用这些资源;而想用这些实训资源的部门或个人又不知道何处可用。另外,有些部门或个人基于自身利益和管理上的方便等原因,不愿意开放共享"自己的"实训资源,职能处室之间、职能处室与各教学单位之间、各教学单位之间对资源共享使用的障碍和协调难度增加。资源共享通道不畅,必然导致资源共享度差、利用率低,甚至长期闲置,从而引发"反公地悲剧"。因此,一个新型的开放大学,要善于整合教育资源,精于盘活存量教育资源,切实提高实训资源的利用率和投资效益,按照"统一规划、统筹管理、权责明确、管用分开"的原则,破除系部藩篱,实行资源一体化、多层次、开放式、共享型管理。[1]

江苏省建立了开放大学系统三个办学联盟,是对资源整合的最佳形式。一是社会合作联盟:以江苏开放大学、江苏教育电视台和江苏电教馆为基础,成立江苏开放大学社会合作联盟,整合相对优势,增强整体服务功能。二是行业支持联盟:与江苏省农委、江苏省住建厅、江苏省人社厅、江苏省司法厅等机构合作,成立江苏开放大学行业支持联盟,充分利用行业的各种资源,推进深度合作,提高人才培养质量。三是学校教学联盟:与相关高校合作,成立学校教学联盟,依托其师资、专业、课程资源优势,汇聚优质资源,

---

〔1〕 朱红斌,庄三舵.公立高职学院实训资源"反公地悲剧"现象解析[J].中国职业技术教育,2015(23).

提升内涵发展。[1]

十七、要素之十七：生态性

人的发展是不断生长的有机体在他的一生中与其所处的不断变化的环境逐步地相互适应。[2]当生态学观念融入教育研究领域，人们将关注学习环境的优化对学习者的重要意义。

当前的开放教育已经进入新常态。所谓新常态，就是要把传统经济体制下通过权力配置教育资源导致的各种错位恢复正常。对国家而言，突出表现在办学实体与管理机构的错位、国家公益事业与机构牟利的错位、国家统一质量规范与调动地方办学活力的错位、开放教育独特类别与普通高校倾向的错位。这些错位很大程度上导致电大在转型发展中遇到的包括质量在内的种种问题。把它们扭转过来，回到国家给予开放大学的定位——全民终身学习上来，需要重构一套完整的、全新的、保证弱势群体有接受高等教育机会的办学体系或制度。

2016年12月1日，教育部职业教育与成人教育司副巡视员葛维威在以"终身学习：价值链与生态圈"为主题的第十五届中国国际远程教育大会上指出：未来将构建一个终身学习的生态圈。中国高等教育正身处一场基于信息技术的巨大变革之中，这一切都为远程教育、继续教育创新转型发展提供了土壤。在教育的价值链上，由培训机构、学习中心、教师、学生、家长、课件剧本策划师，摄像录音师，直播网站，平台设计等互相配合，共同构成互联网教育的生态圈。多样化的人才需求和多元化的教育培训使终身学习成为社会进步和个人发展的需要，生态圈的构建将畅通继续教育、终身学习通道，让每一个中国人都能够成为建设学习型社会的受益者。

2017年，国务院印发的《新一代人工智能发展规划》（以下简称《规划》）提出了"智能教育"，这是教育的一种融合形态。该《规划》指出，要利用智能技术加快推动人才培养模式、教学方法改革，构建包含智能学习，交互式学习的新型教育体系，提供精准推送的教育服务，实现日常教育和终身教育定制化。人工智能是以互联网为基础，是互联网的进一步发展，在开放教育生态的基础上，它更强调个性化教育服务。[3]同时，如今的"互联网+教育"市场正面临着资本浪潮与市场的冲击，已是"群狼环伺"。各种各样远程教育的培训机构，适应多样性、个性化、碎片化、即时性、泛在化的学习

---

〔1〕 张鲤鲤.江苏开放大学的价值选择与建设路径[J].中国远程教育（综合版），2016（10）.

〔2〕 范国睿.教育生态学[M].北京：人民教育出版社，2000：11.

〔3〕 吴永和，刘博文，马晓玲.构筑"人工智能+教育"的生态系统[J].远程教育杂志，2017，35（5）.

需求。这些机构知道市场需要什么,但办不到的是所学能不能作为学分,能不能通过学分积累拿到证书,甚至拿到文凭和学位。这个口子国家目前没有打开。事实上,我国的普通高校设置网络学院已经是学校自主范围内的事。教育部要是认可商业模式的网上教育学分,劳动人事部门认可网上各种职业培训证书的闸门一开,开大或者说其整个系统面对的将是一次来自外部实实在在的严峻挑战。[1]

开放大学的优势在哪里,非学历教育"路在何方",成为国家开放大学首要思考的问题。广播电视大学已经形成的分工合作、运作有序、覆盖全国城乡的办学体系,既是独有的特色,更是难得的优势和宝贵财富,为所有竞争对手所艳羡。国家开放大学社会教育与职业培训部部长马若龙认为:"真正的竞争对手在外部,我们应该进一步凝聚发展共识、明确发展思路、充分发挥系统优势,合力出击,以'互联网+教育'打造出一个全新生态链条,打造与市场相匹配的核心竞争力,实现非学历教育发展弯道超车。"

近年来,国家开放大学的非学历教育工作取得实际工作成效,突出表现为承担了九个重点项目,分别是"求学圆梦行动计划"、国家教师专业发展公共服务平台、国家级专业技术人员继续教育基地、国家级农村职业教育与成人教育示范县展示与交流平台、教育部精准扶贫困难学生信息跟踪系统、教育部高等学历继续教育专业审批与公共信息服务平台、国家老年教育支撑养老公共服务平台、国家社区教育研究培训综合信息服务平台和"精彩人生女性终身学习计划"。

同时,国家开放大学与国家部委、行业企业、教育机构等广泛开展各种社会教育和职业技能项目合作,通过业务模式再造、组织体系再造、服务流程再造、增值模式再造,建立从平台、项目、渠道到学习体验中心的生态链条,通过共商、共建、共管、共享、共赢的全新机制,打造一个非学历教育的生态圈。例如,国家开放大学与国家部委、行业企业进行项目储备工作,国务院扶贫办、商务部、国家旅游总局、普华永道、中国纪检监察学院等已经与国家开放大学达成了面向特定群体共同开展继续教育的合作意向。另外,国家开放大学还在探讨与大型国企央企如中国石油、中国中车的合作办学模式。[2]

十八、要素之十八:制度性

广播电视大学和开放大学在制度治理上最大的差异在于:电大由于受

---

[1] 王一兵.开放大学的战略转型[J].广东广播电视大学学报,2017,26(1).
[2] 刘增辉.国家开放大学社会教育与职业培训部部长马若龙:打造非学历教育生态圈[J].在线学习,2017(8).

到社会历史客观条件的局限，在不健全不完善的法规条例下办学，更多的是依赖"先上马、后备鞍"的路径，缺乏大学制度保障。而开放大学的成立依赖现代大学治理理念，在现代大学制度的背景下，以立法形式寻求对其的契约治理，使开放大学做到真正意义上的独立法人，而非依附于政府的次级法人主体。[1]

制度体系建设是开放大学建设的重要内容和支柱之一。一方面，广播电视大学系统在三十多年的办学实践中，形成了"统筹规划、分级办学、分级管理、分工协作"的三级管理体制以及与之相适应的教学、管理、学习支持服务、质量保障、资源建设等各种内部治理制度，为推进国家开放大学奠定了很好的基础。另一方面，广播电视大学"科层管理"和"他组织"特征下的制度建设滞后的弊端也日益凸显。[2]主要体现在三个方面：一是制度数量和体系覆盖面虽然大，但整个制度体系不够系统和规范，存在很多"盲点"，上位制度和根本性的制度严重缺失或滞后；二是制度体系建设内容虽然突出了问题的主要方面，但在解决问题的具体规定和措施上不够全面，操作过程中随意较大，制度之间关联度不够，接口也不清晰，甚至存在相互抵触；三是缺乏弹性化管理和人性化管理以及对环境的调适能力。

开放大学办学体系不同于广播电视大学系统科层化管理的"他组织"，是具有自我管理和调整功能的"能动的自组织"。其制度体系建设既具有一般意义上的现代大学制度特征，同时也具有自身作为"能动的自组织"和复杂办学体系所具有的特征，并呈现出二者有机融合的特征，具有整体性和协调性、长期性与稳定性、创新性与自我完善性、丰富性与渐进性。[3]因此，开放大学制度体系建设应考虑和兼顾开放大学作为"单一实体"的独立高校和众多成员加盟的"办学体系"两大特色，针对自身的办学定位和所承担的历史使命，在政府和教育行政部门的宏观调控下，面向社会依法自主办学，实施民主管理，全面落实开放大学作为法人实体和办学体系所应具有的权利和责任相统一的管理制度体系。参照制度性质、范围和内容的分类办法，结合开放大学的制度特征，在横向上可主要分为大学治理类、基础管理类、业务管理类、职能管理类、监督控制类、党群工作制度类等；在纵向上分为学校治理制度、学校基础管理制度、业务流程制度、操作规范等。这些均反映了开放大学与政府和社会关系的治理模式、制度规范与行为准则。

---

〔1〕 江颖，黄霖.学习型社会视野下开放大学的内涵探究——论"开放大学"与"广播电大"的差异[J].职教论坛，2011(34).
〔2〕 姚文建.自组织理论下的国家开放大学办学体系建设探索[J].中国远程教育，2013(5).
〔3〕 姚文建，李彦忠.国家开放大学制度体系建设特征与内容框架研究[J].中国远程教育（综合版），2013(11).

另外，开放大学由于其公共产品的属性，决定了它不能完全通过市场的途径去解决，需要政府主导、政府投入。同时，根据公共产品的理论，公共产品的生产具有自然垄断性，而自然垄断产业具有成本弱增性。垄断行业会本能地追求自身利益最大化而定高价。无论从开放大学的公共产品属性角度，还是从开放大学的市场失灵角度，都必须对开放大学进行制度的一系列规范，需要考虑开放大学是自然垄断业务与竞争性业务并存的一个行业，可以考虑建立开放大学的基本条件和设置标准、开放大学的注册进入制度、信息传输体系业务进入制度、学习中心设置标准和注册进入制度，以及不同办学体系间转换成本的规章制度。[1]

---

[1] 李江.规制视角中的开放大学[J].中国远程教育(综合版),2011(6).

开放与放开

一、开放是活力,放开是支持

2017年1月20日,苏州职业大学围绕"十三五"期间学校"创新争先,创优争光"和对标分析主题召开了工作务虚会。校党委书记钮雪林指出,要深入学习贯彻省、市有关会议精神,全面落实"聚力创新发展"的要求,瞄准先进院校找差距,明确目标体系求奋进,推动学校在现有基础上进一步创新发展。

越是美好的未来,越要靠奋斗去赢取。企业行业关注产业链,政府关注生态链,而对于开放大学来说,就是要在这二者之间创造一条价值链,让资源的链接创造无限可能。换而言之,苏州职业大学要建设具有苏州特色性、江苏影响力乃至全国品牌度的全民终身教育模式,核心是要解决体制机制问题,关键是要依靠创新创效,基础是要有良好生态环境,重要的是要有重大计划、工程与项目支撑。

二、以开放倒逼改革以改革支撑开放

"以开放促改革"是中国取得成功的关键所在。改革开放带来的制度红利,是中国近40年发展的原动力。2013年9月17日,在中南海召开的党外人士座谈会上,习近平总书记指出:改革是由问题倒逼而产生,又在不断解决问题中而深化。全面深化改革,关键要有新的谋划、新的举措。要有强烈的问题意识,以重大问题为导向,抓住重大问题、关键问题进一步研究思考,找出答案,着力推动解决我国发展面临的一系列突出矛盾和问题。解放思想的过程就是统一思想的过程,解放思想的目的是为了更好统一思想。思想统一了,才能最大限度凝聚改革共识,形成改革合力。[1]

一方面,开放倒逼改革。根据供给侧改革的要求,今后的开放,将呈现八大趋势:从商品市场开放转向要素市场开放;从制造业的全面开放转向现代服务业的全面开放;从行政分割的区域市场开放转向全国统一市场的开放;从单一的国有资本参与竞争转向混合所有制参与竞争的格局;从"正

---

〔1〕 新华社.习近平:改革是由问题倒逼而产生[N].新京报,2013-11-14.

面清单"管理转向"负面清单"管理;从遵循全球规则的多边开放转向单边自我开放;从被动适应全球化到主动创造全球化的机遇;从争取优惠政策创造洼地效应,转向通过推进改革来创造洼地效应。[1]开放大学在改革发展中,要回答好三张"问题清单":一是拿出"权力清单",明确该做什么,做到"法无授权不可为";给出"负面清单",明确不该干什么,做到"法无禁止皆可为";理出"责任清单",明确该怎么参与社会治理与市场运营,做到"法定责任必须为"。

另一方面,工作在于落实,出路在于实干,这个过程是不断发现和解决问题的过程。例如,党的十八届三中全会将"社会管理"修改为"社会治理"。因为社会不是一个被动管理的对象,有自我管理能力,也存在着其他管理主体。实现国家治理能力的现代化,政府、市场、社会三者都是必不可少的。开放大学在涉及继续教育、远程教育、社区教育、青少年教育、老年教育等方面如何主动作为并有效参与社会治理,会涉及一系列探究性和现实性的问题。正如在2016年9月的第六届中加经贸合作论坛上,国务院总理李克强对加拿大总理特鲁多说:"我在训练场的休息室里看到了他们(冰球队)打出一幅标语'No excuses. Be a winner.'(没有借口,成为赢家)。"就是说,开放大学应以责任担当意识,采取正向激励和反向倒逼相结合的方式双向发力,努力为广大教职员工创造放得开手脚、没有后顾之忧的抓落实环境,真正让想干事的有机会、能干事的有舞台、不干事的有危机感。

三、开放是虚功实做,放开是有为有位

《遇见大咖》第三季中有两个印象深刻的故事。

第一个故事是关于搜狐掌门人张朝阳。主持人问张朝阳一个问题:"如果你今天从麻省理工回来的话,你还会选择创业吗?"张朝阳斩钉截铁地回答道:"那肯定是了。那时像我们这些人其实一无所有,我们如果去做传统行业,我们是没有任何资源的,但传统行业是不给我们机会的。只有互联网是靠数学的原因,它一旦爆炸起来,传统行业的那些资源就显得不重要了。"

第二个故事是关于京东掌门人刘强东。一直以来,外界对京东自建物流体系存在质疑。尤其是阿里旗下的菜鸟网络异军突起,他们采用直接与第三方的物流企业合作,以大数据为依托,协调配送包裹,被外界称为"轻资产"模式。而京东则需要养活自己的物流配送人员,被称为"重资产"模式。在互联网时代,"轻资产"模式往往更容易被大众所接受。但刘强东认为:

---

[1] 杨频萍,翟慎良.用开放倒逼改革让政府精准作为[N].新华日报,2013-11-20.

企业的创立必须要扪心自问初心何在，不能一味想着钱。让员工成为企业的"家人"，干得有成就感，活得有尊严，收获价值感，这样的"重资产"模式对个人、社会、国家都有着长远的利益考量。

两个故事对于开放大学的办学有两点启示：一是开放大学与传统本科大学的错位发展优势必须借助互联网这个平台，将资源进行整合与共享，甚至操盘运营；二是开放大学的教育项目必须落地，不能让全民终身教育成为空中楼阁，梦中幻想，必须回归教育规律的人本主义，让受教育者有尊严、有价值地学习成长。两点归纳起来就是：立足教育、把握趋势、内调结构、外拓市场、配置资源、搭建平台、撬动支点、借力发力、虚功实做、培育特色、树立品牌。

人为什么要工作？人不仅在精神及心理层面上需要工作，而且每个人通常也都会想做一些事情。经验告诉我们，一个人所擅长的事，通常就是他想要做的事，而自我能力的展现更是人们工作意愿的基础。对于任何一个职场中人来说，最有意义的事情是提高自己的不可替代性。

在现实工作或组织中，我们经常看到有职员抱怨学校和领导不重视自己，没有给他提供足够的能展示自己能力和才华的舞台（职位）和机会。其实，这是因为他们没有弄明白"有为"和"有位"之间的关系。"有为才有位"的意思是：你有作为，就会在单位和社会上取得较理想的待遇与地位。倘若无所作为，那么职位和地位便与你无缘。同时，没有正确厘清"有为"和"有位"的关系，也是我们做事没有效率的主要原因之一。一些管理者都有"向下看"的倾向，所以他们往往会重视过程中的努力，而不重视结果。他们会担心组织及上司是否"亏待"了他们，以及组织或上司该为他们做些什么。他们更在意自己没有得到"应有"的职权。结果是，他们使自己做事没有效率。

孔子曰："不患无位，患所以立。"其意思是说，不要担心没有自己的位子，要更多地去考虑如何通过实现自己的价值而获得立足之地；即使你获得了位置，你还要考虑如何通过有所作为，而巩固自己的位置，以赢得他人的认可。2016年12月，学校印发了《苏州开放大学工作管理办法（试行）》，开放大学管理委员会按照"统一领导、职能扎口、条块结合、以块为主"的原则，内设党政办公室、综合办公室、招生与事业发展中心、教学管理中心、网络教育中心、社区教育中心。下一步工作，开放大学将按照"按劳分配、优劳优酬、效率优先、兼顾公平"和"责权利相统一"的原则，进一步发掘现有制度体系潜在的力量，制定管委会内部绩效奖励办法，使"有为有位"内化为全体职员的共识，以取代"既定制度一无是处"的思维。

四、创新人人可为，创效事事可做

　　创新意味着必须海纳百川兼容并蓄，让开放具备改革的活力；创效意味着必须突破藩篱改革自身，让放开具备支持的力量。2016年7月6日，时任江苏省委书记李强在苏州视察调研时的讲话指出：要突出创新与开放的"双轮驱动"。开放是苏州新一轮发展的重要增长极，中国制造2025的试点在苏州。如何打开大门，既"引进来"，更积极主动地"走出去"，要做很好的研究。随后，在同年的全省党代会上，李强参加苏州代表团审议时，对苏州提出了"创新四问"，即：（1）在全省创新格局中，苏州怎样发挥引领性作用？（2）在推进自主创新中，苏州怎么追求原创性成果？（3）在全面提升创新水平的基础上，苏州怎样打造标志性平台？（4）在创新生态系统的打造上，苏州怎样体现开放性和包容性？

　　从"特色小镇"到"创新四问"，着力点是在实力提升、改革提档、发展提级、幸福提标等方面，对于开放大学有着深刻的借鉴意义。一是以"特色小镇"着力"特色学院"的建设，二是以"创新四问"着眼开放教育，即苏州开放大学怎样发挥引领性作用？怎么追求办学特色性成果？怎样打造全民终身教育平台？怎样体现办学的开放性和包容性？

　　在创新的变革过程中，人们的抵触情绪通常来自对旧模式的情感依赖和对新模式的恐惧。变革大师约翰·科特总结出通往变革的两条途径，一条是"分析—思考—改变"，而另一条是"目睹—感受—改变"。他认为"目睹—感受—改变"的战术常常更奏效而且影响深远。因为"分析—思考—改变"是走脑的，是思维层面的，讲道理、传递信息只是改变认知的方式，而认知相当于弱电，只有12V或5V；"目睹—感受—改变"是走心的，是从感官刺激到心理感受，是情感通路。情感经常跟声音、画面紧密关联在一起，声音、画面的刺激常能引起情绪反应，相当于强电，会有380V或220V。因此，开放大学应与不同层次、不同类型的教育对象接纳包容、共情共感。我们若是只顾一味地创新，忘记了出发来时的路，丢失了根基的东西，就会脱离规则，变成野蛮成长。作为经济学大师级人物的约瑟夫·熊彼特是公认研究创新的第一人，就曾提出了"创造性毁灭"一说，即创新是创造出新事物，但新事物替代旧事物，并不等于说是个完美无瑕的愉悦过程，恰恰相反，新事物的出现是个毁灭旧事物的过程，这会带来阵痛，甚至代价高昂。

　　从强化"创新"驱动到提高"创效"能力，虽只是一字之差，却是管理思维的巨大转变，也蕴含着可持续发展的巨大价值。开放大学的价值链如何体现，相当程度上取决于我们如何做好"双创"服务链。

　　一方面，要善于模仿(仿效)。哲学家勒内·吉拉尔在《论世界创立以来的隐藏事物》著作中有这样一个观点：模仿是人类本性非常重要的一部分，模仿造就了人类，造就了我们与他人之间的关系。事实上，模仿的能量比我们想象的还要强大，但很多人会压抑或隐藏模仿的行为，因为毕竟很多人不想很明晰地让别人觉得自己在复制别人的东西，这会非常尴尬。然而，我们模仿的次数要比我们承认的多很多，模仿是一种很好的能力，它让我们学会了语言、了解文化，精进体察。模仿（仿效）是一个"对标"的过程，从定标、兑标到达标、创标，会涉及技术创新、管理创新、岗位创新等指标内容，旨在提升管理水平，增创经济效益，缩小与先进目标差距，使主要建设与发展指标达到或超越业内一流水平，创出新标杆。

　　另一方面，要加强改进（改善）。在一个相对稳定的组织中，持续的改进（改善）比改变更趋缓与长效，这就需要我们警惕"温水煮青蛙"，重视将来而不是留恋过去，注重机会而不是问题，选择方向而不是随波逐流，瞄准可以有所作为的目标，而不是求取"安全"和容易实现的目标。同时，我们要摒弃"创效是领导的事，事不关己"的错误思想，树立全员参与意识，引导教职员工树立"创新人人可为，创效事事可做"的理念，当好"服务员"，多角度打造教育服务的"暖"品牌；当好"信息员"，多方式搭建教育服务的"E"平台；当好"协管员"，多层次构建教育服务的"新"机制。通过开展"创效达人"评比、"金点子"征集等活动，调动全员参与创新创效的积极性，涌现一批岗位"创效达人"，选树创效典型。另外，抓好党员的教育、监督和管理，积极开展"承诺践诺""双创"等载体活动，号召党员在创效工作中心中有责，创效有果。

文化内涵建设

　　文化生成的核心在于树立一种价值与信念,即树立一种共同的愿景;在于构建一种共同认可的组织目标,即将来会成为什么样的见解。沃伦·本尼斯曾经说过:在人类组织中,文化愿景是唯一最有力的、最具激励性的因素,它可以把不同的人联结在一起。[1]斯坦福大学曾有一个研究,美国在1900年存在的大学和最大的企业,经过一个世纪的沧桑之后,大多数的大学都生存下来,而大多数的大公司都死亡了。这背后的因果机制,可以在文化的固守、创新与持续的追求中寻找解释。

　　大学的教育教学过程,说到底就是文化育人的过程。开放大学建设的核心问题是文化问题。文化始终是开放大学建设和发展的稳固根基,是增强开放大学的核心竞争力的关键要素。在建设社会主义文化强国的新征程上,作为新型大学,开放大学义不容辞地肩负着文化教育、文化研究、文化服务、文化交流的功能。

　　开放大学较之传统大学更能反映知识经济时代和信息社会环境中学习者的生存状态、生活方式、行为规范、人生理想、事业发展、价值取向、思维方式等主体文化面貌。2012年7月31日,国家开放大学成立大会暨揭牌仪式在人民大会堂举行。8月1日,国家开放大学文化建设座谈会在国家开放大学五棵松远程教育教学大楼举行。这一点,从国家开放大学挂牌成立后第二天马上召开开放大学文化建设座谈会可见一斑。

　　文化作为顶层设计的墙角石,成了建设开放大学的重中之重。开放大学应结合开放教育现代、开放、服务、创新的教育特色,充分挖掘电大在30多年发展过程中逐步形成的自强不息、艰苦创业、勇于开拓、追求卓越的精神气质和文化品质,充分吸收现代大学的办学理念与思想精华,努力培育自己独特的大学精神,明确价值倡导,把大学精神和价值倡导贯穿、融合在人才培养模式改革、专业和学科建设、教学模式改革、数字化校园建设和教学服务过程当中,形成内涵丰富、昂扬向上、开放多元的开放大学精神文化氛围,使每一个学习者在开放大学的学习期间,能够深刻感受到开放大学独特

---

〔1〕 [美]戴维·W.约翰逊,罗杰·T.约翰逊.领导合作型学校[M].唐宗清,等,译.上海:上海教育出版社,2005:52.

的文化熏陶,鲜明的大学精神,积极健康的价值追求。[1]

从文化的传承性角度而言,历史传承的是文化,文化是历史的笔墨,开放大学需要承担起传承文化创新的历史使命,形成具有远程开放教育特点的文化建设模式。"文化高速公路"比对(物理)高速公路和信息高速公路,是赋予了丰富文化内涵的形象化的"路",是传承教育、文化、历史的一个个点连起来的"高速公路",旨在利用现代教育手段,开发现代旅游资源,实现文化站点的连接和站点文化的高速传播,探索开放大学背景下文化建设模式。例如,以河北广播电视大学为试点,以"新中国从这里走来"(西柏坡—北京)路线图为样本,着力开发西柏坡等中共中央沿途驻地的红色资源(西柏坡→唐县高昌镇淑闾村、白求恩纪念馆→保定优抚医院→涿州"毛主席进京驻涿纪念馆"→香山双清别墅),深入研究有关西柏坡地区的历史,挖掘具有丰富内涵的"西柏坡精神"。[2]

从文化的合作性角度而言,不论是开放大学,还是其前身广播电视大学,从本质上看都是一种合作性的事业。从宏观上看,开放大学是中央政府与地方各级政府合作的产物;从中观上看,开放大学是教育部门、广播电视管理部门以及社会上各相关部门合作的产物;从微观上看,合作渗透在教学与管理的所有环节。可以说,开放大学和电大就是一个合作的产物,合作是开放大学文化的核心旨要,合作文化也是开放大学自身生存与发展所蕴含的文化底蕴。[3]

从文化的资源性角度而言,开放教育资源与大学文化有着千丝万缕的关系。一方面,大学文化的认识论取向与开放教育资源发展的理念不谋而合。大学文化认识论取向的目标是创造知识和传播知识。开放教育资源最重要的功能是知识传播,通过促进业已证明具有成效的知识成果的推广和普及,在更大范围内展现知识的巨大功能。另一方面,大学文化的政治论取向与开放教育资源发展的理念如出一辙。大学文化政治论取向的目标是应用知识,强化与社会的联系。开放教育资源既是一个公共服务平台,还是一个教育教学支持和研究平台,通过提供公共性的学习资源和支持性的学习服务,成为大学开放办学体系的重要窗口。[4]

---

〔1〕 张根云,陈鸿英."文化深圳"建设背景下的深圳开放大学建设研究[J].广播电视大学学报(哲学社会科学版),2012(4).

〔2〕 刘晓平,宋悦.开放大学背景下"文化高速公路"构建研究——以"西柏坡—北京"路线图为样本[J].河北广播电视大学学报,2012,17(5).

〔3〕 丰云.从人为合作到自然合作:开放大学教师合作文化的理性建构[J].成人教育,2015(6).

〔4〕 钱小龙,王小根.大学文化视野下中国开放教育资源发展的审视[J].现代远距离教育,2014(6).

从文化的理念性角度而言,开放大学理念是由学校积极倡导、全体师生自觉实践,从而形成的代表学校信念、激发学校活力、推动学校发展的团体精神和行为规范。借助数学概念的"收敛"曲线理论,我们可以把这种影响概括为:每一种理念要素必须对学校最高目标和共同价值观产生推动作用,使全校师生员工的努力最终收敛于最高目标,即任何一种理念要素都会对师生员工产生平行于最高目标和垂直于最高目标的两种作用,如果高校要素产生的两个作用都分别指向学校理念,即分别指向这所大学的最高目标和共同价值观,那么这样的学校理念系统就是和谐统一的,反之则不和谐。[1]

从文化的制度性角度而言,发生学认为,价值观是"源",制度是"流",制度是促进大学文化各要素能量转换的内驱力。制度文化形成的过程实际上就是价值观之"源"转化为制度之"流"的过程。[2]也就是说,制度是硬文化,文化是软制度。制度文化是学校文化的重要组成部分,是在生成和执行各项规章制度过程中折射出来的价值取向和行为准则,是有形的规章制度与无形的价值理念的有机结合。一方面,通过建立民主、科学、规范的制度生成机制,可以在广大师生中培育新的制度态度——有事找制度,而不是找校长,并以此来淡化"校长本位"意识,增强"依法治校"的信念。另一方面,通过严格公正的制度执行,可以树立制度权威。在制度执行过程中,必须以事实为依据,以制度为准绳,处置准确,宽严适度,公开透明,进而形成"制度面前人人平等"的思想意识和自觉执行制度的行为习惯。[3]另外,在具体的制度运作过程中,需要建立"底线+榜样"的制度运作机制,不断提升用制度塑造文化的实效性。所谓"底线",就是制度规定的基本要求;而所谓"榜样",就是在践行制度规定过程中涌现出来的先进人物。如果没有底线,就没有精神文化生成的环境与氛围,也就无法产生真正的榜样。如果没有榜样,只抓底线,就会导致精神文化建设失去方向,难以持久,甚至陷入形式主义的误区。[4]

从文化的符号性角度而言,精神文化符号圈是整个开放大学文化系统的基调,是符号圈最稳定的核心部分。要认清开放大学文化的内涵,应从人们已经公认的文化符号入手,建设以"开放、服务、合作"为核心的开放大学

---

〔1〕李本友,王琪,葛金国.整合与塑造:基于W/U理论的高校形象设计[J].理论前沿,2011(2).

〔2〕叶天莲,罗良针.学校组织文化建设中的问题、成因及策略[J].教学与管理,2004(11).

〔3〕王世宏,刘维理.创建适应开放大学建设需要的新型制度文化——关于基层电大制度文化重建的思考[J].甘肃广播电视大学学报,2016(1).

〔4〕朱永新.用文化为学校立魂[N].中国教育报,2011-12-05.

精神文化符号圈。从宏观角度看,开放大学文化包含有形文化和无形文化;中观上包含物质文化、精神文化、制度文化和行为文化;微观上包含物质文化符号、精神文化符号、制度文化符号、行为文化符号。这些文化符号可以通过建筑符号、物体符号、理念符号、语言符号、图像符号、听觉符号、办公符号、规章符号、执行符号和活动符号等多种具体形式表现出来。[1]

　　从文化的虚实性角度而言,开放大学校园文化实质是现实与虚拟的统一体,可以分为实体校园文化(传统校园文化)和虚拟校园文化(网络校园文化)两种形式。实体校园文化是指学习者返校交往文化、面授交流文化、同学交际文化的大本营和策源地,它包含开放大学客观存在着的自然景观、建筑布局、教室课堂、教师群体、学术领袖、历史典故、教学媒体、设施装备、图书馆室、校园板报、标牌横幅等方面要素,及其与学习者之间密切的相互影响关系。虚拟校园文化是指学习者课程交集文化、资源交点文化、学习交互文化的展示台和发祥地,它包括学校主页、网络教室、视频节目、音频课件、课程模块、文本资源、仿真实验、学习社区、电子信箱、博客播客、艺术展演、学术园地、校友园地、文化链接等数字化、网络化要素,及其与学习者息息相关的学习互动关系。[2]

　　从文化的行为性角度而言,行为文化是开放大学文化最有活力、最形象的符号。教风建设、学风建设和文化活动是大学行为文化建设的重点,也是开放大学的中心工作。开放大学的师生来自各领域、各行业,师生构成的多元化空前突出;学历教育和非学历教育并举的办学格局更加明显;教和学不再是传统的课室或者网络教学平台上的单向交互。因此,高效、灵活、协作的行为文化支撑是提高办学成效,体现开放大学服务社会的最佳体现。在管理和教学的层面,开放大学行为文化应从教师与教师之间、教师与学生之间、学生与学生之间、教师与行业专家之间、教师与社会之间、学生与社会之间的多维互动和监督释放其能量。在学生工作和服务社会角度的层面,开放大学行为文化从专业培养与学生综合素质养成、人才培养与社会需求、社会发展与开放大学发展的多层次融合中释放能量。

　　从文化的社会性角度而言,开放大学中的终身学习文化是学习型社会之"魂",既是学习型社会的根本性标志,也是学习型社会的功能体现。德国学者特里尔指出,学习文化的改变,唯有通过终身学习方能有所进展。成熟的终身学习文化具有精神范畴和形象范畴。精神范畴是指深层次的终身学

---

　　[1] 李霖.符号学视角下的开放大学文化体系构建[J].内蒙古师范大学学报(教育科学版),2015,28(3).
　　[2] 张亚斌,周宏,李笑涛,李艳,王爱赪,等.从加拿大的远程教育发展趋势看开放大学的文化使命(下)[J].中国远程教育(综合版),2011(5).

习文化,包括了学习型社会应具有的价值观、道德观和信念精神等;形象范畴是指浅层次的终身学习文化,包括了学习型社会应具有的行为规范、规章制度、有助于终身学习的物质条件等。[1]

从文化的组织性角度而言,开放大学之所以为大学,因其承载着与其他组织机构根本不同的本质特征——学术气质。也就是说,开放大学并不能因为其开放性,就丧失其"大学性",并不能因为其教育对象的成人化或教育内容的职业化而忽视对知识的生产与推进,放弃大学应有的知识追求和人文精神。否则,开放大学可能沦为"教学资源的集散中心,支持服务的基地,技术支撑的平台",并继续沿袭着传统电大遗留的唯"文凭"论的价值观取向,而恰恰不是大学。[2]中国开放大学的组织文化不能割断历史脉络,应回到中国的现实场景与历史文化中,发现、形成与孕育独有的组织文化个性;应投身学习型社会建设,服务于学习型城市之公民,这是属于不可规避的时代使命;应提供"人人享有"教育机会的平等,这是开放大学建设的逻辑起点,也是开放大学建设者的价值归依。

从文化的地域性角度而言,工业化、城市化、全球化的发展,使地域文化存在和发展的主体所需要的环境消失,在生存与发展中的价值与意义降低,不断地走向消亡。作为文化保存、继承、传播、创造的主力军,地方性开放大学不仅要发挥主流文化建设的作用,也要发挥在地域文化建设中的优势。建立分校和教学点,服务于本地的学习者,有效建立起与本土社会生活的联系,保持本土化的根基和本土文化表达的氛围和机会。开设与本土学习者所需要的本土特色的课程,从本土文化中获得课程的有效资源,增强教育效果,自觉地承担起本土文化传承的历史使命。通过社区教育和网络教育开展文化交流,扩大地域文化的交流渠道和机会,加强宣传借鉴学习和文化创造。[3]

---

〔1〕 杨树雨.中国学习文化与学习型社会建设探索[M].社会科学文献出版社,2016:42.

〔2〕 李妮.寻找中国开放大学的精神:组织文化视角下的解读[J].云南开放大学学报,2014(1).

〔3〕 焦传震,公艳艳,刘大鹏.远程开放大学与地域文化建设探究[J].陕西广播电视大学学报,2014(4).

师资队伍建设

"事业要发展,关键靠人才"已成为学校各级领导和全体教职工的共识,人才在学校事业发展中的基础性、战略性、全局性的地位得到初步确立和落实。目前,在开放大学师资队伍建设方面,从纵向上看,从国家开放大学到各级开放大学,其师资队伍实力呈现由强到弱的态势;国家开放大学、省级开放大学(包括广播电视大学)师资实力相对比较强,而市级、县级开放大学(广播电视大学)师资实力相对较弱。从横向上看,师资队伍发展也存在地域发展不平衡。相对而言,经济发达的东部、沿海地区师资队伍实力强于中、西部欠发达地区,教育发达地区的师资实力强于教育欠发达地区的师资实力。从内部上看,存在着四个方面的突出问题,即师资队伍的规模、结构与行政核批中的依据存在失衡;教师考核评价与工作实际存在失衡;兼职教师队伍建设需求与现实情况存在失衡;人才引进需求与社会认知存在失衡。

2016年12月27日至28日,江苏开放大学办学系统师资队伍建设工作会议在南京举行,这是全省该系统第一次师资工作会议。这次会议的主要任务是:认真总结梳理办学系统"十二五"师资队伍建设的成绩和经验,分析当前我们面临的形势与任务,针对师资队伍建设中存在的突出问题,研究确定今后一段时期师资队伍建设工作思路和举措,着力造就一支师德高尚、业务精湛、结构合理、充满活力的高素质、创新型师资队伍,努力为实现"十三五"奋斗目标,在新的起点上推动新型大学建设提供坚强的人才支撑。

一、政策的学习

高水平的师资队伍是学校事业发展的核心力量,是学校最宝贵的战略资源。教师是一所学校的灵魂,要办好开放大学,就必须把师资队伍建设作为学校发展战略的一个重要组成部分提前规划。2012年出台了《国务院关于加强教师队伍建设的意见》,提出了二十三条提高我国教师队伍建设的意见。同年,教育部《关于全面提高高等教育质量的若干意见》中提出要"加强师德师风建设、提高教师业务水平和教学能力、完善教师的分类管理"。《国民经济和社会发展第十三个五年规划》中,明确提出"把人才作为支撑发展的第一资源,加快推进人才发展体制和政策创新"。

2016年1月,教育部下发《关于办好开放大学的意见》(教职成〔2016〕2

号)(简称《意见》),《意见》指出：要办新型高校,根据自身办学基础和社会需求,突出人才培养特色和学校办学特色,创新师资队伍建设,明确学校发展目标、办学层次、人才培养类型和规格,开展人才培养模式创新。《意见》对师资队伍建设提出了明确要求："围绕课程建设和学生自主学习,加快建成一支适应开放教育特点、擅长运用信息技术教学的专兼职结合教师队伍。通过招聘、引进、培养、培训等方式,重点在课程设计、资源开发、软件开发、学习咨询、教学组织、学习引导等方面,建设专职教师队伍。通过培训开放大学系统的教师,广泛聘请高水平教师、行业企业专家等措施,开展教学辅导,确保每门课程都有辅导教师,形成一大批提供远程学习导学、助学和促学的专兼职教师。以课程设计为核心,组建课程建设团队,提高课程建设水平。以网络教学为重点,组建课程教学团队。以服务学生为目标,组建课程辅导团队。为学生配备助学咨询教师,提供选课指导、制订个性化学习计划、学习方法引导、学业咨询与提醒、学习资源获取、心理咨询、职业生涯规划等服务。为学生配备专业学习辅导教师,为学习者提供在线辅导和答疑。"

2016 年 3 月,中共中央印发了《关于深化人才发展体制机制改革的意见》,着力推动人才管理部门简政放权。2016 年 8 月,教育部印发了《关于深化高校教师考核评价制度改革的指导意见》,针对有待完善的问题,提出了针对性的解决措施：严把教师选聘考核师德关,切实扭转对教师从事教育教学工作重视不够的现象,调整完善科研评价导向,综合考评教师社会服务工作,将教师专业发展纳入考核评价体系,推动建立各类评估评价政策联动机制。

2017 年 7 月,北京市教育委员会印发的《关于加快北京开放大学建设与发展的意见》指出："适应开放大学的新定位和新职能,建设四支专业化队伍,制定各类人员的能力标准和建设方案。建设一支专职课程负责人队伍,实施课程负责人制度,加强课程建设和课程实施过程的管理。建设一支教学设计与学习支持服务队伍,教学设计以专职师资为主,学习支持服务队伍由专兼职师资组成。建设一支技术支撑队伍,负责信息化学习环境的建设、维护和技术支持。建设一支行政保障队伍,提供开放大学的行政管理和后勤保障,统筹协调国内外合作与交流和科学研究工作。"

二、报告的学习

对于开放大学而言,关注教师成长既是一个历史命题,也是一个现实命题,更是一个未来命题。江苏开放大学校长崔新有在此次师资工作会议上做了题为"坚持人才强校战略,努力建设高素质师资队伍"报告,深有感触:

一是江苏开放大学提出了"建设具有江苏品味、中国特色和亚洲知名的开放式、社会化、应用型高水平大学"的办学目标。

思考：苏州开放大学的办学目标是什么？回看过往，各地开放大学（电大）一直以来都处于教育体系的边缘地带，随着国家和社会对终身教育的重视，一些开放大学（电大）在当地地位有所提升，但其发展的政策和制度环境还颇为欠缺，这种情况同样反映到教师职业发展中。教师的职业定位不清晰，职业发展方向不明确，没有良好的职业发展环境，领导关注重点在于招生和考试，在面对复杂变化的办学需求时教师个人能力不能适应新需求的变化，时常会出现跨专业教学的工作变动，这些问题都是教师职业发展中面临的难题。

二是按照"不求所有，但求所用"的原则，探索建立不拘一格广纳人才的柔性引进机制。通过团队建设，带动一批优秀后备人才的成长。"十三五"期间，江苏开放大学将在办学系统内开展如下工作：（1）为办学系统各单位争取国培、省培项目名额。（2）按学科开展办学系统师资培训。（3）开展校级青蓝工程项目，培养校级优秀青年骨干教师、中青年学术带头人、专业带头人，培育省级青蓝工程项目人选。（4）开展校级教学名师工程，提升教师教学科研水平，培育省级教学名师。（5）开展教授培养工程，有效促进教师职称提升，推动现有教授致力于青年教师培养。（6）以"教学优秀奖"和各类优秀指导教师评选活动为推动，不断提升教师的专业水平和教学科研能力。

思考：苏州开放大学在师资队伍建设的共建共享和融合发展中如何作为？与普通高校师资队伍以专职教师为主不同，长期以来，开放大学利用社会优质资源，采取以"专兼结合、专职教师为骨干、兼职教师为主体"的方式进行师资队伍建设，二者优势互补，相得益彰。例如，国际上的开放大学或以远程教育为主的高校兼职教师占教师总量的比例都很明确，比如美国马里兰学院大学为85.3%（张宇光，2012），美国凤凰城大学为95%（刘永权，等，2015），英国开放大学为86.9%，印度英迪拉·甘地开放大学为98.8%，韩国开放大学为91.6%，法国远程教育中心为82.2%，德国哈根远程教育中心为52.2%（沈君华，等，2012）。[1]师资队伍的转型发展必须与区域地方经济发展的转型发展紧密相连，进行"脱胎换骨"的升级。一是双管齐下，把校外师资资源引进来。线上师资，加强投入，引进领先型网络教学人才，如慕课、网络课程。线下师资，校企互动，推动双师型教师队伍建设，如企业

---

[1] 吴韶华.制约开放大学师资队伍发展的突出问题与对策[J].中国远程教育（综合版），2016(10).

高工走进校园、学校教师深入企业。二是破除壁垒。充分发挥学校人才租用,提高待遇、激发热情。三是推进管理队伍和其他专业技术队伍建设。按照"稳定队伍,优化结构,培养骨干,发展内涵"的思路,坚持分类指导、突出重点、分层管理,统筹推进管理和其他专业技术队伍的协调发展,着力提升管理水平与服务支撑能力。首先,要加强党政管理干部队伍建设,实施干部任期制,强化考核,加强干部培训,提高为教学、科研一线服务的能力和水平;其次要深化实验系列职称体系改革,努力建设一支固定与流动结合、专职与兼职结合、理论水平高、实验技能高的实验教学队伍;再次要加强辅导员队伍的培训、管理和考核,大力推进辅导员队伍的职业化、专家化建设。

思考:苏州开放大学可根据本地实际情况制定出师资队伍的建设标准或实施方案,包括教师队伍的专、兼职组成及比例、生师比、专任教师岗位总量及专业技术岗位结构比例总体控制目标等。同时,要在远程开放教育教学模式、学习支持服务体系的探索实践中,注重教师的角色分类,建立一支具有开放教育特色的师资队伍。教师的角色分类可分为学习支持型教师、网络教学型教师和过程服务型教师,即:(1)学习支持型教师为学生学习提供技术保障、学习资源的整合与开发;(2)网络教学型教师与学生进行网上教学互动,答疑解惑,提供多种形式的个性化学习支持服务;(3)过程服务型教师为学生提供大量学习信息,进行咨询、导学等。[1]

---

〔1〕 金丽霞.开放大学师资队伍状态与教师成长实现路径[J].现代远程教育研究,2016(5):89-95.

学分银行建设

处在终身教育的时代,学习活动早已打破了单一型学校的桎梏,但多样化的学习活动也为学习成果的认定与转换带来了困难。于是,在学校系统以外建立统一的国家资格框架,即在制度层面建立学习成果认证的国家标准成为必须,即无论是非正规还是非正式教育,其学习成果都可以在这一框架体系下实现统一认定与转换。[1]同时,互联网时代下的碎片化学习是在我们原有认知基础上,根据个人的兴趣爱好和解决问题的需要,而进行的一种有选择性的活动。它与系统的最大区别在于,后者是以学科知识体系为导向的,前者是以个人兴趣与需求为导向的。其次,前者是不连贯的、跳跃的、交替进行的,后者是连贯的、线性的、循序渐进的。系统学习有利于学科知识体系的建构,而碎片化学习有利于满足个人兴趣、帮助解决个人面临的问题,更有利于创新。如果我们的学习过程中,有一个"零钱储蓄罐"的系统,有意识地将碎片化学习向个人导向的系统学习转变,实现类似银行金融机构的"零存整取",以重构出来的知识体系产生个人得利、社会认可的学习成果,可谓一举两得。

学分银行制度具有开放性、灵活性、服务性、柔性化和大众化的特点,而开放、公平、灵活、多样化等正是开放大学的核心办学理念。开放大学建设的终极意义在于可以实现"人人都拥有学习的机会,时时皆有学习的场所,以及处处都能得到学习的援助"的终身教育理想,而开放大学的建设目标则着眼于继续教育体系,即坚持以学历继续教育为基础、大力发展非学历继续教育和终身学习服务已成为业内的普遍共识,而这恰恰与"学分银行"制度现阶段的建设目标不谋而合。开放大学建设理应成为"学分银行"制度建设的突破口,它能够最大限度地满足全社会成员个性化、终身化、多样化的学习需求。"学分银行"制度建设需要开放大学系统、资源、平台和服务的支持,学习辅导、课程考核、文凭颁发等方面的问题需要借助开放大学开放灵活的办学制度帮助解决。总之,学分银行和学习成果认证系统是链接继续教育、终身教育、开放教育和普通高等教育的一个平台,是构建开放大学的核心要素,也正是开放大学区别于其他普通高等院校的外在表现和内在的

---

〔1〕 吴遵民.论建设国家学分银行的路径与机制[J].开放教育研究,2016(1).

核心竞争力。[1]

一、学分银行的三个"层面"

（一）宏观层面

学分银行可以对学习者在不同阶段、不同途径获得的学习成绩进行记录与累积。学习者在不同的学习机构及不同学习途径获取的学习成果不具有同等的学术含量，因此学分的累积不是简单的数量叠加，而是在累计之前需要按标准单位进行换算(在银行就是计算汇率)，应依据国家相关部门制定的课程目录及规定的资格框架进行标准学分的认定和换算。特别是多元学分存储、累积制度的制定，学分鉴定与兑换制度的建立，监督执行功能的发挥等，都需要国家层面的学分银行来给予完成和实现（表1-3）。例如，欧洲"学分转换和累积系统"（ECTS）主要面向高等教育，由欧洲委员会负责管理。通过记录学生跨国学习前后的课程学分和绩点，根据由学生、派出校和接收校三方签订的"学习协议"和课程与学分转换标准，在加盟学校间进行测量、比较和转让，完成学习成果的互认。韩国学分银行制（ACBS）主要面向高等学历教育中的继续教育，是一个开放的教育系统，由韩国教育与科技部下属的终身学习政策司负责规范相关政策，批准教育项目，发布课程标准、教学大纲和学分转换标准，韩国国家终身学习学院是行使"学分银行"管理职能的核心机构，有《学分认定法》作为法律支持，采用自上而下的管理模式。学习者可通过信息服务平台提交学分记录，积累到一定标准的学分后，便向"学分银行"申请大专或者学士学位，由教育部或 ACBS 认可的教育机构颁证。[2]

表 1-3　国家学分银行建设的基本模式

建设模式	国家或地区	类型
自上而下	新西兰	终身学习成果认证、积累与转换制度（张伟远,2013）
	澳大利亚	资格框架与学分转换制度（焦化雨,2013）
	南非	基于国家资格框架的学分转换与积累制（王立科,2013）
自下而上	爱尔兰	学习成果认证、积累与转换制度
	英国	高等教育的学分积累和转换机制（何娟,2007）
	欧盟	学分转换系统（曹畅,2008）
	马来西亚	国家继续教育学习成果认证、积累与转换制度（Lee M.,2004）

---

[1] 唐伟.论开放大学的定位和核心竞争力[J].云南开放大学学报,2011,13(01).
[2] 杜社玲.韩国、欧洲学分银行时间机器启示[D].上海：华东师范大学,2011：19-54.

学分银行建设的战略意图是畅通和拓宽终身学习通道,但由于涉及学习者的广泛性、社会群体的领域性、学习型社会建设具有同等的社会宽泛性,为学分银行建设的行动落实带来了复杂性和难题。因此,《中共中央关于全面深化改革若干重大问题的决定》把试行范围确定在普通高校、高职院校、成人高校之间学分转换。《中共中央关于制定国民经济和社会发展第十三个五年规划的建设》把试行范围确定在考试招生制度改革和教育教学改革。《教育部关于推进高等教育学分认定和转换工作的意见》把试行范围确定在普通本科院校、高职院校、成人高校、自学考试主考院校和开放大学。[1]

《国家中长期教育改革和发展规划纲要(2010—2020年)》的"继续教育发展任务"部分指出,要搭建终身学习"立交桥",促进各级各类教育纵向衔接、横向沟通,提供多次选择机会,满足个人多样化的学习和发展需要;健全宽进严出的学习制度,办好开放大学,改革和完善高等教育自学考试制度;建立继续教育学分积累与转换制度,实现不同类型学习成果的互认和衔接。在"十大教育体制改革试点工程"中,"终身教育体制机制建设试点"被描述为:建立区域内普通教育、职业教育、继续教育之间的沟通机制;建立终身学习网络和服务平台;统筹开发社会教育资源,积极发展社区教育;建立学习成果认证体系,建立"学分银行"制度。而在《国务院办公厅关于开展国家教育体制改革试点的通知》(国办发〔2010〕48号)中的重点任务之第五项专项改革试点"改革人才培养模式,提高高等教育人才培养质量"中指出:探索开放大学建设模式,建立学习成果认证和"学分银行"制度,完善高等教育自学考试、成人高等教育招生考试制度,探索构建人才成长"立交桥"(北京市,上海市,江苏省,广东省,云南省,中央广播电视大学),推进学习型城市建设(北京市,上海市,山东省济南市,广东省广州市)。

2015年4月,教育部在《关于加强高等学校在线开放课程建设应用与管理的意见》中指出:"推进在线开放课程学分认定和学分管理制度创新。鼓励高校制定在线开放课程教学质量认定标准,将通过本校认定的在线课程纳入培养方案和教学计划,并制定在线课程的教学效果评价办法和学生修读在线课程的学分认定办法。在保证教学质量的前提下,鼓励高校开展在线学习、在线学习与课堂教学相结合等多种方式的学分认定、学分转换和学习过程认定。"建立学生基于互联网自主学习为主体的混合式教学模式,允许学生利用互联网跨校修读学校的部分指定课程,鼓励学生通过MOOC平台选修高水平大学知名教授的课程并认定学分已成不少高校着手进行的

---

[1] 杨晨.我国学分银行建设取向考量[J].终身教育研究,2017(2).

一项工作。

2016年1月,教育部印发《关于办好开放大学的意见》(教职成〔2016〕2号)明确:"要依据区域经济社会发展水平、高等教育状况、教育普及程度等因素,学校在构建区域终身教育体系和学习型社会中的功能作用,根据自身办学基础和社会需求,科学编制中长期发展规划。凝练办学宗旨,明确学校发展目标、办学层次、人才培养类型和规格。发挥教育资源整合集成、现代信息技术与教育教学深度融合、人才培养通道转换衔接等方面的优势,开展人才培养模式创新。"其主要任务的第九点要求"建设'学分银行',实现学习成果积累和转换",指出:"适应全民终身学习需求,不断拓展开放大学办学功能,为学习者学习成果转换提供便利服务。建立个人终身学习电子档案,主要存储个人信息、学习经历、学习成果及转换记录等信息。完善档案管理,一人一档、终身有效,经授权后可供用人单位、教育机构查询使用。加快学习成果认定,制定学分转换标准,对学习者在正规教育和非正规教育过程中获得的学分、证书、工作和生活经验及技能等进行认定,确定学分,实现学习成果转换。主动沟通高校、行业、企业和用人单位,通过协议或联盟等方式,推进相互之间学习成果的互认。探索建立'学分银行',将学习者的各类学习成果转换成学分进行存储,实现不同类型学习成果的转换,为学习者申请相关学历证书、学位证书、毕业证书、资格证书等提供依据。"因此,建设学分银行,搭建各级各类教育融通与衔接的"立交桥",已经成为当今我国构建终身教育体系,实现全民终身学习及学习型社会的基本共识与重大战略。同时,在2016年9月,教育部印发《关于推进高等教育学分认定和转换工作的意见》,为深化终身学习成果认定转换制度奠定了基础。

(二)中观层面

学分银行是国家教育体制改革试点的重要任务,政府行政力量的推动和学界专业团队的促进是学分银行顺利运作的两大基本支柱。其开展的成效如何,取决于四个方面:一是教育的界定方式问题,关键是由什么人来制定标准;二是建立正规教育、非正规教育之间的沟通机制;三是建立长效管理机制,以确保终身教育的实施;四是建立系统保障和维护机制。[1]如韩国教育开发院,其早在被授权运作学分银行之前,就已拥有了219名研究人员,同时与韩国各市、道的教育厅有过密切合作,就曾获得韩国文化的最高奖——世宗文化奖,以及联合国教科文组织和捷克共和国教育部授予的柯米尼亚斯奖,这一专业荣誉给予其运作学分银行打下了坚实的基础。[2]我

---

[1] 崔昌浩.通往明日之路:学分银行之机遇与挑战[J].开放教育研究,2012(1).

[2] 陆汉栋,李红亮.论成人教育"学分银行"制的"顶层设计"[J].中国成人教育,2015(4).

国在大力建设学习型社会的背景下,在建立学分银行方面已取得了初步的成效,并形成了四种模式的学分银行(表1-4)。[1]

表1-4 学分银行的四种模式

职业教育双证模式	通过对学历教育和职业资格培训学习成果的沟通转换,使得职业院校学生毕业时能同时获得学历证书与职业资格证书。采取的举措主要有:1)积极推进职业院校专业课程与职业资格标准的对接;2)在部分职业院校设置职业技能鉴定中心;3)要求学生在获取学历证书的同时,积极参加技能鉴定考试以获取职业资格证书
职业教育衔接模式	在中职、高职和本科院校之间通过建立学习成果衔接机制,使得低一级学校的学生可以升入高一级学校继续学习。中高本衔接模式主要包括贯通制和分段制两种模式,无论是哪种模式,基本上都需要解决学制、专业和课程三个层面的衔接
区域模式	由一个地区(通常是一个城市)的政府为主导,制定相关的政策,整合当地资源,建立有利于当地学习型城市建设的学分银行,实现本地区或城市范围内学习成果的互认互通。这方面的典型代表是上海市终身教育"学分银行"和慈溪市民"学分银行"
协议联盟模式	由类型层次相当的学校,以推进优质资源共享为核心目标,共同组成学习成果互认联盟。这些高校彼此签订协议,开放优质课程资源,鼓励学生跨校选修比本校更优质的课程,并获得相应的学分。一般情况下,这类联盟并无政府的直接参与,它是由多家机构自发形成的

广东开放大学校长刘文清认为:"学分银行是我们开放大学必须牢牢抓住手上的平台和重要载体。如果我们拥有了学分银行,开放大学建设就成功了一半。"为此,广东成立了由省长担任组长的教育体制改革领导小组,由领导小组统筹和协调广东省终身教育学分银行建设。其建设遵循政府主导(由省政府建设和省教育厅主办和管理)、合作共建(由政府、高校、行业、专业机构共建)、定位明确(属于省级终身教育学分银行)、科学设计(遵循规律和国际接轨,同时符合实际与国家制度衔接)和分步实施(统筹规划、先易后难)的原则,建立组织体系、标准体系、制度体系、服务体系以及信息平台。由省教育厅发文成立了广东终身教育学分银行管理委员会、专家委员会、学分银行管理中心,学分银行管理中心挂靠广东开放大学,制定并实施了《广东终身教育学分银行建设工作方案》,明晰了"框架+标准"的制度模式。

2013年年底,江苏省终身教育学分银行正式成立。2014年1月9日起

---

[1] 季欣.我国"学分银行"制度建设存在的问题及对策[J].教育探索,2014(6):85–86.

执行的《江苏省终身教育学分银行管理办法(试行)》明确：学分银行的学分包括学历教育学分和非学历教育学分，学历教育学分分为研究生课程学分、本科课程学分和专科课程学分。其中，第十条指出："学习者通过下列方式获得的学分，可经学分银行认定记录为对应的学历教育课程学分：(1)学习者在取得国家认定的普通高校(含普通高校举办的网络教育学院)或成人高校学籍后，在校学习期间获得的课程学分；(2)学习者通过高等教育自学考试获得的课程学分；(3)学习者在其他高等学历教育机构获得的课程学分，如服役期间在军事院校取得学籍后，在校学习期间获得的课程学分。"第十一条指出："学习者获得的下列有效期内的非学历教育证书和成绩证明，所涉及的课程学分可经专家委员会认定并转换为学分银行相关学历教育对应的课程学分：(1)国家级和省级水平测试类有关职业资格证书、行业岗位证书；(2)国家级和省级考试颁发的有关专业技能等级证书；(3)与有关专业技术职务任职资格对应的国家级和省级考试科目合格证书；(4)国家级和省级有关从业资格证书；(5)国际通用的水平测试类有关考试的成绩证明；(6)经学分银行专家委员会认定的其他非学历继续教育学习成果。"

2015年年底，《江苏省终身教育学分银行实施细则(试行)》明确了学分银行下设管理中心，该管理中心设在江苏开放大学，旨在构建终身教育立交桥，以建立跨不同教育类型的同一化的教育质量标准体系。一方面，通过建立居民个人学习账号，记录学习者注册报名、培训考勤、线上线下学习学时等具体信息，以此形成居民终身学习电子档案，建设终身教育学分银行。另一方面，推进各级各类学校(教育培训机构)实行学分制，积极开展终身学习成果积累与转换工作试点，拓宽终身学习通道。建立健全与就业准入、工作考核、岗位聘用、职业注册等制度相衔接的终身学习激励机制。目前，江苏开放大学学分银行已出台学历教育成绩合格证明、毕业证书、职业资格证书、非学历培训证书等以往学习成果与学历课程学分之间的转换规则151条，覆盖现有本、专科各专业。截至2016年6月24日，已有660名学习者提出1 653门次的学分转换申请，经审核，已有1 252门次课程的学分得到认证转换，累计转换学分数达3 856学分。2016年12月12日，江苏省终身教育学分银行管理委员会全体会议在南京召开，会议审议通过了《江苏省终身教育学分银行合作联盟章程》。

2017年6月12日，江苏省教育厅等十一部门印发的《关于加快发展社区教育的实施意见》(苏教社教〔2017〕1号)提出：加快建设江苏省终身教育学分银行，探索建立居民个人学习账号，开发、研制具有学时记载等功能的社区居民学习卡，形成居民终身学习电子档案。依托"江苏学习在线"公共服务平台,探索建立社区教育学习成果认证、积累和转换制度及激励机制,通过学分认证后,将个人学习成果纳入江苏省终身教育学分银行。

(三)微观层面

随着终身教育、终身学习和学习型社会建设三大理念的传播,除了终身教育学分银行以外,还有以市民终身学习记录和激励为主要功能的市民学分银行,以实现学校间的学分互认、资源共享和课程互选的学校联盟学分银行,以学历教育与职业资格证书相互沟通为主要功能的成人高校学分银行,以促进学习者多元化评价的职业院校学分银行,以柔性培训管理制度为主要特征的企业学习银行等。[1]以下以企业和社区为例进行分析阐述。

1. 企业

当今教育面临的一个突出问题是:企业认为大学不能满足他们的需要,传统教育模式已经无法适应就业市场和就业技能的多样化趋势。香港理工大学推出的资历架构平台的出现正是基于这个问题的解决。香港的资历架构相当于内地熟知的学分银行的架构,分为七层,和香港的学历证书对应,并且对每个级别都有详细规定。其学习以成效为本,学习领域涵盖知识、技术和技能,成绩由法定机构认可,被认可的课程表列在资历名册,供公众查阅。它是一个共通平台,可以多途径进出,学术知识配合企业需要,统一学分及学历,实现学分累积及转移,实现工作经验认可,达成学员终身学习以及教育与行业需求完美配合的目标。据悉,目前很多国家级联盟已经有自己的资历架构。[2]

同时,在终身教育背景下,职业岗位体系已成为一个动态系统,要求赋予从业人员多方位的就业转换能力。校企合作的一个典型特征是加入若干特设课程。这些课程是"学分银行"计划进行学分转换理论研究和教改实践的依据。因此,学分银行的制度设计应以"职业劳动的工作逻辑"来序化职业教育的结构,在实践中实现"知识本位"向"能力本位"的转变。职业继续教育要面向企业、面向市场。校企双方应共同开展职业功能分析,进行市场发展调研,共同审定"订单"培养目标和人才培养方案。[3]

目前,中国企业大学已经超过3 000家,并且还在增长,数量上已超越普通高校。但数量上的超越并不代表在成人教育和终身学习中能完全取代普通高校。因为企业大学与普通高校定位不同,办学模式差异很大。一方面,企业大学培养的人才主要聚焦在这个行业领域里面,如特步企业大学锁定

---

[1] 周晶晶,孙耀庭,慈龙玉.区域学分银行建设的困境与思考[J].开放教育研究,2016,22(5).

[2] 薛佳怡.海峡两岸高校交流继续转型心得[J].在线学习,2016(11).

[3] 郭峰.基于校企合作框架的学分银行制度设计[J].继续教育,2014(2).

企业战略实施落地,形成了企业大学与组织人力资源规划融合、组织人才发展与核心业务发展融合、大学班级社群运作与组织文化共生融合的三位一体的大学运营主逻辑,其办学定位为"三校",即"党校""军校""技校"。党校培养特步领导人才,军校培养特步管理精英,技校培养特步技术骨干。另一方面,普通高校主要任务是解决人从学生到社会人身份转换过程中的一些问题,如科学文化知识、思维方式、基础素养的学习和养成。

2. 社区

社区教育由于其非学历教育无法与学历教育相衔接而面临发展的瓶颈,如何打破这种困局是迫切需要解决的现实问题。学分银行因其本质是累积学分,能够突破传统的专业和学习时段限制,其固有的学分累积功能、学分互换功能等能把社区教育中获得的技能培训成果和学历教育相衔接。也就是说,学分银行所构建的学习信息储存、学分认证管理、学分流通消费、学习信用管理等体系,不仅初步搭建了明晰的理论框架,而且在实践上,形成了可操作、可检验的应用系统。[1]因而,学分银行是连接社区教育与学历教育最好的纽带和立交桥,是解开社区教育困境最好的钥匙。[2]例如,江苏南京市鼓楼区积极探索终身学习证书认证制度,为社区成员提供更多的自主学习和多元学习机会,制定了《南京市鼓楼区社区居民终身学习制度(试行)》,提出让老百姓"有其学、优其学、乐其学、终身学",积极探索建立"鼓楼区社区居民终身学习绿色通行证"制度。持证居民可在鼓楼区社区培训学院、街道社区学校、各居民学习点以及区域内各培训教育基地享有优惠学习待遇,并将此证作为社区居民接受各类培训情况的记录卡,调动社区居民的学习积极性,实现社区居民学习的统筹管理和规范管理。

另外,学分银行可以将广大志愿者的社会服务行为认证为学分,折算和转换为他们学习社会工作等相关专业的学分,这会进一步鼓励更多的人加入志愿者队伍中来,从而吸引更多人加入到社区教育的学习队伍中来。韩国就是通过学分银行吸引人们参与到志愿者和社会工作者队伍,进而获得大学学历的经验非常值得借鉴。

二、学分银行的"弹性"

(一)学习空间的"弹性"

学分银行塑造了一个具有整体功能的学习场域。学习者参与学习场域可以获取各个方面的学习成果以支持自身的发展,并获得社会的认可与支

---

[1] 彭飞龙,陆和杰.构建市民学分银行的理论与实践研究[J].职教论坛,2009(10).
[2] 汪跃平.论"学分银行"在社区教育中的运用[J].广东广播电视大学学报,2013(1).

持,而不是追究其成果是在线的还是实体的、正式的还是非正式的,教师和学习者的发展空间增大,发展维度增加,全面发展更为坚实。

在这个学习场域内,学习者寻找着自身的价值定位,围绕价值成果的实现,探索并建立一种资源和能力的再生和补给机制,运用再生的资源和能力持续不断地推进自身价值成果的实现[1],逐步形成了学分银行运营建设的关键性要素(表1-5)。

表1-5 学分银行运营建设的关键性要素

关键性要素	主要子要素内容
价值成果	1. 客户价值包括:学习成果携带者、颁证机构、教育培训机构、学习型组织、政府主管部门 2. 组织价值包括:一是搭建学历教育与非学历教育的沟通平台;二是成为国家继续教育相应标准的制定者和教育教学改革的引领者;三是探索学分银行的可持续发展,实现成本补偿
资源和能力	1. 建立一支在学分银行建设方面具有研究和管理能力的专业化人才队伍 2. 构建一套以学习成果框架及标准体系为技术路径 3. 建立一个面向社会、覆盖全国的认证服务网点体系 4. 建立能够支撑学习成果认证、积累与转换业务开展的信息平台
决策	1. 层次维度:基于全价值链的决策视为"全局性决策",而将其他局限于价值链某一环节的决策视为"局部性决策" 2. 功能维度:谋求新的资源和能力以适应新环境的决策时"开发性决策",而以现有资源和能力适应现有环境的决策是"利用性决策"

(二)动力机制的"弹性"

从心理学层面而言,"心理弹性"是指主体对外界变化了的环境的心理及行为上的反应状态,具有意识性、互动性、整合性和差异性的特征。该状态是一种动态形式,有其伸缩空间,它随着环境变化而变化,并在变化中达到对环境的动态调控和适应(表1-6)。对于学分银行而言,学习者的动力来源主要有四个方面:一是通过学分银行所构建的资历认证对于学习者的事业发展或者身份认同有积极作用;二是学习者可以通过学分银行的积累功能激发自身追求更高事业发展的决心和动力;三是学分银行可以为学习者提供完整的学习档案,帮助学习者找到自身发展的方向;四是学习者受到自发型的动力驱使,会积极参与学分银行的建设。[2]

---

[1] 李令群.学分银行运营模式要素及其关系探析——基于国家开放大学学分银行的实践[J].江苏开放大学学报,2017,28(4).

[2] 吴南中.学分银行建设的动力机制及其构建研究[J].中国远程教育,2017(4).

表1-6　学分银行的动力机制

层次机制	形式机制	功能机制
社会动力机制 组织动力机制 个体动力机制	自为型动力机制 自发型动力机制	激励机制 制约机制 保障机制
社会价值、经济价值、教育价值、学习者诉求		
构建主体	构建前提	构建内容	构建措施
政府职责	理念认同	激活动力	上下联系 系统推进
教育机构参与		控制过程	
行业配合		避免阻力	

以学分制为基础，推进弹性学制，是高等教育进入大众化阶段后，世界各国促进大学生创业就业的成熟经验。弹性学制的最大特点是学习时间的伸缩性（即可提前毕业，也可滞后毕业）、学习过程的实践性（即可半工半读、工学交替、分阶段完成）以及学习内容和学习方式的选择性（即学习课目有必修和选修之分、学习方式有校内和校外之别）。其自始至终都深刻体现了"以人为本"的人文情怀和人性关怀，有利于受教育者的全面、协调和可持续发展。其最终目标就是构建各类教育相互沟通、衔接的"立交桥"，以满足人们对教育选择的个性化、多样化要求。

我国当前建立学习成果认证、积累与转换制度的重要途径是建立学分银行试点。在我国许多地区，学分银行的建立主要是通过开放大学具体组织实施。因为我国开放大学与国外开放大学的一个不同的重要特征是实施多模式办学，它既有30多年在线高等专科办学的丰富经验，也有近20年的在线本科专业教育的经验。同时，开放大学还担负着为全民终身学习服务的功能，开设了大量满足不同人群包括各类弱势群体学习需求的在线继续教育课程。因此，开放大学对于在不同类型学习成果之间探索建立以学分认证、积累和转换为主要内容的学分银行模式，有一定的比较优势。[1]

同时，建立学习者的个人学习账号，如实记录、存储学习者在高等职业学校和普通高等学校的学历学习成果，以及通过继续教育、职业培训、获得某种职业资格证书、自学和实习实践等体现的非学历学习成果，在此基础上，对学分的认证和转换建立严格的质量标准，包括学分标准、转换标准、先前学习成果的认证标准等，形成严格规范的质量保障体系。因此，开放大学

---

[1] 郝克明.学分认证、转换制度与终身学习——在2016构建终身学习立交桥和学分银行系统学术论坛（南京）上的发言[J].终身教育研究，2017(2).

建设学分银行还必须同步建设开放教育质量认证中心(或学习成果认证中心)、标准化中心、现代远程教育管理中心和大数据中心。

(三)服务平台的"弹性"

学分银行平台是终身教育体系运行的信息承载体,个人终身学习档案库是学分银行平台的基础数据库,其中的个人基础信息和各类学习成果等数据,可成为学习资源个性化精准推送服务的原始数据。学分银行平台通过接口实现各类平台间数据共享,以信息汇聚与推荐为目的开放应用接口系统结构,实现个性化学习资源推荐。具体而言,接口管理系统借助第三方软件(如火车头采集器),实现原始数据的采集存储,同时记录用户行为,这两部分数据构成系统基础数据。根据不同规则,借助学分银行提供的数据接口对所采集的数据进行离线计算和实时计算等不同处理,各类数据源平台将根据接口定义,传输相应的信息到接口管理系统,最后,根据数据分析与挖掘技术,生成个性化推荐算法,将资源推送给用户。[1]

在学分银行运行中,优质的服务模式可以使学分银行变得高效并健康持续发展。学习成果认证服务是学习型社会建设过程中产生和发展的一种满足社会和他人需求的新型活动,也是学分银行的基本功能之一,它为"人人享有优质教育"打开通道。"学分银行"的推行需要建立学分信息管理与服务系统,及时公布"学分银行"规范性文件,以形成典型"产品或服务"为核心,为学习者提供学分认定、积累、折算、兑换等相关服务,为办学及相关机构提供查询、咨询等服务。例如,欧洲学分转换系统(ECTS)的成功实施打破了校际的藩篱,消除了国际之间的障碍,成为学分流转的典范。法国在加强职业教育与劳动培训之间的联系中,职业教育培训服务体系(VET)发挥了重要作用。[2]

纵观国内外学分银行认证服务的实践模式,基本上有以下五种类型:一是"政府(地区政府)主导型",国外以英国和香港地区的资格和学分框架以及资历框架为代表,国内以浙江省慈溪市的市民学分银行为代表;二是"联盟合作型",国外以欧盟的学分转换制度体系为代表;三是"中央政府主导—地方政府实施型",代表国家为韩国的学分银行;四是"政府主导—行业协助型",代表国家为新西兰和澳大利亚的资格框架;五是"政府主导—机构实施型",主要以国内的学分银行为代表,包括上海市终身教育学分银行和国家开放大学。在我国,不管采取何种服务组织体系,必然避不开中央与地

---

〔1〕余燕芳,韩世梅.学分银行平台的知识汇聚与个性化推荐系统应用研究[J].中国远程教育,2017(3).

〔2〕郭峰.基于校企合作框架的学分银行制度设计[J].继续教育,2014(2).

方分级管理、分级负责的管理服务机制,即今后国家级的学分银行的建立,学习成果认证服务组织体系表现为:国家学分银行→省级(直辖市)学分银行→市级、高校、企业学分银行→社区学分银行站点。学习成果认证服务流程分为:(1)建立专家组,制定成果的认证标准体系学习项目目录→(2)学习者申请学分银行学习账户,建立个人终身学习档案,学习者持学习成果的原件向学分银行网点申请认定学分→(3)学分银行网点进行学习成果认定初审→(4)学习成果认定复审→(5)将不同来源的学分存入学分银行。[1]

2017年9月,国家开放大学学分银行联手机械工业教育发展中心共同推进高等职业教育学习成果积累与转换试点。这是为了深入贯彻教育部《高等职业教育创新发展行动计划(2015—2018年)》的要求,也是旨在推进机械行业学分银行建设工作,服务机械行业人才的个性化和多元化学习的需求。同年同月,福建省委托福建广播电视大学开展省终身教育学分银行建设方案编制工作,设立"福建省终身教育服务中心",面向全省开展社区教育、老年教育等终身教育研究、管理、服务等工作,支持福建电大开展教育学分银行试点工作。

2017年11月,由国家开放大学与新教育研究院、超星集团合作,引入学分银行机理,研发的面向"终身学习、泛在学习、未来学习"新一代在线学习与学习成果认证平台——"学银在线"正式开通,标志着学分银行进入以慕课为核心应用模式的快速发展的崭新阶段。该平台不仅提供海量的高质量在线课程共享资源,还能够为学习者建立终身学习成果档案,对其学习成果按照统一的学习成果框架及标准进行认证、积累与转换,提高了学习者的学习效率和效用,从而激发学习者的学习动力和终身学习的积极性。国家开放大学校长杨志坚介绍,学银在线=慕课+学分银行+教育淘宝+一体化学习环境,实现了若干个创新,即通过学分银行提供给慕课以动力机制,通过教育淘宝理念保证高质量的课程与多种内涵的证书之间的自由组合,避免滥发文凭,通过一体化学习环境保证了给用户学习行为的真实画像,实现真实的质量控制,实现未来的多维度职业能力评价。

――――――――――
[1] 江颖,黄霖.学分银行中学习成果认证服务体系的设计[J].当代继续教育,2017,35(1).

校企合作的"融合"

《国家中长期教育改革和发展规划纲要(2010—2020年)》绘就了未来10年我国教育发展的新蓝图,构建终身教育体系和全民教育体系。一方面,经济社会的发展迫切需要大量实践型、创新型人才,而开放教育的学习者众多,具有体系庞大、潜在合作企业众多、学生职业规划明确等优势。校企合作教育模式将理论教学目标与实践应用教学目标有机结合起来,是开放教育拓展办学和服务地方经济、社会的有效途径。另一方面,面对高等教育的日益扩大化,要想走出继续教育生源持续萎缩这个困境,必须要走出去,积极寻找发展空间,拓宽生源渠道。校企合作无疑为保持开放教育办学规模,提升办学效益开辟了新途径。[1]

机制促发展。如果学校与企业缺乏稳定的联系渠道,就很难知道企业究竟需要什么样的人,需要设置什么样的课程培养人才,当然也找不到与此相适应的师资。这是转向职业教育后开放大学面临的主要困难。对学校来说,企业可以成为学校的学生实习和就业基地、校企联合培养人才的基地、学校产学研的基地等;对企业来说,学校可以协助企业更科学地规划人才队伍建设,推荐优秀毕业生等,为企业成功实现转型发展提供人才支撑,还可以通过承接企业委托的课题,为企业转型提供智力支持。[2]因此,开放大学可以开展企业培训需创新服务模式与运行机制,包括建立以项目组为运行单位的运行机制,以首席专家为核心的项目决策机制,独立于项目组的第三方质量评价机制以及统一的培训后跟踪服务体系,最终在开展企业培训中实现学校与企业的共同发展。例如,以"会员公司协议制度"为切入口,有效整合高校和企业的教学与实践资源,鼓励协议公司、专业认证机构、企业等多方共同参与学员课程设置及评价,通过"对合作项目及受训员工的满意度调查""实践学分"等措施增强针对性和实效性。[3]

合作促转型。学校的优势在于教育教学,企业的优势在于技术提供,二

---

〔1〕 刘树欣.开放教育校企合作遇到的难题与对策分析[J].天津职业院校联合学报,2014(10).

〔2〕 孙莉萍,雷丽丽.抓机遇,继续教育谋转型;求创新,上海高校需先行——上海高校继续教育转型发展2014论坛综述[J].继续教育,2015(4).

〔3〕 甄月桥,沈婷.美国名校继续教育的经验与借鉴[J].继续教育,2015(11).

者优势互补。开放大学必须与企业搭建紧密的协同合作关系,深刻理解企业战略,把握企业发展脉络,由相对封闭式办学向更为开放合作办学转型,在加强与行业企业、地方政府和其他办学机构合作,拓展合作渠道和广度,推进深度合作。以校企合作办学转型为例,要改变单纯承担企业培训任务的浅层项目合作方式,要深度参与企业人力资源发展规划,推动行业用人标准和学校人才培养标准的无缝对接,形成校企共同制订人才培养方案,共同实施人才培养的战略合作机构之间建立区域型、行业型和专业型资源联盟,制定联盟内课程互选和学分互认制度和规则,搭建资源共享及课程互选、学分互认平台,开展课程资源共享、互选、实施学分互认。[1]另一方面,开放大学要想实现成功转型,必须具有很强的市场意识,能够瞄准就业市场的需求,找到自己的合理定位,通过为企业服务来换取企业对学校发展的支持,如参与课程设计、提供实践实习场地、推荐优秀企业员工来学校任教兼职等。这个转型发展的过程,其实也是一个创业的过程。[2]例如,2016 年 7 月 20 日,国家开放大学与麦当劳(中国)签署合作协议,国家开放大学将为 2 200 多家麦当劳的 120 000 多名职工提供非学历和学历一体化设计的教育服务。这是国家开放大学大力开展非学历教育,探索以"产教融合、校企合作"为特色的"互联网 + 职工继续教育"模式的一个标志性事件,是深入落实教育部、中华全国总工会联合发起的"求学圆梦行动计划"的一个具体案例。

模式助提升。开放大学人才培养的目标是"应用性专门人才"而非"理论性综合人才",这是由学习对象的特殊性、国家教育发展战略分工与政策导向以及广播电视大学发展的历史沿革等要素共同决定的,能够使学生有一种学习和努力的方向,也有利于调动学习者的主观能动性。这种目标定位,从本质上厘定了人才培养模式的基本内涵与外延,也形成了松散型、紧密结合型、订单式等校企合作模式。例如,2017 年 12 月 1 日,上海开放大学与国内领先的财经教育引领品牌"高顿教育"签署战略合作协议,这是学校和企业共同探索以市场和社会需求为导向的新型办学模式的过程,也是共同探索企业所需要的应用型、创新型财经类专业人才的培养过程。双方将在财经类专业人才培养标准、人才培养方案、财经类专业课程体系、全网教学、教学团队建设、科研团队组建等方面开展深度合作,通过旗下高顿财经、高顿网校、高顿财经培训等产品,为财经人才提供专业财经培训。

---

〔1〕 李翠红,林世员,王林,万光龙.高等学校继续教育转型发展推进路径与政策建议[J].继续教育,2015(2):23 - 26.

〔2〕 王洪才.开放大学转型发展:定位、路径与挑战[J].江苏开放大学学报,2016(3).

我国 2010 年颁布实施的《国家中长期教育改革和发展规划纲要(2010—2020 年)》中明确提出："我国要逐步形成分类考试、综合评价、多元录取的考试招生制度",此举促进了成人高等学历教育招生考试深入改革。2011 年起,江苏省批准几所高校(河海大学、中国矿业大学、江苏农林职业技术学院、钟山职业技术学院)率先对艰苦行业企业中员工进行不参加成人高考而推荐考核的校企合作招生改革试点工作。其中,中国矿业大学以教育部"高等学校继续教育示范基地建设"项目为发展契机,通过开展"校企合作"的研究与实践,证明了"校企合作"是行业高校发展继续教育的必由之路。从 2004 年起,中国矿业大学就和煤炭企业签订了"校企合作"订单式人才培养协议,先后和 50 多家煤炭企业合作,按照不同企业的不同要求设置专业,实施人才培养,为企业培养急需的专业技术人才。2012 年初,为了建设企业专业技术人员继续教育基地,中煤能源集团公司进行教育资源整合,将江苏煤电高级技校与大屯能源公司培训中心合并,于 2012 年 4 月 8 日成立了"中煤职业技术(培训)学院",作为与中国矿业大学协同共建的企业专业技术人员继续教育基地,定制了"煤矿开采技术""机电一体化技术""矿井通风与安全""水文地质与勘查技术"4 个专业的人才培养方案,形成了互惠双赢的管理模式——"CUB"模式:其中"C"(Company)代表中煤能源集团公司,"U"(University)代表中国矿业大学,"B"(Base)代表双方共建的"基地",即充分发挥大学的学科、专业理论、教育资源的优势,大型集团公司的资金投入、实习实训场所、人才培养需求的优势,在"基地"培养专业理论基础扎实、动手能力强、适应企业需求的技术精、技能强、懂管理的技能型、应用型人才。[1]

　　江苏开放大学于 2015 年出台了《关于开展特色学院建设试点工作的意见》,确定了"依据区域经济社会发展水平、教育发展状况、产业结构与特点、地方开放大学办学能力、政府和社会支持程度,结合江苏开放大学的专业布局,制订特色学院的设置方案"的总体原则。同年 12 月,由江苏开放大学、宿迁市人民政府、京东世纪贸易公司三方合作共建的"江苏开放大学·京东电商学院"正式成立[2],不仅强化"三农"特色,还首次将电商人才培养延伸至"最后一公里",为每一个有意愿、有能力学习的农村电商从业人员提供教育服务,同时还将在远程开放教育中推行产教融合、工学结合,以紧密型的工学结合模式突破实训瓶颈,率先开启开放教育领域产教融合的江苏模

---

〔1〕马捷,梁峙,范炳恒,周智仁,许斌.校企协同建基地合作创新育人才[J].继续教育,2015(5).

〔2〕吴进.基于使命的必然路径——浅论开放大学系统建设[J].江苏开放大学学报,2016(3).

式。2017年3月16日,由苏州工业园区管委会、江苏开放大学及江苏汇博机器人技术股份有限公司三方共同组建的"江苏开放大学智能制造技术学院"正式成立,依托苏州工业园区的产业优势,搭建培养专业工业机器人操作运用的新型教育平台,为该区乃至全省输送机器人及智能制造领域的技能型人才。

近年来,无锡开放大学通过校企合作拓展市场,主动服务企业、服务社会,先后与无锡市汇华医药有限公司、中国人民保险公司无锡分公司等单位合作,开设了药学、工商管理、行政管理、物流管理等教学班。以无锡公交公司班为例,全班24位同学,都是来自一线的管理人员,学员中50岁以上的占50%,最大的56岁,通过两年半的学习,一次毕业率达92%。同时,全国仅有的7所高校成人学历教育项目落户学校直属单位——无锡现代远程教育中心,每年为社会输送大专以上学历人次500余人。[1]

另外,由于高等教育体系无法满足企业的各类知识和技能需求,难以培养企业自己需要的合适人才,因而企业都希望拥有自己的学习组织,这就诞生了企业大学。企业大学的最高境界是学习型组织,根据不同的情况分别定位于支撑企业的五个层次,即支撑教育培训、支撑业务发展、支撑人力资源战略、支撑企业战略、融入国家教育科技体系。[2]用亚洲企业大学联合会总顾问季明明的话来说:"企业大学,特别是一流的企业大学,是对企业传统培训和人力资源开发模式的革命性突破,是以先进的学习型组织、组织学习理论以及系统科学、信息科学为支撑,以提供整体学习解决方案为其核心竞争能力,以深度融入企业发展战略为其关键特征,以通过促进企业文化转型和学习力、领导力、创新力的增强,进而确保企业绩效的有效提升为其根本目标,是在基于终身学习、互联网文化以及新产业革命、新科技革命交融、迸发的新时代,努力走向企业培训和人力资源发展最高阶段的新范式。"

企业大学是企业战略变革的必然产物。自1955年,全球第一所企业大学——通用电气公司克顿维尔学院正式成立,企业大学在全球迅速崛起。几十年的实践证明,以先进的组织学习理论为指导、与企业发展战略及其前途命运紧紧融合在一起的企业大学,是企业开发人力资源、完善治理结构的最佳模式。根据相关数据统计,2010年全球企业大学的数量已超过3 700所,《财富》世界500强企业中,有近80%拥有或正在创建自己的企业大学。研究表明,美国上市公司中,拥有企业大学的上市公司比没有企业大学的上

---

〔1〕 朱林林.融汇信息及技术服务终身学习——无锡开放大学转型发展之路[J].在线学习,2016(11).

〔2〕 李学栋.企业大学设计方法论研究[J].在线学习,2017(5).

市公司盈利明显高得多。2014年12月18日,经《全球企业大学评价与评级标准专家委员会》同意,亚洲企业大学联合会在清华大学继续教育学院、科技部生产力促进中心协会的支持下,共同发布了"全球企业大学评价与评级标准(1.0版)(简称《标准1.0》)"。《标准1.0》强调了基于流程的企业大学建设及其运营体系模型、学习战略要与业务战略无缝对接、采用了与ISO9001:2015质量管理体系相一致的框架结构及术语表述。其327个测评点涵盖了企业大学胜任力保障、体系规划与管控、学习空间、交付成果、绩效评估、可持续发展等10个维度的47个指标,标志着企业大学将进入以标准为衡量手段的战略转型时代。[1]

当企业发展到快速增长期、稳健增长期、成熟期时就会考虑建立企业大学,它是企业发展到一定阶段的战略匹配工具。在我国企业大学经历了三个发展浪潮。第一次浪潮是中国外企率先成立企业大学。1993年,摩托罗拉中国区大学正式成立,中国大陆最早迎来"企业大学"这一全新企业培训的理念和形式;1997年,西门子管理学院和爱立信中国学院先后成立,中国企业大学进入培育发展期。第二次浪潮是我国本土企业大学开始兴起。1998年5月,中国第一家本土企业大学海信学院正式成立。同年12月,海尔大学诞生,标志着企业大学创办的热潮正式拉开序幕。第三次浪潮是近年来以民营企业为主导,反映了企业对培训价值的认同与期待。[2]同时,随着市场经济的发展和互联网技术的不断进步,企业大学按照开放程度已分为内向型企业大学和外向型企业大学,依据其运作方式来看又可以分为实体化存在和虚拟化存在。

相信在不久的将来,企业大学的数量将会超越传统的大学,呈现出从培训项目到学习项目和绩效项目、从被动学习到主动学习、从培训组织到社区运营、从人才开发到人才管理、从培训管理到管理咨询等发展趋势,成为未来成年职场教育及终身学习的主流。于是,在2016年6月24日,苏州市会议中心(集团)与苏州开放大学正式签订共建企业大学协议。这是会议中心为探索校企协同育人、推进产教融合方面首次与本地高校合作的尝试。

---

[1] 本刊记者.建设校企合作平台推进人才培养创新——大学与企业继续教育联盟访谈[J].继续教育,2015(8).

[2] 严继昌."十三五"时期高校继续教育创新发展的战略思考[J].江苏开放大学学报,2016,27(2).

校馆合作的"互动"

学习分为正式学习与非正式学习。作为正式学习的学校教育,占用了我们人生当中约20%的时间。我们人生的约80%时间是处在非正式的学习状态中。非正式的学习状态不一定有意识、有目的,但影响人的活动才是教育。[1]近年来,作为社会教育资源的重要组成部分和非正式学习场所,越来越多的图书馆、文化馆、博物馆、科技馆、美术馆、天文馆、体育馆等与学校牵手,共同为学生打造立体化的教育网络,可谓"即插即用"。而未来的教育时代将会以自我引导、体验式和分布式学习为特征,致力于培养学生的批判思维、信息分析综合能力、团队合作等技能,而博物馆教育可以在其中发挥关键作用,将成为未来教育的主流模式,而不再只是补充角色。

我国于1914年7月11日公布的《教育部官制》中,规定了社会教育司的职责,其中就包括"(5)关于美术馆及美术展览会事项;(6)关于动植物园等学术事项;(7)关于博物馆、图书馆事项;(8)关于各种通俗博物馆、通俗图书馆事项……"日本于1949年颁布了《社会教育法》,形成了以公民馆、博物馆和图书馆等基础设施及其人力物力保障为核心的社会教育制度体系。公民馆、博物馆和图书馆等社会教育机构均有明确的设施建设和运行标准,包括设施面积、设备配备和专业人员配置要求。[2]其中,公民馆是社区学习活动场所,由政府从地区教育经费中拨款建造,其目的:一是构建行政地域内的终身学习支持体系,发现和组织志愿工作者,鼓励和推进学习化社会,扩大和发展社区教育推进委员会;二是构建社区终身学习支持体系,为学习者提供教育信息咨询,创造学习机会,交流发表学习成果,为市民提供继续教育机会;三是加强、完善、确保各层次居民的学习条件和机会;四是完善学习信息体系,例如音乐舞蹈等休闲学习和医疗保健、应急救护等知识性学习等;五是培养和充分发挥终身学习指导者的作用,包括配置专人、提高队伍素质、创设指导者人才库等;六是改变和引导社会的价值观,促进学习的多样化和多元化。同时,政府禁止利用公民馆进行营利为目的的活

---

[1] 丁钢.教育需要向共享教育的理念转化[N].光明日报,2017-08-08.

[2] 日本的"公民馆设置与运营标准"为1959年制定,2003年修订。参见《社会教育·生涯学习辞典》第144-145页,社会教育·生涯学习辞典编集委员会编,朝仓书店2012年出版。

动,禁止与党派和选举有关的活动,禁止宗教和教派活动。[1]据发布于1975年的《美国博物馆》报告记载,在当时,全美已有约90%的博物馆提供学校教育活动。目前,美国一种新型学校方兴未艾,那就是博物馆学校。此类学校以博物馆教育与学校课程连接为标志,有效利用博物馆资源,把正式教育和非正式教育结合在一起。有的甚至直接将学校办在博物馆,馆内展示场所就是学生学习的课堂,藏品就是学生的学习资源。

  一所学校应该与外部世界保持积极的连接才会焕发出勃勃生机。这个外部世界是人类文明和创新的整个世界,是学校保持生机的源泉。校馆合作可以促进学习者自我系统与社会系统的连接,激荡共生,良性互动。2015年3月20日,我国博物馆行业第一个全国性法规文件《博物馆条例》正式施行,对博物馆的三大目的做了序次调整,教育目的被提至首位。《2016中国智慧学习环境白皮书》指出:从全国来看,东部地区的博物馆和公共图书馆更方便市民的使用。场馆学习已经成为终身教育的重要组成部分,在智慧学习、提高公众科学文化素质、提升国家软实力中发挥着重要作用。

  活动类型方面,例如:北京市海淀区双榆树第一小学40名学生走进紫禁城,开展"故宫元素彩绘伞"活动。在美术教师的引导与启发下,学生们自主收集、整理、提炼故宫元素,在空白伞面上画出心目中的故宫。北京天文馆的天文科普宣传车如今已经开进了近百所学校,科普工作者用趣味的讲解和形式多样的互动让学生近距离感受到了天文知识的魅力。在山东省博物馆,每年的环球自然日活动都能吸引来自100多所学校的500多支队伍参加,学生以展览或表演的形式,在博物馆进行展示。湖南"移动博物馆"教育项目于2015年正式启动,在展开后净展示面积约35平方米的车厢内,学生们变身考古学家,逐一完成"考古现场发掘""文物修复保护"等各类体验活动。

  课程建设方面,建设校馆课程是促进校馆合作的重要载体。校馆课程联动的基础,就是知识在不同形态下的自然迁移。有了课程依托,校馆合作的意愿和深度会更为强烈,可以有目标、有系统、分阶段地进行,能使双方的关注点凝聚在一起,将合作的方式方法落在学习者身上,真正与办学特色和以人为本结合起来。例如,国家博物馆开发了"社会大课堂"系列课程,专门面向以班级为单位的学校群体,其中包括与北京教育科学研究院基础教育教学研究中心共同开发的"绘本形式博物馆课程"。另外,2013年至2016年期间,史家小学与国家博物馆建立课程研发协作体,进行"漫步国博""博悟之旅"两大系列课程的教材编写。目前,与课程配套的学生用书24本、教

---

  [1] 施延亮,环建芬,吴琼,潘定国.社会教育立法比较[J].商务与法律,2005(4).

师用书4本均已出版发行。依托这两大系列课程,学校三至六年级全体学生均能利用国家博物馆资源进行有目的、有计划的系统学习。又如,华东师范大学张江实验中学以STEM科教战略为校馆课程开发的核心导向,将STEM作为知识学习的后处理工艺,把校馆体验式课程、参与课程与创新课程实现混合,将科技馆打造成STEM教育的最佳实践工坊。2016年年底,上海科技馆及其分馆自然博物馆与全市127所中小学签订了馆校合作共建协议,目前,已经完成小学、初中、高中3个学段60个"馆本课程"的开发。[1]

项目开展方面,上海科技馆开办了"博老师研习会",目前已有268人次教师参与。该项目旨在通过观摩场馆、专家讲座及课程设计研讨等形式,帮助教师熟悉馆内教育资源,了解博物馆探究型学习的理念和做法。美国史密森博物学院的"专家学者在学校"项目、国立美国历史博物馆的"让我们一起做历史"巡回项目都采用了驻校服务模式,博物馆会指派专业人员进驻课堂,指导学生确定学习方向、收集组织信息、设计制作展览、评估学习成效等。另外,在纽约、芝加哥、匹兹堡等城市运行的蜂巢学习网络(Hive learning Networks)项目,是由博物馆、图书馆、学校和非营利创业机构及包括教育者、设计师、创客等在内的个体组成,在有资金和雇员支持的前提下,这些力量一起为年轻人创造超越传统教室的、开放式的学习机会。

人才培养方面,例如:在美国,博物馆教育已成为一个专业化的职业类别。许多大学设有"博物馆教育"学位,大学与博物馆合作,为全美博物馆培养得力的专业人才。以位于波士顿的知名大学塔夫茨大学为例,其教育学系的博物馆教育硕士学位项目,是为期两年的跨学科学位,着重培养专业人员提高博物馆受众参与度的能力。不仅要将学生和其他受众"迎进来",还要负责让教育内容"走出去",从多种渠道实现博物馆资源在学校和其他社区的"落地"。[2]又例如:佛山科学技术学院自2004年开设社会体育指导与管理专业以来,一直在探索将社会体育指导与管理专业与佛山体育,特别是武术的发展进行有效的链接。学院在深入研究佛山特色拳种特点的基础上,提出了以武术竞赛为中心,以弘扬拳种文化、精神为两翼,下设的武术与养生方向即是在分析佛山大众体育发展需求的基础上开设的。学院与以佛山鸿胜馆、姚才姚祺咏春拳馆为主的多家武馆进行了不同程度的合作,为武术人才的培养提供了宽广平台。[3]

文化特色方面,例如,2017年9月8日,以挖掘苏州教育发展历史、收藏

---

〔1〕 焦以璇.校馆合作,建长效机制路有多远[N].中国教育报,2017-06-29.
〔2〕 吴娟.美国博物馆:与学校教育融合互动[N].中国教育报,2017-06-29.
〔3〕 荆治坤,刘永峰,黄丹."校馆合作"人才培养模式探索[J].武术研究,2014,11(8).

教育史料典籍、展示教育发展成就等为主题,具有鲜明吴文化特色的专门性博物馆——苏州教育博物馆正式开馆迎客。作为全国首家地市级教育博物馆,苏州教育博物馆位于醋库巷市文物保护单位"柴园"内,占地6.6亩,建筑面积3000多平方米。博物馆依托古典园林建馆,兼有专题博物馆教育性和古典园林景点观赏性的双重功能。博物馆内设置古代馆、近代馆、现代馆等三大板块,下设序言馆、名人馆、名师馆、院士馆、视听馆、荣誉馆、体验馆等共10个展馆。其功能定位为:乡土教育的重要基地,帮助苏州人民了解家乡教育的文化底蕴和优良传统;师生成长的"第二课堂",向广大教师普及先进教育思想,向广大学生传播教育名人成长故事;对外宣传的重要窗口,向外来游客宣传苏州教育的发展历程和成就。[1]

游学融合方面,例如,2017年11月,苏州市人民政府印发《关于加快推进文化和旅游深度融合的实施意见的通知》,提出应加强游客源与文化源、教育源的相互对接,开展"博物馆城"建设工程,即"进一步加快各类博物馆、美术馆、纪念馆建设,重点推进桃花坞木刻年画博物馆、苏州考古博物馆、苏州历史陈列馆(苏州故事馆)、东吴博物馆、吴中博物馆、草鞋山遗址博物馆、昆山博物馆等项目。至2020年,全市简称各类博物馆(美术馆、纪念馆)数量达到100座"。

国际合作方面,例如,2015年10月,剑桥大学国王学院与中国江苏省文化厅签署合作协议,共建"全球昆曲数字博物馆"。该项目被纳入剑桥大学国王学院"康河计划——保护即将消失的世界",于2017年8月正式建成了世界首个中英双语的昆曲数字博物馆。目前,该数字博物馆已经收集整理了剑桥大学考古人类学博物馆收藏多年的与昆曲有关的乐器、服装、道具等藏品,并纳入由中国江苏省有关部门所提供的大量与昆曲有关的资料。在正式开通运营之后,该数字博物馆未来还将逐渐纳入大英博物馆、英国伦敦维多利亚—阿尔伯特博物馆以及欧美国家与昆曲有关的收藏。[2]

---

[1] 亚萍.全国首家地市级教育博物馆开馆[N].苏州日报,2017-09-09.
[2] 林卫光.剑桥大学"全球昆曲数字博物馆"开通运行[N].光明日报,2017-08-28.

职业教育的"增能"

在过去的几十年中,电大的发展曾经历若干转型节点:一是20世纪80年代中后期向普通高等教育转型;二是20世纪90年代中期向职业教育转型。一阶段以来,对于职业院校是否应该承担开放教育中的社会培训任务、在多大程度上承担社会培训任务等问题,业内人士议论纷纷。肯定者援引《中华人民共和国职业教育法》和《国务院关于加快发展现代职业教育的决定》等文件,指出开展社会培训是职业院校的法定职责。反对者则认为,职业院校开展的是学历教育,与职业培训共同构成了我国职业教育体系,二者之间不应混沌不分、相互干扰,因此职业院校不应该参与社会培训活动。[1]

党的十八大以来,我国职业教育发展取得巨大成就。但是,体量大而不强、产教合而不深、体系不完善、吸引力较弱仍是当前职业教育面临的主要问题。人民群众和经济社会对优质多层多样职业教育的需要同职业教育发展不强不优不活之间的矛盾已成为新时代职业教育的主要矛盾。党的十九大报告提出,完善职业教育和培训体系,深化产教融合、校企合作,办好继续教育,加快建设学习型社会,大力提高国民素质。[2]

根据江苏省人民政府2013年〔146〕号文件《关于筹建江苏开放大学的通知》和2015年工作要点中提出的"完善开放大学办学系统、建设江苏开放大学职教集团"的要求,职教集团以共享优质教学资源,实现中职、高职和应用型本科对接为重点,以学分银行运作为手段,以线上与线下学习相结合、学历教育与技能培养相结合、职前与职后教育相结合的开放办学模式和建立同一化的跨教育体系的质量标准为特征,整合区域性职业教育和开放教育资源,充分发挥群体优势和组合效应,创新产学研合作的新模式,建立江苏现代职教体系建设和发展的高位平台,实现"大开放、大职教"的全面融通,为建设江苏现代职教体系提供重要支撑。[3]也就是说,开放大学的发展使命将从过去主要从事补偿学历教育转向新的满足就业市场需求的职业教

---

〔1〕 鲁彬之.职业院校应擎起社会培训大旗[N].中国教育报,2017-03-28.
〔2〕 王继平.奋力办好新时代职业教育和继续教育[N].中国教育报,2017-12-01.
〔3〕 吴进.基于使命的必然路径——浅论开放大学系统建设[J].江苏开放大学学报,2016(3).

育为主。

对于经济发展而言,产业结构调整、能级的提升与终身教育思潮是促使职业教育出现更高层次的主要动因。我国职业教育发展至今,在第一二三产业形成了不同的特点。其中,第一产业的农业人口数量庞大,新农村和新城镇建设的重要任务,需要职业教育对农村的支撑作用。第二产业的职业特征、职业规范、职业技能标准较为成熟,即围绕制造业的职业教育最为典型。在第三产业中,职业教育的增量最大、需求也最旺盛,发展前景广阔。特别是当前,第三次工业革命方兴未艾。现代制造业、现代服务业、现代农业,特别是以大数据,数字制造如3D技术,以及新能源、移动网、生物技术等为核心的现代产业体系的建立,要求我国从外延型增长为主升级为内涵型增长为主的经济发展;从低劳动成本、低附加值为主升级为知识型劳动和较高附加值为主的技术推动型的经济发展;从过于依靠外需拉动的速度型增长升级为内需外需协调拉动的高质量的经济发展;从过于依靠投资拉动的速度型增长升级为投资和消费共同拉动、速度和效益有机结合的内生增长型的经济发展;从高能耗、以牺牲环境为代价升级为更有效利用资源、环境得到更好保护的经济发展(闵勤勤,2013)。2011年人口普查显示,我国总劳动力在2012年达到顶峰后开始负增长,2013年是人口红利消失的转折点(艾经纬,2012)。著名经济学家厉以宁教授指出:"我们应该看到,新人口红利产生,是指劳动力质量的提高。我们正在从廉价劳动力时代进入技工时代,通过提高劳动力质量,以拥有较高技能但低于发达国家技工价格的人力形成新的人口红利,形成比较优势。"(李晓菲、陈岩霖、厉以宁,2013)伴随着新人口红利、新资源红利和新改革红利替代旧红利的发展进程,中国还将从技工时代转向高级技工时代(王砚、尹振茂、厉以宁,2012)。因此,加大人力资本的投入,改革教育体制,特别是进一步强化职业教育,推进劳动市场制度建设等,必然是创造第二次人口红利的最重要举措。[1]正如教育部副部长孙尧在2017年国际职业技术教育大会上所言:"中国将促进职业教育发展与转变经济发展方式紧密结合,与教育改革发展紧密结合,与每个人的终身教育学习和发展紧密结合,不断提高职业教育质量。"

对于目标定位而言,产业界目前面临着巨大挑战,国际技术竞争、全球化生产和工作分工,越来越多的国际交往、知识、技术胜任力的作用已经凸显出来。当前和今后一个时期,我国职业教育要主动服务国家战略,即服务"中国制造2025",实施好《制造业人才发展规划指南》;服务脱贫攻坚,实施好《职业教育东西协作行动计划》;服务"一带一路"建设和国际产能合作,

---

[1] 姜大源.现代职业教育与国家资格框架构建[J].职教论坛,2014(31).

推动中国职业教育与企业协同"走出去"。要打造出合格的产品,就必须建立以客户为导向"订单化"的生产模式,创建学习型组织,职业院校、中职、大学应该首先成为学习型组织,以适应产业界的需要。2016年,日本文部科学省召开了有关创设新型大学的中央教育审议会,讨论了创设践行职业教育的新型大学的相关事宜,暂将该类大学命名为"专门职业大学"。这是日本自1964年创设短期大学以来,时隔半个世纪再次设立新的大学类型。与日本固有的专门学校不同,"专门职业大学"是和普通大学组织架构相同的新型大学,除了面向普通高中和专门高中毕业生,还将高中毕业后直接进入社会工作的社会人员纳入招生对象。"专门职业大学"的修业年限将设定为2年至3年或4年。前者将为毕业生授予"短期大学学士"学位,后者将为毕业生授予"学士"学位,而现行的日本短期大学与大学的学士学位几乎都得到了社会的同等认可。据悉,日本计划创设"专门职业大学",一方面是出于为现行五年一贯制高等职业教育机构创设可能性的考虑,而以大学的形式来设立专门职业学校,其设置基准将比普通大学拥有更大的自由调控空间。另一方面,这也是从国际通用性层面来考虑的,在德国、法国等西方国家,其高等教育系统均有"专门大学"这一子分支[1]。德国在20世纪60年代末、韩国在1979年就成立了以职业教育为重点的专门大学,毕业生可同时取得学士学位和职业证照。2015年,联合国教科文组织发布《教育2030行动框架》,提出教育的使命被扩大至全纳、公平和全民终身学习,给每个人公平的机会。其中,与高等教育相关的目标包括:(1)促进高等教育公平,向所有人平等提供负担得起的优质教育;(2)加强学生能力培养,特别是批判性与创造性思维,解决问题能力、领导力和创新能力培养;(3)增强高等教育的流动与交流;(4)促进终身学习、非正规教育与非正式学习;(5)促进公司部门合作、校企合作;(6)加强高等教育质量保障,特别是促进在线学习(远程教育)。与职业教育相关的目标包括:(1)大幅增加掌握就业和创业所需技能的青年和成人;(2)提供各层次的职教和培训;(3)全面提高职业教育质量,提升从业者的职业技能和通用技能、认知和非认知技能;(4)促进公私合作、校企合作;(5)扩大职业教育规模;(6)加强职教政策和效果评估。2017年1月19日,国务院印发的《国家教育事业发展"十三五"规划》要求,倡导职业教育和继续教育。另外,国务院印发的《关于促进特定人群就业》提出要促进各种证书之间和资格之间的衔接和认可,指出职业资格可以与专业职务和学历建立等值等价的关系。另外,从2012年《上海共识》到2017年《唐山声明》,人们对职业教育推动可持续发展和

---

[1] 徐涵.日本创立"专门职业大学"[N].中国教育报,2016-11-25.

《教育2030行动框架》的潜力有了更深刻的认识。特别是"努力保证人人享有包容、优质和相关的技能发展机会"被写入了《唐山声明》。

对于教育性质而言,开放大学的成人高等教育性质没有变。但是,现在的成人高等教育已经不是传统意义上的成人高等教育。以往成人高等教育更多的是成人高等教育普通化,也就是说,它从课程体系、课程要求、考核标准都是直接从普通高等学校照搬过来的,这种成人教育是一种学历补偿性的教育。现在面向成人的教育,需要和他们的职业发展联系起来,同时也为他们的全面发展服务,是职业发展和全面发展相结合的成人教育,要特别关注在职人员的学习。换而言之,对于职业教育来说,高端技能人才的需求和中高职贯通衔接的思路,使职业教育不再单纯以就业作为目标,而是成为人才培养的一个阶段。职业教育与成人教育的有效融通,可以更好地服务高端技能人才培养的目标。2015年,《国务院关于加快发展现代职业教育的决定》中,明确提出"探索组建覆盖全产业链的职业教育集团"。[1]要形成覆盖全产业链的职业教育集团需要产业链、人才链、教育链的高度融合,其中教育链中应该有中职学校、高职院校的任务,也会有高校继续教育的任务,还有企业大学、广播电视大学(开放大学)、公共服务体系及其他机构的任务。[2]例如,北京丰台区成立职业与成人教育集团,将职教与成教拧成一股绳,打破原有管理体制,创新运行机制,这是一种结构性供给侧改革。又如,2017年3月,广东省质量技术监督局批准发布《广东终身教育资历框架等级标准》(DB44/T1988—2017)(简称《标准》),旨在实现各级各类教育的沟通和衔接,搭建人才成长"立交桥"。《标准》将资历成果分为7级,明确了普通教育、职业教育、培训及业绩相互之间的关系,并从知识、技能、能力三个维度确立了各等级的标准(表1-7),是国内第一个资历框架等级地方标准,也是广东职业教育创新特色亮点。

表1-7 广东终身教育资历框架等级标准

级别	知识	技能	能力
第1级	掌握工作或学习所需要的基本常识性简单知识	具有完成简单任务的基本技能	能够在他人直接指导下完成简单的学习或工作任务
第2级	掌握工作或学习所需要的基础知识	具有应用相关信息和简单工具,完成常规任务的基本技能	能够在他人的指导下一定程度上自主地完成学习或工作任务

---

〔1〕 高靓.职成合一,教育供给能否大于二[N].中国教育报,2017-04-21.

〔2〕 严继昌."十三五"时期高校继续教育创新发展的战略思考[J].江苏开放大学学报,2016,27(2):8-14.

续表

级别	知识	技能	能力
第3级	掌握某个工作或学习领域所需要的事实性和理论性知识	具有在某个工作或学习领域中,选择和应用相应的信息、工具和方法,解决具体问题和完成相应任务所需要的技能	能够在变化但可预测的环境中,基于工作或学习的指引进行自我管理,监督他人的常规工作,承担评价和改进工作或学习的有限职责
第4级	掌握某个工作或学习领域所需要的综合、专业、理论的知识,并了解知识应用的范围	具有创新性地解决抽象问题的综合的认知和实践技能	能够在不可预测的工作或学习环境中,履行管理和指导的职责,评估和改进自己和他人工作或学习的表现
第5级	掌握某个工作或学习领域所需要的高层次知识,对理论和原理进行批判性理解	具有在某个专业的工作或学习领域中,创新性地解决复杂和不可预测问题的高级技能	能够在不可预测的工作或学习环境中,管理复杂的技术或专业项目,承担管理个人和团队专业发展及做出决策的职责
第6级	掌握某个工作或学习领域中高度专业化知识,包括某些可作为原创思维或研究基础的前沿知识;对某个领域和交叉领域的知识形成批判性认识	具有在研究和创新中,为发展新知识、新工艺以及整合不同领域知识所需的专业化解决问题的技能	能够应对和改变复杂、不可预测、需要新策略方法的工作或学习环境,承担促进专业知识和实践发展或评估团队战略绩效的职责
第7级	掌握某个工作或学习领域以及交叉领域最先进的前沿知识	具有最先进的技能和方法,包括综合和评价,解决在研究或创新中的关键问题,扩展和重新定义已有知识和专业化实践	能够站在工作或学习(包括研究)的前沿,表现出高度的权威性、创新性、自主性、学术型和职业操守,能持续不断地形成新的理念和方法

从课程建设而言,开放大学要建立以实践为导向的、理论服务于实践的课程和课程体系,而非理论导向的课程,与生产实践紧密关联,充分利用学生的职业经验,为学生工作能力和综合素养的提升服务。要走进企业,在实践一线制作各种各样的开放的实践性课程资源。按照课程分类设置课程平台(表1-8),便于课程的相互转化及学分的积累。如果这一条路走通了,那么,开放大学的课程就有自身的特色了,与普通高校相比,就不是水平的差

异了,而是类型的差异。[1]例如,2017年9月29日,中央军委训练管理部职业教育局与国家开放大学签署战略合作框架协议。根据协议,双方将按照中央军委关于军事职业教育改革的总体部署,充分依托国家开放大学优质教育资源,发挥军队院校办学优势和特色,面向全军士官开展远程教育,构建科学规范、统筹管理、优质高效、开放灵活、特色鲜明的军队士官远程教育体系。

表1-8 课程分类设置课程平台

平台名称	主要内容
职业素质课程平台	包括职业与职业发展分析、公民道德及行为规范教育、法律法规教育、安全生产教育、信息化教育等
公共基础课程平台	专业要求的政治、语言、计算机等课程
专业基础课程平台	专业核心课程的前修课程
专业核心课程平台	课程体系中居于核心位置的具有生成力的课程
专业特色课程平台	体现专业特色、与众不同的课程
技能拓展课程平台	新技术、新工艺、新方法、新装备等课程及各类职业资格培训等课程

对于体系内容而言,职业院校与开放大学同属于高等教育体系,但是优劣不同、归属不同、对象不同。在优劣层面,职业院校的主要优势在于职前教育扎实,实验实训设备先进,有利于学生较快掌握就职前需要的各项技能,劣势在于时间长,成本高;开放大学的优势在于覆盖面广,学制灵活,成本低廉,劣势是组织实验实训的能力差,不利于学生动手能力的提高。经过比较可知,职业院校的长处恰恰是开放大学的短板,职业院校的短处又恰恰是开放大学的长处。在归属层面,职业院校一般归各地区所属,带有强烈的区域性,为本区域提供专业技术人才;开放大学是系统办学的形式,属于远程开放教育这一系统,绝大部分教学资源在网络上。二者各行其政,互不干扰,是相对独立的两套系统。在对象层面,职业院校主要招收应届高中毕业生或者初中毕业生,这些技术人才为人才资源市场补充新鲜血液,保持人才资源数量上的平衡与质量上的持续提升;开放大学的教育对象主要是从已经学校毕业的、参加工作多年的社会人员,帮助他们提升自身的学历或技能。二者因为面对不同的教育对象,在招生方面互不影响,也是相对独立的两套系统。例如,鲁班工坊被誉为我国职业教育领域的孔子学院。2016年3月,天津渤海职业技术学院建立的鲁班工坊挂牌成立,仿生机器人学习体

---

[1] 别敦荣.开放大学的定位与发展[J].中国高教研究,2017(3).

验区、电脑鼠走迷宫学习竞赛区、自动化生产线教学区在这里一应俱全。截至2017年6月,已经培训了来自泰国、印尼、马来西亚、柬埔寨等国的319名学生。[1]

对于校企合作而言,我国职业教育包括学校职业教育、社会和企业职业教育,它既是国民教育的重要组成部分,同时也是人力资源开发的一部分。首都经济贸易大学党委副书记孙善学发现:"企业在发展中最缺的是不同层次的人才,但职业教育培养的往往是入门级的人,根本不能服务整个社会的用人体系。进入企业后,还需要经过几年的培养才能成为企业所需人才。企业对职业教育的这种现状很无奈。"职业院校要不断适应市场需求、培养适销对路的人才,就要学会与市场共舞、与企业对接,充分挖掘行业企业资源并为我所用。"十三五"期间,我国面临着产业转型的关键阶段,如何办好企业大学,发挥企业职工教育对于提升人力资源质量的驱动性作用,是一项十分紧迫的课题。企业大学作为服务于企业战略的非学历继续教育机构,通过职工培训与知识管理等活动,能有效提升职工的知识与技能,最终提升企业的绩效。[2]2017年,浙江省嘉兴市启动首批"教育型企业"遴选,让企业直接参与职业教育。该市出台了《嘉兴市教育型企业认定与管理办法(试行)》,明确教育型企业必须是生产设备设施与工艺水平较高,在区域内同行业中具有一定代表性和影响力的规模以上企业;乐于承担企业的社会责任,积极参与职业院校实训基地、师资队伍和专业课程建设,并且近3年在人才培养、社会培训、技术研发等方面与职业院校开展6项及以上合作。获得"教育型企业"称号的企业必须履行相应的育人职责,如设立或明确专门机构,落实专职人员,加强与职业院校对接交流;主动参与实训基地、教学团队与专业课程建设;深度参与"轮岗顶岗实习""订单培养";积极开展"现代学徒制""企业新型学徒制"等人才培养模式改革等。[3]近年来,苏州开放大学依托苏州市职业大学的职业教育与继续教育资源,将开放的办学体系与现代职业教育体系融合发展,积极开展行业平台建设,推动学习型行业,以点带面推动教育惠企工程,为中小型企业的基层员工的职业素养提升、人才培养储备、企业管理等各个方面,打好教育服务组合拳。从2015年至2016年,学校通过与行业和龙头企业先后共建了8个企业大学:与工信部软促中心、凡特斯测控有限公司共建博众·凡赛斯自动化学院,与江苏天创科技有限公司共建信息安全学院,与同策房产咨询股份有限公司共建同策房地

---

[1] 张烁.中国职业教育,底气更足了[N].人民日报,2017-07-07.
[2] 吴峰.国家教育事业发展"十三五"规划解读:大力发展继续教育——办好企业大学,提高企业人力资本竞争力[J].终身教育研究,2017(2).
[3] 蒋亦丰.嘉兴遴选首批"教育型企业"[N].中国教育报,2017-06-23.

产学院，与苏州市光电缆商会共建苏州市光电缆行业大学，与苏州市电梯业商会共建电梯学院，与苏州跨境电商协会共建跨境电商学院，与苏州市会议中心（集团）共建会议中心（集团）企业大学，与苏州三星电子液晶显示有限公司共建三星科技大学。其中，以位于苏州开放大学内的同策房地产学院为例，通过与领军企业的人才培养合作，提炼课程资源、服务中小型企业。在政府主管部门的支持下，同策学院 2016 年培训苏州各房产公司基层销售员工 587 人次，提供建筑施工企业安全认证 1 500 多人次，2017 年开始每月固定两期为华东区域的各类房产销售企业提供多个层级的专业技能提升培训。

对于互联网教育而言，职业在线教育将迎来一大波曙光，同时也是一个盈利空间巨大的领域。2016 年 8 月 26 日，经国家工商总局批准慧科教育正式升级为慧科集团，宣布并购创意设计职业教育机构"莱茵教育"、互联网产品社群"产品壹佰"和一站式互联网学习平台"美好学院"。同时，"开课吧"作为慧科集团发展进程中首个线上教育品牌，在成功孵化"高校邦""课工厂"等品牌后，正式回归集团搭建互联网从业者技能学习社区，统领集团职业教育线上部分。这将意味着慧科集团由此前以高等教育为核心开始倾向于"高等教育＋职业教育"双主业模式，致力打造高等教育和职业教育事业两大群组。其中，职业教育事业群以职业发展为导向为大学生和互联网从业者提供实用技能培训、智慧化职业发展综合服务。职业教育事业群将与定位为战略性新兴产业综合解决方案服务商的"慧科教育"和定位为中国高校打造智慧学习平台的"高校邦"构建的集团高等教育群双轮驱动，将把慧科集团打造成中国高等教育和职业教育综合服务平台。两大生态的用户数据互联互通、信息系统深度耦合，帮助学习者构建起一个完整而强大的以高等教育为起点的、覆盖整个职业生涯的终身教育平台，为"人人皆可成才、人人尽展其才"营造更为健康和可持续的共享教育生态。另外，2016 年 12 月 29 日，全国首个开放式职教集团——江苏开放大学职教集团在南京正式挂牌成立。该职教集团顺应"互联网＋教育"的趋势，运用开放大学"线上线下结合"的人才培养模式，从而实现中、高职甚至是非学历教育的学生从入学到应用型本科院校毕业的全程对接。

继续教育的"常态"

继续教育首先是由英国人在 1918 年提出。1944 年,巴特勒在《1944 教育法》中首次提到继续教育,并将教育重新划分为初等教育、中等教育和继续教育,其中继续教育专指为离校青少年所创办的教育。在 20 世纪 70 年代末,继续教育的概念由世界继续工程教育大会引入我国。

回顾世界远程教育发展史,社会进步对继续教育的需求表明,继续教育是支持发达国家完成产业经济结构大调整、确保国家持续发展与强大的重要力量,是高校"以培养人才为中心,开展教学、科学研究和社会服务"的重要组成部分,是教育教学模式创新的排头兵。保罗·朗格朗认为,非正规教育和非正式教育在现代社会具有重要的作用。在美国,几乎每所大学、学院都办有继续教育项目。哈佛大学坚持继续教育要为大众服务,继续教育要能满足各类群体多样化的学习需求的理念,并将这种服务功能发挥的程度作为衡量继续教育是否成功的主要标志。[1]

中华人民共和国成立以来,始终在寻找一种既适合经济社会发展,又符合教育规律的教育形式,力求让更多的人群有机会接受高等教育。1950 年产生第一种继续教育的形式——夜大学;1954 年创立第二种继续教育形式——函授;1978 年电大批准设立(有些省市电大建立于 60 年代),成为学历补偿教育的重要形式;1980 年产生学历继续教育的第四种形式——成人脱产班;1981 年产生第五种形式——高等教育自学考试;1984 年产生第六种形式——第二学士学位教育制度;1986 年产生第七种学历继续教育的形式——在职人员以研究生毕业同等学力申请硕士、博士学位;1991 年专业学位教育制度建立;1999 年产生网络教育和电大实施的开放教育;2012 年出现开放大学。[2]在每个阶段,围绕着社会需求,为社会培养大量现实可用的实用人才都是继续教育的核心命题。

新常态下,经济增长速度的放缓、产业结构的优化升级以及发展模式的

---

〔1〕 李翠红,林世员,王林,万光龙.高等学校继续教育转型发展推进路径与政策建议[J].继续教育,2015(2).

〔2〕 葛道凯.京津冀协同发展战略与成人继续教育的地位与作用[J].北京广播电视大学学报,2016(4).

转型等需要人才结构与之相适应。继续教育作为个人知识更新、能力提升、自我发展的重要手段,在社会发展过程中的推动作用越来越显现出来。继续教育作为现实的生产力,已成为我国学习型社会建设的重要组成部分,也是终身教育体系的四大支柱之一。积极发展继续教育,完善终身教育体系,建设学习型社会,是党的十八大提出的战略任务。与此同时,十八大报告又提出:要办好人民满意的教育,需要把六根支柱打进去:学前教育、九年义务教育、高中阶段教育、职业教育、高等教育、继续教育。继续教育是为已经脱离正规教育的人进行知识更新、补充、拓展和能力提高提供追加教育的重要阵地,也是高校育人功能和终身学习体系的重要组成部分,可能在全民终身学习桥梁当中最宽最长。而高校拥有丰富的教学科研优势和宝贵的人才资源,这些不仅是终身教育的"智库",也是继续教育的品质保障。

随着我国高等教育进入"大众化"阶段,人们的知识需求发生了变化,普通学历教育转向宽口径、强基础的教育方向,继续教育则转向更为专业化、重实践的人才培养模式。2016年3月发布的《国民经济和社会发展第十三个五年规划纲要》关于继续教育的部署,包括三项核心任务:构建惠及全民的终身教育培训体系;整合各类教育资源向全社会提供服务;畅通继续教育、终身学习通道。

一方面,学历继续教育对我国高等教育做出的最重要贡献是促进了高等教育大众化。从20世纪90年代至今,我国的学历继续教育对我国高等教育的贡献率一直保持在4%~5%左右。它与普通本科教育相比,拥有入学形式开放、培训目标多元、办学层次多样和学习方式灵活等特点,这些特点决定了我国的学历继续教育是我国建设终身教育体系的主要建设力量。[1]《国家中长期教育改革和发展规划纲要(2010—2020年)》中明确提出:"继续教育参与率大幅提升,从业人员继续教育年参与率达到50%",即到2020年我国从业人员的继续教育规模要翻一番,达到3.5亿人次;各类非全日制学习的成人高等教育对象在高等教育学龄人口中比重提高到15%左右。[2]《国家中长期人才发展规划纲要(2010—2020年)》明确提出要大力推动各类人才队伍建设,到2020年,企业经营管理人才、专业技术人才、农村实用人才、社会工作人才总量分别达到4 200万人、7 500万人、1 800万人、300万人。

另一方面,文凭不等于水平,学历不等于能力。当前,学历继续教育出现了专业设置不一、教学内容陈旧、专业名称不规范、管理监督缺乏等乱象问题,已不是一个教育问题,而更是一个社会问题,对学校品牌与信誉造成了潜在风

---

[1] 刘阳.蔡保松.中国TOP大学继续教育发展:成就与挑战[J].继续教育.2015(2).
[2] 王海东,刘素娟.依托自学考试制度构建国家继续教育学分银行[J].开放教育研究,2011(6).

险与损害。究其原因,一是高等教育体系的二元化结构造成成人高等学历教育被社会边缘化;二是投入不足且缺乏统一的质量标准和有效的质量监控制度;三是教育资源配置不均衡,与普通高等教育同质化发展倾向严重。早在2002年,清华大学便停止了学历继续教育招生,继续教育主要模式转为非学历教育培训。2016年12月,教育部发文规定,普通高校将不再举办本校全日制教育专业范围以外的学历继续教育。言下之意,高校继续教育办学行为要以学校大局为重,办学层次、类型、规模、质量要与学校办学定位、办学条件、社会声誉相适应,按照规章制度办事,强化风险管理,构建高水平的继续教育发展体系,而不能"无知而不自知"[1],更不是教育管理者的主观臆想和一厢情愿。

传统的继续教育形式主要包括高等院校开展的继续教育、中等职业学校开展的继续教育、农业广播电视学校系统开展的继续教育、高等教育自学考试、行业企业开展的继续教育,以及民办培训机构开展的继续教育。现代形式的继续教育主要包括远程教育和社区教育。特别是现代教育技术,使继续教育的内涵已经从相对基础的补充知识教育向相对专业化的职业提升和生活质量提高教育内涵转变。2011年1月,教育部和财政部联合印发《关于批准"终身学习服务体系的建设与示范"系列项目的通知》(教高函〔2011〕6号),批准了"终身学习服务体系的建设与示范"系列项目,包括"高等学校继续教育示范基地建设""终身学习公共服务平台模式研究及示范应用""高等学校继续教育课程学分标准及质量内涵和学分转移制度与机制的研究及应用"和"普通高等学校继续教育数字化学习资源开放服务模式的研究及应用"四类项目。教育部2015年工作(要点33条)和职成司2015年工作(要点第五项),即立项并实施50所高等学校继续教育示范基地建设、100所数字化学习资源建设、大学与企业继续教育联盟等项目。

继续教育是开放大学人才培养的重要组成部分,也是开放大学履行高校四大职能的重要途径;是构建终身教育体系的主要途径,也是推进学习型社会建设的重要力量;既要主动服务于经济社会发展战略大局,又要服务于开放大学发展战略大局。同时,继续教育的新常态更加强调以质量为核心的内涵发展,更加强调以优化结构为重点的供给侧改革,更加强调以促进公平为目标的全纳教育推进,更加强调以创新为动力的可持续发展机制建设。

一从发展任务的角度而言,2010年,《国家中长期教育改革和发展规划纲要(2010—2020年)》要求,从业人员年继续教育参与率达到50%,教育培训规模达到35亿人次。2011年12月,全国继续教育工作会议提出加快发展继续教育的6大重点任务,包括:(1)加快发展面向6类人才的继续教

---

〔1〕 郭立场.学历继续教育或该"寿终正寝"[N].中国教育报,2017-01-11.

育;(2)重点发展行业企业继续教育;(3)建立面向农村、中西部和民族地区的继续教育;(4)广泛开展面向社区的继续教育;(5)推进各类学习型组织建设;(6)重视面向困难群体、特殊群体的继续教育。特别是近年来,国家各部委实施了一系列"工程"或"计划",如专业技术人才知识更新工程、高技能人才培养工程、国家技能型人才培养工程、国家农村劳动力转移培训工程、农村实用人才培训工程、农村劳动力转移培训"阳光工程"、党政干部队伍培训规划、全国教师教育网络联盟计划、农村教师培训计划,等等。这些工程和计划实际是继续教育的一部分,是我国其他继续教育形式的必要补充,有力推动了我国继续教育的发展。

二从发展指标的角度而言,研究继续教育的发展指标,意在进一步了解和掌握教育理论、教育投入、教育机构、师资队伍、教育成效等拓展和进步的程度。例如,《2011年世界发展指标》以社会可持续发展理论为框架,探讨人口、环境、经济、政府与市场五者的和谐发展(表1-9);《教育概览2011OECD指标》则以人力资源开发为着眼点,从背景、投入、过程和成果四个维度衡量教育的发展(表1-10);《全民教育2011》(表1-11)和《全球教育统计摘要2011》(表1-12)则侧重从教育公平、人全面发展的视角解读教育发展。[1]据有关数据预测,在"十三五"期间,人力资本积累至少要达到年均9.3%的增速,面临着巨大压力,而发展继续教育可以直接提升我国经济效益和劳动生产率。在各类教育中,继续教育开发人力资源的效率最高。研究表明,通过继续教育,制造业职工受教育年限每提高1年,劳动生产率就会上升17%。因此,抓好继续教育,决定了2020年我们全面建成小康社会的人力资本水平。

表1-9 《2011年世界发展指标》中的继续教育发展指标

	一级指标	二级指标
《2011年世界发展指标》	教育投入	教育公共支出占GDP的百分比、教育公共支出占政府总支出的百分比
	受教育机会	小学适龄儿童中失学儿童人数(男)、小学适龄儿童中失学儿童人数(女)
	毕业率及教育成果	15-24岁人口中青年识字率(男)、15-24岁人口中青年识字率(女)、15岁及以上人口中成人识字率、PISA数学素养
	收入和性别引起的教育差距	15-19岁人口在校平均时间(最贫困的1/5)、15-19岁人口在校平均时间(最富裕的1/5)、失学儿童占相应年领组百分比(最贫困的1/5)、失学儿童占相应年领组百分比(最富裕的1/5)

─────────

[1] 高娟,赵枝琳.继续教育发展指标的国际比较研究[J].继续教育,2014(5).

表 1-10 《教育概览 2011OECD 指标》中的继续教育发展指标

	一级指标	二级指标
《教育概览 2011OECD 指标》	教育机构产出及学习影响	成人学历水平、中等教育完成率、高等教育完成率、对学生有吸引力的专业、学历影响劳动力市场、教育经济效益、教育投资动机、教育社会效益
	教育中财政与人力资源投入	国民财富用于教育的比例、教育公共投入和私人投入、教育总体公共支出、教育经费用于哪些资源和服务、影响教育经费支出水平的因素
	教育机会、参与和过渡	接受教育状况、15-29岁青年人去向、成年人参与教育和学习的比率
	学习环境与学校组织	学生用于课程学习的时间、生师比（班额）、教师工资、教师用于教学的时间、问责学校的方式、教育结果与机会的公平程度

表 1-11 《全民教育 2011》中的继续教育发展指标

	一级指标	二级指标
《全民教育 2011》	普及小学教育	离开学校的儿童数、进步率
	青年和成人的学习需求	离开学校的初中青少年数、进步率；继续教育和职业培训的机会
	促进成人识字	成人总文盲数、进步率；女性成人文盲数、进步率；成人文盲率及性别平等指数（GPI）；青年文盲率及性别平等指数（GPI）

表 1-12 《全球教育统计摘要 2011》中的继续教育发展指标

	一级指标	二级指标
《全球教育统计摘要 2011》	小学和初中教育	离开学校的小学生比例和分性别比例、离开学校的小学生人数和女性比例；离开学校的初中生比例和分性别比例、离开学校的初中生人数和女性比例
	公共教育支出	公共教育经费占 GDP 的比例和占政府总支出的比例
	成人和青年识字	15 岁及以上人口识字率、分性别比例和性别平等指数（GPI）；15 岁及以上文盲数和女性比例；15-24 岁青年识字率、分性别比例和性别平等指数（GPI）；15-24 岁青年文盲数和女性比例
	教育成就	25 岁及以上人口中未受过学校教育的比例和分性别比例；25 岁及以上人口中未完成小学教育的比例和分性别比例

三从发展模式的角度而言,在社会发展的学习化进程中,继续教育的概念与形态都正在发生着重大变化。继续教育不再是狭义的教育概念,而是社会发展的范畴,并作为社会发展的人本特征及文化资源融入了社会发展的目标体系;不再是传统的教育手段,而是社会化的学习形态,并作为过程性的学习方式及自主性的学习模式纳入了终身教育体系;不再是单纯的教育功能,而是人本发展的重要途径,并作为改善民生的工程纳入了各级政府的责任体系。[1]尤其是地方高校的继续教育,需要改变"学历教育主导"的发展模式,探索"以培养区域性应用型人才为主,学历教育与非学历教育协调发展,以满足社会个体多样化终身学习需求"的发展模式。[2]因此,推进继续教育发展模式需实现六个转变:一是继续教育品牌由塑造国内品牌向打造国际化品牌转变;二是运行模式由职能化管理向企业化管理转变;三是服务模式由委托式培训向诊断咨询式培训转变;四是合作模式由项目短期随机合作向长效战略合作转变;五是市场开发由单企业开发向大区域开发转变;六是项目研发由一次性项目研发向滚动式项目研发转变。[3]2017年12月22日,全国高师院校继续教育信息化合作联盟在哈尔滨市成立,该联盟成员学校将发挥"互联网+继续教育"信息化优势,深化成人高等教育教学模式改革,借助互联网平台技术,实现教学资源共享、学分互认、管理规范、保证质量的成人高等学历教育的新模式和非学历继续教育的新业态。

四从发展趋势的角度而言,继续教育不论函授还是以其他形式,都可随时试验以学生为中心的各种学习模式,创新课程形式以增收,同时搭建起与企业合作的桥梁。同时,随着高校将全球生源视为保持收入、提升国际影响力的一大关键,继续教育也应将目光投向海外。美国高等教育创新机构Entangled Solutions的专栏作家Michael B. Horn提出的未来继续教育十大趋势,呼吁各大高校抓住时机并相应增加投资。这十大趋势是:(1)继续教育项目将促进按需学习发展;(2)继续教育学院将创新学生资助方式;(3)继续教育项目将采取学员实力提升为导向的课程模式;(4)继续教育行业将出现新的主流文凭体系;(5)继续教育学院将大力提升学员职业服务;(6)继续教育学院将携手企业定制员工培训项目;(7)继续教育项目将服务更多全球学员;(8)继续教育学院将熟练掌握社会宣传和工作流程转换优化;(9)继续教育学院将促进各高校改革;(10)继续教育学院将培

---

〔1〕 彭坤明.开放大学建设初论[M].北京:中央广播电视大学出版社,2011:175-177.

〔2〕 胡莉彬,贾旻.基于供给侧变化的地方普通高校继续教育的转型思考[J].中国成人教育,2017(18).

〔3〕 本刊记者.服务国家能源发展战略打造继续教育国际化品牌——专访中国石油大学教育发展中心主任、远程教育学院院长王天虎[J].继续教育,2014(5).

养战略性公私行业合作伙伴关系。

五从管理模式的角度而言,与学历教育转为非学历教育,进行的是重要的管理模式转变,即从继续教育学院"管办合一"到教育培训管理处、继续教育学院"管办分离"。目前高校非学历教育管理模式主要有三种类型:(1)单纯管理型。学校设立继续教育处(学院),对全校非学历教育进行归口管理。由各二级学院开展日常招生、教学和服务工作。此模式有利于调动院系办学积极性,使其依托各自专业优势对外开展合作办学,具有高效灵活等优点。不足在于,学院可能基于自身利益而各自为政,导致办学冲突和办学效果零散化,不利于整合全校的资源优势和非学历教育层次及影响力的提升。(2)独立运用型。由继续教育学院代表学校独立承担非学历教育的所有教学、管理和保障工作。继续教育学院下设培训部,培训部下设培训运营办公室,包括若干培训中心。这种模式容易集聚和展示学校的综合优势,形成合力,提升学校非学历教育的水平和声誉。不足在于不利于调动各二级学院的办学主动性和积极性,不利于凸显学科优势和专业特色,造成部分客户和市场的流失。(3)综合运营型。继续教育管理处下设教育培训管理办公室负责全校非学历教育的管理和服务。按照管办分离原则,继续教育学院作为全校性非学历教育办学机构开展对外办学,同时二级学院结合专业特色设立众多教育中心开展对外办学。[1]

六从教育定位的角度而言,国家当前给予开放大学的定位是全民终身学习的支点。根据这个定位,学历教育与非学历教育并重,非学历教育不再是学历教育的补充。非学历教育的定位主要包括了社会功能定位、服务地方定位、学习型社会的需求定位、高校职责定位、专业特色定位、高端品牌定位、培养目标定位、人才高地建设定位。这些定位也带来了教育质量的一次飞跃性优化,即生源质量(有一定成就的在职人员学习补充新知识、新信息和新技能)结构的优化,课程与师资质量(摆脱了学历专业和培养计划的限制,突出针对性和实用性)的优化,管理和服务水平(招生依托市场来完成,专注于提升办学绩效)的优化。

七从教育示范的角度而言,教育部启动的"高等学校继续教育示范基地建设"项目,在"十二五"期间先期推动50所高等学校结合自身优势和特色与数十个行业领域联合建立继续教育基地,探索开放、灵活的继续教育办学体制与机制,在继续教育体系与发展中发挥引领、示范和辐射作用。[2]目

---

〔1〕 王健.地方综合性大学非学历教育发展思考与探索——以苏州大学为例[J].中国成人教育,2015(1).

〔2〕 尚琳琳,蒋开球.国家继续教育示范基地研究和实践探索[J].成人教育,2012(5).

前,以高校与地方对接为主要目标的"校地联盟"、以服务行业发展为主要目标的"校企联盟"、以整合高校资源为主要目标的"校校联盟"已建立并初见成效,成为了实现信息对称交流和服务成果快速转化,高效搭建终身教育"立交桥"的有效途径。[1]例如,湖北大学以继续教育转型为契机,以学科专业背景为支撑,以搭建服务平台为重心,以调适项目结构为主线,以增强服务社会功能为核心,以提升继续教育质量和水平为目标,努力实现示范基地建设目标。学校承担的高等学校继续教育示范基地建设项目主要目标由三个部分组成:一是继续教育人才培养模式的改革和创新取得阶段性的突破;二是学校与政府机关、街道、社区开展的继续教育合作取得实质性的突破;三是通过建立继续教育联合培训基地提升特色精品培训项目和精品培训课程的社会关注度和学员的认可度。[2]

八从教育主体的角度而言,无论是普通高校,还是开放大学办学体系,新兴产业工人队伍建设都是一个新兴的业务板块,也是未来开展学历继续教育和非学历培训不可或缺的发展方向。就可预测发展来说,我国产业工人对继续教育的需求是非常大的,特别是在新时期,产业工人培养更强调职业性、应用型性和实践性。2017年6月19日,中共中央、国务院发布《新时期产业工人队伍建设改革方案》,这是我国就产业工人队伍建设出台的首个改革方案。据中华全国总工会统计,截至2017年7月,我国产业工人队伍有2亿左右,其中,1.2亿左右是农民工,主要是新生代农民工。因此,某种程度上,新生代农民工是新时期产业工人继续教育的主体。从2016年起,教育部和中华全国总工会联合发起了求学圆梦行动,希望到2020年资助150万农民工接受学历继续教育,提升其素质和从业能力。[3]

九从教育转型的角度而言,一方面是指非学历继续教育和终身教育。2017年2月27日,上海市教育委员会印发《关于推进本市普通高校继续教育转型发展的指导意见》(教委终〔2017〕4号)明确了发展目标:到2020年,实现高校继续教育由"学历教育主导型"向学历教育与非学历教育并重,满足学习者多样化终身学习需求的"社会需求服务型"转型。建立和完善"多层次、多规格、多形式、多渠道"的继续教育培训服务体系;建立和畅通高校继续教育与其他各类教育学习成果(学分)互认和融通的"立交桥";建立和形成高校与行业组织、企业和政府深度合作,优质资源统筹共享,灵活有

---

〔1〕 万嵩,王营池,晏斌.高等学校继续教育服务体系建设与手段创新的探讨[J].继续教育,2014(2).
〔2〕 袁建军.整合资源搭建服务平台助推继续教育转型升级——关于湖北大学继续教育示范基地建设的思考[J].当代继续教育,2012(5).
〔3〕 盛雪云."互联网+":继续教育转型发展助推器[J].在线学习,2017(7).

序的继续教育办学格局;创建一批具有先进管理水平、广泛品牌影响力和一定国际竞争力的高校继续教育特色品牌机构。另一方面是指"互联网+"大背景下的继续教育联盟。2012年10月,教育部发起成立了"大学与企业继续教育联盟"和"继续教育城市联盟",并宣布将推动"普通高等学校继续教育数字化学习资源开放联盟""大学与企业继续教育联盟"向"继续教育城市联盟"开放。学校以此可以参与到企业的人才标准制定,企业的专家也可以参与到高校的人才培养方案制订、资源建设,促进行业数字化资源共建共享,促进学校和企业的良性互动。2016年2月,"高校继续教育数字化学习资源开放与在线教育联盟"启动了服务国家战略的高校继续教育人才培养和在线资源开放行动计划。首批行动计划由30多所成员高校牵头,200余所普通高校、职业院校和有关行业企业参与,服务于"一带一路"、大众创业万众创新、依法治国、新农村建设、全民健康、生态文明建设等10类国家战略,涉及农业、林业、建筑、医药、财经、航空、石油、水利、地质勘查、交通运输、电力、制造业、政法、教育等10多个行业。

十 从教育阶段的角度而言,1987年,国家正式用"继续教育"替代了"继续工程教育",并将继续教育领域从继续工程教育扩充到大学后继续教育。同年12月,《关于开展大学后继续教育的暂行规定》进一步明确了大学后继续教育的对象和任务,指出"大学后继续教育的对象是已具有大学专科以上学历或中级以上专业技术职务的在职专业技术人员和管理人员,重点是中、青年骨干"。2000年,党的十五届五中全会通过的《关于制定国民经济和社会发展第十个五年计划的建议》中明确要求:"完成继续教育制度,逐步建立终身教育体系",将继续教育上升到终身教育领域。在终身教育阶段,继续教育范畴超出了大学后继续教育阶段,"继续教育是面向已结束了初始的学校教育之后走上社会的所有社会成员的教育活动,包括学历教育和非学历教育、职业导向的教育和非职业导向即以丰富精神生活和提高生活质量为目的的教育"。[1]党的十六大、十七大、十八大报告都将继续教育写入了报告中。

十一 从市场转型的角度而言,中国当前正处于产业转型升级,去产能意味着一些劳动者将失去原来的就业岗位。高端产业正向发达国家回流,低端产业向发展中国家分流,中国的劳动力正面临着失业的危险、转岗的可能。继续教育应加强对全民各年龄段学习需求的研究,结合自身优势,开发出特殊的项目、特殊的课程,以形成市场品牌。另外,当前很多高校的继续教育也正在努力面向市场转型。例如,中山大学继续教育学院立足三大业

---

〔1〕 第六战略专题调研组.继续教育发展战略研究[J].教育研究,2010(7).

务主线：政府培训、企业培训和国际教育。依托三大培训基地：广州培训基地、珠海培训基地、深圳培训基地。开发五个支柱产品：干部培训、企业培训、职业发展教育、国际教育、公共服务培训。同时，港澳台的高校在面向市场方面也有着比较多的实践经验。例如，香港中文大学专业进修学院面向市场，于2013年开办"全球职涯发展师"专业认证课程[1]，通过课程评估问卷、上课录像、定期检讨会议、课程小组的方式控制教学质量，从2014年5月到2016年9月，开办了24期，已有600名学员完成课程。台湾文化大学的核心特色是整合IT发展、营运管理、服务管理。利用品质管理系统发展策略，搭建企业架构，建成自身的经营模式，将原有组织内部的营运流程与信息系统进行盘整梳理，建立了科技治理架构[2]。

十二从职业需求的角度而言，继续教育是面向在职从业人员"缺"什么"补"什么的教育，是贴近岗位需求的教育，是职业能力提升的教育，即是各种类型的"职业教育"。换而言之，继续教育要遵循职业发展规律，依据典型工作任务的分析搭建课程体系。2014年7月，国家开放大学正式成立社会教育与职业培训部，统筹负责国家开放大学的非学历教育工作。基本思路是把非学历教育打造成为学历教育的重要"流量"入口，与普高"错位发展"的重要内容、体系建设的重要抓手。2016年3月，国家开放大学承担了教育部、中华全国总工会联合开展的《求学圆梦——农民工学历与能力提升行动计划》的平台搭建、资源集聚、业务组织等任务，于当年秋季面向全国招收第一批非学历与学历一体化设计的农民工学生。同年7月，人力资源和社会保障部批准国家开放大学成为全国第六批专业技术人员国家级继续教育基地，重点面向特定行业开展互联网+专业技术人员的继续教育。同年9月，国家开放大学在教育部教师司的直接领导下，启动面向全国教师的国家教师发展公共服务平台，开展"国培计划"、信息素养提升工程以及中小学教师学历提升。[3]另外，国家开放大学依托移动终端，通过高清、快速的双向视频系统，为哈尔滨铁路局18多万员工提供随时随地的远程移动学习支持服务。针对铁路工作"点多线长"的客观实际，变通继续教育培训形式，将"按计划培训"转为"按需求培训"，将"重培训数量"转为"重培训质量"，将"理论培训为主"转为"侧重能力培训"，建立了"两网"（哈铁局域网页和互联网站）七库（课件库、名课库、教材库、案例库、试题库、档案库、职工继续教育技术档案库），完善三系统（互动教学考评系统、主要行车工种应急处置模拟推

---

〔1〕"全球职涯发展师"专业认证课程（GCDF）于1997年在美国首创，是全球最具规模的职业生涯认证体系。

〔2〕薛佳怡.海峡两岸高校交流继续转型心得[J].在线学习,2016(11).

〔3〕刘增辉.开放大学迈向更广阔的市场[J].在线学习,2016(8).

演系统、主要行车设备模拟检修系统),实现了职工能够上网同步业余自主在线学习,解决了因地域限制和工学矛盾无法参与培训的问题。[1]

十三 从人才培养的角度而言,福建省教育厅副厅长陈国龙指出,对于重点高校,应以培养高端继续教育人才为主,学历继续教育方面主要开展研究生学历继续教育、稀缺重点专业的本科继续教育,以高端人才的非学历继续教育为主;对于地方性普通高校,应以培养区域性应用型人才为主,学历继续教育与非学历继续教育并举;对于职业院校,应以应用型人才的大学后继续教育为主,着重解决其职业能力和职业素养,比如开展大规模的行业劳动力人员的非学历培训。与本科院校相比,专科院校的继续教育更加体现出职业性、开放性、行业(区域)性、实践性特征。人才培养更加贴近岗位实际需要,普遍实施校企合作、工学结合人才培养模式,具有较强的针对性和实用性。在开展继续教育的过程中,应融入职业教育的"五个对接",即专业与产业、企业、岗位对接;专业课程内容与职业标准对接;教学过程与生产过程对接;学历证书与职业资格对接;教育与终身学习对接。例如,长春汽车工业高等专科学校与汽车行业深度融合,将人才培养的"信息获取有渠道,专业调整有依据,人才培养有体系,校企合作有平台,模式创新有载体,课程改革有引领,师资提升有途径,基地建设有特征"的系列举措进一步做实做深。[2]

十四 从服务社会的角度而言,继续教育作为一种与人民群众联系紧密的社会化教育,让"人民群众满意"无疑是其核心价值和终极目标。党的十八大以来,党中央高度重视职工队伍素质建设,习近平总书记多次强调,要把提高职工队伍整体素质作为一项战略任务抓紧抓好,努力建设学习型、知识型、创新型职工队伍。中共中央、国务院印发的《新时期产业工人队伍建设改革方案》对广大职工特别是产业工人提升技能素质提出了更高要求。

2017年6月15日,上海市总工会与上海开放大学共同成立"工匠进修学院",双方签署了《全面合作框架协议书》,将在学历教育、非学历培训、社区教育、在线资源、师资队伍、学分银行等方面展开合作,努力打造与上海社会经济发展相适应的新时期产业工人开放教育体系。在学历教育方面,开设"工匠本科班"和"劳模本科班",对需要就读本科、专科学历的劳模、工匠、职工科技进步奖获得者等创造条件;优化上海开放大学EBA培训项目,新增服务上海产业发展的新专业。在非学历培训方面,将打造"工匠研修

---

[1] 牛丽,等.前进列车中的移动学习——哈尔滨铁路知识型员工的继续教育模式思考[J].在线学习,2016(19).

[2] 本刊记者.以人为本服务用户推进高职院校继续教育创新发展——专访长春汽车工业高等专科学校校长李春明[J].继续教育,2014(9).

班"等品牌项目,推进百万职工学力提升计划,开展班组长、进城务工人员、女职工等各类培训,着力提升职工素养。在社区教育资源合作方面,在条件许可的社区学院、社区学校等设立公益乐学服务点、群团服务站、职工书屋等,引导社区教育机构开展面向职工的教育培训活动,工会相关设施也向社区居民开放。在网络培训资源共享方面,开通了"开大微课"栏目,让全市职工随时免费学习上海开放大学优质课程资源,双方还将共同开发面向各类职工群体的学习资源。在师资建设方面,聘请部分劳模先进、上海工匠、科技创新人才、工人发明家等作为上海工匠讲师团成员,担任上海开放大学兼职教师,著名劳模包起帆、李斌、徐小平等10位先进人物成为上海工匠讲师团首批成员。在学分银行方面,探索上海市终身教育学分银行为工会会员提供开户、建档、成果积累与转换等服务,研究工会会员服务卡与学分银行功能对接。上述这些方面,既是工会推进职工素质工程进一步深化的具体举措,也是工会贯彻群团改革要求,在履行教育职能方面"转方式",整合社会教育培训资源,破除单打独斗、"内循环"运作模式的有益探索。

　　从2014年开始,苏州市总工会与苏州大学合作,着手举办在职职工成人高等教育专升本学历教育班。学员充分利用苏大"成教远程教学平台",接受"网络教学+面授辅导"的混合教学模式,有效缓解了工学矛盾,取得了较好的学习成绩。截至2017年1月上旬,前两期学员考试及格率均在92%以上。2017年2月25日,由苏州市总工会委托苏州大学开办的第三期在职职工成人高等教育专升本学历教育班开学典礼暨"苏州工会网上学院"上线仪式在苏州大学举行。311名职工学员成了"苏州工会网上学院"的首批学员。"苏州工会网上学院"集在职学历教育、职业技能培训、职工电子书屋等三大功能于一体,现有登录和资讯模块、课程班级模块、电子职工书屋模块、公益视频模块和技能培训模块五大模块。下一步,苏州市总工会将继续实施资助一线职工上大学的"千人计划",将接收专升本学历教育的一线职工扩大到1 000人。为鼓励职工学习,从2017年下半年起对首批完成学业、拿到毕业证书的职工学员,按学费60%的比例给予资助奖励,劳模先进的奖励比例达80%。[1]与此同时,苏州市总工会还整合社会资源,开设了育婴师、调酒师、西式面点师和插花等专业,不断为职工提升素质、岗位成才提供新的载体和更贴心的服务。

---

[1] 千寻."苏州工会网上学院"上线[N].苏州日报,2017-02-26.

"一带一路"行动

清华大学经济外交研究中心主任、WTO问题专家何茂春认为,中国对外开放经济改革可以分为三个阶段:一是1979年的改革开放后;二是加入世贸后;三是这次的"一带一路"倡议后。"一带一路"可以说是中国改革开放第三个大的阶段的开端,命系中国未来十年。党的十八大报告首次明确提出,"要倡导人类命运共同体意识,在追求本国利益时兼顾他国合理关切,在谋求本国发展中促进各国共同发展"。"一带一路"("丝绸之路经济带"和"21世纪海上丝绸之路")建设是以经济贸易为主要载体、以互联互通为核心概念、以互利共赢为基本目的的跨国合作设想。这些合作所涵盖的建设内容,包括基础设施建设、技术、资本、货币、贸易、文化、政策、民族、宗教,无一不需要教育、特别是高等教育提供人才支撑。2015年3月,国家发布的《推动共建丝绸之路经济带和21世纪海上丝绸之路的愿景与行动》指出:"民心相通是'一带一路'的根基,需要广泛开展文化交流、学术往来、人才交流合作等,扩大相互间留学生规模,开展合作办学,为深化双多边合作关系奠定坚实的基础。"可以预见,我国与相关国家、地区共同致力于"丝绸之路经济带"和"21世纪海上丝绸之路"(简称"一带一路")建设,教育将在共建"一带一路"的进程中承担着文化交流与人才培养的重任。

2016年7月13日,教育部印发《推进共建"一带一路"教育行动》(以下简称《教育行动》)。《教育行动》的合作重点主要包括三个方面:开展教育互联互通合作、开展人才培养培训合作、共建丝路合作机制。其中,合作办学中提到高等学校、职业院校与行业企业产教融合,让中国优质职业教育配合高铁、电信运营等行业企业走出去,探索并开展多种形式的境外合作办学,合作设立职业院校、培训中心,合作开发教学资源和项目,开展职业教育和培训,培养当地急需的各类"一带一路"建设者。同年11月8日,在成都举行的2016亚洲教育论坛年会发布了《共建"一带一路"教育行动成都宣言》,意在推动并深化中西部地区与丝绸之路沿线国家之间在教育领域的交流与合作,开拓成都与"一带一路"国家间在教育、科技、经济、文化上互联互通的新局面。2017年4月11日,教育部与内蒙古、吉林、黑龙江、陕西、青海、青岛等六省(区)、市在京签署开展"一带一路"教育行动国际合作备忘录,教育部在宏观指导、双向留学、涉外办学、国别与区域研究、人文交流、能力建设、平台建设七个方面予以实质性重点支持,基本构建了推进共建"一带一路"教育行动总体工作格局。2017年4月29日,亚洲大学联盟成立大会暨首届峰会在清华大学举行,创始成员涵盖14个国家和地区15所具有代表性的大学。在推行"一带一路"倡议背景下,联盟的成立在深化区域合作中具有标志性意义,是落实人类命运共同体理念的积极行动。另外,据相关统计数据显示,2016年,江苏省高职院校招收留学生2 655人,同比增加近两倍,其中约90%来自"一带一路"沿线国家。截至2017年4月,教育部已与46个国家和地区签订了学历学位互认协议,其中包括24个"一带一路"国家,此举进一步强化了我国与其他国家教育的互联互通与合作。

高等教育具有的人才培养、科学研究、社会服务、文化交流等职能,通过其知识优势、智力优势、人才优势为"一带一路"倡议提供全方位的支持,开放大学所倡议的终身教育正是其中重要的一部分。同时,开放大学"共商、共建、共享"的发展原则与"一带一路"倡议秉持的"和平合作、开放包容、互学互鉴、互利共赢"发展理念又高度契合。

一、国际交流

"一带一路"为新时期我国开放大学实现高水平国际化发展提供了新的条件和可能性。就国际交流而言,"一带一路"不仅着眼于建设经济带,也着眼于建设文化带与教育带,强调要加强交流、扩大交往,建成政治互信、经济融合、文化包容的利益共同体、命运共同体和责任共同体,这为开放大学的国际化建设指明了新的方向。"一带一路"将东亚、东南亚、南亚、中亚、欧洲南部以及非洲东部的广大地区联系在一起,沿线有64个国家、100多个城市,这是我国扩大教育对外开放的机遇,也为新时期我国开放大学实现高水平国际化发展提供了新的条件和可能性。

新加坡南洋理工大学为了将学校打造成一所世界顶尖大学,提出了2015"卓越五峰"战略,即以可持续发展的地球、未来医疗保健、新创意媒体、新丝绸之路、创新亚洲为核心内容。其中"新丝绸之路"的目标是利用南洋理工大学的传统建立一个成人教育中心,这一中心"结合了东方和西方最好的成分,为每个人的自身发展提供知识和技能的提升机会,成为社会经济发展和个人完善自我的加油站,成为亚洲的成人教育项目和服务的领先供应商,成为大学联系东西方、联系社会的桥梁纽带,成为东西方交流的新丝绸之路"[1]。作为该校人文与社会科学学院下属的南洋公共研究生院,是广为熟知的教育机构,其被誉为中国政府海外最重要的中高级干部培训基地,

---

[1] 杨学祥.新加坡成人教育体系、特色及其启示[J].继续教育,2015(1).

也是新加坡第一个获得中国外专局境外培训资质的成人教育机构。

目前,国家开放大学已经与"一带一路"建设中的沿线国家的开放大学开展了一些国际合作,如与巴基斯坦阿拉玛·伊克巴尔开放大学签署了合作协议,致力于在汉语教学、科学研究、期刊出版和学术作品交流等多方面开展合作;与韩国国立开放大学、日本放送大学保持密切联系,开展中日韩三方远程教育研讨会,组织学者交流;与印度国立开放大学开展合作研究;与印度尼西亚 TRAMPIL 基金会就汉语语言和汉语教学培训等领域达成合作意向等。未来十年,国家开放大学将致力建成"一带一路"开放大学战略联盟,实现与沿线开放大学的广泛交流与合作,其战略内容可主要概括为:一是在办学体系合作方面,联盟内能够实现互设实体或虚拟的办学点(或考试点),互相依托各自办学力量,不断提升国际化的办学能力和水平;二是在人才培养合作方面,开发新的学历教育人才培养模式和新的非学历教育项目,合作培养人才,合作颁发证书,合作共建网上孔子学院;三是在课程项目合作方面,合作开发新课程或教材、共享在线学习资源、设立师生交流项目、实现网络平台和门户网站的互联互通等;四是在学分认证合作方面,通过校际协议,实现联盟内开放大学学历课程与非学历课程的学分互认;五是在研究合作方面,联盟内开放大学可就开放大学发展的重要主题开展集体的或个人的跨国合作研究,定期举办研究论坛和会议,建立开放大学研究合作联盟。[1]

二、文化经济

就文化经济而言,生产力是文化力的主要表现,生产力也是物质与精神、物质力与精神力的统一。如果说"政治经济学"研究的是以物(商品)为本,以金钱为主导的经济,那么"文化经济学"研究的是以人为本、以文化为主导的经济,它力求把复杂的经济问题简约化,用人类文化的结晶来阐明现代经济运行的规律。"一带一路"标志着中国走向文明型崛起的大道,也被视为文化经济学的典型案例。不仅因为"一带一路"是一个给各方带来实惠的经济事件,更因为它能够成为一个引起共鸣的文化事件。

孔子学院和"一带一路"倡议开创了一个强调互利共赢的非零和博弈模式,它们发展理念一致,都追求互利共赢、倡导在国际关系中共享发展成果,共担发展风险。孔子学院是"一带一路"倡议和理念的重要实践主体,开办强调自愿原则,通过高质量的汉语教学和中华文化产品促进沿线国家民心相通,其发展可以为"一带一路"提供人文支撑,具有不可替代的作用。"一

---

[1] 李薇."一带一路"倡议与我国开放大学国际化发展[J].世界教育信息,2016(19).

带一路"倡议的核心是"通","通"的最终目的是共赢,使参与各国通过在道路、贸易、政策、信息等方面的共享合作,平等分享"合作剩余",获得比单独行动更大的收益。[1]

长江三角洲地区具有诸多的江南文化共性,但也形成了具有地域特色的亚文化群,它们是:以苏州、无锡、常州为中心的吴文化区,以杭州、嘉兴、湖州、绍兴为中心的越文化区,以扬州、泰州为中心包括皖中、苏中的维扬文化区,以南京、镇江为中心的金陵文化区,以上海、南通、宁波、舟山为中心的海洋文化区,以台州、温州为中心的永嘉文化区,以芜湖、黄山为中心的徽商文化区。中国社科院研究员、中国欧洲学会欧洲经济研究会会长罗红波认为,江苏"一带一路"建设中将大力促进"北港南市"发展,"北港"是连云港,"南市"就是苏州市。苏州应加快融入这一倡议,通过文化输出带动贸易输出,更好"走出去",为全国培训管理人才。因为"一带一路"倡议以加快对外投资、鼓励企业"走出去"、刺激国内外需求为重要特点。这样,我国势必会有不少企业在海外建设基础设施,建成后必然需要大量与国际接轨的人才去管理。而苏州工业园区是中国、新加坡合作的重要试验田,而新加坡就在"一路"上,以丰富的管理见长,这就需要把丝绸之府、风景旅游胜地、制造业大市苏州和"一路"紧紧联系在了一起。[2]

另外,2017年全国两会期间,民盟中央提交的《关于建设运河文化经济带贯通"一带""一路"两大板块的提案》指出:京杭大运河沟通了我国海河、黄河、淮河、长江、钱塘江五大水系,从空间上与"一带一路"可以形成水陆两路的双重对接;运河文化与运河经济自古以来就是一种内嵌式的文化经济模式,建设运河文化经济带,即可成为整个"一带一路"发展战略中具有文化经济学属性的经典的中国案例。[3]

三、人才培养

就人才培养而言,高校位于人才培养的源头,企业处在人才使用的终端,通过专业+产业、教学+研发、培养+就业等链条,校企可以抱团形成合力,为"一带一路"提供强有力的人才支撑。《教育行动》就指出"沿线国家要携起手来聚力构建'一带一路'教育共同体",并将"开展人才培养培训合作"列为教育合作的重点之一。服务"一带一路"建设,就是要通过教育与产业同步、学校与企业结合,培养高素质技能人才。要坚持"分层分类",既

---

[1] 王海兰.孔子学院助力"一带一路"建设[J].海外华文教育动态,2016(9).
[2] 施晓平."一带一路"苏州依托吴文化更好"走出去"[N].苏州日报,2015-07-20.
[3] 张翼,周洪双."运河文化经济带"啥模样:贯通"一带"和"一路"[N].光明日报,2017-03-25.

要培养通晓国际规则、承载国家使命的高端人才、青年才俊、未来领袖,也要培养一大批适应"一带一路"基础项目建设的高素质技能人才。要区分"一带一路"建设推进工作的轻重缓急,"先重后轻",对那些大通道、大动脉、主航线、重要节点、关键环节所急需的技能人才要优先部署,重点培养。同时,还要加大培训的灵活性,方便选择。要做到培训围着项目走,项目建在哪儿,培训做到哪儿,紧跟并适度超前"一带一路"重大基础性建设项目,在项目建设所在国办学,把高素质技能人才培养与项目建设密切结合起来。

  2015年5月,西安交通大学发起成立"新丝绸之路大学联盟",发表《西安共识》。与吉尔吉斯斯坦联合成立"丝路国际商学院""丝绸之路经济带研究协同创新中心",研发"工程科技知识丝路服务系统"技术平台,以"丝路学院"和"IKCEST培训基地"为依托,不断推进开放教育的国际化水平。另外,"一带一路"沿线国家充沛的劳动力资源、亟待开发的基础设施建设,与我国高端制造业的雄厚实力和近十年高等教育,特别是高等职业教育国际合作办学所积累的丰富经验,形成了供需十分旺盛的教育服务市场。高校或职业院校可结合自身办学特色举办境外分校,与周边国家职业教育学校共建特色专业。或是与走出去的中国企业共同设立职业技能培训中心,对接当地职业教育和职业培训需求,为当地培养新一代产业工人。2016年12月,我国首个地方性"一带一路"国际人才培养产学联盟在江苏大学成立,首批40多家企业组成联盟参与海外留学生培养工作,订单式培养国际人才。2017年7月28日,依托中国—东盟教育交流周的平台,由"留学中国预科教育联盟""中国—东盟教育培训联盟"联合知名出海中资企业、行业协会、中外商会、各类企业联盟等发起的"一带一路"人才培养校企联盟,在贵阳正式成立。"一带一路"人才培养校企联盟将作为中国—东盟教育交流周下设的长期人才培养平台,发挥长效机制,旨在通过对人才培养模式的探讨和改进,为"一带一路"沿线各国企业培养和输送国际化、本地化专业人才,让"一带一路"沿线各国企业和人民共享中国机会。2017年8月,全国首个市级"一带一路"国家人才培养基地在北京设立。未来3年,北京市"一带一路"国家人才培养基地项目将重点建设不少于30个"一带一路"国家人才培养基地。该项目从人才培养和学科专业建设两个方面入手,吸引"一带一路"沿线国家硕士、博士学历教育的留学生和博士后、教育管理专门人才、高端技术技能人才来京学习交流;支持建设汉语或英文授课的专业基础及专业课程,非通用语种课程,中国概况、中国文化特色课程以及沿线国家相关文化、制度研究课程等。[1]

---

〔1〕 施剑松.北京:设"一带一路"国家人才培养基地[N].中国教育报,2017-08-29.

2015年11月，宁波职业技术学院在贝宁建立了贝宁国际培训中心，培养培训中资企业发展所需的当地员工，带动企业所在国的经济发展；桂林旅游高等专科学校为印尼和文莱等东盟国家培训旅游人才。[1]自2012年5月起，无锡商业职业技术学院与红豆集团在柬埔寨西港经济特区成立了我国境外园区中的第一个人才培训中心，开展职业培训和汉语培训，并于2016年9月签约参与筹建西哈努克大学。2017年3月28日，作为首批国家中等职业教育改革发展示范学校的上海市浦东外事服务学校（原东辉职校）正式揭牌。该校将进一步做大"金融商贸"和"外事服务"两大主体专业群，开启新一轮的人才培养定位：以培养学生强烈的国家意识、深厚的文化素养和宽阔的国际视野为使命，让学生具有跨文化意识和交流能力，成为技能型涉外服务人才。[2]

2017年3月30日，苏州职业大学与巴基斯坦伊斯兰共和国吉尔吉特教育厅签署合作协议，中巴经济走廊文化交流中心在苏州职业大学正式成立。该中心将面向吉尔吉特省优秀学生的学历留学项目、巴基斯坦文化交流"吴文化体验营"项目及针对巴基斯坦政府公务员与知名企业技术员的中短期培训项目。同时，该中心将依托苏州职业大学，承载学术交流、教育培养与文化交流等重要职能，与巴基斯坦吉尔吉特省合作，形成以文化互动为先驱，教育资源合作为核心的良好中巴交流循环，共同为"一带一路"沿线国家经济社会发展提供人才培养支持。从2017年秋季起，苏州职业大学将为巴基斯坦培养汽车检测与维修技术、机电一体化技术、电气自动化技术、应用电子技术和光伏应用技术5个专业的留学生。[3]

四、智库建设

就智库建设而言，如果把"一带一路"比作一台大戏的话，企业就是这台大戏的主演，作为主要推动者的政府则是这台大戏的"导演"，智库在承担"编剧"工作的同时，还要在戏中承担一定的角色任务。智库是"一带一路"建设的中枢和大脑，可以在讲好"中国故事"、完善"一带一路"倡议框架、细化"一带一路"建设实施路径、加强风险和预警研究、深化开放型经济体制研究等方面发挥重要作用。因此，教育部组织开展国别和区域研究，形成系列智库报告，设立"一带一路"沿线国家研究智库报告课题，系列报告覆盖66个沿线国家，一国一本，共计66本。[4]

---

[1] 瞿振元.一带一路"建设与国家教育新使命[N].光明日报,2015-08-13.
[2] 杨虹,吴婉莹.嬗变赢得新机遇 协力开启新航程[N].新闻晨报,2017-04-06.
[3] 木淼.中巴经济走廊文化交流中心成立[N].苏州日报,2017-03-31.
[4] 晋浩天.建设"一带一路"中国教育做了啥[N].光明日报,2017-04-20.

2015年10月,在甘肃省政府的倡议下,由兰州大学发起,8个"一带一路"沿线国家和地区的47所高校成立了"一带一路"高校联盟,在敦煌共同发布了《敦煌共识》。联盟高校将秉承"互联互通、开放包容、协同创新、合作共赢"的理念,联合建设"一带一路"高校国际联盟智库,共同打造"一带一路"高等教育共同体,推动"一带一路"沿线国家和地区大学之间在教育、科技、文化等领域的全面交流与合作,服务"一带一路"沿线国家和地区的经济社会发展。截至2017年1月,"一带一路"高校联盟成员由最初的8国47所增加到覆盖6大洲23个国家的126所高校。

2017年3月全国两会期间,全国政协委员杨学义建议,应当从国家层面鼓励服务于"一带一路"倡议的新型高校智库的建设和发展,并给予政策、资金、人才、技术方面的支持。他认为,教育部可会同外交部、文化部等相关部门及社会团体,共同探讨、总结国内已有新型高校智库开展人文交流、助力民心相通的发展模式。[1]例如,可以加强话语体系研究,把"一带一路"建设重大理念主张、重大政策举措转化为国外受众听得懂、易接受的语言和方式。在这方面:中宣部把讲好中国故事骨干培训师放在复旦大学中国研究院,培训出了一批讲好中国故事的各方面的骨干、专家学者。借助讲好中国故事的骨干,为推动"一带一路"的理念转化为受众国听得懂、听得明白、听得进心里和记入脑中的方式来发挥高校在资政育人中的独特作用。

另外,江苏师范大学近年来着重致力于"一带一路"沿线国家语言、国情、人才现状调查和"一带一路"沿线国家汉语人才培养和储备现状调查,以及语言、国情和语言人才数据库、档案库建设;"一带一路"语言服务和语言人才培养国家应急体系建立;"一带一路"语言通等语言服务实用平台建设等,从各个层面切实解决"一带一路"语言问题,提供实用的语言服务。2015年11月,由教育部语言文字应用研究所和江苏师范大学语言能力协同创新中心联合牵头发起的中国语言智库联盟正式成立。该联盟将为国内语言智库机构搭建信息、资源、成果共享的交流合作平台,提高各语言智库之间的协同创新能力。同月,我国首部"一带一路"语言服务工具书——《"一带一路"沿线国家语言国情手册》在江苏师范大学正式推出。该书以国家分立的形式,呈现了"一带一路"沿线64个国家的语言状况,包括这些国家的官方语言、通用语言、民族语言、方言等现状,以及语言与民族、宗教的关系,具有重要的咨政服务价值。2016年12月,南京理工大学成立江苏省首家"一带一路语言文化传播战略研究中心",针对沿线国家的文学、翻译、语言和法律等领域开展研究,以此真正服务于国家战略的需求。

---

[1] 施剑松.杨学义委员:"一带一路"急需新型高校智库[N].中国教育报,2017-03-09.

五、战略合作

就战略合作而言,"一带一路"倡议是高校可以依托和借重的改革和发展平台。在配合国家战略发展、展开多方面服务的同时,不仅各类高校自身的能力会得到充分和多元的提升,其作用和价值也会得到充分的体现。包括研究型大学、综合大学、专科大学、地方大学,也包括民办大学、广电和网络等便于终身学习的大学等,都可以找到自己的位置和适合自身的切入点与生长点[1],从而构建"一带一路"教育生态圈。在这个教育生态圈的合作办学中,既着眼于当下的互利互惠,又着眼于未来的可持续发展;既着眼于国际化人才的培养,又着眼于办学理念、办学模式、管理模式、人才队伍建设、学习支持服务的互学互鉴与不断创新。

基于开放大学的性质特点与国际化办学理念,战略实施阶段可分为:第一阶段 2016—2017 年,充分论证,完成"一带一路"开放大学战略联盟的顶层设计;确立战略联盟的框架与内容,制订为期 10 年的战略行动计划。第二阶段 2018—2020 年,与"一带一路"沿线重要国家的 10 所开放大学确立联盟关系;通过举办论坛、召开会议、开发交流项目等推动盟内成员交流和合作。第三阶段 2021—2023 年,将联盟成员数量增加至 20 个左右;探索多元化合作方式,如跨国人才培养、孔子学院合作、课程资源合作、科学研究合作、网络平台建设合作、学分互认、办学体系合作等;联盟取得一定成效,国际影响力不断增强。第四阶段 2024—2026 年,互利共赢,机制灵活,运转有序,覆盖"一带一路"沿线重要国家、基于网络的"一带一路"开放大学战略联盟全面建成。[2]

同时,"一带一路"建设离不开政府、工商业界和行业协会与高校的密切合作。身处建设第一线的产业界最清楚沿线国家的建设需求以及与之相匹配的人才需求,因此加强供需间的合作既要求产业界及时向高校传递人才需求信息,也要求高校继续教育工作者主动与产业界协同制定人才培训标准,联合设计继续教育项目,开展符合需求的人员培训。例如,自 2014 年起,中国交通建设集团实施的"11711 人才计划",即在 5 年内培养 100 名企业领军人才、1 000 名青年骨干、7 000 名优秀项目管理人才、1 万名骨干专业技术人才、1 万名高技能人才。[3] 2016 年 11 月 7 日,江苏—东盟教育合作对话会在无锡举行。本次合作对话以"'一带一路'倡议下的教育合作"为

---

[1] 程方平."一带一路"中国高校大有可为[N].中国教育报,2017-05-04.

[2] 李薇."一带一路"倡议与我国开放大学国际化发展[J].世界教育信息,2016(19):63-66.

[3] 杨学祥,申海成.高校继续教育供给侧和需求侧分析[J].继续教育,2017(1).

主题,下设江苏—东盟中学校长对话会和江苏高职院校—东盟中学校长对话会,共同探讨教科研合作、师生互访等教育合作交流中的重要问题。

当前,中国的自贸区建设正在加速,上海、天津、福建、广东自贸区已落地,都被认为是"一带一路"倡议的组成部分。苏州与上海在"一带一路"对外开放新棋局和长三角区域一体化新格局中的区位互补优势将持续显现。"一带一路"倡议,拓展大数据产业的发展空间。苏州与"一带一路"沿线的中亚、西亚、南亚等地区的16个国家和东盟国保持着良好的经贸合作关系。苏州积极主动参与国家"一带一路"建设,发挥苏州工业园区开放创新综合试验、昆山深化两岸产业合作试验区及现有综合保税区资源优势,加强与世界创新型国家和地区的全方位合作。2017年,世界联合学院(中国·常熟)与清华大学附属中学在常熟签署了合作备忘录,共同推动融合中国元素的国际教育。该学院教学采用IBDP(国际文凭大学预科项目)课程,通过择优选拔来自世界各地不同背景的青年,把他们会聚在一起学习、生活,是当今世界独具一格的全球性教育运动,也是目前认可度最高、公认最难的国际教育体系。[1]

同时,上海合作组织大学实体化运作已初见端倪。有鉴于此,上海市青联委员何万篷等人就提出,建议在上海发起设立"一带一路大学",落户上海自贸试验区,发挥并促进其国际化平台功能。在招生方面,不光是"一带一路"沿线国家的留学生、高管、高官,还可以面向国内生源,开设"重点领域对外投资合作班""国别投资合作班"(针对重要节点国家),等等。

另外,在群团条线上,共青团中央于2016年5月13日正式与对外经济贸易大学共建中国大学生"一带一路"协同发展行动中心。作为全国首个服务"一带一路"倡议的青年行动机构,该中心以"服务国家战略发展,服务青年成长成才"为宗旨,以"丝路连通世界,青年决定未来"为口号,旨在服务于"一带一路"倡议实施,促进大学生把个人成长与国家发展紧密结合起来,带动全国高校大学生围绕"一带一路"倡议开展专项社会实践行动,探索出一条青年服务国家发展、国家助力青年成长的双效模式。[2]

---

[1] 商中尧. 为世界培养未来领袖[N]. 苏州日报,2017-04-21.
[2] 陈凤莉. 中国大学生"一带一路"协同发展行动中心成立[N]. 中国青年报,2016-05-15.

「第二篇」

参与社区的可为之道

社区教育的"学习型"

以社区教育为主要方式的大众化社区学习最早出现在北欧,1844年在丹麦罗亭诞生了第一所社区民众高等学校,主要是唤醒民众的思想觉悟。1864年,丹麦发起了大规模的社区民众高等学校运动,其积极影响惠及挪威、芬兰、瑞典等国。19世纪50、60年代,随着全球工业化的开展,美国创办了"社区学院"、日本创办了"社会教育",满足了工业化对人才的需求。学习型社会作为一个教育哲学范畴的概念,源于美国著名学者、芝加哥大学校长罗伯特·哈钦斯,他于1968年发表的《学习型社会》一书认为:所谓学习型社会,也许就是"任何时候不只提供定时制的成人教育,而且以学习、成就人格形成为目的而成功地实现价值的转换,以便实现一切制度所追求的目标的社会"。他对于学习型社会最富想象力与创造力的构想就是,这样一个社会必定能够牢固确立并恪守两种价值取向:第一,每个人都持续学习、不断发展,乃至追求人性的完善、人格的完美必当被认定为社会的目标;第二,整个社会制度,即所有社会组织、社会机构,又必当以此为社会目标,以此作为其思考和行动的导向。毫无疑问,这是学习型社会内涵最核心的体现。

1972年,联合国教科文组织国际教育发展委员会编著、被誉为当代教育思想发展中里程碑的著名报告《学会生存——教育世界的今天和明天》特别强调终身教育和学习型社会两个概念,把学习型社会作为未来社会形态的构想和追求目标。1999年,国务院批准的教育部《面向21世纪教育振兴行动计划》提出了构建终身教育体系和学习型社会的目标任务和工作思路。2002年党的十六大报告又把"形成全民学习、终身学习的学习型社会"作为今后20年全面实现小康社会的重要目标之一。[1]教育部2001年《全国社区教育实验工作经验交流会议纪要》和2004年《关于推进社区教育工作的若干意见》都将建设学习型组织作为社区教育的一项目标和任务。

学习型组织与社区教育具有一定的区别性。学习型组织是按照组织的共同目标,通过成员的不断学习促进组织的发展,主体是组织;而社区教育是为满足居民的需求,通过提高社区居民的生活质量和整体素质,实现社区

---

〔1〕 刘梓.创建学习型社会背景下的社区教育资源共享问题研究[J].继续教育研究,2009(8).

的发展,主体是社区。学习型组织以本组织的进步为发展方向,而社区教育是以区域的社会安定、经济繁荣为发展方向。[1]

学习型组织与社区教育具有多方面的相关性。它们都是在终身教育与终身学习理念的指导下发展出来的,具有共同的人本思想和学习观念。学习型组织强调的是组织与成员的持续学习,从而实现组织的发展与创新;而社区教育强调的是社区成员的持续学习,最终实现社区的社会安定和经济发展。[2]教育部副部长鲁昕在2010年12月全国社区教育工作座谈会上的讲话指出:各地要把创建"学习型组织"作为现阶段推进社区教育工作的重要抓手,认真开展丰富多彩的创建活动,培育学习典型,充分发挥典型的示范作用,根据社区内不同类型组织的实际情况,制定学习型组织的评估标准、考核指标、管理手册,由个别试点到全面推广,指导街道(镇)、居委会(村)、学校、企事业单位等积极创建学习型企业、学习型街道、学习型居委会、学习型楼组、学习型家庭等学习型组织,以点带面逐步形成规模。

2013年10月21日至23日,由联合国教科文组织、教育部、北京市人民政府合作主办的"首届国际学习型城市大会"在京召开,来自联合国教科文组织102个成员国的500多名代表发出"建设学习型城市北京宣言",承诺将采取措施和具体行动,加倍努力,让城市发展成为学习型城市。大会最终通过了《建设学习型城市北京宣言——全民终身学习:城市的包容、繁荣与可持续发展》(以下简称《北京宣言》)和《学习型城市的主要特征》(以下简称《主要特征》)两项重要成果文件。《北京宣言》中有一段指出:"终身学习并不仅局限于教育或商业范畴,它融入了整个城市的生活,小到当地社区和家庭层级。事实上,家庭,作为社区建立的基本单位,是一个特别重要的学习场地。家庭和社区的学习,通过互动,能够建立社会资本,提高生活质量。在发展学习型城市过程中,我们将通过以下方式重振家庭和社区学习活力:建立和利用以社区为基础的学习空间;确保社区教育和学习计划满足市民的真正需求;鼓励公民和居民参与社区学习,特别关注有需要的家庭、弱势群体、少数民族和第三学习者;将社区历史和文化视为独特、宝贵的资源。"《主要特征》描绘的学习型城市框架可以概括为,第一,学习型城市的三项效益:提升个体能力和促进社会和谐,促进经济发展和繁荣城市文化,实现可持续发展;第二,学习型城市的六大支柱:全面提高从基础教育到高等教育的入学率,活跃社区的学习氛围,提升职业培训和工作场所学习

---

〔1〕 沈光辉.社区教育是一种区域全民终身教育——社区教育与终身教育、成人教育、学习型组织的关系[J].中国成人教育,2011(7).

〔2〕 沈光辉.论社区教育与终身教育、成人教育、学习型组织的关系[J].福建广播电视大学学报,2011(2).

的效率,扩大现代学习技术的应用,改善并优化学习质量,创造充满活力的终身学习文化;第三,学习型城市的三个基础:愿景及坚定的政治意愿和承诺,管理和各界参与,发掘利用各类资源及潜力。[1]

社区资源的学习型离不开教育资源共享。按其性质,社区教育资源可分为有形资源(教育设施、人力资源、财力资源等)和无形资源(社区精神面貌)两类。2016年3月,江苏省委、省政府召开了21世纪以来第三次全省教育工作会议,明确要求加快建设学习型社会,全面提高我省人力资源素质,为创新驱动发展和经济转型升级提供有力支撑。时任江苏省教育厅厅长沈健在2016年10月的江苏省暨南京市2016年全民终身学习活动周上提出:一要广泛开展城乡社区教育。不断加强社区教育机构标准化建设,着力提升社区教育基础能力,积极创建全国社区教育实验区、示范区。二要加快整合各类学习资源。整合学校、社区学院、社区教育中心及教育培训机构等各类教育资源,鼓励和带动区域内的图书馆、科技馆、博物馆等社会资源参与教育培训活动,真正实现区域资源的共享共通。开放大学办学系统要主动承担责任,建成全民学习的共享平台和终身教育的支持载体,构建线上线下相结合、开放式的继续教育培训体系,搭建处处能学、时时可学的终身学习服务平台。三要积极发展老年教育。健全以老龄协会等老年社会组织为纽带、以老年大学为骨干、以各级各类教育机构为依托、以远程教育为补充的老年教育网络,发展各类面向老年群体的学历和非学历教育,让老年人老有所学、老有所为、老有所乐。四要鼓励发展社会培训。积极支持社会力量举办非学历教育培训机构,引导社会教育培训机构健康发展。鼓励有条件的社会教育培训机构专业化、集团化发展,打造一批市场竞争力强、社会效益好、信誉度高的培训品牌。

共同体中的学习有别于独自学习,是在与众多学习者相互促进的过程中获得丰富的学习体验。近年来,社区教育的学习者出现了一些新的特点:一是受众人群除了一般意义上的学生、职工以及老人、儿童之外,出现了很多新移民(新市民),即便是老人、儿童,有很多是随着新市民、新移民而出现的移民老人、移民儿童;二是人口的流动性比以往大大增强;三是老年群体正在越来越多地占据社区服务对象的大多数[2];四是学习形态呈现出微学习、碎片化、体验式等特点。这些社区学习共同体与社会大环境中的其他学习共同体之间存在交叉重叠,每个人都可享有多重身份,使社区学习共同体

---

〔1〕 宋亦芳.我国城市社区教育发展的新坐标——基于首届国际学习型城市大会的视角[J].职教论坛,2014(9).

〔2〕 钱旭初.生态学视角下我国终身教育体系构建研究[J].江苏开放大学学报,2016(3).

在融入多种社会文化元素的情况下更具生机与活力。[1] 2016年10月25日,苏州市教育局等13个部门联合印发的《关于加强社区教育工作推进学习型苏州建设的意见》(苏教〔2016〕7号)指出:推动学习共同体建设,提升学习型组织创建水平。鼓励和引导社区居民自发组建形式多样的"草根"社团向学习共同体转变,构建遍布城乡的居民自主学习团队,实现自我组织、自我教育、自我管理、自我服务。广泛开展学习型乡镇(街道)、学习型企业、学习型单位、学习型社区、学习型家庭、学习型社团等各类学习型组织创建活动,培育学习型城市建设细胞。

---

[1] 陆韵.基于生态学的社区学习共同体培育[J].天津电大学报,2014(4).

社区教育的"研究性"

研究是一种社会过程,而随时随地都会留下我们的指纹。我国最早的社区教育研究是依据农村社区教育实践开展起来的。早在20世纪30年代,我国教育研究者受到美国早期的社区教育思想和教育实践风气的影响和启发,开始在广大农村开展社区教育研究和实践,如晏阳初的"平民教育"实验研究、陶行知的"改造全国乡村教育"的生活教育实验研究等。从20世纪80年代至90年代,社区教育研究的内容涵盖了社区教育的内涵界定、本质特征、目标评估、模式与功能、管理体系与运行机制、机构和职能、政策与制度建设、社区教育与市场经济、社区发展、人的发展、城乡教育改革的关系等,研究队伍由政府行政管理者、社区教育工作者和专业理论工作者三部分组成,这些都使得社区教育研究具有了系统性、开放性的特征。特别是上海社区教育委员会的出现标志着我国社区教育研究由自发走向自觉。[1]

任何研究都是一种建构与创造。社区本质上应该是具有心理和精神关联的一群人组成的社会生活共同体。社区教育作为构建终身教育体系,创建学习型社会的重要基础,对和谐社区建设、个体发展和社会现代化的影响和作用不可替代。然而,当下我们大部分社区,并未真正成为社会生活共同体,对政府而言只不过是一个行政管理的区域,对居民而言也不过是一个居住的地方。我国的社区研究主要是从社会学、政治学、公共管理学等学科角度进行的,相应地有"社区建设""社区治理""社区管理"等不同的理论概念。然而,这些学科的研究往往见物不见人,重制度轻"人因"。如何通过社区教育来化解社区建设中的"条"与"块"的矛盾、"建"与"管"的矛盾、社区工作"行政化"与社区建设"社会化"的矛盾、社区组织与辖区单位的矛盾,已成为社区教育工作者和理论研究者不得不面对的问题。

社区教育研究具有原创性。"原"主要体现在"以自己特有的研究对象、视角、思维方式、命题的言说方式等构成的论述框架与范式,成为同类研究的起点,并为这一起点预设了一个"问题域"[2],使紧随其后的研究都不得不从这一点出发。"创"主要体现在发现了新的研究对象,或者拓展了原

---

〔1〕 王清强,乐传永.社区教育研究综述[J].教师教育论坛,2010,23(9).
〔2〕 李政涛.教育研究的原创性探询[J].教师之友,2001(1).

有研究对象的范围,并为此提供了新的研究基础,提出了新的研究问题的视角和思维方式,形成了新的、独立的、别人无法替代的言说方式和表达方式。[1]

在传统的研究中,我们所强调的理论联系实际,大多数停留在因为理论研究所需才去社区进行一定的调研的水平上,这是一种以学科知识和理论知识为中心与出发点的研究方式,顶多做到"通过社区进行",而没有做到为解决社区中存在的现实问题而"与社区一起共同进行"。[2]1996年,美国教育家欧内斯特·博耶提出了"参与的学术"这一概念,所确立的新的学术观和新的研究方法就是"参与的学术"和"社区为基础的参与研究"。我们把社区为基础的参与研究与传统研究的主要区别归纳成表2-1。[3]

表2-1 社区为基础的参与研究和传统研究的区别

	传统研究方法	社区为基础的参与研究方法
研究者	大学教师	大学教师与社区相关人员组成的研究团队
研究目标	在学科知识上有所创新和突破,强调学术性与理论性	在对学科知识的理解和公共社会问题的解决上都要有所突破,同时强调理论性与实践性
研究过程	从确定研究主题、设计研究方案、选择研究方法,到研究的具体进行及结果分析等,都由大学教师独立进行	大学教师与社区合作伙伴共同确定研究主题、设计研究方案、选择研究方法、实施具体研究和进行结果分析
研究结果	通常以论文、著作等形式呈现,并向学术受众传播研究结果	不但要以论文、著作等形式呈现,并向学术受众传播研究结果,而且还要向社区成员和政策制定者推广研究结果,为实践活动提供有益的指导

社区教育的研究方法是分层次的。第一层次的方法是科学的认识论、方法论和逻辑学方法;第二层次的方法是能够独立应用于社区教育研究过程中的主要的、具体的方法,如调查法、观察法、实验法、经验总结法、比较研究法、行动研究法、历史研究法、测量法等;第三层次的方法是不能独立使用的,是为第一、第二层次的方法提供服务的那些技术性或辅助性的具体方

---

[1] 李继星.社区教育研究的原创性与子课题的研究工作[J].职业技术教育,2002,24(34).
[2] 邵晓枫.论高等继续教育与社区教育的互动合作[J].职教论坛,2016(24).
[3] 本表格根据张泽平:《论大学和社区的合作》,山西大学2013年硕士学位论文,31-37页中的相关内容总结而成。

法,如抽样法、统计法、表列法、图示法等。[1]

对于社区教育的主体问题而言,受教育主体是"社区居民"的共识是没有问题,但对于教育主体,或者说管理主体而言,仍存在较大的争议。结合我国社区发展现状来分析,目前各地社区的发展并不平衡,发达地区社区发展虽较完善,但仍没有达到自主管理的程度,更不用说不发达地区和农村。

对于社区教育的价值引领而言,观之现状,由于社区教育缺乏核心价值引领,缺乏认同的价值取向,导致社区教育机构"遍地开花",社区教育方向"依然迷茫"。探之研究,社区教育的功利主义和非功利主义价值观,都有其存在的理论和实践基础。社区教育是终身教育的重要组成部分,因此对非功利主义强调的坚守终身教育理想的问题,有其合理性,但这种理想必须通过实践来实现,即社区教育的发展只能通过市场、社会等实际需求来实现,因此功利性也是无法避免的,它是开展社区教育的动因之一,也是社区教育不断发展的现实基础。因此,在社区教育的研究中,既不能一味强调终身教育的理想,批判社区教育实践中功利主义的存在,也不能只停留在满足社会功利需求上,而忽视了终身教育的核心价值。

对于社区教育的功能定位而言,争议的焦点在于社区教育主要是应提供促进人的全面完善和发展的教育,还是应当提供开发社区居民人力资本、促进地区经济进步的教育。从本质上来看,社区教育理应提供促进人的全面发展的教育内容,但在我国现行教育体制和社区管理体制下,社区的管理机构从权力和能力两方面都无法承担起这个重任。

对于社区教育的发展模式而言,按照不同的管理主体,大体可分为以政府为主导的社区教育模式、以学校为中心的社区教育模式、以社区大学为中心的社区教育模式、以社区居民为主导的社区教育模式四类。[2]前三种模式的办学主体都是政府。也就是说,以政府主导模式为主的阶段仍是中国社区教育发展不能超越的历史阶段。[3]

对于社区教育的民主参与而言,社区所有居民都有参与社区教育的权利。民主应该是一个"赋权"的过程,是一种自下而上的民众自主性的活动,而不应该是政府主导一切的自上而下的活动,即参与者要被赋予自觉自愿参与组织或活动的权利,这种参与不是某些人为了自身的利益而进行的小

---

[1] 李继星.社区教育研究的原创性与子课题的研究工作(二)[J].职业技术教育,2003,24(1).

[2] 杨燕燕.社区教育模式及其本质[J].杭州师范学院学报(人文社会科学版),2001(4).

[3] 沈光辉,陈晓蔚.内涵本质、功能定位与发展模式——基于学习型社会视野的社区教育理论研究热点问题探讨[J].现代远距离教育,2015(2).

范围的参与,而是全体居民的参与。[1]同时,我们也应一分为二地看待:一方面,受我国集权式的文化和政治传统所影响,我国的社区教育的确需要加强民主性建设;另一方面,在我国现阶段,以政府为主导的社区教育管理体制其存在有一定的合理性,没有政府的财力和人力支持,社区教育很难开展。[2]

对于社区教育的教育观念而言,首届国际学习型城市大会强调了"社区学习",调整了社区教育的立足点,拓展了社区教育的视野。基于社区学习的社区教育意蕴在于,一是强调社区教育是为社区学习提供的一种支持、一种服务,包括学习场所、学习资源、学习保障等;二是强调社区教育的主体是学习者而不是教师,学习什么以及如何学习,是以学习者需求为导向的;三是强调社区教育的公平性,社区教育面向各类人群;四是强调社区教育体现的是一种更加灵活与包容的学习氛围,学习场所不限于学校和教室,学习资源不限于书本或教材。[3]

对于社区教育的师资队伍而言,《教育部关于推进社区教育工作的若干意见(2004)》中指出:"要加强社区教育工作者队伍建设。各地社区行政部门要加强社区教育队伍建设,建立一支以专职人员为骨干,兼职人员和志愿者队伍为主体的适应社区教育需要的管理队伍和师资队伍。专职人员主要在现有的教育行政管理人员和教师队伍中统筹安排解决。"同时,"要制定社区教育工作者岗位规范,开发社区教育工作者的培训课程,依托有条件的高校,建立若干个社区教育工作者培训中心,把社区教育工作者的培训工作提高到一个新的水平"。另外,可以通过搭建"社区教育名师工作室"为师资建设的载体,以培养一批社区教育高手,创建诸多社区教育特色项目,形成社区教育服务品牌,从而把先进的教育教学理念、策划、做法变成非物质的精神产品,辐射到全社会。"社区教育名师工作室"是由社区教育名师领衔,聚集有一定社区教育经验的教师,组成从事社区教育工作的、满足社区居民学习需求的、建设社区文化品牌的非营利性组织团体,实际上是一个社区教育教师之间学习、研究、培训、活动等的共同体,也是社区教育成果的"辐射源"。[4]其主要发挥四大功能:一是在示范、领衔、凝聚、激励中发挥引领功

---

[1] 张洪武.社区政治[M].长春:吉林大学出版社,2010:147.

[2] 邵晓枫.社区教育究竟是什么?——对社区教育本质的理性思考[J].职教论坛,2015(36).

[3] 宋亦芳.我国城市社区教育发展的新坐标——基于首届国际学习型城市大会的视角[J].职教论坛,2014(9).

[4] 王和金.关于建设常州市社区教育名师工作室的实践思考[J].南京广播电视大学学报,2015(4).

能;二是在培养、引导、熏陶、同生中实现孵化功能;三是在调查、整合、创新、研究中展示研发功能;四是在指导、统筹、谋划、代行中提升服务功能。[1]

对于社区教育的研究平台而言,研究的主动性、有效性、及时性,将主导工作的进程;研究的方式方法、范围影响、周期长短,将成为工作平台搭建和存在发展的核心问题。社区学院在推进社区教育三级网络建设的过程中,通过建立实验研究网络,牵头建立和优化街道社区教育研究平台,对市、区的实验研究力量兼收并蓄,并根据街道的具体环境进行转化,加以实践利用,可将市、区层面的社区教育研究力量延伸至社区。例如,2009年5月,崇明县社区学院创建了上海市成人教育系统第一家社区教育研究工作室。通过多年努力,工作室结合崇明当地特色,注重环保话题,关注社会热点,开发了"灶文化""土布文化""崇明金瓜栽培技术""崇明特产红梗芋艿栽培技术"等课程,形成了"生态教育"的特色成果。同时,也为崇明县社区学校培养了一批骨干教师,为现阶段社区教育专职教师的成长提供了一种创新实践模式。[2]又如,2010年6月17日,"上海市社区教育实验研究天山路街道工作室"在长宁区天山路街道社区学校内正式揭牌成立。在街道层面设立市级实验研究工作室可以说是上海市首创,是长宁区积极探索社区教育工作模式的创新之举,是市、区、街道的社区教育工作机构从垂直领导向谋求合作方向发展的标志。其基本任务主要包括:(1)以实验项目为抓手,推动街道社区教育实验工作并为社区教育发展提供决策咨询;(2)为长宁区社区教育实验项目的成果推广试点服务;(3)作为开展社区教育应用研究的实践基地;(4)自发或受委托承担好社区教育有关的调查研究工作;(5)协助做好社区教育定性经验总结;(6)提供指导性社区教育事务服务。工作室以"三实"作为指导方向,即"一要实验、二要实践、三要实际",旨在探索出一条挖掘优质资源、专家联手引领、市区共同合作,进行社区教育研究、形成合作与共享的良性循环、提高社区教育专业化水平的道路,将工作室切实建设成为社区教育实验研究工作的亮点。同时,作为市级科研单位,市教育科学院也希望能以类似的合作形式在社区内建立实体化的实践基地,以进行社区教育科研理论成果向实践的转换和应用,实现社区教育理论和实践的相互印证。[3]

综上所言,研究是主动寻求根本性原因与更高可靠性依据的行为,是解决根本性问题的手段。理论的研究必然推动着实践的发展,社区教育研究

---

[1] 董农美.社区教育名师工作室功能架构及实现途径探究[J].江苏开放大学学报,2015(5).

[2] 孟优悠.社区教育研究工作室:培养骨干教师的新平台[J].成才与就业,2013(17).

[3] 张雯.上海长宁区:积极探索社区教育工作室新模式[J].中国社区教育,2011(5).

要继续推向深入,就需要找准某个问题点,进行深度挖掘,结合理论思辨和经验总结,不仅要寻找强劲的理论支撑,而且要通过个案的描述、解释、分析和比较,客观全面地反映经验事实,这样才能总结出有应用价值的理论,有推广价值的经验。我们已欣喜地看到,一个以创建学习型城市(城区)、学习型社区、学习型组织、学习型企业、学习型家庭为标志的社区教育正在全国各地蓬勃展开。

社区教育的"体系性"

体系一般泛指一定范围内或同类的事物按照一定的秩序和内部联系组合而成的整体。一方面,"平台"的搭建和"体系"的完善是全社会以及各级政府的共同责任。开放大学是集大学、平台、体系于一体,必须把"大学"作为建设的主体,以"大学"为依托搭建"平台",以"大学"为载体完善"体系"。就"平台"而言,全民学习平台是基于网络环境的开放学习模式的构建;就"体系"而言,终身教育体系是基于开放的教育支持与服务模式的构建。[1]另一方面,随着社会经济的发展,居民对社区环境及生活质量的要求不断提高,社区教育已成为地方区域的重要组成部分。社区教育不仅是教育事业的组成部分,也是社区建设的重要载体。"全民终身学习"的理念将学习与生活一体化,使得它成为社区教育的指导性思想,这种理念与社区教育的结合,促使社区教育由"行政型"转向"社会型"。[2]

按照著名营销学家菲利普·科特勒的观点,开放大学的体系建设离不开一系列具有典型意义的、具有战略性支持作用的学习型组织的作用。社区教育必须在"全民终身学习"的理念指导下,以开放大学为重要平台,不断拓展远程开放式教育空间优化社区资源配置,建立由政府统一领导,社会广泛参与,全面提高市民素质的终身教育体系,这是政府为民办实事、推进社区建设的具体体现,也是建设学习型社会的根本途径。

一、政府支撑体系建设

多年来,我国一直推进终身教育,而终身教育正是需要实现学校与学校外教育的连接,尽管我们称学校外教育为继续教育,但其中的非学历教育,即担负起国民素养不断进步提升重任的都归属于社区教育范畴。也就是说,打造终身教育的完整教育体系,绕不开社区教育的发力,对居民而言,社区教育作为学校外重要的教育组成,是个人一辈子实现终身教育理想,保障人的教育权利的再度体现;对政府而言,国家推进社区教育对全民素质的提升会起到很大作用,特别是对地区安定和社会稳定有重大正面作用。

---

〔1〕 彭坤明.开放大学建设初论[M].北京:中央广播电视大学出版社,2011:117-119.
〔2〕 王永红.终身学习理念下社区教育体系的构建[J].中国成人教育,2012(1).

华东师范大学终身教育研究中心主任吴遵民指出：1986年，我国就提出了包括基础教育、高等教育、职业教育和成人教育的国民教育体系表述。从现状而言，学校教育和社区教育应被视为教育体系的两大车轮共同加以推动。但在相当一个时期内，社区教育仍属于"三无"教育，即无身份、无地位、无专职人才培养的尴尬现状，客观上让社区教育发展面临着亟待突破的瓶颈。消除制约社区教育发展的瓶颈，最终还是要通过立法和严格执法。国家必须出台酝酿已久的终身教育法。在地方层面，各地教育机构应该以意见出台为契机，敦促、协助当地立法机关尽早出台终身教育（社区教育）的促进条例。

纵观国外一些社区教育发展较好的国家，他们社区教育得以有效开展的根本原因都是他们的政府都非常重视社区教育的立法工作。如丹麦政府分别在1968年和1978年颁布了《闲暇时间教育法》和《成人社会教育法》；美国政府分别在1862年和1917年制定了《莫雷尔法案》和《史密斯—休斯法》；日本政府为了促进社区教育的快速发展，根据日本《教育基本法》第7条的精神，相继出台了《社会教育法》（1949年）、《图书馆法》（1950年）和《博物馆法》（1951年），"三法"的颁布完成了对社区教育主要设施的立法。

2005年9月28日，我国内地第一部有关终身教育的地方性法规——《福建省终身教育促进条例》（以下简称《条例》）正式施行。《条例》规定，用人单位、社区、社会团体、行业协会等应当为公民接受终身教育创造条件，开展各种有益于终身教育的活动。2014年7月1日，《河北省终身教育促进条例》正式施行，明确"县级以上人民政府应当加强社区教育工作，完善社区教育设施，建立健全社区教育体系"[1]。2016年，教育部、文化部、民政部等九部门联合印发了《关于进一步推进社区教育发展的意见》指出，我国将建立健全城乡一体的社区教育县（市、区）乡（街道）村（社区）三级办学网络。九部门对社区教育发文是史无前例的，同时也对外明确了一个信号，即社区教育不是教育部门一家之事，政府各有关部门都应共同发力。

二、公共服务体系建设

自从我国政府强调"服务"概念以来，公共服务型政府建设已成为我国行政管理体制改革的目标。2001年12月，教育部同意中央电大试点建设"现代远程教育校外公共服务体系"，为众多网络教育的办学机构和广大学习者提供校外支持服务。为了促进公共服务体系管理体制与运行机制的改革，2003年教育部批准中央电大建立奥鹏远程教育中心（简称奥鹏中心），

---

[1] 周宵鹏.政府应当建立健全社区教育体系[N].法制日报,2014-07-01.

采用现代企业的公司治理结构,引入市场机制,负责公共服务体系的建设、管理和运行,探索公共服务体系的服务与管理模式和运行机制。在试点的基础上,于2005年4月教育部正式批准建设"中央广播电视大学现代远程教育公共服务体系"。[1]

社区教育作为公共教育服务体系的一项重要组成部分,以其教育目标的多样性、教育对象的全员性、教育内容的广泛性、教育方式的灵活性等特点,通过构建和谐社会、实现教育公平、提高公共资源的效益、促进人全面发展等途径,已经成了公共服务型政府建设的重要内容之一。[2]

河北计划在2016年至2018年的三年内初步建立起全省社区教育管理体制、运行机制和公共服务体系,实现社区教育全覆盖。到2018年,建成省级社区教育试点200个左右,其中全省所有县市区至少有一个省级社区教育试点;市级以下社区教育试点1 000个左右。全省社区教育信息化公共服务平台实现能够容纳200万人注册、1万人同时在线学习规模,数字化信息资源达到10万个左右。[3]

天津在2017年年初向社会公布了14类政府购买教育服务项目,包括教育规划和政策研究、普惠性民办教育补贴、全民终身教育等。天津市河北区作为国家社区教育示范区,以高职学院推动区域终身教育服务体系的构建。该区政府将社区教育列入区域教育功课做整体规划,社区教育成为民生工作的重要内容。区政府设立了社区教育专项经费,每年按照社区常住人口人均标准投入。区政府将社区教育专项经费拨付区教育局,再划拨天津城市职业学院,院长有使用审批权。运行机制的建立,为天津城市职业学院发挥龙头作用提供了保障。学院不但将资源向社会开放,还派大批双师型专兼职教师队伍走进企业、社区开展服务,从而构成了面向全区企事业单位职工、社区居民的继续教育、岗前、再就业培训和市民文化休闲教育培训服务体系。[4]

宁波海曙区重点加强了进城务工新市民和社区居民群众两类人群的社区教育,构建了"10分钟教育服务圈",实施了"354市民教育工程",即三级社区教育网络;青少年素质拓展、在职人员岗位能力提升、新市民蓝色证书、居民自我教育、家庭学习小手牵大手五大行动计划;"新市民文明科普素质

---

〔1〕 任为民,施志毅.建设社会化公共服务体系打造全民终身学习平台——21世纪电大系统的新机遇和新挑战[J].天津电大学报,2009(4).

〔2〕 汪鹤飞.社区教育在公共服务型政府建设中的作用浅探[J].宁波经济:三江论坛,2009(3).

〔3〕 周洪松.河北社区教育3年全覆盖[N].中国教育报,2017-01-01.

〔4〕 刘增辉.高校、职校跃入社区教育领域[J].在线学习,2016(8).

工程""心理健康关爱工程""职业技能培训工程""普网工程"四大工程。

南京秦淮区以加强六大基地建设大力推进社区教育发展。一是建设老年休闲娱乐教育基地。全区所有社区均建有老年活动室,开设书画、电子琴、健身舞蹈等课程,举办健康知识等各类讲座。二是建设青少年校外教育基地。对太平天国纪念馆、中华门城堡、南京市博物馆等 20 处历史文化场所、南京市京剧团、南京市越剧团、紫金大剧院、区体育中心等 15 处文体场所进行挂牌。三是建设职业技能培训基地。区政府牵头,区人社局、教育局、民政局、区总工会、街道等部门共同参与全区职业技能培训基地建设,面向企业在岗职工、下岗再就业人员、进城务工人员,举办各级各类培训。四是建设历史文化街区教育基地。利用秦淮历史文化资源形成了不同风格的社区教育基地。五是建设数字化网络教育基地。重视远程教育平台的搭建,如区社区教育网站、区党员远程教育平台、光华路街道"网通家园"等。六是建设业余文体生活教育基地。积极倡导和组织街道和辖区单位签订开放和共建协议,中华门街道和"1865"创意园区建立合作关系,开展"1865"市民讲堂,该项目已被列为国家级社区教育实验项目。

三、办学施教体系建设

从模式而言,我国现有社区教育办学模式大致可以归纳为五类:政府主导的街道乡镇联动的办学模式;以学校为主体的辐射性办学模式;企业化运作的自主办学模式;将电大、教师进修学院、高职等整合成社区学院的办学模式;依托开放大学和广播电视大学系统开展社区教育的办学模式。

从层级而言,在四川省广播电视大学的指导下,绵阳市已建立起社区大学—社区学院—社区教育学习中心三级社区教育体系。2014 年,绵阳社区大学成立了银发乐团。目前乐团由创建时的单一乐队,发展成为有民乐团、合唱团、电声乐队等 6 支分支机构的大队伍。成都市青羊区社区学院,课程项目从歌舞、美术、体育到养生、生态种植等。2016 年 5 月,威远县成功创建全国社区教育实验区。威远县以威远电大(威远社区学院)为龙头,通过党员课堂、社区教育大讲堂、法律大讲堂、社区治理大讲堂、道德讲堂、安全体验教育、农民大学堂、家长课堂、摄影沙龙、书画苑、合唱团、舞蹈、健康之友、留守儿童关爱之家等载体,开展了形式多样的社区教育活动,深受群众喜爱。同时,社区教育学习中心利用国家开放大学丰富的远程教育资源,基本覆盖了居民生活的方方面面,如:i 数码、i 理财、i 电子商务、i 家庭教育、i 旅游等。另外,社区还借助社区教育改善居民与社区的关系。例如,威远县道德模范林树清和社区道德模范冯大妈等助人为乐的先进事迹被搬上道德讲堂,传播正能量,感化居民。《四川省物业管理条例》《房地产管理法》等法律法规成为法制教育讲堂的重要内容。

从标准而言,2016年10月25日,苏州市教育局等13个部门联合起草了《关于加强社区教育工作推进学习型苏州建设的意见》(苏教〔2016〕7号),文件要求:加强社区教育机构标准化建设,增强示范引领作用。到2020年,80%的社区教育机构达到高水平、示范性建设标准,全市基本建成覆盖城乡、机制完善、功能齐全、优质高效的社区教育办学系统。加速推进社区教育实验区、示范区建设,充分发挥社区教育示范区在体系构建、资源共享、投入机制、队伍建设、信息化应用,市民学分银行建设等方面的示范引领作用,提升社区教育服务能力和水平。

从资源而言,2016年11月17日至18日,以"推动资源共建共享,促进平台互联互通"为主题的全国社区教育数字化资源及平台建设与共享研讨会在上海市举行。教育部社区教育研究培训中心常务副主任周延军提出成立"全国社区教育教学资源共建共享协作会"、建立"社区教育资源基金"、开展"全国社区教育教学资源交流活动"的几点设想。全国社区教育数字化资源和平台合作联盟秘书长,上海蓝卓教育信息科技有限公司董事长郭进明展示了针对开放教育、社区教育的一体化"平台+资源+运营"的解决方案,强调联盟当前的首要工作是建设"社区教育数字化课程资源库及分享体系",并在联盟的微信学习平台上向联盟成员开放。

四、财政保障体系建设

社区教育经费是开展社区教育的根本保障。我国现行的财政管理体制将社区教育经费列入本级政府教育经费预算,以社区的常住人口为基数,根据各地经济发展状况,按每人每年一定金额的标准,核定社区教育经费,保证社区教育经费投入的经常性、稳定性和稳步递增。按照财政分担的比例,市级财政在承担市本级社区教育经费投入的同时,根据核定的市、区(县)分摊比例,通过转移支付,划拨应分担部分到各区(县)财政,由各区(县)具体负责本地区社区教育工作的实施。[1]《全国社区教育示范区评估标准(2010试行)》明确:保障社区教育经费的投入。区(县、市)财政按常住人口每年人均不低于2元标准设立社区教育专项培训经费,并落实到位;建立多渠道筹措经费的机制。经济发达地区,在此基础上进一步增加社区教育经费的投入。查瑞秋和景圣琪在《江苏省社区教育在发展中存在的问题及对策》一文中认为,在社区教育经费支配上要建立严格的预算审核制度,确保划拨经费能够真正用在社区教育的活动项目上,可采取项目申报法,以项目评估划

---

〔1〕 李艳娥.社区教育经费保障与评价机制建设探究[J].教育导刊,2013(10).

拨经费,依托项目推进社区教育活动有序开展。同时,全省要积极倡导在省级及以上的社区教育试验区、示范区按照社区常住人口人均不少于1元的标准落实社区教育经费,经济发达地区要在此基础上进一步增加投入,社区内的各类企业单位也要认真实施关于职工工资总额1.5%~2.5%用于职工培训的规定,开展好在职人员的教育培训。[1]

一方面,社区教育投入的评价指标主要包括:以社区教育发展规模、在政府财政性教育经费中所占比例、成人文盲率和中学后继续教育率等指标反映社区教育投入的充足程度;以投入的合理配置和资源有效利用程度反映社区教育投入效率;以区域间平衡、人均经费投入情况和对弱势群体的关注程度等指标反映社区教育投入的公平性。[2]另一方面,社区教育产出的社会效益指标主要包括:(1)知晓率和满意率——社区成员对社区教育的知晓率,社区成员对接受社区教育服务的满意率;(2)社区成员综合素质提高——社区成员的社区归属感、遵守社会公德自觉性、扶贫帮困、参加公益活动等公民素质有较大的提高,社区成员终身学习观念有明显增强,求知欲有明显提升,社区成员的知识和技能含量明显提高;(3)社区发展和成员生活质量的提升——推进了"文明社区""安全社区""健康社区""生态社区""数字社区"等各类创建工作,社区文明程度有较大提高,社区和谐稳定,各类案件发生率下降,社区成员的精神生活质量和环境生活质量有了改善。

综上所述,教育是有投资、有收益的活动,可满足多个主体的需要,按照谁受益谁投资的原则,社区教育应该由国家、社会、受教育者共同分担,而不应该仅仅靠受教群体自身或者政府组织单独来承担。政府应加大对社区教育的扶持力度,鼓励企业对他们的教育投资,动员各类学校、社会志愿组织和个人义务参与到这项公益教育活动中来,构建公共服务性质导向的社区教育多元供给机制。2017年6月12日,江苏省教育厅等十一部门印发的《关于加快发展社区教育的实施意见》(苏教社教〔2017〕1号)明确:建立健全政府投入、社会参与、学习者合理分担等多种渠道筹措经费的社区教育投入机制,加大对社区教育的支持力度,不断拓宽社区教育经费来源渠道。各地要把社区教育经费纳入本级财政教育经费预算,县(市、区)财政按常住人口每年人均不低于4元的标准安排社区教育经费,现行标准高于4元的地区仍按现行标准执行,并根据实际情况逐步增长。推动社区教育服务社会

---

〔1〕 查瑞秋,景圣琪. 江苏省社区教育在发展中存在的问题及对策[J]. 科学中国人, 2014(7S).

〔2〕 简吉梅,郑淮. 社区教育经费投入的问题与原因分析[J]. 广州城市职业学院学报, 2011(1).

化，探索通过政府购买、项目外包、委托管理等形式，吸引行业性、专业性社会组织和民办社会工作服务机构参与社区教育。鼓励社会资本通过兴办实体、资助项目、提供设施、设立社区教育基金等方式支持社区教育发展。

五、纪律监督体系建设

《公务员法》第四十二条指出：公务员因工作需要在机关外兼职，应当经有关机关批准，并不得领取兼职报酬。《中国共产党党员领导干部廉洁从政若干准则》和《直属高校党员领导干部廉洁自律"十不准"》也指出：关于党员领导干部不准违反规定在经济实体、社会团体等单位中兼职或者兼职取酬的规定。2011年7月，教育部党组印发《关于进一步加强直属高校党员领导干部兼职管理的通知》(教党〔2011〕22号)：直属高校处级(中层)党员领导干部原则上不得在经济实体和社会团体等单位中兼职，确因工作需要兼职的，须经学校党委审批。

2016年2月，民政部党组会议审议通过的《关于规范现职干部社会组织兼职的意见》要求，从严控制现职干部社会组织兼职审批，现职公务员、全国老龄办和部直属单位领导班子成员不得在基金会、民办非企业单位和已脱钩的行业协会商会兼职，未经批准不得在社会团体兼职。确因工作需要，经批准可兼任一个社会团体职务，但一般不批准或推荐现职干部到与本人本职工作无关的社会团体兼职；经批准兼任社会团体职务的，不得以个人名义发起成立新的社会团体或兼任境外社会团体职务。兼职期间不得领取社会团体的薪酬、奖金、津贴等报酬和获取其他额外利益，不得领取各种名目的补贴等。

2016年8月，中共中央办公厅、国务院办公厅印发《关于改革社会组织管理制度促进社会组织健康有序发展的意见》，再次强调推进社会组织政社分开，从严规范公务员兼任社会团体负责人，因特殊情况确需兼任的，按照干部管理权限从严审批，且兼职一般不得超过一个；在职公务员不得兼任基金会、社会服务机构负责人，已兼职的在本意见下发后半年内应辞去公职或辞去社会组织服务。

我们看到，党的十八大以来，建立"政社分开、权责明确、依法自治的现代社会组织体制"成为确立的目标。大型的、领域重要、影响广泛的社会团体，能否完全社会化，不仅是一个组织治理或者法律规定的问题，更是一个政治决策下的纪律约束。这也可视为是干部管理权限中把"权力关在制度笼子"的延伸，是认真贯彻执行中共中央印发的《中国共产党廉洁自律准则》和《中国共产党纪律处分条例》从严管理干部精神的重要途径。

社区教育的"终身性"

西方学者多认为,首先提出终身教育概念的是英国成人教育委员会主席史密斯的《1919 报告书》。1965 年 12 月,法国成人教育家保尔·郎格朗先生在国际成人教育促进委员会第三次会议上以终身教育为题做报告,1970 年出版《终身教育引论》并提出推展终身教育的提案,拉开了终身教育的序幕,也标志着终身教育思想的正式确立。1972 年联合国教科文组织国际教育发展委员会编著的《学会生存》中提出"终身教育""终身学习""学习社会"3 个基本概念。联合国教科文组织于 1976 年 11 月召开第十九次全体会议,在通过的《关于成人教育发展的报告》中,明确地把终身学习与终身教育并列。

日本是世界上最早着手构建终身教育体系的国家之一。1971 年,日本中央教育审议会在"关于综合扩充完善学校教育基本政策"的咨询报告中提出,"要以终身教育的观点对整个教育体系进行整合"。1981 年,日本中央教育审议会在《关于终身教育》的咨询报告中提出,要用终身教育的观点统筹家庭教育、学校教育和社会教育——强化家庭教育,改革初等中等教育,促进高等教育向成人开放,大力推进社会教育及在职成人教育培训,加大支持老年教育等。1990 年,日本颁布了"关于建立和完善振兴终身学习政策推进体制的法律"(简称终身学习振兴法)。该法的目的就是在原社会教育法等相关法律基础上确立终身学习推进体制。1991 年,日本颁布了地方政府终身学习推进体制的建设标准。

自 20 世纪 70 年代初韩国正式引入终身教育理念以来,政府出台以《终身教育振兴基本计划》为核心的政策支持、构建以大学及相关组织机构为主要依托的终身教育服务体系,推行以学习型城市建设为标志的发展路径等具体措施。1980 年颁布的韩国宪法第 31 条规定:国家必须振兴终身教育(韩语为"平生教育")。这是韩国法律中最早出现的有关终身教育的表述。从 1982 年 12 月《社会教育法》确立的"社会教育专员"制度的出台与实施,到 1999 年 8 月在对《社会教育法》进行全面的扩展与修订后颁布《终身教育法》(韩语为平生教育法),一方面对终身教育的内涵、政府责任、专业工作者、设施、经费资助、学分认定制度等做了明确规定,为韩国构建终身教育体系提供了法律依据和保障,并逐步确立了中央—市道(相当于中国的省级行政区划)—市郡(相当于我国的县级行政区划)三级终身教育支援体系[1];另一方面使专业化工作人员成为韩国终身教育的有力保证,实现了"社会教育专员"向"终身教育师"的全面转型[2],使其集终身教育的开发者、实施者、讲授者、评价者和咨询者等五种角色于一身(见表2-2)。

表2-2 韩国终身教育师培养课程设置情况表

课程设置		课程名称
必修课程		终身教育论、终身教育方法论、终身教育经营论、终身教育项目开发论
		终身教育实习(4周)
选修课程	实践领域	儿童教育论、青少年教育论、女性教育论、老人教育论、公民教育论、文字理解教育论、特殊教育论、成人学习与咨询
	方法领域	教育社会学、教育工学、教育福祉论、社区教育论、文化艺术教育论、人力资源开发论、职业与生涯设计、远程(e-learning、网络)教育论、企业教育论、环境教育论、教学设计、教育调查方法论、咨询心理学

资料来源:韩国教育部.2016.终身教育法实施规则.

我国教育部在1998年发布的《面向21世纪教育振兴行动计划》中指出:"开展社区教育的实验工作,逐步建立和完善终身教育体系,努力提高全民素质……""到2010年……基本建立起终身学习体系。"把终身教育、终身学习看作教育发展和社会进步的共同要求。[3]

从终身教育到终身学习有一个明显的主体变化:终身教育的实施是以社会、政府作为主体,终身学习的实施是以个体作为主体。2017年1月,《经济学人》的封面专题关注了终身学习的话题。这个长达15页的专题详细探讨了当今全球劳动力市场的特色、科技对教育的改革和可能造成的问题,以及政府、组织和个人应采取的应对措施,指出"现行通行的模式是在青少年时强化学习,之后通过公司培训加以补充,但这种传统的教育模式正在失效",强调"终身学习将成为当代社会势不可挡的趋势"。一方面,一个人的"学习力",越来越受到雇主重视;另一方面,最受企业欢迎的三个"核心技能":创造力、解决问题的能力和共情的能力,这三个能力更难被机器取代。

终身教育作为支撑人和城市发展的共同基础设施,必须努力具备功能

---

[1] 韩民.中日韩终身教育体系建设比较研究[J].江苏开放大学学报,2017(4).
[2] 梁荣华.韩国"终身教育师"制度介评[J].中国远程教育(综合版),2017(5).
[3] 张广斌.价值定位与内容选择——社区教育研究新视野[J].职业技术教育(教科版).2005(31).

化、结构化、固化、成效显著化等要求。郝克明在《建设终身学习体系和学习型社会的研究报告(续)》一文中说:"终身教育体系不是成人教育、社区教育和老年教育的别名,当然这些方面的教育都是终身教育的重要组成部分,需要大力发展和加强;终身学习体系也不是传统的学校教育与成人教育、继续教育、非正式教育等各类教育的简单叠加,而是需要以终身教育思想为指导,重建具有内在一致性、关联性和持续性,是学校和各种教育机构以及广大学习者的潜能能得到充分开发的新的教育体系,并在终身教育框架下实现各种教育类型、各种教育形式和各类教育资源之间的相互沟通、衔接和共享,满足广大社会成员对终身学习的多种需要。终身学习体系也是每个人在终身都能够获得学习机会的社会制度建设,需要社会制度、机构、组织、技术等多方面的支持与变革。"[1]

作为一种教育制度的终身教育,在纵向上表现为教育的可持续性,既包括初等教育、中等教育和高等教育,也包括成人教育和老年教育;在横向上表现为教育的空间整合性,整合了家庭教育、学校教育和社会教育。其中,对于社区教育与终身教育的关系而言:一方面,社区教育的目标与终身教育的理念都强调将教育纳入社会大系统中,成为社会成员共有的职责、权利和义务,营造人人皆学、时时能学、处处可学的社会氛围,最终实现以改善生存境遇、提高生活质量、提升社会整体素质、实现人的幸福需求的目的。终身教育为社区教育提供理论指导,是社区教育的立足点和归宿;社区教育为终身教育的实现奠定现实基础,是终身教育的切入点和抓手。另一方面,终身教育应当理解为是一种现代教育思想、教育制度和框架,而社区教育是在终身教育理念指导下的教育实体存在与实践形态。终身教育侧重于时间连续性的教育,体现"时时"受教育;社区教育侧重于空间延续性的教育,是对公众进行终身教育、终身学习的重要教育阵地,体现"处处"受教育。[2]例如,常州大学成立了三大中心——常州市终身学习指导中心、常州市终身教育信息中心、常州市终身教育研究中心。三大中心明确:终身学习指导中心负责从组织框架、课程编写、项目开发、管理运作等方面全方位指导并科学评价社区学院、社区教育中心、社区学习点的建设;终身教育信息中心主要职责是打造终身教育网络信息平台,建立完善的信息资源库和管理、服务信息渠道;终身教育研究中心的主要职责是学习借鉴国内外终身教育的理论以及成功经验,结合地方实际,创新具有地方特色的终身、社区教育理论,

---

[1] 郝克明.建设终身学习体系和学习型社会的研究报告(续)[J].高等函授学报(哲学社会科学版),2007(9).

[2] 沈光辉.论社区教育与终身教育、成人教育、学习型组织的关系[J].福建广播电视大学学报,2011(2).

为常州终身教育的实施提供智力支持与策略指导。

作为一种教育构架的终身教育,在格局上绝非是现今结构严密、等级森严且已自成一体的学校教育体系基础上的简单扩展或重新复制,而必当是一种旨在统合整个社会能够发挥教育功能、提供学习资源的一切力量的系统,它不是那样垂直、线性、封闭,必定是一个多元、立体、开放、灵活,并覆盖在人们各种生活领域的网状系统。[1]也就是说,一方面,终身教育被列入了现代城市发展的基本要素,成了支撑人和城市可持续发展的基础设施,具备了支撑人和城市可持续发展的基础性地位。另一方面,"互联网+"改变了人类世界的空间轴、时间轴和思想维度,使得终身教育体系形成了一个庞大而复杂的"生态"系统。

借用生态学的理论来分析,终身教育体系包括了"外部生态环境":政治、经济、文化、社会和其他教育环境;"内部生态主体":"生产者"(终身教育体系构建与实施的决策者)、"分解者"(终身教育体系构建与实施的受用者)和"消费者"(终身教育体系构建和实施的执行者、承载者);系统内能量和信息的循环、交流,以"食物链"(价值链)来架构的系统形态。[2]2016年第十五届中国国际远程教育大会的主题是"终身学习:价值链与生态圈",这反映了人们看待和解决终身教育问题的新视角,回应了教育与经济社会融合发展的新要求,体现了信息技术和互联网推动教育变革的新趋势。

一方面,"价值链"聚焦的是产品,而大学的核心产品是"人才"。大学为"生产人才"所开展的全部活动构成了大学的"价值链",各种教育教学、管理服务、研究开发等活动都是价值链的不同环节。哈佛大学教授迈克·波特指出,在企业的价值链中,并不是每一个环节都创造价值,能够创造价值的那些特定环节,被称为"战略环节"。开放大学要在社区教育有所作为,推动价值创造,就要抓住"战略环节",把握"关键因素",特别是信息技术支撑和"互联网+"思维。

另一方面,互联网教育的生态建设则需要产业链条上的更多参与者共同搭建。构建以学习为核心的人工智能生态圈,它要融合移动互联网、物联网、智能硬件、云计算、视频、仿真、大数据;也要融合抓取引擎、数据挖掘等核心技术;更要融合身份、兴趣、机器等智能算法,这些元素构成相对闭合的生态圈,终身教育便有了无限可能。

借用工程控制理论来分析,终身教育的闭环主要包括"输入—反馈—调节—输出"。优质的终身教育学习模式必须针对某个具体的学习目的,通过

---

[1] 高志敏.迈向交集:论社区治理与社区教育[J],教育发展研究.2015(23).
[2] 钱旭初.生态学视角下我国终身教育体系构建研究[J].江苏开放大学学报,2016(3).

现状诊断＋设定学习目标——个性化的教与学——调整提升——完成目标，形成一个完整的生态闭环，才能体现出对学习者的价值和展示教学的效果，并持续提升。

现实已在证明，教育技术未来的机遇，存在于两大类关键技术：

第一类是人工智能技术。人工智能与过去互联网技术相比还有一个很大特点，就是具有垂直整合的能力。以前，互联网公司基本上是以软件为主的，但是今天，软件、硬件、服务，这三者要进行强有力的结合才能真正发挥出它们的效果。它就像我们人一样有眼睛、有五官，可以感知周围的环境，可以对环境进行理解和思考，最后达到目的。这个思考的结果，就是决策控制，是人工智能的最重要的核心。人工智能技术应用在教育场景中，突破了教学过程中需要定性分析的难题，可以实现教育产品的应用反馈闭环。在教育资源数字化的基础上，人工智能更强调资源的多样性和非结构化，并赋予资源新的语义，能随时为学生提供个性化的、学得舒服的学习资源。同时，人工智能变革了师生关系结构，它使得教师从烦冗重复的机械性工作中解放出来，成为学生的教练或师傅，能有精力更加关注到学生的高阶思维、创新能力的培养。例如，2016年11月30日，2016百度云智峰会正式召开，重点介绍了百度云人工智能平台级解决方案"天智"。天智由感知平台、机器学习平台和深度学习平台三部分组成，主要围绕人工智能技术能力的开放和输出，呈现出三个新特点：消费者驱动、数据爆炸和人工智能。另外，人工智能促进了深度学习，这是基于学习者个体属性的个性化学习，同时又是个体之间协同的社会化过程。相较于重在记忆和再现知识的传统学习方式，深度学习强调理解和分析知识、整合和转化知识、运用知识解决实际问题，以及创生新的知识。基于科技和互联网资源与工具的深度学习打破了传统的教育模式和时空地域范围，超越了以书本和教师为载体的传统教育范式，培养了学生成为具有创新精神、合作精神、问题解决能力的终身学习者，使教师从传统的知识传播者转型为新的适宜于深度学习新教学范式的积极推动者，有效学习体验的设计者，学习过程中的人文、社会和决策资本以及科技引领下的学生学习的合作者，并同时促进他们在深度学习的新教学范式转型中实现教学相长的双赢目的。

第二类是大数据挖掘技术。通过收集用户的数据，可以帮助我们去分析和了解用户的习惯，调整教学的模式和提升效率，从而实现整个教育模式的闭环。比如，大数据与教育有两个结合点，一是过程的数据，二是教学经验数据化。教育和中医一样，教育大数据是对教育经验模型的建立，即每天几亿条的数据积累，学生每一次的键盘敲击、鼠标点击都会被记录，这就形成了一个学习轨迹。基于学习数据的深度挖掘，教师和学习工具的开发者能够对教和学的过程进行定量评估,从而给出个性化的内容和路径推荐。我们可以通过打造"产业+大数据+综合服务"的教育生态圈,建立一个资源池,大家相互沟通,联合起来把目标客户的画像勾勒得更清楚,可以把人一生的教育大数据厘清。再比如,你觉得特斯拉是汽车生产商吗?如果你重新换个角度,会发现特斯拉本质是一个数据采集器。它利用汽车载体实现了对人类驾驶行为的触达。因此,未来的公司本质都是数据公司。教育市场的竞争,一定会从技术竞争演变成数据竞争。

社区教育的"文化性"

当今世界,经济竞争已经远远超出了传统生产要素的范畴,而越来越倚重于知识、无形价值和创新能力。在这种新的经济形态中,文化与经济、政治相互交融,文化发展在国家综合竞争力中的位置和作用越来越突出,成为可持续发展的重要推动力,因此许多国家都把文化战略作为整体发展战略的核心。[1]同时,人作为一种目的性存在,正是通过文化划定了人性的圆周,因此文化是人们视线自己目的的具体展开方式。不同族群的"文化展开方式"构成了传统。文化的前行有两个轮子:一个是显性的文化维度,即"创新";另一个是隐性的文化维度,即"传统"。也就是说,文化传承一定是以文化创新为目的,因为一种文化之所以能够"传",在于它具有向未来成长的潜力或"可能性"。[2]

从社会教育的文化传递发展来看,清末民初兴起的社会教育为传统社会教化的延续与别国对大众教育影响的结合物,具有"温和的突破"之特色。一方面,传统戏曲的教化功能、宣讲《圣谕广训》、乡约等在社会动乱时成为知识分子试图挽救世道人心的方法,而随着开民智思想的普及以及通俗教育的影响,变为戏曲改良、近代的讲演,其最主要特点,则是从以道德劝善为主的道德教化转变为以知识传播为主的近代普通教育的补充。这种内涵的变化实际上是一种教育普及理念的体现。另一方面,随着清末士人游历西方,博物馆、公园、动物园等带有教育性质的公共机构开始出现,通俗教育的广泛实践使得当时的教育杂志在讨论社会教育时,更多从本国需要和实践出发,逐渐构建本国特色。

从社区教育的文化传递发展来看,我国现代化发展进程面临着极为复杂的文化生态环境,社区居民表现出多元的文化与价值取向,社区文化的冲突与融合始终是社区教育研究不可回避的现实。调查表明,在目前我国民众中主要有四种价值观念并存:以集体为本位的价值观念;市场经济价值

---

[1] 张根云,陈鸿英."文化深圳"建设背景下的深圳开放大学建设研究[J].广播电视大学学报(哲学社会科学版),2012(4).

[2] 邹广文.文化传承与文化创新的辩证统一[N].光明日报,2017-01-09.

观念;中国传统文化价值观念;西方文化价值观念。[1]面对复杂的文化生态环境,我国提出以科学发展观为指导的构建"和谐社会"的伟大宏图。2017年3月1日,《中华人民共和国公共文化服务保障法》正式施行。随之而来的,是公共文化服务领域从"政府端菜"到"群众点菜"的整体性转变。例如,南京博物院建立了开放服务中心,统筹与公众直接接触的主要部门,通过官方网站、微信公众号、海报等多种平台,了解观众需求,并根据需要组织专业讲解、社会教育活动和传统非遗演出。

社区教育是一种社区与教育互动的"双赢"模式,不同的社区决定其不同的特色。2017年1月14日,苏州市人民政府印发的《苏州市区公共文化设施布局规划(2015—2030)》明确了文化设施总体空间布局结构为"三核(古城文化设施核心区、环金鸡湖文化设施核心区、东太湖文化设施核心区)、两轴(人民路文化设施轴、东西向文化设施轴)、两带(环太湖生态文化带、大运河文化带)、多点(服务于不同人群、不同区域的各级公共文化设施)"。

留园自古地处市井繁华之地,人文底蕴深厚,辖区内更有民间打击乐器(鼓艺)制作、国画颜料制作、皮老虎等6项非物质文化遗产代表性项目和8项非物质文化遗产资源。近年来,苏州留园街道辖区外来务工人员子女数量逐年增多。为了让社区青少年了解更多苏州文化,帮助"新苏州人"子女增加归属感,留园街道团工委确定以辖区历史文化底蕴为依托,动员青少年深入了解辖区所蕴藏的非遗文化资源,邀请社会组织、辖区院校开设"姑苏人文传承社区微课堂"。同时,姑苏古城的民宅是儒家文化在街巷文化的体现,旧时古宅门楼上的题字曾经是名门望族地位的彰显。留园街道利用辖区这些历史遗留门牌文化,让辖区内的青少年走进古宅,漫步老街巷,从门楣字里寻家风。湖田社区和嘉业阳光城社区以开展"老党员讲家风故事"活动,给青少年讲述祖辈如何用家风告诫后人要诚诚恳恳地做人做事。玻纤路社区以"漫画绘家风"的形式,图文并茂地向青少年展示了传统美德的浓厚氛围。[2]

姑苏区平江街道以统一性与地域特色相结合、理论性与实践性相结合,开发出具有地方特色的社区教育课程。例如,2016年起,拙政园社区针对辖区内园林、博物馆众多等特点,积极开发出园林民俗文化课程和"拙政清风"系列法律文化课程;钮家巷社区市民学校定期举办的"逢四说法"系列法律教育课;历史街区社区开展的"传承苏派文化·朝霞学习会"等。另外,

---

〔1〕裴娣娜.我国基础教育现代化发展的根本转化〔J〕.北京大学教育评论,2004(4).

〔2〕正华,符玲."姑韵传承"滋养青少年心灵〔N〕.苏州日报,2016-11-15.

平江街道还根据辖区内河道纵横的特点，积极开设环境保护教育课程，及时向广大居民宣扬人与环境和谐相处的理念。2017年起，拙政园社区又推出的十二道拙政"风"味项目，以拙政好家风、拙政文化风、拙政悦动风三个板块为重点，开展手机光影课、园林文化传承、舞林大会等活动，鼓励和支持居民参与到社区的各类文体活动中来。此外，他们还将以"好家风"传播为特色，评选出12条好家风，并在此基础上，打造"拙政家风馆"。[1]

回归生活是最好的保护，接轨现代是最好的传承。从未来发展前景来看，文化资源领域因为具有更高的文化属性、更高的文化消费潜力，而拥有很大的教育空间。各地在文化特色小镇建设方面通过与当地企业合作，结合当地特色历史文化进行开发和保护。例如，中文在线公司的VR技术、数字化技术都将应用到图书馆、博物馆等领域。海昏侯图书馆项目利用相关技术还原了古墓当时的盛况，让读者可以身临其境地游览；在旅游方面，结合VR拍摄、VR虚实交互体验平台与视频技术可以展现经典不同季节不同时期的人文风貌，丰富游客体验。[2]另外，还可通过致力于地方公共文化元素IP化，打造影视、游戏、动漫、旅游、衍生品等文化产业生态链，不但会吸引"网生代"年轻人的目光，也将促进地方文化产业持续高效发展。

---

[1] 管有明.拙政"风"味进社区　传承园林文化打造"家风馆"[N].苏州日报,2017-06-20.
[2] 鲁元珍.文创PPP：如何叫好又叫座[N].光明日报,2017-06-17.

社区教育的"治理性"

2016年11月,时任江苏省委书记李强在参加省第十三次党代会苏州代表团审议时,寄望苏州提出了"创新四问",即"要求苏州思考在全省创新格局中,怎样发挥引领性作用?在推进自主创新中,怎样追求原创性成果?在全面提升创新水平的基础上,怎样打造标志性品牌?在创新生态系统的打造上,怎样更好地体现苏州的开放性包容性?"2017年3月,习近平总书记在参加十二届全国人大五次会议上海代表团审议时,寄望上海四个"新作为",即在深化自由贸易试验区改革上有新作为,在推进科技创新中心建设上有新作为,在推进社会治理创新上有新作为,在全面从严治党上有新作为。无论是"创新四问",还是四个"新作为",都在聚焦城市化进程中的社会治理水平,都在以面临问题为导向抓突破,以发展目标为导向抓推进,以群众需求为导向抓落实,整体推进社会治理创新。

治理是各种公共、经营、个人或管理机构,管理其共同事务诸多关系的总和,它是使冲突的不同利益得以协调、调和,并且采取联合行动持续的过程。南开大学周恩来政府管理学院朱光磊教授认为:"中国的发展,没速度不行,不通过调结构解决规模问题不行。我们应当用加速而不是降速的办法,用融合而不是划界的办法,用城市化提速与精准扶贫相结合的办法,去积极消弭'两化叠加'所导致的社会压力。"从治理的角度看,政府在现代化阶段主要解决的是加强管理的问题,而后现代阶段主要解决的是提高服务能力的问题,相当于"推进服务型政府"的概念。从现实发展而言,中国现阶段推动建立的服务型政府还是一个"管理—服务型政府",因为我们管理提升的任务并没有完成,单纯地强调服务,容易发出错误的信号。因此,国务院从2015年成立了推进职能转变协调小组,并在积极推动"放管服"的政策——放松审批、加强监管、扩大服务。[1]

大趋势中研究小问题,大格局中看区域发展。社会创新关乎社会痛点、经济起点、政治热点、国际焦点、群众燃点和文化裂点。社区服务关乎社会问题、社会民生事业的关键,是痛点中痛点。创新社会治理、加强基层建设,事关地方区域社会经济的长远发展。无论是简政还是放权,最后的承接者

---

[1] 朱光磊."两化叠加":中国治理的最大难题[J].凤凰周刊,2016(26).

是社会新载体、新要素,需要在市场化进程中被激活。社会事业要得到发展,就是各种民生型的服务,养老、助困、助残这种服务要得到发展。在慈善、公益和社会创新三大领域内,志愿、互助、社工、商业公益、公共服务、发展服务作为服务形式与手段,可以让每个参与者发现自我潜能、发现自我尊严,即通过赋予价值与权能提升社会治理能力。因此,不管是社区治理、社区建设,都是以服务为切入点,不管社区服务,社工服务还是公益服务,一定是精细化的服务。精细化意味着多元化的群体需求,不同层级的需求得到满足。

同时,社区治理又关乎社会稳定性的问题。从理想层面而言,社区应该是生活的共同体——安居乐业;文化的共同体——信仰认同;参与的共同体——我的家园;社会的共同体——关系网络。从现状层面而言,我国社区存在的问题主要涉及:无法满足生计的需求(贫困),无法满足互动的需求(原子化),无法满足文化的需求(认同和凝聚力),无法满足人们生存的需求(环境污染),无法满足参与的需求(自治形式化)。因此,激发社会活力,推动社会组织发展,主要包括完善"枢纽型"社会组织工作体系、推进社会组织登记改革、培育发展社会组织、创新社会组织治理。尽快实现社会组织自我管理、自主发展是当务之急。换而言之,参与决策、行动管理的机制要得以建立,能够让老百姓主动参与,就是社区治理当中,社会组织可以做为界别代表进入到基层民主协商当中,意味着这些社会组织可以代表他的阶层利益,参与到民主协商当中去。参与感、成就感增强之后,市民的主动性被激发。主动参与和被动寻求服务的效果是完全不一样的。所以古代有一种治理模式叫乡贤制,由乡绅主动在乡村里做治理,这也是我们现在特别强调的一点,就是怎么去发掘居民的主体性,如何把居民主体性与社区认同结合起来,把主体性与文明养成结合起来。

"教育治理"是一种由新型政府、学校及社会共同纳入的特殊"教育共识"的表现,其现代化的实现需要政府、学校、社会边界清晰,形成一种多元主体"共治"的格局。从协同学视域下分析,教育治理是一个开放系统,也是一个逐步需求有序结构的过程。2016年10月20日,国务院副总理刘延东在出席深化教育督导改革暨第十届国家督学聘任工作会议时强调,深化督导改革,提高治理能力,为加快推进教育现代化提供有力保障。大数据应用和服务于教育治理体系和能力现代化建设的核心是协调好政府、市场及社会三者之间关系,在打造多中心、多主体协作治理模式的过程中实现政府角色的现代化转型。[1]

---

[1] 教育研究杂志社.2016中国教育研究前沿与热点[N].中国教育报,20117-02-11.

我国社区教育内容变化可以分为三个阶段：从20世纪80年代到1993年,社区教育包括中小学的思想道德教育,学校、家庭、社会(社区)三结合教育,社区教育服务的对象主要是中小学,并且是一种单向性教育;从1993年开始,社区教育的内容还包括职业教育、文化生活教育、科普教育、法律教育、卫生保健教育等,该阶段主要开展成人教育;21世纪初,以"学习型组织""学习型社区"理念的提出为标志,实现了社区教育研究范式与内容的转向。[1]

社区教育打破了学校与社会的藩篱,把居民变成学生,并将教育机构、研究机构和社会机构的人文教育"存量"资源,变为社会教育的"增量"资源,是社区文化发展的可持续机制,是构建和谐社会有效途径。2016年5月,广东佛山南海区获得"国家社区教育示范区"。南海以社区教育助力基层治理创新,从2008年起开始成立社区学院,并把南海电大作为打造社区教育的"根据地",进行了五大探索：一是依托社会组织输送社区教育,二是发动培训机构加强社区教育,三是机关党组织挂钩村居促进社区教育,四是产业社区启动社区教育,五是创意体系助力社区教育。

社区教育是一个复杂的教育系统工程,其治理现代化的基本特征表现为从一元主体到多元主体;从集权到分权;从人治到法治;从管制型政府到服务型政府机构转变。

一方面,从系统论的观点出发对其治理环境的构成要素进行分析,应包含服务要素、技术要素和效果要素三个方面。三者相辅相成,互为促进。"便学"是"乐学"的必由之路,没有"便学","乐学"就无从谈起;而"便学""乐学"离不开"智学"的技术支撑,只有实现了"智学",才能使"便学""乐学"成为可能;同时"便学""乐学"的实现,在使社区居民得到良好身心体验的同时,反过来倒逼社区教育"智学"水平的进一步提升。[2]例如,上海闵行教育整合各类资源,通过组建五大联盟确保社区教育形成组织合力。其中,职业教育联盟包括了职业院校、高校、科研机构、世界500强企业100多家;学习型组织联盟包括了文明办牵头,教育局、民政局、文化局、人保局、财政局等部门;成人教育联盟包括了闵行区成人教育协会牵头,社区学院(开放大学分校)2所,老年大学1所,社区学校14所;社会组织联盟包括了民政局和社会组织孵化园;志愿者联盟包括了青年教师志愿者联盟、退休教师志愿者联盟、志愿者工作占14个,社区志愿者13 000名。2012年1月,作为

---

〔1〕 张广斌.价值定位与内容选择——社区教育研究新视野[J].职业技术教育(教科版).2005(31).

〔2〕 景圣琪,高洪波.社区教育环境设计的要素构成分析[J].终身教育研究,2017(2).

区域志愿服务共建共享的总平台——上海闵行区吴泾镇志愿联盟开始运行,依托校区、园区、厂区、社区"四区"资源,建立完善了以"需求发现、项目策划、志愿招募、资源配套"为主要内容的运作机制。2014年以来,吴泾镇聚焦"创新、融合、智慧"三大关键词,建设"1号里·欣家园",打造"最后一公里"综合服务圈,致力把"邻里守望"内涵融入日常、推及点滴、落到实处。"1号里"作为坚持党建引领、创新社会治理、加强基层建设的社区新架构,依托"6+5+4+3"运作新模式实现其功能的多元化。设立六大功能区提供服务(心愿角、幸福社、能量墙、服务坊、聊天吧、议事厅),制定五大机制规范工作(基层党组织凝聚机制、群众利益诉求表达机制、回应和科学民主决策机制、社区参与式自治机制、社区协同评价考核机制),依托四大路径推进发展(党建引领共治、团队培育带治、群众参与自治、资源共享同治),整合三大力量扩大平台(社会力量参与、党员群众参与、各级组织参与),形成了集"公共、便民、服务、协同"为一体的兼顾并用运作模式。

另一方面,从目标论的观点出发对其治理内容的构成要素进行分析,包括了人、文、地、产、景五个方面,即:(1)人——著名的历史人物,住在社区中的文学家、艺术家、工艺师或特殊专长人物等。(2)文——有特色的生活文化、风俗习惯、节日庆典、历史故事、民间传说或文化活动等。(3)地——地理环境、气候条件或动、植物生态等。(4)产——农、林、渔、牧、工、商等产品或产业活动。(5)景——具有特色的自然景观或人文古迹、历史建筑等。通过这五个方面的营造,旨在进一步促进居民参与解决自己的问题,提高社区居民的社会意识;调整或改善社区关系,减少社区冲突;鼓励居民参与社区公共事务,增强邻里互动来往,促成社区自治;发挥居民的潜能,发掘并培养社区的领导人才,为社区增能;培养互相关怀、彼此互济的美德,建立社区归属感,荣誉感和责任感。例如,1999年9月21日,一场7.6级的大地震发生在台湾南投县集集镇,而距震中20多公里的桃米里被震出一个"桃米坑"。桃米里369户人家,有168户全倒,60户半倒。"明星灾区"的身份一下子更将桃米里长久以来传统农村产业没落,人口外流等尴尬暴露出来,引起全社会的关注和反思。2000年,新故乡文教基金会邀请了台湾农委会特有生物研究保育中心协助桃米的生态调查及规划。调查结果发现,因经济衰退而低度开发的桃米,竟蕴藏着丰富的生态资源,台湾二十九种蛙类,桃米就拥有二十三种;台湾一百四十三种蜻蜓类,在桃米就发现四十九种。以此,新故乡文教基金会面向村民开设了系列生态课程,培养了许多"生态讲解员",介绍青蛙的保育知识。同时,一同进行产业、小区生活环境、生态环境的营造与重建工作。如今,看青蛙、观蝴蝶成为桃米村生态旅游的经典项目,讲解员带领游客顶着漫天星斗,踏着清冽的溪水,打着手电在沼泽泥地里寻找意外之喜。而这些讲解员,都是当地的村民。由此可知,在小区营造的过程,不仅凝聚桃米小区居民的共同意识,激发出在地共同的情感,由当地村民共同维护桃米的生态环境,共同参与小区营造的过程,且发展出具有生态教学意义的生态村,并带动周遭当地居民的经济发展,共同提升生活环境的质量,打造出一个可以永续发展的生态村。

社区教育的"可为性"

一、要有可为,必须了解"缘起"

国家开放大学的前身——中国广播电视大学网络教学覆盖到全国44所省级电大及其所有教学点,教学网络延伸到乡村及老、少、边、穷地区,广播电视大学遍及全国的网络学习支持具有强大的优势和特色。让社区居民接受终身教育和职业培训,无疑可以充分利用遍布全国的各级电大的网络教学设施和教学资源,利用高校网络学院的学习资源以及社区内中小学的网络资源,加强与市场化运作的远程教育机构的合作,充分整合网络技术资源、网络学习资源和网络教育人力资源,避免教育资源的重复建设,极大地节约社区教育的成本投入。[1]

二、要有可为,必须明辨"关系"

社区教育是一种区域性的全民终身教育。教育部在2001年《全国社区教育实验工作经验交流会议纪要》中对"社区教育"下了这样的定义:社区教育是指在一定地域范围内,充分利用、开发各类教育资源,旨在提高社区全体成员整体素质和生活质量,促进区域性经济建设和社会发展的教育活动。它有别于传统的学校教育、成人教育,具有区域性、教育性和互动性等多重特征。因此,明确社区教育与终身教育、成人教育等概念和特征之间的关系,是指导社区教育实践工作的关键。

首先,终身教育是一种现代教育思想,是一种教育制度和框架,而不是一种教育实体。而社区教育是在终身教育理念指导下的教育实体存在与实践形态。终身教育为社区教育提供理论指导,是社区教育的立足点和归宿;社区教育为终身教育的实现奠定现实基础,是终身教育的切入点和抓手。社区教育"处处"性体现了终身教育"时时"性,终身教育"时时"性依靠社区教育的"处处"性来实现。

其次,成人教育的内容是与社会生产紧密结合在一起的,以岗位培训、职业技能、实用技术、扫盲、学历提升等为主;而社区教育是围绕生产、工作、

---

[1] 陈云,陈国玲,王信芳.国外社区教育对我国学习型社区建设的启示[J].南京广播电视大学学报,2010(1).

生存、生活等所有方面开展教育培训,主要可分为社会文化生活与职业技术技能两大类。社区教育较之成人教育增加了两个延伸:一是向前的婴幼儿教育(家长育婴培训)、青少年校外教育(社区实践活动);二是向后延伸的老年教育。成人教育在与社区的融合过程中逐渐转轨,正逐步发展成为新型社区教育的重要形式。[1]

三、要有可为,必须聚集"合力"

2010年12月,时任教育部副部长鲁昕在全国社区教育工作座谈会上的讲话指出:"对社区教育进行整体规划和系统设计,要紧紧围绕构建终身教育体系、建设学习型社会的总目标,加强教育系统内部的工作协调和资源整合,加强电大远程教育、自学考试、基础教育、职业教育、成人教育工作的统筹管理,推动学历教育和非学历教育的协调,做好职业教育与普通教育的沟通,促进职前教育和职后教育有效衔接,形成发展社区教育的合力。"

2012年,江苏作为"5+1"试点,成为全国首批成立开放大学的省份,按照率先实现教育现代化的要求,努力把学校建成江苏区域化全民学习的共享平台、终身学习的核心载体、全省社会教育主流阵地。目前,全省已建成国家级社区教育试验区、示范区28个,总数居全国第一;建成社区大学、社区学院108个,省级标准化社区教育中心684个,以江苏开放大学为龙头、覆盖全省城乡的社会教育办学体系基本建成。这些办学实体成为开展社区教育活动的核心阵地,他们与妇联组织联合开展"农村妇女网上行"培训、与老龄委联合开展"夕阳红·扶老上网"工程、与有关部委厅局联合开展公务员培训、公安民警职业素养提升等系列项目;创建江苏开放大学"学习苑"、养教结合老年教育示范基地和老年教育示范区,开展在线"学习之星"评选表彰、学习联盟建设、社会教育宣传工作培训与表彰等,社区教育之花绽放大江南北,一镇一品、一村一特,精彩纷呈,适应了社区居民终身学习的需求,丰富了社区居民的闲暇生活,成为服务全民学习、终身学习、促进和谐社会建设的重要力量。

四、要有可为,必须着力"方面"

在基础能力建设方面,进一步建立健全社区教育网络。通过整合资源,建立健全市、县(市、区)、乡镇(街道)、村(社区)四级城乡一体的社区教育办学网络。明确开放大学(社区大学)、社区学院、社区教育中心、居民学校

---

〔1〕沈光辉.社区教育是一种区域全民终身教育——社区教育与终身教育、成人教育、学习型组织的关系[J].中国成人教育,2011(7).

等社区教育机构职责定位。依托开放大学(社区大学)、社区学院强化市、县(市、区)社区教育服务指导机构,统筹指导本区域社区教育工作的开展。

在整合社区教育资源方面,进一步开放共享学校资源。鼓励各级各类学校充分利用场地设施、课程资源、师资、教学实训设备等积极筹办和参与社区教育。充分发挥市、县(市、区)开放大学、社区学院、社区教育中心、职业教育中心等在农村社区教育中的骨干和引领作用。推动普通中小学有序向社区居民提供适宜的教育服务。符合条件的公办教育机构及财政拨款事业单位可根据有关规定面向社会提供非学历教育培训服务。

在丰富内容和形式方面,进一步开展各类教育培训。主动适应居民实际需求,有针对性地开展法治社会、科学生活、安全健康、就业再就业、创新创业、职业技能提升等教育培训活动。积极面向学生家长开展教育理念、教育方法等方面的家庭教育指导。重点面向城镇化进程中的失地农民和农民工,积极开展职业技能、思想道德、民主法治、文明礼仪、生活方式等方面的教育培训,组织落实农民工学历与能力提升行动计划,提升农民工学历层次、就业创业能力和综合素质,通过社区大学学习与交流活动,增强社区归属感和认同感,加快其融入城镇社区生活的进程。重视弱势人群提高生存技能的培训,积极为社区各类残疾人提供学习服务。

在推进社区教育信息化方面,进一步建立数字化学习公共服务平台及体系。例如,苏州市结合或依托"学在苏州"市民终身学习云平台和区域智慧教育平台等建设,推进网上平台互联互通和社区教育数字化学习资源的建设与共享,形成网上学习圈,向社区开放数字化学习资源及服务,为社区居民提供线上线下多种形式的学习支持服务。

在延伸教育服务方面,要把开放大学参与社区教育的思想统一到为社会服务功能的延伸上来。不论哪一种服务,都要求有大学的品位,大学的水准,以大学水准进行的服务能力建设才可能全面融入社会社区。例如,国家鼓励大学生毕业到城乡社区,开放大学也可以抓住这样一个机会,借助大学生力量助推教育服务向下延伸。在农村社区,我们实施一村一大学生计划,如果将组织部推进的大学生村干部和教育部实施的村干部大学生牵手,互学互促,将会有力促进新农村建设,能够组织开展这样的双学活动正是开放大学和普通高校的最大不同。[1]

在提高服务重点人群的能力方面,进一步大力发展老年教育。苏州已经进入深度老龄化(>24%)社会,应将老年教育作为社区教育的重点任务,

---

[1] 张少刚.电大开展社区教育的时机选择及实现途径[J].广东广播电视大学学报,2011(20).

结合居家养老服务体系建设,改善基层社区老年人的学习环境,完善老年人社区学习网络。继续做好苏州市教育现代化乡镇(街道)老年大学的建设和评估工作,以此为基础,建设一批在本区域发挥示范引领作用的老年大学和乡镇(街道)老年人学习场所。

在提升社区教育内涵方面,进一步加强理论研究与课程开发。积极开展社区教育项目实践探索以及与社区教育的创新发展、学习型城市建设相关的理论研究。根据国家社区教育通用型课程大纲,开发、推荐、遴选、引进优质社区教育课程资源,推动课程建设规范化、特色化发展。鼓励引导社区组织、社区居民和社区各界共同参与课程开发,与居民需求、科学普及、文明素养、社区发展等紧密结合,建设一批具有地域特色的本土化课程,促进课程设计与社区治理和服务实践有机融合。

在提高专业化服务水平方面,进一步加强社区教育工作者队伍建设。开放大学(社区大学)、社区学院、社区教育中心应足额配备从事社区教育的专职管理人员与专兼职教师。根据"在街道(乡镇)层面按照常住人口万分之一点五的标准配备专职社区教育工作者",并根据教育部制定的关于《社区教育工作者岗位基本要求》实施细则和省级人社、教育行政部门共同制定的社区教育专职教师职称(职务)评聘办法,逐步建立完善社区教育名师师资库,完善社区教育志愿者队伍建设机制。

社区教育的"供给侧"

联合国教科文组织在《学会生存》里所提及的"一个人正在不断地接受教育,但他越来越不成为对象,而越来越成为主体了"的论断,至今依然值得深思。一方面,现今的事实是,在学习型社区创建过程中,由"对象"转换成"主体"的事实和走向,还不为人所在意、所关切。潜意识中,人们总是太钟爱"教"字,太喜欢"居高临下"的姿态。形成了"(在'管控'背景下)社会成员在社会提供的公共服务中更多的是作为社会服务的对象,被动地接受服务,而没有更多的选择权"[1]的窘境。另一方面,社区教育与学习,全然不同于传统意义上的学校教育与学习,分水岭在于前者同广大社区居民、各种百姓群体的实际生活问题息息相关,甚至是民生命题本身。因而,在很大程度上可以断定,唯居民、百姓本身才最清楚其究竟需要学什么、为何学、怎样学,等等。[2]

供给侧改革属于经济学范畴概念,指从供给、生产端入手,解放生产力,提升竞争力,促进经济发展。教育供给侧结构性改革是以社会人力资本的改善为主要目标,社区教育因所具备的针对性、多样性、广泛性与灵活性等特点,已成为我国终身教育体系和学习型社会构建的重要途径。时任教育部副部长鲁昕在2010年召开的"全国社区教育工作座谈会"上指出"要创新社区教育的资源供给机制","电大资源是社区教育资源库的重要来源,各地电大要在社区教育资源建设中发挥更大的作用"[3]。也就是说,供给侧改革的提出,是经济、社会发展到一定阶段的必然。经济发达之时,能为社区教育的发展提供坚定的经济准备;当社区教育发展之时,能为社会经济发展需求提供各种各样的人才,增速经济的发展。

近年来,我国社区教育在推动社会工作专业服务领域正在不断深化。民政领域率先建立专业社会工作制度,引入专业社会工作理念、方法与技巧,探索建立了社区、社会组织、社会工作专业人才"三社联动"和社会工作

---

〔1〕 连玉明.中国社会管理创新报告 No.3:治理体系与治理能力现代化[M].北京:社会科学文献出版社,2014:27.

〔2〕 高志敏.迈向交集:论社区治理与社区教育[J].教育发展研究,2015(23).

〔3〕 张少刚.电大开展社区教育的时机选择及实现途径[J].广东广播电视大学学报,2011(3).

者引领志愿工作者的"两工协作"机制,推动了社会救助、灾害援助与灾后恢复重建、社区建设、留守儿童服务、老年服务等重点民生领域社会工作服务开展,逐步带动精神卫生、残障康复、教育辅导、就业援助、职工帮扶、犯罪预防、禁毒戒毒、矫治帮教等社会治理领域专业社会工作的发展,专业社会工作已经从城市延伸到农村,从发达地区拓展到边远贫困地区,从少数人从事、少数人了解、少数人享有逐步发展到国家重视、群众关心、社会关注的新兴服务业态。[1]

从价值取向的角度而言,在社区教育发展中,需求、供给、效度三者之间的关系决定其发展的价值取向,而与三者相对应的是社区居民、办学机构、政府,需求来源于社区居民,供给由政府提供,但直接的社区教育提供者是办学机构,政府更看重的是社区教育发展的效度,尤其是社会效益。2016年,教育部等九部门印发了《关于进一步推进社区教育发展的意见》,明确了我国社区教育发展的5项任务,包括"提高服务重点人群的能力""丰富社区教育的内容和形式""整合社区教育资源""加强社区教育基础能力建设"和"提升社区教育内涵"。其中,重点人群涵盖了老年、青少年、失地农民、农民工、农村居民、残疾人等。社区教育将通过整合学校资源、社区资源、社会资源,推进供给侧结构性改革,更好地满足社区百姓多样化的学习需求。另外,随着现代化建设的发展和城市化进程的加快,"单位人"逐渐成为"社会人",社区在加强城市管理、服务市民生活、促进社会进步和保证社会稳定等方面起着越来越大的作用,并逐渐成为党联系群众的纽带。也就是说,社区作为新时期思想政治教育工作的一块崭新阵地,其重要性已愈来愈凸现出来。我们需要积极探索社区思想教育的新途径、新方法,以新的经验丰富思想政治教育工作的理论和实践。当前,苏州职业大学正在以深入推进"两学一做"学习教育为契机,在学生宿舍区建设六个"大学生社区文化中心",通过师生红色理论学习社团"追随者号"和"青年之声"在社区中心建立分号,通过学院、辅导员划片分区,在宿舍内重构校、院、辅导员、学生的工作体系,以点带面,全面推进思想政治工作。

从经济理论的角度而言,在社区居民、办学机构与政府三者之间,存在着博弈,这种博弈的理论基础来源于经济学上"理性人"的假设,社区居民希望尽可能多的获得自己需要的教育类型,而办学机构也总是希望通过教育供给获取部门的利益,政府希望通过对社区教育的投入来获得本区域经济、社会、文化的整体协调发展。基于"理性经济人"的假设,三者在运作过程中,经常会出现矛盾,这种矛盾的产生需要社区教育在冲突与

---

〔1〕 齐芳.社会工作服务供给侧改革策略探析[J].中国社会工作,2016(10).

合作中相互融合。[1]作为一种合作性的博弈,非零和博弈可以使对局各方不再是完全对立的,一个局中人的所得并不一定意味着其他局中人要遭受同样数量的损失。也就是说,博弈参与者之间不存在"你之得即我之失"这样一种简单的关系,而是存在"双赢"的可能,进而达成合作。因此,尝试运用非零和博弈研究的方法可以对社区教育资源的开放共享进行分析,可以利用教育资源的社会性,增加用户关联度,积极引导,推广资源,吸引用户。同时,从精神收益、知识产权保护、提供简便操作等方面对社区教育资源提供者进行激励,采用调查、评价、回馈等方式对社区资源使用者的互动、交流等行为进行激励,提升各方参与者所获得的收益,促进社区教育资源开放共享。[2]

从产业结构的角度而言,从根本上影响教育需求的是我国当前正在进行的产业结构性调整以及城镇都市化的加速发展进程。产业结构和产业布局的变化,一是导致劳动力结构、人口结构的变化;二是中国产业结构的非均衡性调整对人才素质提出了新的要求。站在产业结构性调整的大背景下,面对农村产业结构与劳动力结构的阶段性转移,必须形成新的思路,提出新的举措,以解决农村教育改革与发展问题;面对加速城市化建设发展的目标,教育发展必须进行战略调整。[3]例如,产业社区是广东佛山南海区近年来伴随着产业转型升级而出现的新的社区形态,其特点是园区内聚集了都市产业或先进制造业企业,同时员工也居住在园区或园区周边。为推动"产、城、人"融合,南海社区教育进行了诸多卓有成效的探索。[4]

从学习对象的角度而言,人在供给侧改革中的作用是处于首位的。社区教育的主要对象是成人,终身学习的主体也是成人,成人学习与在校学生相比,在学习习惯、学习方式、接受能力等方面都有很大不同。学校教育强调系统性、逻辑性和学科性,而成人学习则强调多样性、实用性和应用性。发展社区教育,要从成人学习的特点出发,做好三个社会服务面向,即:一是面向党政管理、企业经营管理、专业技术、社会工作等各类人员,特别是企业职工开展岗位培训,提高职业素质和能力。二是面向进城务工人员、待业人员、农村转移劳动者开展职业资格与技能培训,提高就业、择业与创业能力。三是面向职业农民开展实用技术和专业技能培训,服务社会主义新农村建设。同时,要不断加强相关教育资源的整合、引用

---

[1] 黄小云.社区教育发展价值取向及制度选择分析[J].江苏开放大学学报,2013(3).
[2] 林豪慧.教育资源开放共享的博弈分析及激励[J].图书馆理论与实践,2014(3).
[3] 裴娣娜.我国基础教育现代化发展的根本转化[J].北京大学教育评论,2004(4).
[4] 刘增辉.社区教育助力基层治理创新[J].在线学习,2016(8).

和开发,充分发挥数字化网络及远程教育优势,为终身学习提供丰富的资源供给。

从交换模式的角度而言,社区教育交换形式主要有两种:一是对等性交换,一是非对等性交换。对等性交换主要指需求者与供给者之间可以自由选择,一方不依附另一方。非对等性交换主要指垄断性和权力参与性的教育,需求方在一定程度上依附供给方。政府在政策制定时,需要对对等性社区教育给予大力支持与鼓励,对非对等性社区教育要多加监管与限制。在非对等性的监管与限制上,可以通过项目验收或评估的方式进行考核,通过者才能获得拨款或报酬,以此来激励办学机构,提升社区教育的服务质量,并平衡社区教育供需矛盾,使供给、需求和效度之间相对统一。

从需求层次的角度而言,教育需求是社区教育发展的内在动力,教育资源是发展社区教育的源泉。社区教育内容选择是基于本地区发展教育的需求,对社区教育资源进行整合、开发,形成社区课程的过程。[1]目前,社区教育需求与有效供给之间存在不匹配:有的社区想开展社区教育活动却苦于没有场地无法开展,部分社区和辖区单位开展教育活动往往不能直接响应居民需求,存在着"社区唱大戏,居民不参与"的现象;有的社区教育虽然可利用的资源丰富,但社区内的学校、企业、社会组织、事业单位(如各种博物馆)等单位场地利用率不高,甚至闲置……这些问题的症结在于:有效需求和有效供给之间缺乏协调共建平台,社区教育资源提供者没有全面掌握社区居民教育课程和活动的需求状况,盲目追新、追效果,这必然会导致既有资源的浪费和部分居民需求得不到很好的满足。马斯洛理论认为,只有当人的低层次需求得到满足以后,高层次的需求才会占据主导地位。因此,社区教育应因地制宜,既要有提高居民收入的就业指导、职业培训等的功利主义的教育内容,使社区居民低层次的需求得到满足,也要有提升精神素养的各种生活教育、道德教育等非功利主义的内容,保障居民在低层次需求得到满足后,能够得到更高层次的需求提升。[2]

从教育资源的角度而言,社区教育资源主要有两种存在状态:一是教育资源自然存在状态,它表现在社区的地理存在状态、历史文化积淀等方面;二是政府或人为的教育资源分配。例如,2017年7月,上海普陀区长征镇与华东师范大学社会发展学院合作共建长征镇青年社工学院,这是

---

〔1〕 张广斌.价值定位与内容选择——社区教育研究新视野[J].职业技术教育(教科版),2005(31).

〔2〕 沈光辉,陈晓蔚.内涵本质、功能定位与发展模式——基于学习型社会视野的社区教育理论研究热点问题探讨[J].现代远距离教育,2015(2).

上海市首个街镇层面建立的专门针对青年社区工作者的系统培训平台。学院邀请和组建在社会治理领域有着丰富理论和实务经验的师资队伍，服务长征镇社区工作者队伍建设发展，着力提升社工的理论素养、实务能力等，探索人才培育、选拔、评估、任用的新模式，为青年社工的职业发展提供全方位支撑，为全面提升社区服务专业化水平提供有力保障。同时，社区教育资源共享机制的建立要有两个前提性条件属性和三个方面的相关责任。两个前提性条件属性指的是社区教育资源的必备属性，即教育性和公共性。三个方面的相关责任：一是指社区居民既具有共享社区教育资源的权利，又应当负有为社区教育服务的义务与责任；二是指社区中的企事业单位和社会团体负有为社区教育服务提供共享资源的义务和责任；三是指政府及其教育职能部门负有对社会教育资源配置进行统筹协调的公共责任。[1]

从权利平等的角度而言，教育公平的核心是公共教育资源的合理分配。根据罗尔斯的正义原则，教育公平所依赖的四个原则，即教育权利平等原则、教育机会平等原则、教育效率原则和教育补偿原则。无论从价值趋向、理论预设，还是从可操作性以及实践成效来看，社区教育具有实现教育补偿作用的优势和特征。2016年9月19日，北京发布了《关于进一步推进户籍制度改革的实施意见》。至此，中国大陆除了西藏，陆续已有30个省市自治区出台文件取消农业户口。户籍制改革不是改改户口本就能大功告成的，其根本是实现城乡公共资源的均等化供给，关键是要改革附着在两种户口上的不平等的福利与公共服务的平等化供给。因为人是市场经济里最大的因素，人的迁徙自由，是市场经济成熟的前提。如果人口管理无法跟上市场的要求，等于自我限制了市场经济的发展空间。而全体国民享有平等的权利，是实现人的迁徙自由的关键。[2]

从公共服务的角度而言，社区教育是一种补缺性、适应性和发展性社区教育，具有社会经济、协调、辐射和服务功能的以为社区人员服务的教育服务方式。社区现有的社会组织，碎片化、僵尸化、空壳化现象严重，也没有能力承担专业的社区公共服务，迫切需要专业的社区教育与社工组织介入。2016年7月8日，苏州市民政局举行苏州市服务社会化试点项目签约仪式，9个试点乡镇（街道）和专业社工组织签约，社区治理中的一些基础服务项目，依托社区教育的教师"智库"进行课题研究，并由社工组织"一揽子"承包。例如，苏州飞扬华夏公益组织发展中心在枫桥街道开展的工作主要包

---

〔1〕 黄云龙.我国社区教育的嬗变、发展态势及其实践策略[J].教育发展研究,2005(18).
〔2〕 周兼明.户籍改革只是来到了它的起点[J].凤凰周刊,2016(29).

括：为残障人士、高龄老人、困境未成年人等特殊群体提供个性化服务；帮助社区组建一支应急志愿者队伍；对社区工作人员进行能力提升培训；帮助社区建立一个公益基金；推进党建工作深入小区、楼道；开展居民家庭情况调查、社区需求和资源调查，为社区提供发展规划与建议；在社区开展特色节庆、文体活动；帮助社区培育社区组织；帮助社区解决难点问题，比如业委会组建与运行、社区公共空间治理、外来人口融入等；提供志愿服务、寒暑假课堂、幼儿心智教育等增值服务。[1]

---

[1] 高戬.社区公共服务推进"供给侧改革"[N].姑苏晚报,2016-08-07.

社区教育的"共同体"

"共同体"概念进入学科领域应从1887年斐迪南·腾尼斯发表《共同体与社会》一书算起,德文Gemeinschaft表示任何基于协作关系的有机组织形式。[1]滕尼斯对社区的经典定义为社区是由共同习俗和价值观念的同质人口组成,出入为友、疾病相抚、富有人情味、关系密切的社会共同体。20世纪初,随着对城市问题研究的不断深入,共同体研究逐渐演变成社区研究,并形成了两个不完全相同的概念。在经历了以地域为前提的个人社区、以社会关系为基础的社会网络,到社区互动论的思路演化后,社区作为一个共同体的事实得到肯定和深刻的剖析。

2016年10月26日,"2016年中国社区教育东、西部地区社区学院院长论坛"在杭州举行。论坛的主题是"平等、合作、学习、交流:新形势下东、西部地区社区教育创新发展",旨在搭建东、西部地区社区学院合作平台,促进不同地区社区教育协调发展。教育部社区教育研究培训中心常务副主任周延军指出:社区教育的不平衡首先是地区之间的不平衡。在东部沿海地区,以长江三角洲地区为代表,社区教育广泛开展;在中部地区,虽然也在逐步向前推进,但进展缓慢;而在广阔的西部地区,除少数城市外,整体上则是刚刚起步甚至还没有起步。目前,我国的社区教育主要存在着资源稀缺,个体办学能力较弱,社区居民参与度、认识度、认同度不高,管理手段单一封闭,各地区社区教育发展不平衡等一系列不容忽视的问题。因此,开展社区教育共同体建设具有重要的现实意义。

一、治理共同体

人情社会与契约社会是社会交换的两种基本类型,"人情社会主要靠道德的手段去约束交换双方,契约社会主要靠法规手段去约束交换双方"。当我们由人情社会转变为契约社会,其相关的政策和法规也在不断明确规定了社区与学校的关系。日本在1949年的《社会教育法》中,对社会教育与学校教育的关系做出了规定;在1990年《终生学习振兴法》中,强调了学校与

---

[1] 胡鸿保,姜振华. 从"社区"的词语历程看一个社会学概念内涵的演化[J]. 学术论坛,2002(5).

社教机构之间具有互补功能,要资源共享。美国在2002年《不让一个孩子掉队》的文件中,规定公立学校要对社区不同机构提供服务。[1]英国政府为调动个人开展主动学习的积极性,英国政府为民众建立个人学习账户,向每一个九岁以上的人开放,尤其面向在职和边学习边工作的人员开放。在学习账户中心注册学习的人,可享受获得政府资助、课程费用享受优惠、个人学习账户资金不需要缴税等优惠政策。英国政府对社区教育资金的支持惠及了个人,是实实在在的措施,避免了社区教育、终身教育只停留在政策和理念的层面。

国内外社会学界普遍认为,社区成员的归属感是社区最本质的特征,是社区的核心。终身教育共同体建立的核心要素是培育社区归属感和认同感,它将有助于培养公民意识、参与意识、自主意识;有助于促进"单位人"转变为"社会人""社区人",促进转型期社会治理方式的变革与创新。[2]共同体的建设就是旨在突破原有封闭型的垂直管理结构,以形成开放式的社会化治理框架。

现代社会的核心理念之一是"开放与共享"。教育部职业与成人教育司于2000年4月印发的《关于在部分地区开展社区教育实验工作的通知》中提道:"各地要根据区域经济社会发展的实际需要,充分利用社区内现有的各类教育、文化、科研等资源,向居民开放,做到资源优化配置、综合利用。"教育部办公厅于2001年12月在其印发的《全国社区教育实验工作经验交流会议纪要》中指出:"要充分利用社区内已有的各类教育资源,最大限度地实现教育资源的共有、共享功能,使其发挥更大的作用:根据需要和可能,积极开发新的社区教育资源,提高社区教育的教育质量和办学效益;要使更多的各类学校和企事业单位的教育机构向社会开放;要探索促进利用开发社区教育资源的机制;要充分利用现代信息技术,逐步建立社区现代远程教育网络;要强化政府在开发利用资源中的统筹协调作用。"2004年,我国又在《教育部关于推进社区教育工作的若干意见》的文件中指出,要加强学校与社区的联系,学校应向社区开放及面向居民开展培训服务。这些都说明,社区教育共同体应是一个开放、交互、对话、合作的动态系统。它既是一个所有成员共同分享各自的文化特质,相互关心、共同维护集体利益的系统,也是一个彼此交融、互相影响的系统。在达成价值共识的基础上,交流和对话是教育共同体发展的必要条件,而在此基础上的开放与共享也成为

---

[1] 邵晓枫.建立学校—社区教育共同体——以社会交换理论为视角[J].职教论坛,2012(1).

[2] 张莉.中国城市社区终身教育共同体建构研究[J].社会工作,2015(3).

社区教育共同体的主要活动。[1]开放与共享的程度越高,意味着共同体的合作程度越高,其内在的生成关系越为健全(如图2-1)。例如,地理位置邻近的浙江嘉善和上海金山在经过两年的全面合作后,于2013年3月正式提出共建两地"新农村区域社区教育共同体",形成比较理想的跨区域社区教育组织结构形态和运作机制,打通两地之间的文化界限,分享两地优质社区教育资源,以项目实验、活动开展、合作交流为平台,创建品牌,共同推动两地社区教育实现大发展。[2]

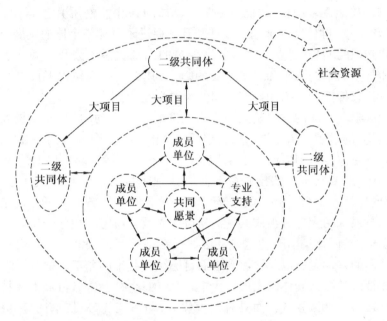

图2-1　社区教育共同体各因素间的作用图

二、学习共同体

在认知心理学领域有关分散认知的研究发现,认知和智力不是源于孤立的认知活动,知识或为解决问题所需的知识分散存在于众多的他人之中,因此通过和拥有不同经验的他人进行交流能够改善个体的知识。学员所掌握的分散性专业知识可以使他们在面对特定困难、技巧的时候彼此协助和相互支持,并且在共同活动中实现目标,学员群体的认知能力会在知识共享中不断提高。

---

[1] 陈莺.终身教育共同体的内涵特征与构建原则——以社区教育资源优质化为视角[J].职教通讯,2015(34).

[2] 李伟林.资源整合视角下的社区教育共同体探究[J].继续教育研究,2014(5).

学习共同体最早是由著名教育家博耶尔于1995年首次提出,他认为"学习共同体是所有人因共同的使命、共同找寻通向知识的道路和理解世界的运作方式、共同分享学习兴趣、共同参与并且朝着教育这一相同目标一起学习的组织"。作为一种社会空间,学习共同体包括个体空间、群体空间和公共空间。三类空间下的学习存在一定的独立性,表现为个体空间的私密性、群体空间的排他性、公共空间的全局性。在网络环境中,个体空间容纳着自身空间和外部空间信息互换的"交互流"、个体学习持续深化的"建构流"、知识技能逐步增长的"储备流"、在具体问题和抽象知识之间不断贯穿的"转化流"。群体空间活动的设计和开展促进了群体中个体的发展和学习共同体知识的增长,建立并维持和谐融洽的内部关系。公共空间作为学习共同体智慧供给的源头和新知汇集的归宿,其交互行为包含了成员个体对外进行信息传播的行为和群体之间的跨群交互行为。[1]

社区学习共同的学习是人的生命状态的一种主动的"开放→投入→吸收→变化"的过程。依据恩格斯托姆活动理论二代模型,社区学习共同体活动系统由主体(共同体成员)、对象(学习任务、学习资源)、共同体(社区学习共同体)三要素构成的核心系统,以及规则(共同体制度、规范)、工具中介(共同体活动平台、场地、设施等)和分工(共同体任务分工、角色分配)构成的调节系统两大部分组成。[2]杭州市成人教育研究室主任汪国新提出的"社区学习共同体"指出:"这是社区居民在平等互助、和谐友爱的原则下,具有共同的兴趣爱好以及学习需求而自愿组合起来的非正式学习团体。"

在社区学习共同体的发展过程中,需要国家、社会等各方面的支持。开放大学在参与社区教育方面具有四大优势,即系统优势、技术优势、资源优势和管理优势。开放大学的远程教育和社区教育联合,可以使各类教育资源得到有效的整合和优化,又是教育学习手段和路径的最佳组合与搭配。有的地区依托已有的开放大学、老年大学以及成人教育培训机构,拥有了丰富的学习资源、良好的学习场所。杭州市余杭区制定《余杭区学习共同体奖励办法》,设置"标准化学习共同体""优秀学习共同体""示范学习共同体"等多个不同层次的奖级,在个体层面设置优秀推介员、优秀志愿者奖项,在组织层面设置"最佳组织奖""优秀组织奖"奖项,对各类学习社团发挥示范引领、以评促建作用,不断扩大学习共同体的效益度和社会影响力。[3]

---

[1] 刘红晶,谭良.基于知识地图的MOOC学习共同体的学习研究[J].中国远程教育,2017(03).

[2] 于璐.恩格斯托姆的活动理论[J].北方文学(下半月),2012(1).

[3] 陈乃林,赵瑶珍.试论社区教育向社区学习转型的必然性和现实性[J].终身教育研究,2017(3).

三、教育共同体

继奴隶社会的古代学校、工业革命的近代学校之后人类教育的第三次飞跃是构建终身教育体系,这是教育发展史上一场深刻的变革(姜建成,2012)。而社区教育共同体作为全民终身教育的载体起着不可或缺的作用。从教育价值而言,社区教育共同体旨在突出强调教育的本质价值,即促进人自身的发展,因此它的目标是促进全体社区居民的全面发展,并为其发展创造良好的环境和条件。正如加拿大安大略省教师联合会在1992年完成的报告《光辉的言辞之外:在我们的学校中形成真正的协作》中强调的那样:"把学校、教室和社会看作是互不联系的孤立的单位的时期已经过去","教育由不同利益的掌握者所塑造和拥有"。共同的价值追求和共同的利益是共同体形成的前提和基础。

多元合作是共同体赖以生存的生命力。苏州国际教育园是苏州市委、市政府为适应苏州市经济社会和人才发展的需要、提升苏州综合实力、强化城市功能而确立的重要实事工程。其基本功能定位是:以高等职业教育为主,高素质、应用型人才的培养基地;实行开放式办学、资源共享的教育实验区;与国际融合、开展中外合作办学的示范区;融现代教育与山水人文为一体的文化旅游区。目前,苏州国际教育园入驻院校14所(南区8所、北区6所),在校师生近10万人。其中本科高校2所、高职院校7所(含五年制高职校2所)、普通学校2所、中职学校2所、培训机构1所。基本涵盖了研究生、本科、专科、中专、普通教育和成人培训的多种办学层次和类型,呈现出职业教育为主、多种类型教育共同发展的特点,以及政府、行业、社会力量多元化的办学格局,具备了构建终身教育共同体的现实条件与资源优势。近年来,苏州国际教育园正以深厚的科教、人文、生态资源为依托,打破大学与城区之间有形、无形的围墙,充分发挥科教的辐射效应和大学的"溢出效应",推动知识经济密集区和创新型城区建设,形成"大学的城市、城市的大学",全面提升苏州地区经济和社会发展的能级,努力探索一条"明确区域定位,推进社区转型,创新教育模式,完善终身教育体系,服务于学习型社会,主动融入城区'五位一体'建设"的新道路。

在社区教育共同体的建设进程中,苏州国际教育园强化"三区联动",即国际教育园内的大学校区、吴中经济开放区的科技工业园区、吴中副中心越溪乡镇街道的公共社区,各自承担不同的社会职能。大学校区承担知识创新、人才培养的职能,为区域经济、社会发展提供人才保障和智力支持;科技工业园区承担科技孵化、技术创新和产品生产的职能,成为产学研相结合的重要场所、大学师生创新创业的基地和区域经济发展的增长点;公共社区承担为大学校区、科技园区提供公共服务的职能,为科技园区产业延伸发展和关联产业发展提供成长空间,为大学校区和科技园区发展提供政策支持,创造一个适宜居住、交流、休闲、创新、创业和发展的生态、社会环境。三者之间以大学校区为核心,以科技工业园区为基地,以城市公共服务为依托,以资源的聚集、共享、融合、转换为特征,以促进教育发展和科技创新为宗旨,推动高校与城区经济、社会的和谐发展。[1]

同时,苏州国际教育园以中高职院校为主体,积极构建职业教育与社区教育的共同体,是新形势下社会发展对教育提出的新要求和新任务。其重要性主要体现:共同体的构建,有助于帮助社区民众形成职业技能,为其今后的顺利就业奠定良好基础。同时其还能为人们进入更好层次的学校,接受更高层次的教育,奠定基础。另外,能够有效地解决当前就业难、失业率高的问题,这对于保障社会稳定,提升社会的凝聚力,及保障社会经济的健康可持续发展等,起到关键作用。[2]

四、联盟共同体

社区教育共同体具有内容多样性、主体多元化、管理体制采取联盟方式、项目化运作、经费来源具有公益性等结构样态。为了实现社区教育从"单打独斗"迈向"抱团发展",社区教育共同体的建设可以视作为一种围绕共同的目标,追求整体高效发展,合理调配和共同享有教育资源的社区教育联盟。该联盟包括政府和高校的联盟组织、高校和企业的联盟组织、校际联盟、初等教育联盟、学前教育联盟、民办教育联盟、行业联盟组织、项目推进组织等。其中,通过构建政府和高校的联盟组织,重在确定清晰而明确的共同目标;通过构建行业联盟组织,重在发挥行业协会等社会组织的作用;通过构建高校和企业的联盟组织,重在保障产学研的良性互动;通过构建项目推进组织,重在有效整合各主体的资源和力量。[3]尤其是通过构建开放大学办学系统的校际联盟,建立合作联盟,联合开发和共享资源,对专业设置、课程开设、教学设施场地、师资队伍等方面进行优化整合,使现有资源发挥更大效能,促使联盟共同体成员协同发展,教育共赢。[4]

从管理机制而言,社区教育联盟共同体是不同学校间基于战略目的、全

---

〔1〕 张莉.城区终身教育模式——杨浦区社区终身教育共同体探索[J].上海教育科研,2015(4).

〔2〕 陈亮.构建高职教育与社区教育共同体的思考[J].湖北函授大学学报,2016(8).

〔3〕 张莉.中国城市社区终身教育共同体建构研究[J].社会工作,2015(3).

〔4〕 丁红玲.终身学习多元需求视域下成人高等继续教育机制再造[J].中国成人教育,2015(1).

方位、深层次的合作,是一个长期的可持续发展的组织,各个成员学校之间的合作办学计划和项目,其实施一般都持续相当长的时间,涉及方方面面,必须设置一个专门的联盟委员会和专家咨询委员会,负责整个联盟的实际运作和管理监督。

从构建内容而言,需要在四个方面着力:一是师资资源联盟,形成多元化资源建设团队、建立在职教师联合培训制度、拓展教师队伍来源、加强教师互派、健全教师评价和激励制度;二是课程资源联盟,形成课程资源组织协调机制、合理选择信息技术、建设社区教育课程资源库、融入课程资源动态管理理念;三是物力资源联盟,充分挖掘和使用各类学校和企事业单位、居民小区、公共文化机构;四是财力保障联盟,政府层面通过立法明确用于社区教育经费的适当比例或拨款标准,建立开放的资金筹集体系,加强对社区教育经费使用的管理和审计。

从组织优势而言,社区教育联盟共同体追求的是资源共享,优势互补,共同发展,能够全方位提升社区教育质量、创新教育模式、扩大服务范围。作为国内首家社区教育联盟——全国社区教育数字化资源及平台合作联盟,是在教育部中国成人教育协会指导下自发形成的、公益性的、不具备法人资格的专业协作性民间组织。联盟的使命和目的是为联盟成员提供基于传统互联网及移动互联网的数字化社区教育资源和平台服务,搭建信息共享、交流合作的平台,促进成员间技术研讨、业务合作、行业资源有效利用和共享,帮助联盟成员解决发展中遇到的问题。例如,2013 年 5 月 17 日,金山·嘉善·吴江社区教育开展区域合作签约仪式在吴江区社区培训学院举行,这标志着分属三省的跨区域社区教育战略合作框架正式构建完成。

五、数据共同体

2016 年 12 月,苏州市人民政府发布了《苏州市大数据产业发展规划(2016—2020 年)》(以下简称《规划》),要求加强"社区服务大数据应用",构建苏州市、区两级城乡社区综合服务管理信息平台。着力建设社区民生基础大数据库和社区大数据管理平台,汇聚社区人口、经济、社会、环境、住房等基础数据,结合相关部门社区业务数据以及居民需求和行为数据,开展社区教育、救助、医护、就业、安防、交通、娱乐、社工服务等民生大数据分析挖掘,定期发布"智慧社区"管理和服务发展指数,实现城市社区服务和管理的精细化、个性化。同时,依托社区大数据资源的多维度可视化管理,提升社区治理预见性及风险防范能力。

社区教育不是精英教育,它是致力于为社区居民提供终身学习的平台、着力于为最底层的弱势群体提供谋生技能的培训,使他们重新获得受教育机会学习一技之长,改变自己的人生命运,实现真正意义上的教育公平。[1]例如,2011年,司法部明确有条件的省(区、市)要成立出监监狱。上海五角场监狱是全国最早探索出监教育的几家监狱之一,也是上海唯一的一所出监监狱,大多数成年男犯在刑期的最后3个月都会被移送到这里。"新生"二字印在监狱的几幢教学楼的墙上。为了让犯人能顺利融入社会,教学楼里有水电工、护理、餐厅服务员等技能培训。此外,每个月有一天,监狱会邀请派出所、司法所、社保中心、银行的工作人员穿着制服,戴着工作牌出现在高墙之内,回答服刑人员关心的问题,提供咨询帮助。像这样的教学方式叫"类社会化管理",也被民警和服刑人员成为"模拟人生"。通过模拟与真实社会相仿的场景,让服刑人员提前感知外界社会,减轻回归社会的陌生感和恐惧感。

---

[1] 汪跃平.论"学分银行"在社区教育中的运用[J].广东广播电视大学学报,2013(1).

社区教育的中国进行时

据王雷《"社会教育"传入中国考略》[1]考证,最早向国人介绍"社会教育"概念的人是日本佐藤善治郎。他在1902年8月《教育世界》第31号《社会教育法》中称:"余所谓社会教育者,相对学校教育而言,目的在提高社会之智识、道德而已。"20世纪二三十年代,随着我国民主革命与民族救亡运动的开展,在北京、上海、武汉等城市陆续出现了工人夜校、民众教育馆等社区教育组织形式。一批思想家在乡村开展"乡村教育运动",如陶行知的"乡村教育实验"、晏阳初的"平民教育实验"、梁漱溟的"乡村建设实验"。

在中华人民共和国成立之初,国家设立了社会教育司,但是由于政治、社会等原因,1953年被撤销,社区教育基本销声匿迹。直到20世纪80年代,社区教育在国内才开始兴起[2],历经了社区教育委员会的普遍建立、社区学校的广泛发展和学习型社会的全面建设这三个相互关联、交错镶嵌的飞跃发展阶段。按照时间顺序可以大致分成三个阶段:从20世纪80年代到1993年,社区教育包括中小学的思想道德教育,学校、家庭、社会(社区)三结合教育,社区教育服务的对象主要是中小学,并且是一种单向性教育;从1993年开始,社区教育的内容还包括职业教育、文化生活教育、科普教育、法律教育、卫生保健教育等,该阶段主要开展成人教育;21世纪初,以"学习型组织""学习型社区"理念的提出为标志,实现了社区教育研究范式与内容的转向。[3]

据统计资料显示,1978年我国城镇人口比重只有17.92%,到1996年已上升到30.48%,自此以后我国进入城市化快速发展期,2006年城镇人口比重上升到43.9%。2011年,中国大陆城镇人口首次超过农村人口,比重达到51.27%,这是中国社会结构的一个历史性变化。[4]城镇化发展的经验表明:城镇化的过程不仅是农村区域转移为城市区域的过程,更为迫切的

---

[1] 王雷."社会教育"传入中国考略[J].河北师范大学学报(教育科学版),2000(4).

[2] 黄小云.社区教育发展价值取向及制度选择分析[J].江苏开放大学学报,2013(3).

[3] 曹瑞,麦清,郝琦.校外教育、社区教育和社会教育概念分析[J].中国校外教育旬刊,2014(S2).

[4] 中华人民共和国国家统计局.中国统计年鉴(2007)[M].北京:中国统计出版社,2007:105.

问题是如何促进农民在转变为市民的过程中全面提升自己的素质、素养和能力水平,并转换自己的生活和思维方式,以适应城市化、现代化发展的需要。可以说,这是跨越城镇化这道"坎"的瓶颈所在和困难所在。

一方面,我国社区教育在城镇化发展进程中正呈现出以下趋势:人们越来越强调用系统、综合、全面的观点来思考、规划、计划、实施、推广、评估城镇社区教育;城镇的社区教育越来越不愿与大中城市的社区教育相分离;市场要素在城镇社区教育观念中的作用会逐渐加大;城镇社区教育实体的运作将逐步走向规范;城镇社区教育的指导工作将会越来越多地体现服务特性;大批较高素质的社区工作专业化管理人才会逐步进入城镇社区,改善社区教育工作者队伍;城镇社区教育的服务对象将会呈现出"全员"与"重点"相结合的特征。[1]

另一方面,我国社区教育近年来虽然取得了长足进展,但在实际发展中却面临困难。最大的问题是各地发展不平衡,社区教育资源不足,社会组织缺席,学习型社区创建的多元主体参与的格局依然显得苍白。各种社会组织包括社会机构、社会团体等,在创建学习型社区的"主席台"上、"朋友圈"里往往是缺席的。常态却是:咨询研讨,往往只见来自教育系统的领导者、组织者;规划决策,兴许会有地方政府若干部门参与,而运作的主角,更多的还是来自教育系统的人;纸面信息,也许可见偌大的组织系统罗列,而实际切入则往往又是教育系统"独家独户"的局面。数据显示,我国自2000年开始,通过在县市区一级建立实验区来推动社区教育发展。截至2015年年底,全国社区教育实验区、示范区共200余家,省级实验区和示范区约500多家,而全国共有2 800多个县市区,开展社区教育的仅占1/4。

按照党中央、国务院的要求,适应学习型社会建设和终身学习的需要,从1999年开始,教育部先后在上海、江苏、天津等地实地调研,认真听取各方面的意见和建议,并于2000年4月印发了《关于在部分地区开展社区教育实验工作的通知》,第一次明确提出了社区教育的内涵和任务,并确定在北京、天津、上海、江苏等省市的8个城区开展社区教育实验工作。2001年12月,教育部召开全国社区教育实验工作经验交流会议,确定了第一批28个全国社区教育实验区。2004年,教育部又印发《关于推进社区教育工作的若干意见》,指导并推动社区教育实验工作向全国发展。由此,从实验起步到大面积创建,全国社区教育开始蓬勃发展。2006年,教育部设立数字化学习港项目,探索如何利用数字化手段和远程教育公共服务体系,面向社

---

[1] 王磊.新城镇建设中社区教育系统建构模式研究综述[J].成才之路,2011(2).

会大众提供数字化的终身学习环境。[1]2010年,《国家中长期教育改革和发展规划纲要(2010—2020年)》提出:"广泛开展城乡社区教育,加快各类学习型组织建设,基本形成全民学习、终身学习的学习型社会。"《纲要》将社区教育作为形成学习型社会和建设人力资源强国的重要途径之一,这不仅为社区教育的发展指明了方向,也对社区教育提出了更高的要求。同年,教育部制定了《社区教育示范区评估标准(试行)》(见附表),为建设全民学习、终身学习的学习型社会奠定基础。2011年,教育部下发《教育信息化十年发展规划(2011—2020年)》,提出了到2020年基本形成学习型社会的信息化支撑服务体系的目标。

从2004—2016年出台的政策来看,2008年以后地方政策对社区社会组织的关注程度基本保持在一个平稳水平,到2013年达到一个峰值。

2013年,全国两会通过的《国务院机构改革和职能转变方案》提出重点培育、优先发展包括城乡社区服务类在内的四类社会组织,允许四类组织进行直接登记,同时提出公平对待社会力量提供医疗卫生、教育、文化、群众健身、社区服务等公共服务,加大政府购买服务力度。2013年11月,党的十八届三中全会通过的《关于全面深化改革若干重大问题的决定》又重申了上述政策意见。

2014年,教育部、中央文明办、国家发展改革委、民政部、人力资源社会保障部、文化部等七部门印发《关于推进学习型城市建设的意见》(以下简称《意见》),对学习型城市建设工作提出了要求、做出了部署。《意见》清晰地传递出如下信息:(1)"转型期"中,社区教育不仅应当在城市城区开展,也应当在乡村乡里开展;(2)不仅是城市城区的社区教育要广泛开展,乡村乡里的社区教育也要广泛开展;(3)"新常态"下,社区教育不仅应关涉社会治理,同样也关涉社区治理;(4)社区教育不仅事关社会治理,甚至还更要着力推动社会治理、创新社会治理。因此,不难发现,《意见》背后都隐含着这样一种基本判断:当下社区教育要勃兴、推展,必须与社会治理相连接、与社区治理相融合。[2]

2016年8月,中共中央办公厅、国务院办公厅印发的《关于改革社会组织管理制度促进社会组织健康有序发展的意见》更是在重要位置专章提出"大力培育发展社区社会组织"。2016年11月,民政部、中央组织部、中央综治办等十余个部门联合印发《城乡社区服务体系建设规划(2016—2020年)》,为"十三五"期间我国社区社会组织发展设定明确发展目标,"力争到

---

〔1〕 严冰.〝数字化学习港〞教改项目的实践探索与理论研究[J].中国远程教育,2008(4).

〔2〕 高志敏.迈向交集:论社区治理与社区教育[J],教育发展研究,2015(23).

2020年,城市社区平均拥有不少于10个社区社会组织,农村社区平均拥有不少于5个社区社会组织",相较于"十二五"期间"每个社区拥有5个以上的社区社会组织"的发展目标,不仅更加明确城市社区社会组织发展目标,并更具城乡社区社会组织协同发展的意识。

我们看到,各地在开展社区教育工作中,坚持改革,不断创新,在实践摸索的基础上,根据教育对象的不同,精心组织亲子教育、青少年校外教育、在职人员文化技术教育、下岗失业人员再就业教育、老年人社会文化生活教育、弱势群体职业技能教育、外来人员城市适应性教育等;根据教育内容的不同,开展专门的道德教育、法制教育、科普教育、文艺教育、健康教育等,已经逐步形成了"党政统筹领导,教育部门主管,有关部门配合,社会积极支持,社区自主活动,群众广泛参与"的社区教育管理体制和工作机制,初步营造了在党政部门统筹领导下,教育、宣传、民政、妇联、共青团、工会、关工委、学校、企业等相关部门齐抓共管的工作局面。例如,中国成人教育协会每年都在一个副省级城市举行全民终身学习活动周启动仪式,这是推进社区教育的一个非常好的载体。2016年11月底,《成都市社区教育促进条例》(以下简称《条例》)出台,成为我国首例以"社区教育"命名的地方性法规。《条例》完善了社区教育的多元治理体系。它明确政府主导下各部门的工作职责和目标考核,以及社区教育的考核评价体系、课程内容体系、师资培育体系、社会参与体系,因此实现了社区教育"有法可依""违法必究",使开展社区教育的人财物更有保障。

另外,各地社区教育无不从当地的文化、经济、习俗等出发进行。例如,北京市东城区依托北京大学的国学资源及国子监、孔庙的文化资源优势开办了国子监大讲堂模式,成为社区教育中的优秀品牌;成都市青羊社区教育学院为培风社区量身定做了"培风盖碗茶"这一富有鲜明川西民俗特色的教育品牌;一些沿海发达地区城市针对农民工大量涌入的情况在社区开展新市民教育;各乡镇根据自己的实际情况举办武术节、桃花节等。[1]

综上所言,经过多年的发展,我国社区教育已经呈现出从自发到自觉、从无序到有序、从经验型、活动型到科研型、制度型转变的良好趋势。随着社会的进步,社区教育由工业社会时代的组织化、形式化和实体化向知识经济时代以全民学习、终身学习和学习型社会为基本目标的现代社区教育发展转化,并逐步实现从教育主体本位型的社区教育向社区主体本位型的社

---

〔1〕 邵晓枫.社区教育究竟是什么?——对社区教育本质的理性思考[J].职教论坛,2015(36).

区教育的转变。[1]因此,我国的社区教育必须坚持走内涵发展之路:一是目标内涵。就是《教育规划纲要》提出的"到2020年,基本实现教育现代化,基本形成学习型社会,进入人力资源强国行列"。进入人力资源强国行列的前提条件是基本形成学习型社会。二是任务内涵。社区教育是教育中的重要领域,它的任务内涵就是构建终身教育体系。三是着眼点内涵。着眼于服务民生,满足需求。老百姓需要我们提供多种多样的社区服务,我们要努力满足百姓需求,为百姓提供更好的服务。

---

[1] 沈光辉.论社区教育与终身教育、成人教育、学习型组织的关系[J].福建广播电视大学学报,2011(2).

社区教育的苏州进行时

苏州市是全国创建学习型城市和开展社区教育较早的地区。20世纪80年代中期在《中共中央关于教育体制改革的决定》指引下,苏州开始了社区教育的漫长历程,多年的发展使苏州社区教育呈现出良好的发展态势。截至2009年,苏州市12个市(县)区已经全部成了省级以上社区教育实验区,全部建有省级社区培训学院,在省内率先实现全覆盖、满堂红。[1]

多年来,苏浙积极探索形式多样的社区教育发展方式,基本形成"党政统筹领导,教育部门主管,有关部门配合,社会积极支持,社区自主活动,群众广泛参与"的工作格局。其中,精神文明建设指导部门将学习型城市建设与本地区文明城市建设相结合,着力提升社会道德水平。发展改革部门将学习型城市建设纳入相关发展规划,明确相应阶段性目标。民政部门将学习型城市建设与社区建设相结合,把社区教育工作作为街道管理创新、乡镇服务型政府建设和城乡社区建设的重要内容和手段,纳入城乡社区服务体系建设规划,提高居民能力素质,促进社会和谐。财政部门逐步加大学习型城市建设和社区教育的经费支持力度。人力资源和社会保障部门将学习型城市建设与区域人力资源开发结合起来,并结合工作实际,充分发挥社区教育在职业技能培训中的重要作用,积极开展继续教育活动,不断提升劳动者素质。文化部门将学习型城市建设同公共文化服务体系建设结合起来,积极探索公共文化资源服务社会的有效途径。科技部门将《科普法》《全民科学素质行动计划纲要》的实施及城市科普能力建设与开展社区教育工作紧密结合起来。体育部门将《全民健身计划纲要》的实施与开展社区教育工作紧密结合起来。

2013年5月17日,上海金山、浙江嘉善、江苏吴江三地社区教育区域合作联盟签约仪式在苏州市吴江区社区培训学院举行。这是在金山、嘉善两地两年来成功开展社区教育区域合作项目建设的基础上发展而成,其"共识、共议、共享、共赢"机制的建立,进一步丰富了社区教育跨省市合作建设发展模式,成为长三角地区学习型社会建设的一个重要品牌。

2010年,张家港出台了《关于进一步推进社区教育工作的实施意见》,

---

[1] 张旻.教育的现状及发展策略研究[J].兰州教育学院学报,2014(10).

市、镇两级政府成立了由主管教育领导担任组长,多个部门联席构成的社区教育工作领导小组,同时依托原镇成人教育中心校,转型建立了区镇社区教育中心,在各社区(村)建立市民学校,从而形成了社区教育三级网络。2015年3月,张家港金港镇颁发了《关于开展社区教育公益服务项目征集的通知》(保社教〔2015〕6号),面向村(社区)、社会组织征集社区教育项目。同年6月,张家港金港镇首届社区教育公益服务项目签约,涉及青少年、成年人、老年人、新张家港人等教育培训类的15个项目进入实施阶段。这一创新举措,是金港镇社区教育服务项目化、社团化的开端[1]。项目实施以来,金港镇社区教育中心坚持一手抓项目实施,一手抓成果转化推广,按照"创经验、创典型、创品牌"的创建路径,努力打造有特色、有影响的社区教育品牌项目。真正实现"政府支持,专业团体管理、政府和公众监督、民间组织参与、居民百姓受益"。例如,德丰社区的"雏鹰飞翔德丰梦"未成年人教育指导项目,重点是四点半后学生的看护,解决了居民的实际困难,得到了居民的拥护。金润社区的"快乐星期六"教育项目,通过各种实践活动、传统文化讲座等,致力培养青少年的动手能力和团队合作精神,每次活动都吸引了大量的小朋友前来。东山村结合本村实际,开展的"金色年华"未成年人教育项目,通过书法培训对青少年进行美德教育,项目开展以来,前来学习的未成年人日益增多,知名度也逐步扩大到村以外。封庄村针对如今青少年动手能力弱的现状,利用村里的农业基地,开展了"青少年农业科普教育"项目,让青少年自己动手栽种蔬菜、花草、水果等,在体验生活乐趣的同时,提高了青少年的劳动积极性和动手实践能力。后塍中心社区依托明德文化志愿团队,开展的"公民幸福人生大讲堂"项目,弘扬中华传统文化,项目开展以来,直接受教育达1 000多人次,在居民中引起了强烈反响。德福康的"让爱永驻"关爱青少年健康教育项目,先后在十多个村(社区)和学校举办二十多场讲座和咨询活动,通过讲座、夏令营、健康自我检测提高青少年的体质,增强他们的自信心。在满足区域内大量流动人口家庭教育需求方面,心道明的"新市民家长学堂"项目,专门针对新市民家庭,与辖区内的白云和蓝天两所民工子弟学校合作,开办多次讲座和互动,让新市民家长认识到家庭教育的重要性,学习家庭教育的方法。中南社区的"大家来学法"法制宣传教育项目组织社区居民开展了"老年人权益保障法"讲座;后塍中心社区快乐驿站已经先后组织开展了香山游学活动、"六一"趣味运动会、端午节系列活动、"快乐驿站"青少年诗歌朗诵会……

2015年5月17日,苏州市"三叶草"社区教育发展联盟启动仪式在工

---

[1] 潘建伟,李仲勋.张家港金港镇社区教育推行"项目化"[N].新华日报,2015-07-17.

业园区胜浦街道金苑社区举行。该联盟是由苏州工业园区胜浦街道、昆山周市镇社区教育中心、张家港凤凰镇社区教育中心组成的一个探索社区教育发展的组织。该联盟聚力"社区营造",建设"最美街镇",着眼"终身学习",打造"乐学家园",将社区教育有效融入社会治理之中,不断通过"最美"引领、"乐学"有为、"乐业"安居的内涵发展,使老年教育引领社区居民健康生活方式,使成人乐学引领社区居民价值追求,使青少年校外教育倡导学习与生活共融的乐学家园,开展了丰富多样的教育活动。例如,凤凰镇的"凤凰开卷"全民阅读活动、周市镇的"好家风,好家训"评选活动、胜浦街道的"青少年心智拓展"训育活动等。

2015年10月16日,2015全民终身学习活动成果展暨首届苏州终身教育博览会在苏州举行。展览会分为"终身教育成果展区"和"终身教育机构展区"。在终身教育成果展区,包含了全国终身教育成果展、"全国百姓学习之星"图片展、"光影与梦想"全国摄影展、江苏省终身学习成果展、苏州十个区县终身教育成果汇展、苏州高校、职业类学校展。在终身教育机构展区,以时间为轴线,用学习贯穿人的一生,分别以幼年、少年、青年、中年、老年各个人生的阶段进行布展,串联起从幼年到老年的各个阶段的相关教育机构。通过集中的展览展示,搭建一站式终身教育需求交易平台,促进机构与机构合作、机构与消费者对接,逐步培育成为终身教育的核心交易平台。

2016年2月23日,苏州市终身教育学会正式成立,通过了《苏州市终身教育学会章程》。该学会是原市成人教育研究会的延续,目前拥有首批团队会员155个。今后学会将汇集终身教育领域权威专家、学者和具有影响力的校长、教师,开展终身教育工作的科学研究,为教育部门决策提供咨询,着力提升四个"力",即建机制,提升保障力;建平台,提升服务力;建网络,提升支撑力;建品牌,提升吸引力。

2016年5月10日,在《教育部关于公布第六批全国社区教育实验区、第四批全国社区教育示范区名单的通知》(教职成函〔2016〕10号)公布的第四批全国社区教育示范区名单中,姑苏区赫然在列。第四批全国社区教育示范区共有32个,江苏省共有三个区(市)获此殊荣。目前,姑苏区共有国家级社区教育示范街道14个、省级示范街道3个、市级示范街道13个、省级示范社区3个、省级标准化市民学校49所。据悉,姑苏区现共有1个区级培训学院,17个街道社区教育中心,150多个社区市民学校,58家民办教育培训机构,还有300多个优质教育基地,针对不同人群开展不同种类的社区教育、培训活动,基本实现"一社区一品牌,一街道数特色"的社区教育新格局。社区学院搭建"终身学习平台""数字化学习超市""微信平台"等,充分挖掘传统文化和地域特色资源,为市民提供丰富多样的学习课程。另外,类似"蝴蝶妈妈"读书会的民间学习组织共有1 436家,注册登记的有576家;"朝霞学习组""能人教室""历史文化社"等民间学习社团已成为社区教育的重要力量[1]。

2016年5月26日,姑苏区首家社区学院在二郎巷社区挂牌成立。学院由社区与苏州市开放大学联合打造,以社区公共活动空间为教学载体,方便不同年龄、不同需求的居民在家门口随时充电。推出前,该社区曾对辖区内100名老人开展了需求和幸福感的抽样调查。调查显示,90%的老人表示,一方面,因退休后没事做、无处去,导致精神空虚,影响幸福感。另一方面,老年大学名额有限,加剧了"老有所乐""老有所学"的供需矛盾。社区教育1.0时代的普遍特征是同一社区的"居民学校"各自为政,授课形式内容相对单一,参加者多为社区里的"一老一小",而且老面孔多,这直接导致了这些居民学校有的不能常态化,有的甚至名存实亡。从供给侧改革的角度而言,社区学院就是现有社区教育的2.0版,课程是应需而设的,不仅内容贴近市民、贴近生活,而且教学活动的开展以社区为中心,更有实用性。立足于草根,再加上高校教育资源的加盟,不仅满足了居民不断增长的受教育需求,而且还将提高社区居民的就业能力和综合素质,解决社会公共教育载体增量扩容的难题。[2]

2016年9月26日,由姑苏区双塔街道、苏州文庙管理所联合主办的纪念孔子2565周年诞辰系列活动启动暨社区孔子学堂落成仪式在文庙广场举行。坐落于泗井巷内的双塔街道市民会馆,作为姑苏区首家社区孔子学堂,业已成为传播优秀的中国古代文明、弘扬传统文化的又一个社区教育公共场所。苏州职业大学教育与人文学院蔡斌和顾梅两位老师成了孔子学堂的教师。

2016年9月27日至28日,南京玄武区社区培训学院、常州武进区社区培训学院、张家港市锦丰镇、金港镇社区教育中心在张家港市青少年社会实践基地举行了江苏"三D"社区教育发展联盟签约仪式,并进行了交流活动。此次活动主题是"学习改善我们的生活",玄武区社区教育办公室副主任王信芳、常州武进区社区培训学院院长言俊应邀分别做了《以科研为引领推进社区教育内涵发展——以玄武区生态式社区教育的理论与实践为例》《强化居民学校建设创新"一居一品"特色》专题讲座。王信芳主任以玄武区出版的专著《提升居民幸福感的区域战略选择——生态式社区教育的理论与实践》为例,阐述了玄武生态式社区教育的主要内容,从贵在坚持、重在选题、

---

[1] 陈莉华,叶子.苏州姑苏区社区学校让居民"处处可学"[N].苏州日报,2016-09-20.
[2] 葛宇.社区学院应办出社区教育2.0版的效果[N].苏州日报,2016-05-30.

实在研究、精在反思四个方面汇报了玄武区从2001年成为全国首批社区教育实验区到2008年成为全国首批社区教育示范区至今,历时16年,始终"坚持工作推进科研化",用理论指导社区教育实践,用实践丰富社区教育理论,推进社区教育内涵发展的历程。并详细讲解了关于社区教育项目的理论思考和实务操作及社区教育特色课程的建设与创新。

2016年10月25日,为贯彻落实《教育部等七部门关于推进学习型城市建设的意见》(教职成〔2014〕10号)、省教育厅等七部门《关于加快发展继续教育推进学习型江苏建设的意见》(苏教社教〔2015〕3号)、省委、省政府《关于深入推进教育现代化建设努力办好人民满意教育的意见》(苏发〔2016〕17号)和《教育部等九部门关于进一步推进社区教育发展的意见》(教职成〔2016〕4号)等精神,由苏州市教育局等13个部门联合印发了《关于加强社区教育工作推进学习型苏州建设的意见》(苏教〔2016〕7号),其指导思想:按照协调推进"四个全面"战略布局要求,以促进全民终身学习、形成学习型社会为目标,以提高居民思想道德素质、科学文化素质、健康素质和职业技能为宗旨,以建立健全社区教育制度为着力点,统筹发展城乡社区教育,加强基础能力建设,整合各类教育资源,充分发挥社区教育在弘扬社会主义核心价值观、推动社会治理体系建设、传承苏州优秀传统文化、形成科学文明生活消费方式、服务人的全面发展等方面的作用。同月28日在张家港市金港镇举办了2016年苏州市全民终身学习活动周开幕式暨社区教育项目化改革现场推进会。在这一天,江苏"三D"社区教育合作联盟也宣布正式成立。

2017年5月,苏州市将终身教育立法工作提上议事日程,并展开立法调研工作,拟出台《苏州市终身教育促进条例》。立法调查反馈报告显示:认为终身教育有必要立法的占到87%,大部分市民认为有必要立法并且认为终身教育是每个公民的权利和义务。在推动开展终身教育工作主体方面,72%的市民认为应该由全社会共同参与,22%认为应该由教育主管部门来推动。在对终身教育进行法律规定的内容方面,增强硬件设施建设,增强软件建设,全面提升个人素质和专业知识技能,与国际接轨四个选项基本持平。63%的市民认为终身教育不应该收费,有23%的市民认为终身教育应该收费。94%的市民认为终身学习对人生发展重要,其中有三分之二的人认为是非常重要。58%的市民觉得目前已参与的学习(包括各类学校、社区和单位的培训学习等)效果满意,三成市民每天花在业余学习上的时间超过2个小时。希望通过开展社团活动(含文体活动)以及远程(上网)学习接受的终身教育的市民分别占14%和12%,高于其他学习途径。

目前,苏州全市有开放大学8所,区(县)社区学院10个、镇(街)社区教育中心98个,村(社区)居民学校2 010个,社区教育覆盖率100%;全市共有社区教育工作者9.4万余名,志愿者近9万人。除此之外,还开通了"学在苏州·市民终身学习云平台"。计划到2018年,80%的县(市、区)将达到省社区教育示范区或实验区建设标准,在此基础上开展学习型县(市、区)创建工作;2020年,实现省级社区教育示范区全覆盖,80%以上县(市、区)达到全国社区教育示范区或实验区建设标准,70%以上乡镇(街道)达到市级及以上学习型乡镇(街道)建设标准。

社区教育的党建区域化

三次元是指我们现在生活中平常传统的立体世界,二次元是指年轻人用的互联网平面世界。从基本面来说,二次元能解决人类生理、情感等各种需求,三次元满足不了的需求都能在二次元世界满足。对于90后的年轻人来说,互联网已不是一个虚拟世界,而被视作了一个真实的世界,成了一个新型共同体。在这个世界里,年轻人对个人、家庭、社团、社会、政党、国家、国际都有了自己的定义权。新加坡国立大学东亚研究所所长郑永年在《技术赋权》一书中预测:今后互联网可以代替政党。如今,这种现象已经发生。如果没有社交媒体,很难想象特朗普的崛起,并当选为美国总统。从特朗普的案例中,我们看到,互联网本身已成为一个政党的代替物,特朗普只是借用一下"共和党"这个壳子而已。

著名历史学家钱穆说过这样一段话:"欲其国民对国家有深厚之爱情,必先使其国民对国家已往历史有深厚的认识。欲其国民对国家当前有真实之改进,必先使得其国民对国家以往历史有真实之了解。"再往前一步说,党建工作是一种意识形态建设,但却又是和风细雨、潜移默化的,所起到的效果比起冰冷的说教更大。

区域化党建是指在城乡经济社会结构转型、统筹一体化的背景下,按照区域统筹的理念,运用现代管理科学和信息科技手段,在一定的区域范围内,统筹设置基层党组织,统一管理党员队伍,通盘使用党建阵地,形成以街道党工委为核心、社区党组织为基础、其他基层党组织为结点的网络化体系。与传统体制下"单位党建"或社区党建相比,区域化党建更具有地域性、网络性、多元性、开放性、整合性的特点。这种以区域性党组织为纽带的党建模式突破了传统纵向控制为特征的"单位建党"模式,有利于把隶属不同系统、掌握不同资源、比较松散的党组织联系成为紧密型的党建共同体,形成全覆盖、广吸纳、动态开放的基层党组织体系,有利于实现区域内党建工作的目标、机制和运作模式的一致性,加强社会领域党建工作的整合,进而获得更为广泛的社会资源、政治资源与执政基础。进一步推进区域化党建可以从四个方面着力。一是以区域整合为基础,创新多维度、全覆盖的工作体系,形成多元主体参与的党建联合体。二是以区域服务为导向,构建多元化的社会公共事业服务平台,实现城市管理的精细化和社会管理的扁平化。

三是以区域文化为号召,增强区域的影响力和凝聚力,促进区域发展"共同认同"。四是以区域共治为目标,构建区域"互联互动"评价体系,推进区域党建工作规范化。[1]

开展区域化党建工作是新形势下党积极应对执政新挑战的需要。随着城乡一体化进行的加快推进,经济成分、组织形式、就业方式、利益关系和分配方式日益多样化,社区在推进区域化党建工作中仍然存在一些问题和困难。例如,社区党组织还没有完全树立区域化党建工作理念,党建工作仍沿袭自上而下的单位管理模式,辖区大量"社会人"和各类组织出现管理"空白点";区域化党建机制不健全,社区与驻区单位党组织关系多为"联谊式""人情式""援助式"的发展状态,不利于工作的长久发展;区域化党建思维不灵活,社区党组织忙于应付日常业务工作,在扩大党组织覆盖面、增强党组织渗透力、整合区域资源等方面手段欠缺[2];随着社会利益格局深刻调整,经济快速增长过程中积累和潜伏的隐性矛盾逐渐暴露出来,社会矛盾"触点"增多、"燃点"降低,给社会管理带来了新的挑战。

为加强社区教育工作,苏州市教育局等13个部门于2016年联合印发的《关于加强社区教育工作推进学习型苏州建设的意见》(苏教〔2016〕7号)指出:办好青少年学生"第二课堂",推动实现社区教育与学校教育有效衔接和良性互动。社区教育机构要紧密联系普通中小学、青少年校外活动场所、社会组织等,充分利用社区内的各类教育、科普资源,构建青少年学生"第二课堂"活动网络,积极开展青少年校外教育。设计互动式、体验式参观项目,向青少年学生提供丰富的社会实践活动,引导青少年学生了解社会生活,提高青少年的学习能力、研究能力和创新能力。

在苏州吴江,盛泽镇党组织充分利用本镇历史人文资源,积极开展社区教育活动,取得了显著成效。具体做法为:一是编写本地历史人文乡土教材,对居民进行乡土文化教育与革命传统教育。二是组织党员、干部、居民、学生参观苏嘉铁路75号桥日军炮楼,进行爱国主义教育。三是发挥先蚕祠及吴江丝绸陈列馆的作用,抓好对居民、学生的丝绸文化教育。

在苏州张家港,以"党建+"思维系统谋划基层党建工作正有序推进。一是通过"党建+法治"引领基层治理提档升级。在区镇、机关、村、社区以及企业(社会组织)五种类型的基层党组织中,探索建立集"法治制度体系、量化监测体系、成效反馈体系"于一体的法治型党组织建设综合评估体系。二是通过"党建+服务"打通联系服务群众"最后一公里"。按照"问题群众

---

[1] 什么是区域化党建.人民网—中直党建网,2011-11-30(引用日期2013-10-8).

[2] 欧阳一鹏.怎样应对街道社区区域化党建之难[J].党的生活,2016(10).

点、难题组织解"的工作思路,根据群众需求梳理出年度基础服务项目(A类项目)、特色服务项目(B类项目)和重点示范项目(C类项目),每个党支部确立一个以上的党建项目。三是通过"党建+审计"推动管党治党责任落地。以责任清单、激励清单、负面清单三份清单为核心,注重实证资料和实地查看,运用线上(依托"智慧党建"平台,基层上传考核资料)线下(采取实地走访、听取汇报、民主测评、查阅资料等)相结合的方式,确保审计结果客观真实。[1]

在苏州相城区,元和街道推出了"睦邻党建"品牌,将28个社区,按照地域相邻、人缘相近的原则划分为6个党建联盟,推进社区党建从单一型走向复合型,从垂直管理走向区域整合。其中,6个联盟分别以"'580'党群之家""幸福圈""五色连心桥""红色风信""党群共建、德法共润""红色月动"为品牌,围绕主题建设党建主阵地,既作为"睦邻点",又作为"展示厅"。形成了朱巷社区"暖心驿站"、建元社区"8H工作法"、香城花园社区"330便民惠民工作室"等一批志愿服务品牌。同时,结合社区特色,打造"法治"玉成、"敬老"古巷、"文化"御窑、"书香"庆元等特色文化社区,推动党建内涵不断延伸。

在苏州姑苏区,娄门街道于2015年6月成立区域化党建联盟,共吸引到苏州大学纺织学院、市侨联、苏大理想眼科医院、平江中学等28家共建单位参与,搭建工作服务平台,统筹利用辖区各类资源为居民服务。2015年7月,双塔街道作为姑苏区唯一单位获得了苏州市"先锋街道"荣誉称号。街道党建工作充分发挥政治引领、组织引领、服务引领、法治引领的作用,把构建区域化党建格局融入社区为民服务项目、群团组织活动平台、非公经济组织建设、社会志愿公益事业。2015年8月,双塔街道"益动先锋"社会组织区域党建联盟正式成立,"益动先锋"党建品牌已成为连接双塔街道党建工作和公益事业的新桥梁。2016年12月起,区委组织部、教体局和团区委开始实施姑苏区青年社区领袖培育计划,并成立了青年社区领袖联合会,开创了党建带团建的新模式——扶持社区青少年服务项目。该计划通过培育青年社区领袖、扶持青少年社区服务项目、成立青年社区领袖联合会,凝聚社会组织、高校志愿团队、青年教师、青年社工等不同领域党员、团员青年中的"能人志士",为需要帮助的社区青少年提供服务。本次共培育社区青少年服务项目139个,其中共有56个成功对接社区需求,纳入了2017年党组织为民服务经费的扶持范围。

---

[1] 陆德峰.以"党建+"思维系统推进基层党建[J].党的生活,2016(10).

社区教育的"进一步推进"《意见》

联合国教科文组织的《全球监测报告2005：全民教育》建构了教育质量的框架，即学习者特征、能动性投入和结果，以及与这三个要素相互作用的环境。党的十七大提出，发展远程教育和继续教育，建设全民学习、终身学习的学习型社会是一项重要的任务。同样，《国家中长期教育改革和发展纲要（2010—2020年）》提出：广泛开展城乡社区教育，加快各类学习型组织建设，开发社区教育资源，加强城乡社区教育机构和网络建设，构建灵活开放的终身教育体系。

从教育的功能上来看，社区是社会的基本构成单位，社区教育是实现社区全体成员素质和生活质量提高以及社区发展的一种重要的活动和过程。社区教育质量最直接的表现是学习者表现，最直接的影响因素是课程教学、教师和学习环境。抓住了这四个方面，就抓住了质量的根本。因此在2016年7月，教育部、民政部、科技部、财政部、人力资源社会保障部、文化部、体育总局、共青团中央、中国科学技术协会九部门联合印发了《关于进一步推进社区教育发展的意见》（以下简称《意见》），要求开放共享学校资源，鼓励各级各类学校充分利用场地设施、课程资源、师资、教学实训设备等积极筹办和参与社区教育，推动普通中小学有序向社区居民提供适宜的教育服务。

一、多部门联合印发的第一个推进社区教育发展的指导性文件

民之所需是教之所向，民之所盼是学之所归。《意见》是近年来我国多部门联合印发的第一个推进社区教育发展的指导性文件，也是继2004年教育部印发《关于推进社区教育工作的若干意见》之后，国家又一次针对社区教育进行全国性部署。如果说2004年的文件是提倡大家广泛参与，那么2016年的文件则强调了统筹和协调。文件提出，要"推动形成党委领导、政府统筹、教育部门主管、相关部门配合、社会积极支持、社区自主活动、市场有效介入、群众广泛参与的社区教育协同治理的体制和运行机制"。同时，也首次明确了教育行政部门、民政部门、财政部门、人社部门、文化部门等职责。据相关统计显示，截至目前，在全国44所省级电大（其中5家已经挂牌开放大学）中，已经有一半以上的省级电大成立了社区教育指导服务中心，或者增挂社区大学的牌子。由此可见，电大或者说未来的开放大学是社区

教育名副其实的生力军。《意见》出台后,这种趋势更加明显。

文件指出:"社区教育是我国教育事业的重要组成部分,是社区建设的重要内容。进一步推进社区教育发展要以促进全民终身学习、形成学习型社会为目标,以提高国民思想道德素质、科学文化素质、健康素质和职业技能为宗旨,以建立健全社区教育制度为着力点,统筹发展城乡社区教育。"要"充分发挥社区教育在弘扬社会主义核心价值观、推动社会治理体系建设、传承中华优秀传统文化、形成科学文明生活消费方式、服务人的全面发展等方面的作用"。

综上归纳,教育与学习所具有的与生俱来的内在联系,是社区教育向社区学习转型的理论依据。社区教育主题是教育惠民,主线是提升素质、繁荣文化、改善民生、构建和谐,思路是党政统筹、构建机制、整合资源、健全保障、开放办学、全民参与、城乡互动、打造特色。

二、提出了进一步推进社区教育发展的总体目标

2017年2月28日,由全国开放教育新资源共建共享联盟主办的市级电大转型发展和社区教育交流研讨会在自贡召开。中国教育技术协会常务副会长、国家开放大学原党委副书记张少刚就"电大转型为什么选择在社区教育领域谋发展?"这一问题时认为:这是针对我国社会发展的需求来定位的。近些年,社会的多元化,学习需求与学习方式的多样化,使我们的生存空间在不断地被整合。我国的国情基础是"单位人",崇尚熟人圈,公共化的社区建设与社区教育相对滞后,新老社区正处于形成之中,社会管理的人才需求推动高校开设相应的专业,各种业态向社区汇聚,如学前教育进社区、养老在社区、技能培训在社区,艺术、法制、安全、民俗等方方面面的教育在社区开展。电大自誉为大众化教育,社会中的大学,因此,谋划布局社区教育就是一种必然的选择。

《意见》提出"到2020年,社区教育治理体系初步形成,内容形式更加丰富,教育资源融通共享,服务能力显著提高,发展环境更加优化,居民参与率和满意度显著提高,基本形成具有中国特色的社区教育发展模式,实现全国开展社区教育的县(市、区)全覆盖"。为此,我国将"建立健全城乡一体的社区教育县(市、区)、乡(街道)、村(社区)三级办学网络",基本思路是搭台(搭建各种各样的教育学习平台)、入户(送教进社区、进村落)、聚气(把广大居民的精气神提振起来,形成符合社会主义核心价值体系要求及各自区域特色的社区精神)。我们欣喜地看到,2016年11月30日,《成都市社区教育促进条例》经四川省第十二届人民代表大会常务委员会第二十九次会议批准,成了我国首例以"社区教育"命名的地方性法规。2017年6月23

日,我国首个以高校联袂地方党委政府成立的社区学院在陕西平利城关镇药妇沟社区挂牌。平利县自 2011 年实施陕南避灾移民搬迁工程以来,创办的社区工厂现已发展到 47 家,解决就业 3 500 人,成为全国精准扶贫的经典案例。西北大学平利社区学院的成立,不仅开创了全国高校"走出围墙办社会大学"的先例,更弥补了县域经济人才短板,为推进高校教育资源全民共享进行了探索和尝试。[1]

综上归纳,发展社区教育要普及终身学习理念,优化终身学习环境,丰富终身学习资源,建立终身学习制度。要提高组织程度增强凝聚力,畅通信息渠道增强沟通力,提升科学素养增强接受力,培养参与意识增强参与力;要顺应时代潮流、整合社会资源、厚植发展优势,促进社区教育与思想道德建设相结合、与城市文化传承相结合、与治理体系建设相结合、与科学文化普及相结合、与人的终身学习相结合。

三、明确了我国社区教育发展的五项任务

"学习型共同体"概念在教育部九部门文件中被提及,是国家对多年学习型组织建设的认同。2014 年,教育部等七部门《关于推进学习型城市建设的意见》提到了学习型组织建设、社会资源开发统筹的问题,也提到了应用信息技术。有很多任务同《意见》是一致的。所以,我们在贯彻社区教育《意见》的同时,必须把"学习型城市建设意见"延续着贯彻下来,必须树立鲜明的问题意识,把解决问题作为思考问题的逻辑起点。

《意见》明确了包括"提高服务重点人群的能力""丰富社区教育的内容和形式""整合社区教育资源""加强社区教育基础能力建设"和"提升社区教育内涵"五项任务,这将给传统精英教育的生态、格局带来很大的影响和改变。

一方面,《意见》指出了社区教育服务的重点服务人群,强调社区教育绝不是精英教育,而是面向居民的普惠教育,抓住了社区教育的关键。另一方面,《意见》提出了积极探索用互联网思维推进社区教育的数字化进程,即善于把握互联网的思维特征——平台思维、用户思维、迭代思维、简约思维、极致思维、流量思维、大数据思维、社会化思维。

两个方面的结合,旨在要求加强资源整合,努力扩大社区教育资源供给。为此要从社会化大教育的视野,鼓励人们解放思想,探索开放共享、可持续发展的资源共享模式,实现一个基地、多种功能,一套班子、多块牌子,不求所有、但求共享,促进基层公共服务资源效益的最大化,这就为传统的

---

[1] 张哲浩,刘勇,沈奕君.我国首个高校社区学院挂牌成立[N].光明日报,2017-06-25.

学校教育打开了新的发展空间,对已经习惯了精英教育的学校尤其是高等学校来说,也将是很大的考验。[1]因为区域内的高等学校和职业院校拥有多学科、多领域、多层面、高品质的终身教育资源,将这些资源为社会共享,会使传统教育的教育生态、发展模式产生前所未有的改变,会使社区教育的形势、内涵有进一步的拓展和提升。例如,2010年,上海市杨浦区政府与区域内的高校分别签订了全面战略合作框架协议,协议中将教育、科技和精神文明建设列为重要内容,并构建起高校社区教育超市。同时,该区的街镇和委办局也和大学的有关部门签约共建,从而使地区和大学之间的交流合作有了制度上的设计。又如,2017年,上海社区学院成立,这无疑是对《意见》的重要回应。上海社区学院是上海开放大学专门从事社区非学历教育的特色学院,未来主要有五大职能,构建面向社区的非学历教育系统;开展面向社区成员的各类非学历教育培训;开展面向社区的非学历教育相关资源建设;开展面向社区的非学历教育平台建设以及探索服务社区基层党建的工作。

社区教育的本质是服务,运营才是关键。《意见》明确提出"市场有效介入"问题,用将近300字的篇幅谈到了拓宽经费投入渠道,这在以往文件中是没有的,也阐明了社区教育和市场法则存在着的天然联系。也就是说,社区教育的发展必须借助市场的力量,必须在政府统筹下逐步放开社区教育市场,通过政府购买服务、项目外包、委托管理、经费补助等方式,鼓励各级各类学校和社会教育培训机构、社会组织、社会资本等积极进入这一领域,并创造一个透明、公开、公平的竞争环境。例如,北京爱迪科森教育科技股份有限公司,长期服务于干部教育及社区教育,其中包括中共中央组织部、全国人大常委会、国土资源部、北京市干部教育网、北京市委党校等单位100余家。

围绕五项任务提出社区教育的五个方面的重点工作:一是发挥智库力量,加强业余指导与服务;二是搭建社区教育综合平台,推进信息化与资源建设;三是加强培训工作,提升全国社区教育工作者能力;四是加强理论与实践研究,推进成果交流共享;五是以项目和活动为抓手,加强联动和合作。

综上归纳,发展社区教育要针对区域、行业、企业等不同人群提供相适应的教育服务,坚持面向基层、面向行业、面向社区、面向农村,广泛开展职工教育、社区教育、老年教育、新型农民教育和各类培训,突出人才培养特色和学校办学特色,实现线上与线下相结合、动手与动脑相结合、自主与协作相结合,感知教育与社区教育相融合。

---

〔1〕 刘增辉.社区教育的里程碑式文件[J].在线学习,2016(8).

社区教育的"加快发展"《意见》

人的发展有三个维度,即全面发展、充分发展、自由发展。只有当社会经济高度发展,物质生活极大地丰富,人们的闲暇时间富裕了,才有可能达到这样的发展水平和发展境界。[1]近年来,江苏省社区教育发展蓬勃,在体系构建、资源整合、项目推动、示范引领、制度建设等方面取得了一定成效,但与经济社会发展要求,与城乡居民需求相比还有一定差距,还存在认识不到位、机制不健全、发展不平衡等问题。2017年6月12日,江苏省教育厅等十一部门印发的《关于加快发展社区教育的实施意见》(苏教社教〔2017〕1号)明确指出:加快发展社区教育,一是完善终身教育体系、建设学习型社会、促进人终身全面发展的迫切需要,二是推动社会治理体系建设、提升社区治理水平、建设社会主义和谐社会的重要途径,三是提供城乡居民综合素质、增强创业创新能力、服务经济社会发展的有效支撑。加快发展社区教育,必须坚持"以人为本、社区为根、统筹协调、改革引领"原则,更加注重统筹协调、注重政策引导、注重特色发展,到2020年,城市、农村居民的社区教育参与率分别达到60%、40%以上,全省80%县(市、区)达到省级社区教育示范区建设标准,实现标准化社区教育机构全覆盖。

"加快发展"必须进一步发挥开放大学作用,即进一步完善以江苏开放大学为龙头,以市级社区大学(开放大学)、县级社区学院(开放大学)为骨干,以乡镇(街道)社区教育中心和居民学校为基础的五级社区教育网络体系。其中,高等院校和中等职业学校(含技工院校)应发挥在理论研究、师资培训、新技术推广应用以及职业技能培训等方面的重要作用。开放大学系统要面向社区、面向老年、面向青少年等群体提供学习资源和网络平台的支持服务。社区大学、社区学院要统筹本区域资源,构建终身学习公共服务平台和支持服务体系,负责课程建设、项目开发、理论研究、品牌创建等方面的教育示范和业务指导。乡镇(街道)社区教育中心负责组织实施社区教育活动,指导居民学校开展工作。居民学校为社区成员创造学习条件,积极开展各类教育活动,培育各类学习社团和学习共同体,把社区教育办到居民家门口。

---

[1] 陈乃林.学习型社会视域中的社区教育发展研究[J].北京广播电视大学学报,2012(5).

"加快发展"必须进一步开发地方特色资源,即实施江苏社区教育品牌建设计划,培育一批社区教育品牌项目:全国终身教育学习品牌(江苏)(表2-3)。品牌建设要求在做好日常工作的同时,需要善于思考和总结,树立品牌意识,把具有长远意义或有特色的工作进行提炼打磨;需要一组典型案例(创意实践和实践提炼)来支撑,使其内容更丰富丰满,形式更生动有趣;需要结合地方特色,将社区教育的内容和当地的艺术形式相结合,如特殊剧种、曲艺、影视等,开发百姓喜闻乐见的教学资源;需要挖掘地方历史文化,创建特色鲜明的社区教育品牌;需要立足区域休闲娱乐方式,合理引导并积极满足居民有地方特色的兴趣爱好和学习活动需求:社区教育品牌基本条件(表2-4)。

表2-3 全国终身教育学习品牌(江苏)

2014年全国终身教育学习品牌 (首次评选)江苏优秀品牌	2016年全国终身教育学习品牌 (第二次评选)江苏优秀品牌
南京市玄武社区学堂	南京"农科教讲师团"
昆山市幸福方舟智慧巴城	常州"小巷讲坛——百姓身边的课堂"
苏州吴江——金山嘉善吴江三地社区教育合作论坛	苏州"鹿麟书苑——学国学促和谐"
扬州"千百万"社区教育惠民工程	
"常州公开课"公益讲坛	

表2-4 社区教育品牌基本条件

有组织	组织管理规范
有师资	专兼职、志愿者队伍
有影响	每年不少于1 000人或5 000人次。3年以上
有过程	社区教育机构,不少于3年
有标识	有标识、有口号、有故事,有LOGO
有理念	内在(功能、质量、价值);外在(知晓度、普及度、美誉度)

"加快发展"必须进一步创新社区教育形式,即围绕社区特点和社区文化特色,面向社区各类群体,广泛开展社会主义核心价值观、公民素养、法治诚信、人文艺术、科学普及、职业技能、运动健身、养生保健、生活休闲等教育活动。不断创新教育载体和学习形式,积极开展才艺展示、参观游学、读书沙龙等多种形式的社区教育活动,探索团队学习、体验学习、远程学习等模式。积极培育方便快捷的学习服务圈,通过开设学习超市、提供学习地图等形式,方便社区居民灵活自主学习。支持并引导社区居民组建形式多样的

学习共同体、学习社团,开展多样化的自主学习、互助学习、终身学习。

"加快发展"必须进一步建立由政府主导、多部门共同参与的工作协调机制和联席会议制度,加强对社区教育工作的规划、协调、检查和指导。教育行政部门要把开展社区教育纳入教育发展整体规划,主动联系有关部门,牵头做好社区教育发展规划、相关政策的制定和完善工作,建立目标责任、考核机制和责任追究机制;民政部门要把社区教育作为社区建设的重要内容,纳入城乡社区服务体系建设规划;财政部门要逐步加大对社区教育的财政投入力度;人社部门要加大对社区教育的支持力度,充分发挥社区教育在职业技能培训中的重要作用;农业部门要积极支持农村社区教育,发挥农广校在农民培训中的骨干作用;文化部门要通过公共文化服务体系为社区教育提供必要支撑;科技部门和科协组织要将贯彻落实《科普法》《全民科学素质行动计划纲要》以及提升科普公共服务能力与开展社区教育工作紧密结合起来,充分发挥农家书屋、社区书屋在社区教育中的平台作用;体育部门要将《全民健身计划纲要》的实施与开展社区教育工作紧密结合起来。发挥工会、共青团、妇联等群众团体和社会组织的作用,沟通推进社区教育发展。

2016年10月11日,江苏省暨南京市2016年全民终身学习活动周在南京开幕。时任江苏省教育厅厅长沈健指出:"十二五"以来,全省终身教育、全民终身学习工作取得明显成效。终身教育网络体系不断健全。学校教育示范引领、社区教育扎实推进、社会培训蓬勃发展、行业企业等用人单位教育普遍开展,基本形成了全社会广泛参与的多元化办学格局。先后创建了全国社区教育示范区、实验区共28个,总数居全国第一。目前,江苏省社区教育的运行网络依附于江苏省行政区划,分为市、区(县)、街道(乡镇)、居委会(村)四个层级,是由上至下呈树状结构,以乡镇(街道)为主体的管理体制模式。江苏开放大学已在全省整合73所市县级开放大学、103所社区学院、648个社区教育中心和5 389所居民学校等多方教育资源,形成了覆盖全省的社会教育办学体系。

经济的发展与教育的需求是呈正相关的,这契合了江苏社区教育的发展之路的走向。一方面,在江苏开放大学的带领下,各地积极开展惠民项目。例如,在南京打造的"母亲课堂"项目,为南京女性教育与学习提供支持;在张家港市杨舍镇开展的"四点半课堂"项目,为适龄走读儿童充实课后时光。另一方面,江苏开放大学承担起领军的重担,面向全省架起了一座终身教育的"立交桥"。无锡推出"微信课堂",从导学、授课、服务等方面提供学习服务;常州建立集信息查询、导航、咨询等功能为一体的"乐学龙城、学习地图"移动学习平台;南京打造覆盖11个区的"南京学习在线"平台,让优质资源全民共享。[1]

淮安开放大学根据市第七次党代会提出的"形成以淮安开放大学为龙头的社区教育办学体系"的要求,全力打造区域社会教育的"五大中心":市民学习中心、业务指导中心、社区活动中心、资源建设中心、发展研究中心。于 2016 年年初,启动了淮安市社会教育"强基工程",明确了"十三五"期间,将以"省级标准化社区教育中心"创建和"淮安市星级社区教育中心"评选及动态管理为抓手,扎实推动乡(镇)街道社区教育中心建设。同时,着力打造"三个平台"——"终端取胜"的有效落地平台,积极担当的深度介入平台,探索前行的创新实践平台;努力做成"五个点"——锦上添花的示范点,合作多赢的共建点,内涵建设的提升点,特色品牌的锻造点,星星之火的燎原点。

无锡开放大学在建设过程中结合无锡市社区教育的发展特色,发挥无锡开放大学社会服务功能和终身教育"立交桥"的优势,依托"无锡开放大学学习平台",以及全市四级社区教育网络体系[即无锡开放大学设立无锡市社会教育服务指导中心,区、县(市)电大设立社区学院,街道(镇)设立社区教育中心,社区(村)设立居(村)民学校],整合和利用社会各类终身教育资源,开展社区教育等多种形式的教育服务活动。无锡市社会教育服务指导中心对无锡市七区和江阴、宜兴的社区学院、街道(镇)社区教育中心、社区(村)居民(村民)学校进行业务指导与统筹管理。[2]

---

[1] 郑晋鸣.江苏开放大学探索社会教育新路子[N].光明日报,2016-12-28.
[2] 刘晴.开放大学与社区教育共同体建设研究——以无锡市为例[J].江苏开放大学学报,2013(6).

「第三篇」

服务社会的可为之道

公共服务和公共决策

一、公共服务的教育均等化

1955 年,库兹涅茨以英国、美国、德国的时间序列资料为依据,提出了著名的倒"U"假说。倒"U"假说描述了收入分配与区域经济发展之间的关系,认为伴随着经济的增长,收入差距的长期变动轨迹是"先恶化、后改进",整个过程的变动曲线为倒"U"字形。中华人民共和国成立以来,我国基本公共服务差异化状况是先恶化后改进,呈倒"U"字形。[1]随着我国社会主义市场经济的深入发展和社会转型、利益分化,社会矛盾逐渐增多,人们在工作和生活中面对的不确定性风险不断加大,实现基本公共服务均等化、促进社会和谐的地位和作用日益突出。

机会均等是均等化概念的核心,即不分城乡、地域和人群,每一个想要接受基本公共教育的人都有机会得到政府提供的服务。也就是说,向社会成员提供教育均等的基本公共服务,是现代政府的基本职责之一。党的十六届六中全会首次明确提出实现城乡基本公共服务均等化目标。经过党的十七大、十七届三中全会、十八大等重要会议的强调和部署,基本公共服务均等化总体实现已成为到 2020 年全面建成小康社会战略目标的重要内容。[2]《中共中央关于构建社会主义和谐社会若干重大问题的决定》明确指出,完善公共财政制度,逐步实现基本公共服务均等化是我国重要的发展方向。2017 年的政府工作报告提出,"推进以保障和改善民生为重点的社会建设""基本民生的底线要坚决兜牢"。在这一目标的推进过程中,开放大学的建设应充分重视区域布局和地方归属,必须依靠政府的责任履行和有效的作为。这些责任和作为主要包括:依据区域社会发展的目标和进程,确立开放大学的战略地位;依据社会发展的区域特点和现实状况,实现开放大学与社会发展的统一规划;依据本区域社会成员的学习及发展需求,赋予开放大学具体的职能和任务;依据开放大学发展的需要,进行有效的资源配

---

〔1〕 刘志昌.基本公共服务均等化的变迁及其逻辑:一个解释框架[J].社会主义研究,2014(3).

〔2〕 黄伟.加快推进基本公共服务均等化[N].人民日报,2013-03-28.

置并给予政策性支持。[1]

同时,公共服务均等化是政治、经济、社会和文化因素的函数,即"均等化=政治+经济+社会+文化"。政治因素是基本公共服务均等化的主导,经济因素是基本公共服务均等化的基础,社会和文化因素是基本公共服务均等化的推力。2017年3月1日,国务院发布《"十三五"推进基本公共服务均等化规划》(以下简称《规划》),公布了八个领域的81个服务项目清单,并强调"城乡区域间基本公共服务大体均衡,贫困地区基本公共服务主要领域指标接近全国平均水平"的目标。同时,国家基本公共服务制度紧扣以人为本,围绕从出生到死亡各个阶段和不同领域,形成了统筹协调、财力保障、人才建设、多元供给、监督评估五大实施机制,与开放大学的全民终身教育体系高度契合。其中,在第四章"基本公共教育"中的继续教育给予了重点任务的明确:"建立个人学习账号和学分累计制度,完善学分认定和转换办法,拓宽学分认定转换渠道,探索建立多种形式学习成果认定转换机制,促进各类学习资源开放共享,推动构建惠及全民的终身教育体系。"同时,也给予了保障措施的明确:"鼓励探索网络化教育新模式,对接线上线下教育资源,扩大优质教育资源覆盖面。加快推进'三通两平台'(即宽带网络校校通、优质资源班班通、网络学习空间人人通,教育资源公共服务平台、教育管理公共服务平台)建设与应用,继续提升农村中小学信息化水平,通过政府购买服务等方式支持国家级优质教育资源平台建设。建立个人学习账号和学分认证平台,为学习者提供学分认定服务。"

苏州市一直以来比较重视政府公共服务职能,在经济发展取得显著成就的同时,社会发展也走在了全国前列。时任苏州市委常委、常务副市长王翔在基层走访调研时强调指出:要真抓实干推进"两聚一高","百姓富"就是要让群众更公平享受到改革发展带来的实惠。只有公共服务均等化,才能让城市和农村群众共享改革红利,才能实现"更公平"。2014年,苏州被列为"国家发展改革委城乡发展一体化综合改革试点",目前正在着力打造"城乡公共服务均等化示范区"。2017年3月3日,在成都举行的中国纺织品商业协会丝绸专业委员会第七届二次会议上,苏州职业大学丝绸应用技术研究所在该协会承办的商务部丝绸公共服务体系项目——"丝绸中国"系列活动中,被授予"丝绸中国"杰出贡献奖。

大学开放的过程是一个深度民主化的过程,开放大学本身就是教育民主化的产物,开放大学的出现是精英化教育向平民化教育转向的新阶段,既是教育公平实践发展的结果,更是实现教育公平的重要途径。2017年3月

---

[1] 彭坤明.开放大学建设初论[M].北京:中央广播电视大学出版社,2011:126-129.

22日,苏州市发展和改革委员会在苏州开放大学召开《苏州基本公共服务均等化研究》课题评审会议。本次评审苏州市发展和改革委员会主任凌鸣出席,副主任陈淑丽主持,邀请了浙江大学、苏州大学、市民政局等多方专家和学者对苏州市的基本公共服务基础建设提出卓越的意见和展望。同年10月17日,苏州市人民政府印发了《苏州市推进基本公共服务均等化行动计划(2017—2020年)的通知》(以下简称《行动计划》)。基本公共教育作为主要任务之一,指出"大力发展继续教育,健全覆盖城乡的终身学习网络。建设'学在苏州'市民终身学习云平台,逐步形成市、县(市、区)联动、覆盖城乡的数字化终身学习网络。实行终身学习登记和不同学习成果学分认证和转换制度。推动社区教育服务社会化。稳步发展学历继续教育,健全职业培训标准,大力发展社会化职业培训机构,建立健全覆盖城乡全体劳动者,贯穿从学习到工作的各个阶段,适应劳动者多样化、差异化需求的职业培训体系。加快发展多样化的老年教育,构建多样化的老年教育网络"。同时,《行动计划》将"终身教育体系完善工程"作为基本公共教育提升的五大工程之一,明确"整合各种教育资源,建设广覆盖、多类型、多层次、开放便捷的终身教育服务平台。依托学校、科研院所、企业行业和社会培训机构,提升继续教育和职业技能培训能力。到2020年,开展社会教育的普通高校和职业院校比例达80%以上,学习型组织和社区较为普遍,示范性农村社区和教育中心比例达80%以上"。

因此,进一步梳理苏州基本公共服务均等化方面的研究现状,不断总结理论界现有研究的成果,发现其中的不足,并探索未来研究应着重解决的领域和重点,对于促进苏州城乡统筹,提升公共服务均等化水平极为重要而有意义。

二、公共决策的智库全程化

2016年上半年,新加坡国立大学学者郑永年在《联合早报》发表了题为"有效知识供给不足已经严重制约了改革成效"一文,提出了"中国已经进入了一个知识短缺的时代"的观点,并把改变这种"知识短缺"困局的希望寄托于当下的新型智库建设。

习近平总书记强调,智力资源是一个国家、一个民族最宝贵的资源。我们进行治国理政,必须善于集中各方面智慧、凝聚最广泛力量。改革发展任务越是艰巨繁重,越需要强大的智力支持。早在2014年2月10日,教育部以教社科〔2014〕1号印发《中国特色新型高校智库建设推进计划》(以下简称《计划》)。该《计划》分服务国家发展,明确建设目标;聚焦国家急需,确定主攻方向;整合优质资源,建设新型智库机构;发挥人才关键作用,着力培养和打造高校智库队伍;拓展成果应用渠道,打造高端发布平台;改革管理方式,创新组织形式;加强组织领导,提供有力保障七个部分。2015年1月20日,中华人民共和国中央人民政府网公布中共中央办公厅、国务院办公厅印发的《关于加强中国特色新型智库建设的意见》。该《意见》要求"规范和引导社会智库健康发展",指出:社会智库是中国特色新型智库的组成部分。坚持把社会责任放在首位,由民政部会同有关部门研究制定规范和引导社会力量兴办智库的若干意见,确保社会智库遵守国家宪法法律法规,沿着正确方向健康发展。进一步规范咨询服务市场,完善社会智库产品供给机制。探索社会智库参与决策咨询服务的有效途径,营造有利于社会智库发展的良好环境。2017年2月6日,中央全面深化改革领导小组第三十二次会议审议通过了《关于社会智库健康发展的若干意见》,这是中央高层决策机构第一次对社会智库进行谋划、研究。该《意见》要求规范和引导社会智库健康发展,对发挥民间智力、为党和政府决策服务具有重要意义。要坚持用党的理论和路线方针政策引领社会智库建设,坚持把社会责任放在首位,紧紧围绕党和政府决策的重大课题开展咨询研究。要优化发展环境,拓展社会智库参与决策服务的有效途径,完善社会智库人才政策。要完善管理体制,建立重大事项报告制度和信息公开制度。

政府的整个行政过程是以公共决策为基础,其关键的模块设计分为政府公共决策采集模块、政府公共决策中枢模块、政府公共决策咨询模块、政府公共决策监督模块、政府公共决策反馈模块。[1]一个标准的高校智库是由多个具有独立研究能力的模块化团队所构成的一个多学科合作研究网络。开放大学新型智库建设的关键模块主要包括:终身教育中的教学、科研、管理和生活等各项活动的需求模块;由智库研究人员发起主题与用户群和技术平台之间的交互模块;通过学习主题处理模块完成围绕主题的数据分析模块;服务于全民终身教育学习环境改善和提高的知识转化模块。

1995年,美国政治家约翰·W.金登在科恩的"垃圾桶模型"的基础上提出了多源流分析的基本框架。他认为,在政策系统中存在着问题流、政策流和政治流三种不同的源流。就问题流而言,问题在社会四处漂流,但不是所有的问题都能够得到政策制定者的关注从而上升到政策议程,只有当"各种问题开始引起政府内部及其周围人们的关注"的时候才能被识别。就政策流来说,"有一个其工作重心就是要产生政策建议的政策共同体,构成整个共同体的人员包括专家和官僚、规划评估方面的人员、预算部门的人员……他们各自都有自己最得意的想法或自己的打算;他们在这些政策共

---

[1] 陈婧.政府公共决策支持信息系统的构建[J].情报资料工作,2012,33(5).

同体中四处散发自己的思想"。就政治流来说,"政治溪流中包括像国民情绪的摇摆不定、公共舆论的变化莫测、行政当局的更换、党派或意识形态在国会中分布状况的改变以及利益集团的影响这样的因素。这条溪流中实践的发生往往不依赖于问题溪流和建议溪流"[1]。这三条源流彼此独立,在某一关键时间点上汇合到一起,从而打开"政策之窗",问题就会被提上政策议程。"政策之窗"的开启时"政策建议的倡导者提出其最得意的解决办法的机会,或者是他们促使其特殊问题受到关注的机会"。政策建议的倡导者需要抓住并利用"政策之窗"开启的机会促使自己的政策主张与问题流、政治流相结合,上升到政策议程,达到政策结果。因此,以多源流分析框架来观察新型智库知识供给的路径转型,我们应立足国情社情教情的实践,关注问题、政策和政治三大源流,围绕"研究中国问题、形成政策学派、联动政治窗口"三条核心路径,开展面向未来的战略性、前瞻性和预见性的政策研究,大力推进中国特色有效知识供给体系的发展。[2]

智库作为一个资源中心,包含着知识库、工具库和策略库。其建设所要面对和解决的问题是一个复杂的过程,不是单纯地指制订与实施解决方案这一阶段,其解决方案的制订与实施都是基于对问题本身的深度理解,以及对多方面知识和经验的整合加工。以多源流分析理论观之开放大学的智库建设和发展,正是基于问题、政策、政治三大源流的耦合相促。其中,问题源流形成战略导向机制,如以服务新农村实现发展定位的战略性调整;政策源流形成互动耦合机制,如以发展实体办学推动发展模式的理念转变;政治源流形成利益协调机制,如以完善公共教育平台推进学习型社会建设。2017年11月,北京开放大学在全国高校中率先成立家庭教育学院,以发挥首都科技、人才和智力优势,汇集国内相关领域专家学者,开展家庭教育科学研究,推动家庭教育智库建设。学院成立后,将重点研发符合我国国情的家庭教育课程体系,创造条件开设家庭教育本科学历教育,积极开展家庭教育非学历教育培训,建好"学分银行",有效衔接学历教育与非学历教育。通过家庭教育特色课程的体系化研发,推动以家庭教育综合实验项目"GSG 学习小镇"为核心的家庭教育示范基地建设,从而培养更多的家庭教育人才,为我国家庭教育的发展提供"先进、科学、系统、实用"的理论与实践指导。[3]

---

〔1〕 [美].约翰·W.金登.议程、备选方案与公共政策[M].北京:中国人民大学出版社,2004:109.
〔2〕 张宏宝.高校智库从"慢一步"到"快一步"[N].光明日报,2017-02-28.
〔3〕 赵军.北京开放大学家庭教育学院成立[N].中国教育报,2017-11-13.

教育培训的精准发力

知识资源转化是成人学习最为重要的着力点。美国著名成人教育学家马尔科姆·谢泼德·诺尔斯提出了成人学习者的基本特征：成人有明确的学习动机；成人对自己的生活负责，最优质的学习资源在于成人自身；成人有大量丰富的生活经验，成人教学的重点在于经验教学；成人的学习是以生活或问题、任务为中心的学习。[1]同时，社会转型期的开放大学如何从经济社会发展的边缘走向中心、从封闭走向开放、从指令型走向需求型、从管理型走向服务型，关键在于能不能构建起立足区域的服务型开放教育体系，能不能围绕关键岗位培养学员提升自主学习能力。作为教育培训的学习组织者，应该去设计这样的学习环境，即有温度的学习，有适当压力的学习，测试好一个真正能够形成成果的引爆点。

一、培训差异性

1. 高校培训与社会培训

高校和社会培训机构是教育培训行业的重要力量，二者要在招生、营销、师资、课程、项目、信息和场地等方面开展合作。由于主办机构不同，高校培训与社会培训有着明显区别（表3-1），高校、社会和政府三类培训机构也存在着各自侧重点（表3-2）[2]。从实践而言，高校培训的市场化运作主要体现在培训项目来源市场化、实行人员聘用制、授课教师兼职制、按市场原则有偿使用各类资源、后勤社会化等方面。

表3-1　高校培训与社会培训的区别

	高校	社会
培训师资	以自有师资为主，习惯课堂授课方式，系统性理论性较强，职称职务有优势的教师较有机会上课	基本上都是外聘讲师，强调讲师的培训经历、经验和影响，培训内容和形式的时代感较强

---

〔1〕 凌玲. 试评诺尔斯成人教育学理论[J]. 继续教育, 2015(12).
〔2〕 王升国, 董洁. 高校培训与社会培训的比较与启示[J]. 太原城市职业技术学院学报, 2015(10).

续表

	高校	社会
培训内容	擅长综合性的培训项目，内容较全面，课时较多，研究新问题较少，前沿知识多是针对机关、企事业和行业组织的培训	擅长专题性培训项目，内容较单一、深入，课时较少、集中，较关注时新问题，结合热点紧，多针对中小企业和学生考试考证
培训形式	培训普遍不够生动活泼，不太重视贴近学员，多采用课堂式培训，讲师多在讲台上，运用先进教学手段较少	培训一般比较生动活泼，愿意贴近学员，喜欢采用沙龙式培训，讲师一般在学员中授课，较多运用现代教学手段
培训管理	重管理、重规范、重教师、轻营销、轻市场、轻服务。薪酬与业绩并不对称，工作积极性不高。培训收费较低。不太擅长培训招生，较愿意办长期培训班	重招生、重营销、重市场、轻规范管理。薪酬与业绩挂钩，积极性较高，社会培训收费较高。擅长招生，办班情况随市场变化，多数是短期班、专题班
培训优势	系统性、学程长、分散式、综合型的培训项目。如干部培训、前沿知识技术等	短平快、学程短、集中式、专题型的培训项目。如企业管理、课程辅导等

表 3-2　高校、社会和政府三类培训机构各自的侧重点

高校	社会	政府
培训带有明显的课堂教学色彩，课时、考核方式、教师职称等都特别标出，并有班会、论文答辩、开班结业仪式等，课程安排较满，一段时间集中培训，前后近两个月，学员接触、交流多。培训一般安排在高校教室或报告厅	聚焦"产品研发"主题，时间较短，课程背景介绍中提出培训对象在工作中遇到的一些突出问题，引出培训教学内容，并指出参训后的收益预期，吸引潜在客户。市场意识强，有详细的讲师介绍，将课程方案和营销紧密结合。一般安排在城市酒店，多采用圆桌型、沙龙式，形式活跃，培训食宿一条龙	利用周末上课，课时不多，但间续授课，学程较长。一般安排在机关会议室、礼堂或酒店。授课内容偏宏观和政策性，紧密结合当前形势
"学院派"不太擅长招生，生源紧张	"市场派"主动开拓市场，招生形式灵活	"机关派"采用发文招生，生源不愁

2. 职业培训与学历教育

职业培训与学历教育比较，有许多不同的特征。就职业培训而言，参加培训项目的学员学历水平、知识基础、技能水平可能参差不齐；同一类的培训项目，其培训时间长短也可能不一样；送培单位（企业）投入的培训经费可能差别很大。这些因素对职业培训项目的质量是有直接影响的。由于这些诸多因素难以控制，增加了职业培训项目质量的评价难度，使得职业培训项目质量的评价更加复杂。大量的企业、培训机构的调查研究表明，借助"关

联系数"就可以把可能存在的可变因素对培训质量的影响,完全体现到评价结果中,保证了评价结果的准确性和客观性。实际上,大多数可变的因素对培训质量的影响主要体现在培训效果方面,因此,关联系数的处理就集中在了"培训效果"这个一级指标的各层各个指标上了。培训学员初期的知识基础、技能水平等不一样,经过培训后,他们的发展程度是不一样的,从发展的角度讲,在学员对培训的满意度进行评价时,应在满意度评价的基础上乘以关联系数(发展系数)。在送培单位、管理部门、培训机构、第三方评估对满意度评价时,在发展的基础上,还要考虑培训班的整体稳定性,需在满意度评价的基础上乘以关联系数(稳定系数)。

二、项目品牌性

开放大学作为引导教育培训品牌认证的主体,应主动树立以"需求导向"为主导、以"与时俱进"为主线、以"实事求是"为重心、以"终身学习"为核心的培训理念,采取各种有效措施,制定相关政策,规范和指导办学单位的品牌项目认证,强化各办学单位品牌意识。培训项目主要遵循三大原则:一是质量原则,即申请品牌认证的项目应具有良好教学质量和社会声誉;二是总量原则,即申请品牌认证的项目能充分体现社会效益与经济效益并举原则;三是数量原则,即申请品牌认证的项目必须满足一定的期数条件、人数条件以及连续举办的时间条件。

针对干部教育培训,《2010—2020年干部教育改革纲要》(中办发〔2010〕18号)在指导思想中以"体制机制改革为重点",提出增强培训机构体系的开放度和竞争性。党校、行政学院和干部学院是主阵地、主渠道,高等学校优质资源侧重开展新知识、新技能、新信息、新理论培训,开辟各类实践教研基地作为加强能力培养的直观生动课堂。《2013—2017年全国干部教育培训规划》则进一步明确提出"探索建立项目管理制度,完善竞争择优机制,对知识能力类培训逐步推行项目招投标"[1]。例如,2009年中共中央组织部、教育部确定北京大学等13所高等学校为首批全国干部教育培训高校基地。按照"服务国家战略,服务干部成长"的要求,2010年,北京大学对人民日报社、工信部、司法部等15家中央和国家机关进行了司局级干部的选学试点工作,开展司局级干部培训模式的探索与实践;2012年年初,中央组织部、中央直属机关工委、中央国家机关工委联合印发《中央和国家机关司局级干部选学工作实施意见》,决定将司局级干部选学工作作为一项常

---

〔1〕 廖来红.干部教育培训:高校继续教育转型发展的新方向——干部教育培训市场机制政策变迁与实际运行状况分析[J].继续教育,2014(2).

规性工作,计划每年都组织一批中央和国家机关司局级干部参与选学。该项目是我国干部教育培训模式的一项重大创新,充分体现了高端培训"名师资、名课程、名服务"的特点和优势,为领导干部创造了"缺什么学什么"菜单式自助选学提供了成功的范例。[1] 又如,"专题研修短期培训班项目"是由广州电大终身教育学院联合浙江大学经济学院推出的面向广州地区政府、企业、行业、事业单位等开展的定制培训项目(表3-3)。

表3-3　广州电大"专题研修短期培训班项目"

序号	培训专题	培训对象及主要内容
1	党政干部专题培训班	面对党政干部、财税系统、政法系统、工商系统、人社系统、金融系统、民政系统、教育系统、集团企业、卫生系统等开展国家政策形势分析、职工能力素养提升、行业管理能力提升等专题培训班
2	党建工作创新专题研修班	面对各系统党务人员、党组织书记等开展党建工作、创新发展、综合素养、能力提升四个方向的专题培训班
3	经济结构调整与产业转型升级专题研修班	面对各级党政人员和主管工业、经济的人员开展宏观形势、产业转型、综合素养、现场教学四个方向的专题培训班
4	政府建设与公共管理专题研修班	面对从事公共管理人员、党政系统人员开展政府建设、公共管理、现场教学三个方向的专题培训班
5	社会治理创新专题研修班	面对从事公共管理、社会保障和社会组织方面工作的人员开展社会治理、创新管理、公共管理、现场教学四个方向的专题培训班
6	城市规划与管理专题研修班	面对从事城市规划与管理部门的人员开展发展战略、规划管理、规划建设、现场教学四个方向的专题培训班
7	生态文明建设专题研修班	面对从事城市规划、林业建设人员开展生态文明建设、生态建设发展、综合素养、能力提升、现场教学五个方向的专题培训班
8	城镇化与美丽乡村建设专题研修班	面对从事农村建设、城市规划人员开展新型城镇化、新农村建设、现场教学三个方向的专题培训班
9	县域经济发展专题研修班	面对各级党政人员和主管工业、经济的人员开展发展战略、发展思路、现场教学三个方向的专题培训班
10	农业现代化与产业化专题研修班	面对从事农村建设、农林牧渔机构的人员开展农业现代化、农业产业化、形势分析、开阔视野、现场教学五个方向的专题培训班

[1] 张虹,曾海涛,胡敏,廖来红.服务国家战略服务干部成长——北京大学"中央和国家机关司局级干部选学"案例介绍[J].继续教育,2014(1).

续表

序号	培训专题	培训对象及主要内容
11	文化产业改革与发展专题研修班	面对从事主管工业、经济的人员开展产业战略、产业发展、现场教学三个方向的专题培训班
12	财税干部综合素质提升高级研修班	面对从事财政、国税、地税相关领导、街道财税所负责人开展形势政策、创新管理、现场教学三个方向的专题培训班
13	中小学校长教育管理能力提升高级研修班	面向中小学校长、教育行业的负责人开展宏观形势、创新管理、现场教学三个方向的专题培训班
14	检察机关公诉人综合素能提升高级研修班	面向检察机关公诉人及相关人员开展宏观形势、创新管理、改革发展、能力提升四个方向的专题培训班
15	政法干部社会治理创新专题培训班	面向政法系统领导干部开展政策形势、创新管理、现场教学三个方向的专题培训班
16	人社系统领导干部管理创新与能力建设研修班	面向人社系统领导干部开展政策形势、创新管理、综合素养、能力提升四个方向的专题培训班
17	民政干部素质提升高级研修班	面向民政系统领导干部开展政策形势、创新管理、现场教学三个方向的专题培训班
18	银行系统从业人员专题培训班	面对银行管理人员及工作人员提供涵盖支行行长培训项目、中高层领导力提升项目、中层管理干部培训项目、高管培训项目、会计主管培训项目、柜员培训项目等专题培训班

三、行业服务性

行业特色鲜明的高职院校与企业大学其相关培训发展优势较明显,而综合性高校因缺乏与行业的直接关联性,对各行业专业技术人员的培训就难对接,因而往往在培训空间的拓展中将重点放在了党政管理和企业管理这两类学科专业性不是太强的培训对象上。[1]

苏州开放大学在培训项目的制定过程中应通过三种方式用好苏州区域和苏州元素的优势。一是依托地方现场教学基地,把经济社会文化发展的现场变成教育培训的课堂。学校可以与苏州工业园区、张家港永联村、常熟蒋巷村等政府、企业和现代化新农村共建现场教学基地,丰富教育培训的实践性。二是加强专题和课程建设,将苏州经济社会文化发展的成功和素材

---

[1] 柳樨,郑燕芬,祝怀新.高校教育培训品牌项目认证机制的构建[J].继续教育,2014(1).

变成教育培训的教材。结合经济社会发展经验和区域历史文化传统,推出"张家港精神""昆山之路""园区经验""吴文化""苏南城乡一体化""苏南基层党建"等系列专题和课程,增强教育培训的实效性。三是加强师资队伍建设,将校外一线实践者变成教员。他们来自党政管理、经济文化建设、科学研究第一线,能很好地将理论与实践相结合。[1]

方太集团聚焦人才队伍的发展,提出"下属要达到领导70%的能力"要求,不断提升组织人才和技能的快速"复制能力"。公司在内部开展了战略落地类培训,在每一个战略落地的过程中,都要求培训融入其中。战略落地类培训还包含一些重大变革项目以及文化落地类项目。除此之外,还有相对稳定、基于人才培养发展的项目,学习资源开发类项目,讲师培养项目,等等。以人才培养类项目为例,主要有五大人才培养计划:针对应届生的阳光计划、针对骨干员工的群星计划、针对基层管理者的启航计划、基于中层管理者的飞翔计划、基于中高层管理者的巅峰计划。[2]

四、评估质量性

培训有效性是组织和培训专业人员共同关注的焦点。培训效果评估是培训流程中的最后一个环节,主要是从四个方面考察:

第一层评估——反应层面,这类评估主要是考核学员对培训讲师的看法,培训内容是否合适等。这是一种浅层评估,通常是通过设计问卷调查表的形式进行。

第二层评估——学习层面,主要是检查学员通过培训,掌握了多少知识和技能。可以通过书面考试或撰写学习心得报告的形式进行检查。

第三层评估——行为层,该层关心的是学员通过培训是否将掌握的知识和技能应用到实际工作中,提高工作绩效。此类评估可以通过绩效考核方式进行。

第四层评估——结果层,这类评估的核心问题是通过培训是否对组织的运营结果产生影响。结果层的评估内容是一个组织培训的最终目的,也是培训评估最大的难点。

自1959年唐纳德·柯克帕特里克提出柯式四级评估模型以来,柯式评估模型经过50年的发展已成为应用范围最广、影响最大的培训评估模型之一(表3-4)。2009年,柯克帕特里克及其合作者确定了柯式评估的五项基

---

〔1〕 王健.地方综合性大学非学历教育发展思考与探索——以苏州大学为例[J].中国成人教育,2015(1).

〔2〕 薛佳怡.方太大学:言传身教快速实现能力复制[J].在线学习,2017(3).

本原则:(1)将终点作为起点;(2)期望值回报率是价值体现的最终目标;(3)业务合作伙伴关系是实现积极的期望值回报率必不可少的因素;(4)在展示价值之前必须创造价值;(5)用一条极具说服力的证据链展示培训带来的基本价值。[1]

表 3-4 柯式业务合作伙伴关系模型

培训阶段	实施步骤
设计和策划培训项目	建立业务合作伙伴关系
	考虑组织管理者问题
	提炼培训期望从确定培训所需要达到的业务结果
	确定关键行为和必需的驱动力
	确定学员需要掌握的知识、技能和态度以及制订培训计划
	考虑必要的培训环境
	设计和开发培训项目及评估工具
实施培训项目	第一级评估(学员反应)
	第二级评估(学习反应)
	启动持续强化和监控措施
	第一级评估(行为改变)
	第二级评估(业务结果)
建立证据链	评估培训项目
	呈现第一级学员反应的评估结果
	呈现第二级学习反应的评估结果
	呈现第三级行为改变的评估结果
	呈现第四级业务结果的评估结果

五、二次开发性

培训和学科学习一样,需要有研究、实施、评价、反馈,再去修改培训。市场二次开发是培训市场营销的一个重要组成部分,它是面向培训老客户和老学员的一个营销过程,是通过一系列营销手段,强化老客户对培训机构的信任,与培训机构形成培训长期合作伙伴关系,并积极主动地推荐新客户

---

[1] 赵亚南.柯氏模型基本原则在提高培训有效性中的应用研究[J].继续教育,2015(5).

和新学员,具有"滚雪球"的效应,建立"共建、共享、共赢、开放、平等"的培训学习生态圈。

为达到二次开发的成功,必须制定完善的培训市场二次开发策略:一是分析客户和学员选择参与培训学习的动因,即要判断哪些学员因需求而来学,哪些学员因广告而来学,哪些学员因价格而来学,哪些学员是因为口碑而来学。通过对学员选择培训机构和培训项目的动机分析,找到二次开发的心理共鸣点。二是要选择和锁定培训市场二次开发的关键目标客户。项目团队要对参训学员名单进行认真细致的分析,通过对学员的工作行业、单位、职务和岗位等资料数据的分析,锁定培训市场二次开发的关键目标客户和学员,判断哪些关键学员是培训市场二次开发的对象和目标,应该与谁交谈才可能带来新的培训业务。三是发现客户和学员培训新的需求点,锁定二次开发的目标客户和学员后,要分析与学员们谈些什么内容才能引起学员的兴趣,通过与关键学员的沟通,把学员隐藏的或明或暗的培训需求显性化、条理化、系统化,从而策划出新的培训项目。[1]例如,一些高校建立了学员"校友会",继续教育向服务型培训转型。原来以名校、名师、名课程等为优势和重点的讲授型培训,逐渐向着重提供学习、交友等多功能高端生活平台的服务型培训转型,使高端培训成为高端学员的学习圈、交友圈和生活圈,这成了高校非学历培训项目可持续发展的一个很好的渠道。

---

[1] 玉石,李蓝,赵天娇.培训市场二次开发的思考[J].继续教育,2014(9).

新型职业农民教育培训

在 2016 年 G20 杭州峰会欢迎晚宴上,一种出自台州的"工匠葡萄"——"九穗儿",摆上中外领导人的餐桌。这个来历不凡的"九穗儿",出自浙江电大首届农民大学生、葡萄种植大王葛凌腾之手。2007 年,浙江电大启动实施了"农民大学生培养项目",浙江省财政每年全额资助 1 000 名种养专业的纯农类农民上大学。同年,台州广播电视大学积极与台州市农办合作,首招 62 名农民大学生,形成了"政府补一点、学校免一点、农民出一点、单位报一点"的"四个一点"发展模式。2014 年 9 月,全省乃至全国首个村级农民大学生班——台州电大农民大学生金大田班在台州市新桥镇金大田村开班。2016 年 10 月,台州电大又与天台电大联手,在天台县后岸村农家乐经营业主中招收 58 名农民中专生,开设农家乐经营与管理专业的中专教育,成为全省第一个村级农民中专生班。据统计,项目实施 10 年来,省、市、县三级财政资助农民大学生 5.1 万人。"精准"和"长效"的农民脱贫致富电大方案,培养了大批新型农民,促进了全省农业产业结构调整。[1]

从上述两则新闻不难看出:中国人口的大头在农村,如何加快农村发展和现代化建设是实现国家现代化的关键和瓶颈。解决三农问题,建设社会主义新农村,根本在人。换而言之,没有新农民,就没有新农村。没有农民素质的现代化,就没有农业和农村的现代化。没有农村的现代化,就没有国家的现代化。

20 世纪 20、30 年代,晏阳初、梁漱溟等一批教育家在农村进行了大量的教育实验活动,如晏阳初所推行的文艺教育、生计教育、卫生教育以及公民教育这"四大教育"中,核心是提高农民文化水平;梁漱溟认为,中国的问题在于严重的文化失调,在他的乡农教育实验中,把宣传优秀传统文化作为最重要的教育内容。他们的共同之处在于:在改造乡村、传播先进文化的过程中,都把学校作为最主要的阵地,把教师视为最中心的人物。[2]观之当

---

〔1〕 禹跃昆,蒋亦丰.教育,送给最需要的人——透视浙江广播电视大学转型发展之路[N].中国教育报,2017-05-01.

〔2〕 邵晓枫.建立学校—社区教育共同体——以社会交换理论为视角[J].职教论坛,2012(1).

代,农村公共产品供给体制改革工作要求明确政府职能,各级政府应是农村公共产品的最主要建设者,同时,遵循市场规律,组织好民间供给,引导农村社会组织参与农村公共产品供给。现在的农村有三股教育力量——以教育部门为主的文化教育,以农业部门为主的农业技术培训,以劳动部门为主的劳动力转移培训。

根据党中央十七届三中全会《中共中央关于推进农村改革发展若干重大问题的决定》的精神,开放大学的许多示范点将面向农村为农民服务放在重要地位。例如,2003年教育部批准中央电大建立奥鹏远程教育中心(简称奥鹏中心)。奥鹏中心在北京市平谷区数字化学习港镇罗营示范点基础上,复制了该镇的玻璃台示范点,完善了示范点的网站和数字化学习环境,开发、整合了一批适应当地开展"农家乐"旅游服务与管理的培训资源,并举办了"新型农民数字化学习培训班",培养了一批数字化学习带头人和科技致富能手,带动当地农民群众数字化学习和走科技致富的道路;大连电大奥鹏学习中心与长海县獐子岛镇政府合作,在獐子岛建设"镇民数字化学习中心",引入数字化社区教育和技能培训资源,满足了岛上居民学习娱乐和提升就业能力的需要,促进学习型数字化海岛的建设。[1]

从宏观视野看新农村建设在当前和今后一个时期的学习培训任务主要有五项:(1)以繁荣农村经济为重点,促进农村社会发展,扩大规模,提高素质,优化结构,使农村实用人才总量大幅度增加,农村人力资源整体实力不断增强。(2)农村实用人才的培养、服务、评价、激励机制更加健全,配套措施更加完善,有利于农村实用人才成长和发挥作用的环境不断优化。(3)农村实用人才运用先进科学技术和经营管理知识带头致富、带领群众致富的能力显著提高。(4)巩固农村基础教育,发展职业技术教育,加强成人教育,整合教育资源,拓宽教育培训途径,提高教育培训水平,基本建立与农村经济社会发展相适应的农村人力资源开发体系。(5)农村人才格局不断完善,社会各方面力量积极支持,参与农村人才工作的氛围逐步形成。[2]例如,种、养殖基地,一般是指农村这块广阔天地里有种、养殖条件且具规模的地方,这也是人才最紧缺和热门走俏之地。开放大学虽为新建,但有的电大已搞了十几年的燎原教育,有着一定基础,在全国农村建设了相当数量的种、养殖基地。比如河北省冀州农村国家级的"全国辣椒商品基地"和"全国食用菌商品基地"。从业人员19万多人,产品出口日本、韩国、西班牙等

---

〔1〕 任为民,施志毅.建设社会化公共服务体系打造全民终身学习平台——21世纪电大系统的新机遇和新挑战[J].天津电大学报,2009(4).

〔2〕 新农村学习型社会建设研究课题组.新农村学习型社会建设研究报告[J].中国农村教育,2015(1-2).

十几国家和国内20多个省、市区,发展前景十分广阔。若与其主管部门联合培养其相关的人才一定会相得益彰,大有可为的。[1] 又如,中国石油大学(华东)充分发挥远程教育的办学网络和教育资源优势,积极参与地方经济发展人才培养计划,为新农村建设培养新型实用人才。如为山东省临沂市全市农村基层干部和回乡知识青年等开展成人学历教育和技能培训。与广东团省委签订《"圆梦100"新生代产业工人骨干培养发展计划合作备忘录》,根据新生代农民工的特点,依托石油石化特色专业和人才培养优势,将优质资源输送给各位圆梦学员,满足了国家发展和新生代农民工个体发展的需求,赢得了社会的认可和好评。

新型职业农民是构建新型农业经营体系的需要,是家庭农场经营的基石、合作组织的骨干、社会化服务组织的中坚力量,必须立足农业主导产业,特色产业和优势产业发展实际,把服务行业、支撑产业作为培训的落脚点。自2012年起,中央一号文件连续四年强调要"大力培育新型职业农民"。新型职业农民的类型包括专业技能型、生产经营型、社会服务型。2015年年初,农业部将江苏确定为新型职业农民培育整体推进试点省。同年8月,江苏省人民政府办公厅印发的《关于加快培育新型职业农民的意见》明确目标任务:"从2015年起,全面扩大试点,探索构建职业农民教育培训、规范管理和政策扶持体系,力争制度上有创新,政策上有突破;培养认定一批新型职业农民,每年培育生产经营型、专业技能型和专业服务型三类职业农民20万人,到2020年全省新型职业农民培育程度达到50%;建立信息管理系统,健全新型职业农民档案,为实施动态管理、落实扶持政策提供科学依据。"

2017年年初,苏州城乡发展一体化工作会议公布了一个数据:累计培育各类农民合作社4 407家,认定职业农民1 049名。截至2017年3月,昆山市共有6家农户获得江苏省现代青年农场主培训结业证书,成为新型职业农民队伍中首批现代青年农场主。这6人于2015年9月走进南京农业大学,围绕家庭农场经营与管理、休闲农业与乡村旅游、现代农业生产经营、农产品电子商务等主题,进行了系统学习。2017年3月14日,苏州市政府发布的《关于聚焦富民持续提高城乡居民收入水平的工作意见》提出,要加快促进农村居民增收致富,其中之一就是鼓励家庭农场主、农民合作社带头人、农业社会化服务组织负责人及其从业人员,通过参加培训成为新型职业农民,全市每年培育新型职业农民1 500名以上,力争到2020年全市新型职业农民培育程度达到90%以上。[2]

---

〔1〕 张和平.开放大学办学模式研究[J].继续教育,2014(2).
〔2〕 陆晓华.苏州每年培育1 500名以上新型职业农民[N].苏州日报,2017-04-17.

2017年6月12日,江苏省教育厅等十一部门印发的《关于加快发展社区教育的实施意见》(苏教社教〔2017〕1号)提出"高度重视农村居民的教育培训",即以乡镇社区教育中心和居民学校为依托,广泛开展农村劳动力转移培训、农业实用技术培训和农民创业培训。积极实施以新生代农民工为重点的农民工学历与能力双提升计划。扎实推进教育服务"三农"高水平师范基地创建工作,发挥农科教协同育人示范作用,大力开展新型职业农民培训,促进农村一二三产业融合发展,促进农民增收致富。利用大学生暑期"三下乡"社会实践活动,组织开展农民集中培训教育。加强农村居民家庭教育指导,为农村留守妇女提供社会生活、权益保护、就业创业等方面的教育培训。例如,江苏省句容市天王镇在科协、农业、教育等部门的共同指导下,以村居民学校为平台,以朝阳产业项目为载体,以科技为支撑,以合作社为组织形式,以强村富民为目的,通过农科专家引领,大面积培养新型职业农民,实施整体推进,成功打造了知名的"野山小村"有机农业品牌,助推了新型职业农民的成长。

另外,习近平总书记提出的"精准扶贫"已然上升为国家战略,培育新型职业农民已成为推进精准扶贫的重要策略。精准扶贫需要财政资金的精准投入,在财政资金有限的前提之下,只有有效发挥财政资金的杠杆撬动作用,才能使财政扶贫资金达到事半功倍的效果,这一杠杆就是新型职业农民的培育。当前,已有相当一批政府部门正积极联手高校,以新型职业农民培育为抓手,把贫困户纳入新型职业农民重点培育对象,变"精准扶贫"为"精准培育",通过"扶智"让农民拥有"造血"功能,着力培养有文化、懂技术、会经营的新型职业农民队伍。借助"互联网+继续教育"的模式,通过远程教育的方式,将实用的农业科技、种植技术和市场信息送到田间地头,让贫困人员边干边学,实现"进课堂"和"送教育"双驱动,助力脱贫。例如,新农村新农民绿色培育e计划是由中国农业大学联合全国农业类院校共同实施的,并由中国农业大学联合部分高等农业院校、从事农业在线教育的企业、其他农业行业相关的企事业单位、行业协会等,以自愿加入的方式,成立的全国高等农业院校继续教育在线联盟。联盟旨在利用现代信息技术,推动联盟成员间的合作开发、应用分享和培训交流,提升农业院校继续教育服务社会主义新农村建设、新农民培训和新农业发展的能力。[1]

---

〔1〕 杨学祥,申海成.高校继续教育供给侧和需求侧分析[J].继续教育,2017(1).

禁毒教育培训基地建设

近年来,我国面临的毒情形势日益复杂和严峻。境外毒品对我国形成了"多头入境、全线渗透"的局面;国内海洛因成瘾人员复吸率较高,以青少年为主体的滥用兴奋剂类新型毒品人数增长很快;涉毒者已不仅仅局限于某几类社会人群,社会各阶层几乎都有染毒人员,呈现出毒品来源多元化、毒品滥用人群多样化、毒品种类多元化的态势。[1]

2008年6月,《中华人民共和国禁毒法》(以下简称《禁毒法》)正式实施,明确了我国的禁毒工作预防为主,同时将"禁毒宣传教育"单列一章,位列总则之后,足见我国对禁毒宣传教育工作的重视。同时,《禁毒法》提出禁毒宣传教育要"六进",即进学校、进社区、进单位、进家庭、进场所、进农村。我国各地虽然因地制宜地建立了禁毒教育基地(园地),但来参观的民众人数仍偏少。同年,教育部继续深化中小学生毒品预防专题教育工作,共青团和妇联组织继续开展"社区青少年远离毒品""不让毒品进我家"等禁毒宣传教育活动。2009年,我国深入贯彻《全民禁毒教育实施意见》,推动全民禁毒教育迈上规范化轨道。国家禁毒办与教育部将中小学生毒品预防专题教育工作纳入了国家督学范畴。[2]2015年,国家禁毒委员会向社会发布青少年毒品预防教育三年规划,全面启动"6.27"工程。同时,国家禁毒委员会办公室、教育部决定在秋季开学后3个月内,在全国组织开展青少年毒品预防教育"五个一"活动,即参观一次禁毒展览、观看一部禁毒影片、上一堂禁毒课、开展一次禁毒征文比赛、开展一次主题班会。同时,国家层面也提出了禁毒教育"五个一工程",即各省、自治区、直辖市都要建立一所禁毒教育基地;各大中小学校每年都要集中开展一次禁毒教育活动;各地都要组织一批禁毒宣传理论研究成果;创作一批禁毒文艺作品;培养一批青年禁毒志愿者。

教育的价值具有多重属性,通过对人的指引而在社会生活中产生积极或消极作用。从价值观层面而言,禁毒教育的主要内容包括了生命人生价

---

[1] 杨黎华. 当前禁毒宣传教育工作存在的问题及对策[J]. 湖北警官学院学报,2012(1).
[2] 管彦杰,邵翀. 香港青少年禁毒教育简介及其启示[J]. 青岛职业技术学院学报,2009,22(3).

值观教育、幸福快乐价值观教育、责任价值观教育等。也就是说,禁毒教育的价值是通过教育客体对教育主体的作用,引导教育主体的价值观念成为正确的价值观体系,使空洞的价值体系得以充实,最终改变他们对社会、对人生的态度。[1]因此,如何建设禁毒教育阵地,使其充分发挥应有的作用和价值,这是摆在禁毒教育工作者面前的问题。

一、一元多主的社区教育服务体系

一元多主社区教育服务体系是指在社区教育服务中,采取共建与分工协作,建立以高校继续教育共建基地为(核心)主平台,地方政府、行业主管部门、企事业单位、地方特色教育机构共同参与并发挥各自优势,通过教学资源整合、服务渠道整合、服务内容和成果集约化管理、服务方式创新,建立和推行一定范围内的教育质量标准,全面提高教育服务绩效的多元社区教育服务、管理体系。

一元多主社区教育服务体系相对双向和松散,需要从人力资源发展和人才支撑体系建设的维度进行顶层设计,进行系统内外社区教育服务资源的优化、整合、共享和配置,并通过有效的合作和运行机制保障整个运行架构的运转。例如,2011年7月,国家禁毒办下发《关于组织开展深化全民禁毒宣传教育试点工作的通知》,确定了10个全国"禁毒教育进社区试点项目"和10个全国"禁毒教育进农村工作试点项目"。又如,近两年,宁夏创新"互联网+禁毒教育"品牌,借助"互联网+禁毒教育"的全新思维,通过密织"校园网、宣传网、保障网"三大网络,将毒品预防教育与思想品德教育、行为规范教育、安全教育有机结合,打造宁夏毒品预防教育"e驱动、微传播、大融合"的创新品牌。通过品牌建设和牢筑学校、家庭、社会三位一体毒品预防"防护墙",宁夏27个市县区实现毒品预防教育全覆盖,青少年对毒品危害知晓率达97%,新吸毒人员增幅由高峰期的30%降至7.5%。[2]

二、全民终身教育学习的支持服务体系

一是建立覆盖本区的校园毒品预防教育基地、园地或示范区。设置固定的展馆,通过实物摆放、图片和音像展示、互联网推送等手段,开门让学习者自由参观,普及禁毒常识。

二是划分教育模式和教育对象,研发与编制禁毒教育资料,尝试将禁毒

---

〔1〕 万志红,李涛.论禁毒教育的价值目标[J].云南警官学院学报,2008(5).
〔2〕 李锦.宁夏打造"互联网+禁毒教育"品牌[N].宁夏日报,2017-07-10.

教育划分为启蒙课(小学部分)、认知课(中学部分)、能力课(高中部分)和综合素质课(大学部分)(表3-5)。近年来,云南师范大学紧紧围绕《全国青少年毒品预防教育规划(2016—2018)》,立足禁毒教育基地开展一系列毒品预防教育工作,形成了学校公共禁毒教育、学校专业禁毒教育和社会公共禁毒教育三大教学体系,成为学校禁毒宣传教育的一张"名片"。[1]

表3-5 禁毒教育的主要模式

	形式	内容
刚性禁毒教育模式	主要表现为教育运作制度化、教育手段灌输化、教育主体定人化、教育对象确定化、教育目标责任化等	主要为法制教育,通过教育让受教育者懂得必须遵守有关规定,做到"有毒必肃、种毒必铲、贩毒必惩、吸毒必戒"
柔性禁毒教育模式	教育形式灵活多样,主要根据具体情况,因人、因时、因地开展即时教育,如与工作对象谈心、劝诫、说服教育等,该形式应兼具弹性操作和感化教育的特点	主要为道德教育,社会责任感及自我保护意识的培养等,以树立自觉禁毒观念并付诸实际行动
理性禁毒教育模式	主要是通过讨论,摆事实讲道理、批评揭露等方式,让吸毒者猛醒,让非吸毒者警惕	主要是对毒品特性的认识、毒瘾产生的机理、毒品对身心健康和社会的巨大危害,毒品的违法犯罪与反社会性质等,以唤起毒品违法犯罪者的良知,让非吸毒者抱有理性认识
感性禁毒教育模式	主要通过大众传播媒介,举办进度教育展览,实地参观禁毒场所,开展"禁毒宣传周"活动和建设无毒社区活动,进行吸毒害人害己害社会的典型案例介绍等形象生动的做法,使禁毒教育深入人心	凡是与禁毒教育有关的、看得见、摸得着的实物、实例等,如公益禁毒广告牌、毒品样品、因吸毒制裁致死的照片等

三是与市教育局和学校教师发展中心等联手,开展毒品预防教育师资队伍培训,对本地中小学及高校的教师进行毒品预防教育业务培训,努力让每一名在职教师都成为毒品预防教育兼职老师,为实现毒品预防教育的"全覆盖"目标打下了坚实基础。

四是与市公安局、市社科联、市民政局等联手成立禁毒专家咨询委员

---

[1] 莫关耀.云南师范大学:构建禁毒教育教学体系,深入推进"6.27"工程[N].中国禁毒报,2017-07-21.

会,与市文明办,团市委青年志愿者指导中心等联手做好禁毒志愿者队伍的培训工作,使禁毒教育工作长效化、系统化、社会化。

三、苏州禁毒社会工作培训基地

长期以来,我国实行"强制戒毒"为主的戒毒政策,《禁毒法》规定了以"社区戒毒"为核心的多种戒毒措施,标志着我国的戒毒策略开始由"司法惩戒"向"生理—心理—社会全面康复"模式的转变。苏州地区即成立了全省首家禁毒社会工作机构"苏州市自强服务总社",以政府购买服务的形式为广大戒毒人员、药物滥用者提供帮教服务工作。

2017年4月,苏州市禁毒办与苏州职业大学在苏州开放大学合作共建"苏州市禁毒社会工作培训基地"。该培训基地进一步开展禁毒社会工作岗位培训和继续教育,对社工进行基本的禁毒社会工作理论和实务能力培训,推进苏州禁毒社会工作人才队伍的职业化和专业化建设。同月,为深入推进"全国社区戒毒社区康复工作'8.31'工程",贯彻落实国家禁毒办、综治办等十二部门《关于加强禁毒社会工作队伍建设的意见》以及《江苏省社区戒毒社区康复工作规划(2016—2020)》的要求,全省后续照管工作培训班、苏州市社区戒毒社区康复工作暨禁毒社会工作者继续教育培训班在苏州开放大学举办。围绕禁毒工作的顶层设计、先进的禁毒工作理念、禁毒社会工作实务操作等三大培训模块,内容涉及毒品斗争形势、戒毒康复工作、后续照管实务、毒品预防教育、严重传染疾病职业防护、吸毒人员服务管理实务、专业督导及项目运作、禁毒新闻写作技巧、戒毒工作政策法律以及禁毒社会工作等多个方面,全省后续照管工作人员,苏州市各市、区公安禁毒部门分管领导及业务民警,各自强服务社禁毒社工共300余人参加了为期四天的培训。

2017年6月26日,适逢第三十个国际禁毒日,苏州市禁毒委开展的2017年"6.26"国际禁毒日集中宣传活动在苏州开放大学举行。活动期间,成立了苏州大学、苏州科技大学、苏州职业大学等23所高校组成的"苏州高校禁毒志愿服务联盟",使之成为苏州禁毒公益宣传的骨干力量,深入开展全社会的禁毒宣传工作;进行了《国际禁毒日》纪念邮票首发仪式,并为市区10所学校领导为"校外禁毒辅导员"代表发放了聘书,进一步在全市范围内建立校外禁毒辅导员工作机制,逐步完善"学校+社工"的学校毒品预防教育工作体系。苏州市四套班子领导,市禁毒委成员单位联络员、禁毒社工、大学生禁毒志愿者等共计200余人参加了活动。

2017年9月12日,苏州市禁毒办、市自强服务总社联合举办的2017年苏州市社区戒毒社区康复教案评比暨禁毒社工业务竞赛在苏州开放大学圆满举行。市自强服务总社和各市、区自强服务社禁毒社工共240余人参加了本次活动。参加评比的教案内容涉及戒毒康复、整合资源、心理疏导、专业评估、帮困解难、化解矛盾以及鼓励就业等方面,禁毒社工、民警用案例结合专业理论,深入浅出地分析总结案例成效,每一段故事都提醒世人毒品的危害,也同时展现着禁毒社工、民警脚踏实地一步步总结经验,付诸实践的历程。

全民学习服务的模式研究之一：理论背景分析

20世纪以来教育哲学的演变有一个不断递进的过程：20世纪初，进步主义提出了"为生活做准备"的目标，到1965年联合国教科文组织提出"终身教育"的概念。"终身教育"是在时间的维度上，认为教育是从摇篮到坟墓，覆盖人的全部生涯的一种教育理想。再到1972年，联合国教科文组织提出了一个更进一步的概念，即"学习化社会"，把终身教育、终身学习和学习化社会作为一个整体的概念。"学习化社会"意味着在横向层面，打破各种制度性的桎梏和边界，来重新构造全新的教育生态。所以从"终身教育"到"学习化社会"，一个是时间维度，一个是空间维度上的超越。但是"学习化社会"的理想真正大规模的实践，进入我们的现实生活中，恐怕是最近的事情。就是由于互联网技术，我们有了一个新的改变教育的神器，从而使得每个人都可以便宜、便捷地获得无穷无尽的教育资源，而且产生了每一个学习者之间的连接。[1]

一、共同体理论

（1）学习共同体理论。

20世纪70年代以来，随着学习科学（Learning Science）的兴起和发展，许多教育者开始关注学习的社会文化特征。古老的共同体概念被引入到教育领域，形成了学习共同体（Learning Community，也有学者译之为学习社区）。1995年，时任卡耐基教学促进会主席的博耶尔首次提出了"学校是学习的共同体"这一新的教育观点。他认为："学习共同体是所有人因共同的使命朝共同的愿景一起学习的组织，共同体中的人共同分享学习的兴趣，共同寻找通向知识的旅程和理解世界运作的方式，朝着教育这一相同的目标相互作用和共同参与。"[2]知识建构、意义协商、身份形成等三者同时进行、相互交叉的过程构成了学习共同体学习活动的运行机制。知识建构使得学习共同体的产生成为可能；意义的认同与协商使得学习共同体的学习活动

---

[1] 杨东平.跨界改变教育[N].中国教育报,2017-05-01.

[2] Boyer,E. A Basic School: A Community for Learning[R]. Princeton, NJ: The Carnegie Foundation for the Advancement of Teaching,1995.

能够得以进行;身份形成使学习者个体在学习共同体中获得了社会性发展,是学习者充分参与学习共同体的学习实践的表现。[1]

(2) 实践共同体理论。

实践共同体是莱芙和温格在 1991 年结合人类学和情景学习理论提出来的,认为"学习是现实世界中创造性社会实践活动中完整的一部分,是对不断变化的实践的理解和参与。个体不是简单地在头脑里接收、内化和建构知识,而是作为现实世界的一员在参与社会文化团体活动中重塑着知识。因此,当人们在实践共同体中参与共同的活动时,有效的学习就发生了"[2]。1998 年,温格出版了专著《实践共同体:学习、意义和身份》,强调了"多层成员身份"(multimembership)这一概念,指出在不同的共同体中,个人的参与模式是千差万别的。同时,还提出了实践共同体的三要素,即"相互介入,包含集体协商过程的共同活动、共享的技艺库"。

(3) 滕尼斯共同体理论。

共同体作为一个社会学概念,最早由德国社会学家滕尼斯于 1887 年在他的著名论著《Gemeinschaft und Gesellschaft》(共同体与社会)中提出的。滕尼斯认为,人有两种意志:一种是来自人性自我的最深处,称之为本质的意志,本质的意志是一种整体的意志,思维过程与生命、情感及全部的人类经验不可分割地联系在一起;另一种是选择的意志,选择的意志是独立的。本质意志意味着内在动机驱使的行为,而选择意志意味着与所欲达到的外在目的的有关行为。社会关系正是由这两种意志所塑造的。本质意志产生共同体,而选择意志导致社会。[3]可见,共同体是人类生活联结的最初方式,也是人类对自我本质意志的最深切关照。

(4) 科学共同体理论。

库恩的科学共同体理论认为,社会成员是科学共同体的组成力量,共同体的最初形成是因为个人喜好或个人偶然原因,当他们相信一个范式,他们就坚持了同样的信仰,在共同体内部用自己的方式为范式发展贡献力量。若信仰不同范式的共同体生活在两个完全不同的世界之中,他们看待问题的方式、方法、规则、标准等都是完全不同的。[4]

(5) 鲍曼共同体理论。

齐格蒙特·鲍曼的共同体理论关注的是在日益个体化的社会之中,在群体生活中得以存活并进化的个人,怎样才能在这种日新月异的时代变迁

---

[1] 伏荣超.学习共同体理论及其对教育的启示[J].教育探索,2010(7).
[2] 吴慧坚.实践共同体理论对学校教育变革的启示[J].广东第二师范学院学报,2014(2).
[3] 于海.西方社会思想史[M].上海:复旦大学出版社,2007:292.
[4] 荆德涛.库恩的科学共同体理论[J].赤峰学院学报(哲学社会科学版),2012(12).

下找寻到人生存活的社会意义和自我的价值之认同。[1]他希望建立的是一个基于人与人之间差异性的共享基础上的、基于他人和社会对个体的平等的权利和机会尊重基础上的共同体。

二、社会理论

（1）社会支持理论。

20世纪70年代初,鲍尔拜在精神病学研究中提出了依附理论,并正式引入社会支持概念。到了20世纪80年代,社会支持的理论研究与实务运用进入了一个繁荣阶段,如韦尔曼将社会支持分为感情支持、小宗服务、大宗服务、经济支持、陪伴支持五项,科恩和韦尔斯将社会支持分为尊重支持、信息支持、归属性支持和工具性支持。社会支持是一种复杂的社会行为,是个体从社会中获取的、来自他人的帮助和支持。一般而言,社会支持由支持主体、支持客体和支持内容三要素组成。从支持主体来看,可以是国家、社会组织、个人等"各种社会形态";从支持客体来看,以社会弱势群体为主,如老年人、残疾人、事业下岗职工、进城务工人员等;从支持内容来看,既包括物质上的支持,也包括知识、信息的支持,还包括精神、情感上的支持等。[2]

（2）社会交换理论。

社会交换理论产生于20世纪50年代末期的美国,主要代表人物有乔治·霍曼斯、布劳、艾默森等。社会交换理论以经济学理论来解释非经济学领域的问题,指人们在社会心理、社会行为方面的交换。该理论认为社会交换类似商品交换,其宗旨也是为了获取最大的利润,也即是说,在双方交往中,如果人们发现自己的收益与投入之比与对方大致相同,则会认为实现了公平交换,心理上就比较平衡,交往也会继续,如果发现自己收益与投入两者之比低于对方,则会产生抱怨等消极情绪,就会减少投入或中断交往。[3]特别是在网络学习空间中,学习者的自我价值感影响着其知识共享意愿和知识共享行为。学习者积极浏览他人提供的资源,参与讨论,不断从边缘角色发展为核心角色,学习者在角色变化过程中得到他人的尊重,同时也促进其自身不断调整知识共享行为,为他人贡献更多的资源和知识。[4]因此,开放大学与全民学习的沟通与融合,在某种程度上也是一种资源交换的过程。

---

〔1〕[英]齐格蒙特·鲍曼.个体化社会[M].范祥涛,译.上海:三联书店,2002:18.

〔2〕罗彤彤,乐传永.论老年教育支持服务体系的构建——基于社会支持理论[J].中国成人教育,2015(2).

〔3〕章志光.社会心理学[M].北京:人民教育出版社,1996:41-42.

〔4〕张思.社会交换理论视角下网络学习空间知识共享行为研究[J].中国远程教育,2017(7).

从社会交换理论的视角来审视这一问题,开放大学主要能为全民学习提供如下服务资源:提供物质条件,如场地、图书、各种运动设施等;提供大量的人力资源;起到宣传、传播先进文化,提高整个社区居民整体素质的作用。[1]

(3) 社会学习理论。

社会学习理论是研究个体为满足社会需要而掌握社会知识、经验和规划、技能的过程的理论,强调了"联结、强化和观察学习"三种机制个体的学习行为,旨在探讨个人的认知、行为与环境因素三者及其交互作用对人类行为的影响,这为全民学习服务提供了独特的视角和方法。美国心理学家阿尔伯特·班杜拉的社会学习理论是研究人怎样在社会环境中学习,认为行为习得有两种不同的过程:一种是通过直接经验获得行为反应模式的过程,班杜拉把这种行为习得过程称为"通过反应的结果所进行的学习",即我们所说的直接经验的学习;另一种是通过观察示范者的行为而习得行为的过程,班杜拉将它称之为"通过示范所进行的学习",即我们所说的间接经验的学习。班杜拉强调多数情况下,人类是通过对他人的示范行为的观察、模仿进行学习的,从而形成和发展他的个性的理论。也就是说,班杜拉的社会学习理论十分强调榜样的示范作用,主要涵盖注意过程、保持过程、动作再现过程、强化动机过程四个部分[2],认为自我调节是个人的内在强化过程,是个体通过将自己对行为的计划和预期与行为的现实成果加以对比和评价,来调节自己行为的过程,拥有内部控制点是更具适应性的动机状态,内部控制与结果期待,包括成就追求呈正相关。

三、学习动机理论

(1) 奥苏贝尔的动机分类理论。

动机和学习之间的关系是典型的相辅相成的关系,绝非一种单向性的关系。奥苏贝尔将学习动机分为认知内驱力、自我提高的内驱力和附属内驱力三个方面。其中,认知内驱力是指要求获得知识、了解周围世界、阐明问题和解决问题的欲望与动机,与通常所说的好奇心、求知欲大致同义。这种内驱力是从求知活动本身得到满足,所以是一种内在的学习动机。自我提高内驱力是指学习者希望通过获得好成绩来提高自己在家庭和学校中地位的学习动机。自我提高内驱力强的学习者,所追求的不是知识本身,而是知识之外的地位满足,所以这是一种外在的学习动机。附属内驱力是一个

---

[1] 邵晓枫. 建立学校—社区教育共同体——以社会交换理论为视角[J]. 职教论坛, 2012(1).

[2] 章迪薇. 高校成人高等学历教育扩大企业生源的对策研究——基于班杜拉社会学习理论分析[J]. 继续教育, 2014(4).

人为了保持长者们(如家长、教师等)的赞许或认可而表现出来的把工作做好的一种需要,也是一种外在的学习动机。上述三种不同成分的动机对每个人来说都可能具有,但三种成分所占的不同比例,则依年龄、性别、文化、社会地位和人格特征等因素而定。在童年时期,附属内驱力是获得良好学业成绩的主要动机;童年晚期和少年期,附属内驱力降低,而且从追求家长认可转向同龄伙伴的认可;到了青年期和成人,自我提高内驱力则逐渐成为动机的主要成分。

(2)班杜拉的自我效能感理论。

班杜拉的自我效能感理论是其社会学习理论体系的一个重要组成部分。有四个方面的信息影响自我效能感的形成与改变。首先,个体行为的结果(成与败)影响最大。成功的经验能够提高个人的自我效能感,多次的失败会降低之。其次,人们从观察别人所得到的替代性经验对自我效能感影响也很大。看到与自己相近的人成功能促进自我效能感的提高,增加了实现同样目标的信心;但看到与己相近的人失败,尤其是付出很大努力后的失败,则会降低自我效能感,觉得自己成功的希望也不大。第三种影响自我效能感的信息源是他人的评价、劝说及自我规劝。缺乏事实基础的言语劝告对形成自我效能感效果不大。在直接经验或替代经验的基础上进行劝说、鼓励,效果最大。第四种影响源是来自情绪和生理状态的信息。比如,紧张、焦虑容易降低人们对自我效能的判断。[1]

四、全息认识理论

全息现象是指,整体上的任何一部分或母体系统中的任何一个子系统,都包含着整体或母体系统的全部信息。全息理论最早从物理学的全息照片现象提出。全息照片记录的物体信息完整、密集而又丰富。将全息照片破碎成小片,每一小片都能再现出原物的整个形象。这是因为全息照片上的每一个点位都浓缩了原物的全部信息,储存了原物的全部特征,是原物形象以某种特殊形式的成比例缩小。后来全息理论在社会学和教育学中得到经验性的迁移和应用。如中国古代有这样一句俗语"三岁看小,七岁看老",就是全息理论在人类社会发展中的经验性认知,也是教育学范畴的全息经验。从全息认识重演原理看,人的个体性、工具性和社会性认知发展,都是人类整体认知系统的重演。这种重演从每一个人的诞生开始。[2]

---

〔1〕张鼎昆,方俐洛.凌文辁.自我效能感的理论及研究现状[J].心理学动态,1999(01).
〔2〕杨志成.核心还是综合——核心素养的全息认识论分析[N].中国教育报,2017-04-19.

五、建构主义理论

建构主义是一种关于知识和学习的理论,强调学习者的主动性,认为学习是学习者基于原有的知识经验生成意义、建构理解的过程,而这一过程常常是在社会文化互动中完成的。由于学习是在一定的情境即社会文化背景下,借助其他人的帮助即通过人际间的协作活动而实现的意义建构过程,因此建构主义学习理论认为"情境""协作""会话"和"意义建构"是学习环境中的四大要素或四大属性。建构主义的理论为人们通过互联网进行开放学习提供了一些方法和指向:首先,学习是学习者的一个知识建构过程,学习的发生需要创建学习情景;其次,互联网和信息技术为知识建构过程所需要的大量的知识资源、情景、实例提供了可能;再次,教师在学习过程中的角色是知识建构的引导者,而不是知识的灌输者;等等。

六、利益相关者理论

"利益相关者"名词最早始于1963年,美国当时上演的一出戏《股东》,人们便发明了"利益相关者"。同年,斯坦福大学研究所首次给出定义。作为理论,利益相关者理论始于约瑟夫·斯蒂格利次1985年提出的多重委托理论,其核心思想是,所有组织的利益相关者都有参与决策的权利,组织的目标是实现整体利益相关者的利益最大化。利益最大化模式一旦达成,具有相对的稳定性,同时如若乙方的利益诉求发生变化时,又会对既有的体系造成威胁,甚至是颠覆性的变迁。就终身教育而言,利益相关者是指与全民学习持续发展目标存在直接或间接利益关系的组织或个人,主要包括政府、主办院校(教师、管理人员等)、校外学习点、学生和社会(主要有学生单位、中介评价组织、公众和媒体)。当前,政府的教育改革为全民学习服务带来发展红利,大数据时代、高新技术的发展及产业升级为全民学习带来机遇,"互联网+"重建了全民学习的教育生态,高校高水平教育目标发展为全民学习的发展创造有利条件。[1]

七、成人质变学习理论

成人质变学习理论是继成人教育学和自我导向学习之后研究成人学习活动的第三条路线,它主要关注我们看待自身和周围世界的方式所发生的显著的根本性变化,是由美国成人教育家麦基罗于1978年首倡其端。根据他的观点,质变学习理论"并非是对既有理论或传统的一种延伸",而是以生

---

〔1〕 余俊光.利益相关者视野下的校外学习中心发展的挑战与机遇[J].继续教育,2017(1).

活现象或问题为基础,对各种理论进行消化和吸收的结果。成人质变学习过程往往由一种失去方向的两难困境触发。该困境是一种特定生活事件或生活经验。这一过程包括:① 困境不能借助原有的问题解决策略消除;② 学习者会进行自我检验;③ 对假设的批判性评估;④ 认识到其他人有过类似经历;⑤ 一些探索性选择是 为了形成新的角色、关系和行动,并导向行动计划的形成。[1]

麦基罗的质变学习理论包含了两个基本概念:意义观点和意义图式。意义观点指一个人全面的世界观,它为我们提供了评估正确与错误、好与坏、美丽与丑陋的标准,是一种认知方式,影响着个体的行为及对事件的解释。意义图式指"一个人经验中特殊的知识、信仰、价值和感觉"。

另外,质变学习理论的理论基础包括了库恩的范式转换理论、弗莱雷的意识觉醒理论、哈贝马斯的社会学理论、建构主义理论、杜威的教育学思想等。与麦基罗的质变学习理论强调"理性质变"不同的是,巴西教育改革者保罗·弗莱雷的质变学习理论强调的是"社会质变",认为"当一个人以批判的眼光看待个人与社会的关系时,质变学习就发生了"。罗伯特·博伊德的质变学习理论强调的是"个性化质变",认为在质变经验中不是理性因素而是情感因素或知觉因素才是变化的主要催化剂,强调了心理上的重新整合,"以前阻碍个人成长的陈旧的思维、感觉及作用模式最终都将被抛弃"。

总之,质变学习发生的过程,是一次次生命成长的过程。在这个过程中,凭借获取知识技能带给学习者能力和自信心是因人而异的,而学习行为本身会给每一位参与共同学习的学习者带来生命的充盈感。

八、人类学仪式理论

"仪式"一词作为一个分析性专门术语出现在19世纪,对于人类社会秩序的形成与稳定有着至关重要的作用,关系到自我的确认、知识的传承和秩序的维系,展现了"想象与情感生活"的丰富性与复杂性。其研究一直以来都是人类学研究中的重要领域,甚至被提升到了与弗洛伊德的"潜意识"和列维·施特劳斯的"深层结构"一样重要的地位。英国人类学家利奇认为,仪式就是人们为了知识永远传承下去的一种形式,是一种"信息"的传达、"信息"的不断重复和传递形成仪式。仪式知识是一种可以帮助人们处理问题的隐性知识,是一种实践知识。象征人类学大师特纳把仪式看作时间中模式化的过程,而符号形式的象征对象和象征行为则是构成仪式模式的基本"分子"单位,认为仪式就是学习过程的"一个符号的聚合体"。凯瑟琳·

---

[1] 项秉健,汪国新.社区学习共同体探幽[J].教育发展研究(沪),2017(1).

贝尔区分了与社区性、传统和与信仰有关的六类仪式：即过渡仪式、历法仪式、交换和共享的仪式、减灾的仪式、宴会、禁食与节日的仪式和政治仪式。按照贝尔的说法，在这六分的框架中，大体保持了仪式的习惯认知模式，即与信仰和宗教传统的关系，基本体现了人类学对仪式的"核心"价值观念。

根纳普在《通过仪式》一书中谈道："任何社会里的个人生活，都是随着其年龄的增长，从一个阶段向另一个阶段过渡的序列。"他所谓的"一个阶段向另一个阶段过渡"，就好像时间被人为地区分为有临界状态的"阶段"，简单地说，如果没有一个特定的社会仪式将"一个年龄阶段"与"另一个年龄阶段"以特殊的方式分隔开来，便无从获得社会规范中的过程属性。正如校园仪式中的开学典礼、毕业典礼、成人仪式等即属此类。

正视当前，我们仪式独特的文化价值和教育功能并没有得到足够的重视，与转型期社会人们的价值观念和行为模式更趋于实用功利有关，但更关键的在于我们对仪式的意义等缺乏文化学上的认识。仪式从表面上看主要是形式的演绎，但更深层次的是在表达特定共同体的文化精神和价值追求。借助人类学对仪式的研究，我们试图重新理解学习型社会中的仪式特征，重新还原全民终身教育体系中的仪式功能，重新改进开放大学开展全民学习服务的仪式过程。[1]

九、非线性系统理论

非线性系统理论是在自动控制理论中研究非线性系统的运动规律和分析方法的一个分支学科。非线性系统最重要的问题之一就是确定模型的结构，如果对系统的运动有足够的知识，则可以按照系统运动规律给出它的数据模型。其中，对分岔现象和混沌现象的研究已成为非线性系统理论中很受重视的一个方向。突变理论、耗散结构理论和协同学等也以非线性系统为研究对象的新兴学科相继出现，它们的方法和结果将对非线性系统理论乃至整个系统科学产生重要影响。

博尔诺夫的非连续性教育思想认为：人不可能一直保持在一个发展高度或者持续地向前发展。人的生活常常由于习性的"损耗"而陷入一种非其存在本意的退化状态。"在人类生命过程中非连续性成分具有根本性的意义，同时由此必然产生与此相适应的教育之非连续性形式"。危机、唤醒、号召、告诫和遭遇均可视为非连续性的教育形式，即这些事件既是非连续性教育的原因又是教育的途径，具有突发性、弱控制性和强影响性等特征。"揭示与不断进步的教育观念相对的非连续性的教育形式，这是存在主义哲学

---

〔1〕 盛况. 人类学视域下的大学校园仪式文化研究[J]. 中国成人教育，2015(4).

对教育的真正贡献。"[1]正如教育过程是确定性和非确定性的统一,教学过程是预设性和生成性的统一。非线性系统理论和博尔诺夫的非连续性教育思想给予全民终身学习的思考,即是"如何将连续性教育与非连续性教育统一?"如应急救护教育、抗挫折教育、健康促进教育等。

十、发展生态学理论

西方深层生态学的代表人物奈斯认为,生态学或生态智慧有两个最高原则:自我实现原则(确切地说是生态自我实现原则)和生态中心平等主义原则。发展生态学理论是美国学者 U. 布朗芬布伦纳创建的生物生态学理论,该理论认为:学习者的发展受到与其有直接或间接联系的生态环境的制约,这种生态环境是由若干个相互镶嵌在一起的系统所组成的,这些系统表现为一系列的同心圆。(1) 微观系统(Microsystem):这是学习者生活的场所及其周边环境,如家庭、幼儿园、学校、邻居和社区。(2) 中间系统(Mesosystem):它是处于微观系统中的两个事物(如学校与家庭、学校与社区、家庭与社区)之间的关系或联系,对学习者的发展有很大的影响。(3) 外层系统(Exosystem):它对学习者的发展只有间接而无直接的影响,比如,工作场所、家庭条件、各种视听媒体等。这些都会渗透到学习者的相互作用中去。(4) 宏观系统(Macrosystem):它是学习者所处的社会文化背景,包括来自某种文化或亚文化的价值观念、信仰和信念、历史及其变化、政治和经济、社会机构等。例如,西方文化更强调个人主义,而东方文化则更强调集体主义。(5) 时代系统(Chronosystem):它主要是指学习者所生活的时代及其所发生的社会历史事件。

十一、学习型组织理论

随着知识经济时代的到来,知识已不是社会经济增长的"外生变量",而是经济增长的内在核心因素,知识资源关系到组织的兴衰存亡。因此,创建学习型组织,已成为每一个组织不断适应变化、战胜挑战、在竞争中赢得有利地位的必然选择。学习型组织理论是一种适用于各种组织的宏观管理理论,致力于让 L(学习速度 Learning)≥C(变化速度 Change)。彼得·圣吉于在 1992 年所著的《第五项修炼——学习型组织的艺术与实践》一书,首次整体概括出来,即学习型组织是全体组织人员能全身心地投入并持续增长学习力的组织;是能让组织人员体验到工作中生命意义的组织;是通过学习能

---

[1] 肖静芬.教育史上的教育新概念:非连续性教育——博尔诺夫《教育人类学》的启示[J].继续教育,2014(12).

产生创造自我、创造未来能力的组织。国内有学者这样定义,所谓学习型组织,是指通过培养迷漫于整个组织的学习气氛、充分发挥员工的创造性思维能力而建立起来的一种有机的、高度柔性的、扁平的、符合人性的、能持续发展的组织。这种组织具有持续学习的能力,具有高于个人绩效总和的综合绩效。学习型组织有六个要素:拥有终身学习的理念和机制;建立多元回馈和开放的学习系统;形成学习共享与互动的组织氛围;具有为实现共同愿景而不断增长的学习力;工作学习化使成员活出生命意义;学习工作化使组织不断创新发展。2001年5月15日,在亚太经合组织人力资源能力建设高峰会议的开幕式上,我国政府提出"构筑终身教育体系,创建学习型社会"。2002年11月召开的党的十六大进一步提出,要"形成全民学习、终身学习的学习型社会,促进人的全面发展"。

十二、学习支持服务理论

1978年,英国开放大学的大卫·西沃特教授在德国哈根远程教学大学发表的论著《远程学习系统对学生的持续关注》,"可以认作是西方学者对学生学习支助服务的第一篇系统论述"[1]。"双向通信理论"是学习支持服务理论的基础,主要代表人物是霍姆伯格,也叫"有指导的教学会话"理论,这个理论诞生于20世纪70-80年代,教育理论家苏纶·尼珀称这一阶段为第二代远程教育,当时远程教育从早期的函授阶段向多媒体综合应用发展,人际交互和基于技术媒体的双向通信成为学习支助服务的核心内容。"持续关注理论"是学习支持服务理论的精髓,由英国开放大学的大卫·西沃特教授创立,他提出了"对远程教育学生的关注应具有连续性"这一重要论断。他认为,在远程教育系统中,教育机构除了提供教学材料和教学包外,还必须具有咨询和教学辅导的功能,这些功能的运用必须是连续不断的,并能够适时满足学生需要,关注的连续性是远程教育质量的关键。因此,学习支持服务理论关于"双向通信""持续关注"等重要思想为构建全民学习支持服务体系提供了很好的启示,逐步形成了"学习平台支持服务、学习资源支持服务和学习方式支持服务"三个基本要素。[2]

十三、价值共创理论

传统的观点认为,生产者是唯一的价值创造者,而消费者则是纯粹的价值消耗者。但根据价值共创理论,生产者不再是唯一的价值创造者,消费者

---

[1] 丁兴富.远程教育学[M].北京:北京师范大学出版社,2009:158.
[2] 宋亦芳.社区数字化学习支持服务体系的建构研究[J].职教论坛,2016(9).

也不再是纯粹的价值消耗者,而是与生产者互动的价值共创者。

在服务主导逻辑理论中,服务提供者提供资源,消费者使用资源,从而受益或产生使用价值。在生成价值的各个阶段中,价值总是共创生成,共创是价值产生的一个必不可少的阶段。在数字化学习资源建设过程中,价值共创理论重构资源建设者和学习者之间的关系,由对立变为互动、共创,改变数字化学习资源建设机制,实现数字化学习资源共建,最终实现数字化学习资源价值共创的目标。根据格罗卢斯和古梅鲁斯的价值共创模型,数字化学习资源共创模型包括五个阶段,从明确需求、共同设计、建设资源、学习体验到评价反馈。最后评价反馈的结果将进一步明确学习者的学习需求,从而开始一个新的螺旋式上升的学习资源共创的过程。[1]

十四、无边界教育理论

"无边界理论"最早由美国通用公司提出,其目的是为了突破企业发展瓶颈,通过管理创新实现企业发展的无限可能性。GE公司通过推行"无边界"理念建立起了一种学习型文化。1991年,西蒙在《组织科学》杂志发表《边界合理性与组织学习》一文,探讨了组织边界与组织学习之间的关系。1993年,Ashkenas等人出版了《无边界组织》,提出了一种学习型组织模型。

"无边界"成为通向学习型文化和自我实现的关键一步。随着高等教育社会普及率的提高,人们对教育资源的需求与高校优质教育资源供给矛盾日益突出,形成了高等教育质量与社会预期的张力,无边界教育孕育而生。它是指跨越常规思维理念而提供的教育模式,该教育理念指导下的慕课及微课在21世纪得到了长足发展。[2]无边界教育不仅提倡教育超越时空限制,而且要最大限度促进教育资源的信息共享及融合创新。随着无边界理论在教育界的应用拓展,其价值内涵已以一种新的形态表现出来,从而实现了不同文化背景、不同专业背景、不同教育体制下的教育发展新态势。可以看出,无边界教育理论其实是以有边界为基础,并非对所有边界的否定,其目标在于讨论让各种边界更易于渗透扩散,更利于各项工作在组织中顺利开展和完成。特别是无边界教育理论视域下高等教育发展需构建"大教育"思维发展观,教育管理者及社会需达成共同发展教育的共识,突破传统教育发展瓶颈。

---

〔1〕 宋其辉.社区教育数字化学习资源共创研究——基于价值共创理论视角[J].中国成人教育,2017(16).

〔2〕 龚乐,陈烁.无边界教育理论视域下高等教育资源共享机制建构[J].中国成人教育,2017(17).

全民学习服务的模式研究之二：基于政策报告

萨巴蒂尔在政策过程模型中指出,学习、竞争和公众压力是政策传播途径的基础。区域传播模型认为,各地有着向相邻地区学习的倾向,是因为它们存在着类似的经济和税收问题,而且环境相似,这样政策行动可以产生预期的类似结果。领导跟进模型认为,某些地区在一项政策的采纳方面是先行者,其他地区争先模仿这些领导者,其基础是有"领导地区"的出现。制度分析模型认为,社会经济发展中的各种问题是在制度演化过程中所形成的,因而要解决这些问题,必须在制度演化的动态过程中去寻找问题形成的真正原因。

自20世纪70年代以来,各种国际组织、政府机构、学术人士和民间团体纷纷开展有关终身教育和学习型社会问题的研究,终身教育成了世界教育发展潮流。1972年,以埃德加·富尔为首的国际教育发展委员会向联合国教科文组织提交了具有里程碑意义的教育报告——《学会生存——教育世界的今天和明天》,提出了"教育民主""终身教育"及"完人教育"理念。其中,终身教育是报告最鲜明的主体。报告建议,终身教育应该作为发达国家和发展中国家制定教育政策的主导思想。报告认为,终身教育有许多重要特征,如开放的教育体系,灵活的教育方式,民主的教育管理,多样的教育选择,注重学习者的自我实现,尊重学习者的自我选择,鼓励学习者的持续完善,主张正规教育与非正规教育、普通教育与职业教育、学校教育与社会教育的有机统一等,这一切都必须以学习型社会为载体才能得以展现。1973年,OECD(经济合作与发展组织)发表《回归教育：终身学习的一种策略》,提出了"回归教育"的著名论点,主张在个人的生命周期中,教育应以循环交替的方式与工作、休闲、退休及其他活动轮替发生。该报告第一次将回归教育与终身学习相联系,与《学会生存》一起成为国际终身学习浪潮兴起的标志。

1994年,首届世界终身学习会议在罗马举行,会议将终身学习确定为21世纪发展的核心思想。1995年,以雅克·德洛尔为领导的"国际21世纪教育委员会"向联合国教科文组织提交的报告《教育——财富蕴藏其中》指出：教育应围绕四种基本学习加以安排,这四种学习将是每个人一生中的知识支柱。支撑教育的四个支柱是学会求知、学会做事、学会共同生活、学会生存。1996年,OECD发布的《全民终身学习》报告提出了四个部分的学习策略内容:一是加强全民终身学习的基础,如增加优质的学前教育机会、进行中小学教育改革等;二是搭建学习与工作的桥梁,如加强对学生的职业生涯指导和咨询服务、鼓励成人学习、建立认可非正规教育和非正式学习的机制等;三是重新界定全民终身学习提供者的角色,如对政府、高等教育机构、教师等在终身学习体系中作用的界定等;四是明确多元化全民终身学习的经费来源,如开发社会资金来源渠道等。

1997年,联合国教科文组织在德国汉堡召开了第五届国际成人教育大会,从"全民终身教育"的观念出发,重新认识和界定包括扫盲和继续教育在内的成人教育,强调学习权、终身学习及学习型社会的重要性。会议通过了《汉堡宣言》和《成人教育的未来议程》两项基本文件。前者是一项政策性文件,后者为包括具体行动建议的工作计划。2009年,联合国教科文组织在巴西帕拉州贝伦市召开了第六届国际成人教育大会。会议通过了《全球成人教育报告》和《贝伦行动框架》两个重要文件,指出当代成人学习行为正从"自助"向"自性"方向变迁,包括了学习者学习信念的自强、学习目标的自立、学习行为的自律、学习方法的自觉、学习个性的自尊。2012年11月,建立联合国教科文组织全球学习型城市网络的国际咨询会议在浙江杭州举行。不久后,"联合国教科文组织全球学习型城市评价指标体系初步框架"发布。该框架通过定性和定量指标,系统回答了为什么创建、用什么架构和如何创建学习型城市的问题。[1] 2015年,联合国教科文组织发布了《教育2030行动框架》,教育的使命被扩大至全纳、公平、有质量的教育和增进全民终身学习的机会。同年,"联合国可持续发展峰会"提出2030年全球发展的核心词就是可持续发展,作为其17个发展目标中的第4个目标,提出要实现包容、公平和高质量的教育,促进全民享有终身学习机会。这些对我国终身学习产生了重大影响。

纵观我国改革开放以来终身教育政策的发展历程,可按照国家重大教育政策出台时间来大致划分为两个阶段:第一阶段:终身教育政策的形成阶段(1994年以前)。1985年5月,《中共中央关于教育体制改革的决定》提及"成人教育和广播电视教育是我国教育事业极为重要的组成部分",为成人教育发展提供了政策空间。1993年2月,国务院印发《中国教育改革和发展纲要》指出:"成人教育是传统学校教育向终身教育发展的一种新型教育制度,对不断提高全民族素质,促进经济和社会发展具有重要作用。"第

---

〔1〕 张永,马丽华,高志敏.新世纪中国成人教育发展的成就、挑战与路向——基于UNESCO学习型城市六大支柱的视角[J].职教论坛,2013(34).

一次将"终身教育"写入重要教育政策中。第二阶段:终身教育政策的发展阶段(1995年—现在)。1995年3月由全国人大通过并自当年9月1日起施行的《中华人民共和国教育法》,第一次将"终身教育"写入正式国家法规文件中。国务院1999年批转的教育部《面向21世纪教育振兴行动计划》明确提出:"到2010年基本建立起终身学习体系。"1999年《中共中央、国务院关于深化教育改革全面推进素质教育的决定》要求"逐步完善终身学习体系,运用远程教育网络为社会成员提供终身学习的机会"。2002年11月,党的十六大报告中指出,要"加强职业教育和培训,发展继续教育,构建终身教育体系"。2003年10月,《中共中央关于完善社会主义市场经济体制若干问题的决定》要求"深化教育体制改革。构建现代国民教育体系和终身教育体系,建设学习型社会,全面推进素质教育,增强国民的就业能力、创新能力、创业能力,努力把人口压力转变为人力资源优势"。2006年10月,《关于构建社会主义和谐社会若干重大问题的决定》中提出要"深化教育改革,提高教育质量,建设现代国民教育体系和终身教育体系"。2007年10月,中国共产党第十七次全国代表大会报告强调要"发展远程教育和继续教育,建设全民学习、终身学习的学习型社会"。2010年7月,教育部出台《国家中长期教育改革和发展规划纲要(2010—2020年)》,指出"广泛开展城乡社区教育,加快各类学习型组织建设,基本形成全民学习、终身学习的学习型社会"。2012年11月,中国共产党第十八次代表大会报告指明"积极发展继续教育,完善终身教育体系,建设学习型社会"的奋斗目标。[1]

在充满不确定性的环境中,政策是相互影响的。一个政府的决策改变了既定政策对其他决策者而言的价值,后续的决策者将会考虑先前决策产生的效果。在全民学习型社会的建设阶段,有代表性的地区率先示范,起到了意见领袖的作用,有助于类似地区模仿跟进,促进优质开放教育资源共建共享模式推广。[2]2010年《国家中长期教育改革和发展规划纲要(2010—2020年)》中,将"基本形成学习型社会"列为到2020年必须实现的教育改革发展的三大战略目标之一。2011年,国家教育发展研究中心启动了"学习型社会评价指标体系与实践路径研究"项目,对如何界定学习型社会和基本形成学习型社会的内涵、如何衡量学习型社会的进展开展了研究。2013年,以教育部和联合国教科文组织联合在北京召开首届国际学习型城市大会为标志,使学习型社会(城市)的基本架构及其内涵体征清晰起来。2014

---

〔1〕 张莉.中国城市社区终身教育共同体建构研究[J].社会工作,2015(3).
〔2〕 吴娱.教育信息化领导力促进教育资源共享探析——分布式领导的视角[J].中国远程教育,2017(4).

年颁发《教育部等七部门关于推进学习型城市建设的意见》提出了7项具体任务和6项保障措施,特别明确指出:"积极推进学习型机关、企事业单位、社会团体等各类学习型组织建设,增强社会组织的学习能力,充分发挥学习对组织发展的促进作用","鼓励发展民间学习共同体"。2016年,《国民经济和社会发展第十三个五年规划纲要》进一步强调要"加快学习型社会建设",教育部《关于办好开放大学的意见》明确提出,到2020年年初步建成中国特色开放大学体系。2017年2月,《教育部关于"十三五"时期高等学校设置工作的意见》第四条提出:"支持有条件的广播电视大学,按照开放大学办学模式和要求进行建设和改革试点,服务终身教育体系和学习型社会建设。"(转引自教育部网站,2017)这表明以广播电视大学体系为基础,"探索具有中国特色、体现时代特征的开放大学办学模式,满足全民学习、终身学习需要,建设学习型社会"(转引自教育部网站,2016)已经成为国家意志,并已在改革进行时。

全民学习服务的模式研究之三：发展现状分析

在经济全球化背景下，经济的可持续发展与劳动力的终身教育密不可分。美国经济学家西奥多·舒尔茨指出，当物质资源推动经济增长的能力达到一定程度时，驱动力就须从物质资源转移到人力资源。[1]据世行估计，人口红利的结构性优势对中国经济高增长的贡献度达到了30%以上。然而，人口红利从来不是永久性的增长因素。随着人口结构转变的完成，长期以来支撑中国经济高增长的人口红利开始衰减。未来十年中国的人口红利优势将会逐步衰减，劳动力供给增速下降、劳动力成本提升。[2]据统计，2015年我国劳动年龄人口中，大专以上文化程度人口占总人口比例仅为11.01%。[3]因此，提升我国劳动年龄人口的素质，实现劳动力结构的升级，促进我国人力资本的积累，为我国保持高速的经济增长水平成为开放大学服务社会的最直接途径。

2017年9月28日，教育部召开新闻发布会，主题为"从数据看党的十八大以来我国教育改革发展"。数据显示，2016年，全国高等学历继续教育在学人数共计1 229.3万人，接受各种非学历高等教育的学生863万人次，比2012年增长了1.2倍。社区教育和老年教育广泛开展。目前，有700多万老年人在老年大学等机构学习，4 560多万人次群众参与各类学习活动。同时，广泛开展面向农民、农村转移劳动力、在职职工、失业人员、残疾人、退役士兵等的各类培训，每年达上亿人次。[4]随着人们生活水平的提高，如何更好地生活，成为人们关注的重要方面。为广大居民开展休闲生活类教育，提升个人的工作和生活质量已成为开放大学服务社会的重要方面。

从社会的转型来说，全球化浪潮所带来的社会结构的转变（以大量生产

---

〔1〕 郭峰. 基于校企合作框架的学分银行制度设计[J]. 继续教育，2014(2).

〔2〕 张荣楠. 未来经济增长的挑战在于人力资本积累[EB/OL]. [2016-11-13]. http：//www.nbd.com.cn/articles/2014-12-30/887135.html.

〔3〕 教育部. 中国教育总体水平进入世界中上行列[EB/OL]. [2016-11-13]. http：//edu.people.com.cn/n/2015/1210/c1053-27911520.html.

〔4〕 教育部. 从数据看十八大以来我国教育改革发展新变化[EB/OL]. [2017-09-29]. http：//www.moe.edu.cn/jyb_xwfb/xw_fbh/moe_2069/xwfbh_2017n/xwfb_20170928/mtbd/201709/t20170929_315705.html.

和大量消费为核心工业化社会的社会结构转变为以金融业、信息化以及服务行业为核心的消费社会的社会结构)所产生了如产业结构和雇佣结构的转变造成的社会的结构性变化、大量移民的流入带来的社会人群纽带的切断、人们社会归属感的淡薄和社会存在感的动摇等问题,在引发社会成员自身变化的同时,社会成员个人的变化又会反过来促进社会的变化以及社会价值观的多样化发展。社会的转型影响了以往这种以学校教育为基轴的社会功能的良性循环,人们开始更多选择在社会多样化的学习机会中来选择自己的"学习",并运用学习的成果,在不断转型的社会中谋求生存,发展自我,从而创造出新的社会价值,以建立自己新的社会存在感。[1]从这个意义上而言,以学习型社会建设为重点的社会发展形态和以构建公平、全纳和有质量的全民教育体系,成了衡量地方区域社会经济发展水平的重要标志,也印证了地方开放大学为全民学习服务的教育必要性。

从社会的构建来说,我国经济社会发展的转型升级以及人本化特征,决定了普通的社会民众是学习型社会的主体,他们需要属于自己的教育形式。虽然"人人皆学"与"学有所教"是一对基本矛盾,但"学有所教"是矛盾的主要方面,这决定了解决"学有所教"的问题构成了我国学习型社会构建的战略重点和基本目标。所谓"学",既包括学习的意识和需求,也包括学习的行为与方式,共同构成学习的状态。学习状态的优化表征着社会发展的文化自觉。所谓"教",既包括教育的资源与机构,也包括教育的内容与模式,共同构成教育的水平。教育水平的提高表征着社会发展的文明程度。[2]2016年1月12日,杭州正式加入联合国教科文组织全球学习型城市网络,成为全球首批、全国首个加入该网络的城市。目前,杭州市基本建成了以"3L"(学习时间全覆盖,life-long;学习地点全覆盖,life-wide;学习内容全覆盖,life-deep)为特征的终身教育体系和以"6W"(任何人,在任何时间、任何地点,带着主动的学习意愿,能够通过任何方式获取任何必要信息)为特征的学习体系。在全国率先提出了打造涵盖学前教育、义务教育、高中教育在内的15年"大义务教育"的理念;出台了涉及学习型城市总体设计、城市发展面貌、教育改革、文化繁荣在内的近200余项政策文件,形成了较为完善的学习型城市建设政策群;搭建了城乡覆盖、全民共享的学习服务平台,加快了公共文化服务网点建设,基本形成了城区"15分钟文化圈"。[3]

从社会的发展来说,模式与形态下的创新与转型,不仅使社会发展与人

---

〔1〕 牧野笃. 日本社会の変容と社会教育学研究の課題—領域論・主体論から自我論への展開に向けて(試論)[J]. 名古屋大学大学院教育発達科学研究科紀要(教育科学),2004,51(1).

〔2〕 彭坤明. 开放大学:"学有所教"的必然选择[J]. 江苏开放大学学报,2010(5).

〔3〕 颉月娇. 杭州加入联合国教科文组织全球学习型城市网络[J]. 浙江日报,2016 – 02 – 02.

本的同一性进一步表现为学习与发展的融合性,而且凸显了学习所具有的社会与人本发展的重要价值,其重要特征及主要标志是社会发展的人本化及学习化。目前国际社会引用率较高或者说普遍较为认同的是英国学者朗沃斯对学习型城市主要特征的概括,包括领导能力、就业能力、愿望、资源、网络、信息、需求、生长、应对变革、投入、技术、参与、环境、家庭策略。这14项所覆盖的内容,构成了学习型城市的理论框架。作为一种哲学思维,开放大学的建设遵循着一条逻辑链:社会发展的学习化特征——开放教育模式的构建——开放大学的建设。

从社会的载体来说,学习型社会有两种不同载体,即学习型社区、城市和学习型行业、组织。学习型行业、组织通常由行业部委主导,教育需求相对一致,主要解决劳动人口能力和素质提升问题,因此,会把具有专业优势的普通高校、职业院校和企业大学定位为建设主力军。学习型社区、城市通常由地方政府主导,人员年龄跨度大,各行各业教育需求不一,主要解决文明社会、和谐社会的建设问题,也有提高国民素质的问题,因此,会把开放大学办学系统和社区学院定位为主力军。[1]

全民学习服务是一种特殊形式的公共服务。随着社会经济的不断变迁、社会需求的不断丰富多彩,政府的社会职能必须随之而不断变化,并不断满足社会需求的变化。一方面,全民学习从主体上是指学习已经不仅仅局限于个人,而是整个国民,整个社会公众。在世界经济全球化,科技进步日新月异、综合国力竞争日趋激烈的今天,学习已经超出了个人的范围,上升到了国家和民族生存与发展、文明与进步的重要地位,国民学习能力已经是最具实力的国际竞争力。另一方面,全民学习从时间范畴上来说就是终身学习。终身学习既是一种理念,也是一种教育思想,同时,已经逐步成为一种教育制度,形成了终身教育体系,学习将伴随人的一生。[2]正如北京教育科学研究院张翠珠所指出:"学习型组织中的学习,是强调真正意义上的学习,是经历、经验的重组、升华过程,也是经验有序化的反思过程;它不仅指吸收知识和信息,而且必定是修正了行为,体现在实际效果上","更重要的是,这里的学习是组织的学习、团队的学习",它是一种"在个人学习基础上而又超越了个体学习的整体性学习"组织和团队学习模式,是一种"个体与周围人、信息及环境",进行过程性"互动、交流"的组织与团队学习模式。[3]因此,全民学习型社会"不仅必须发展、丰富、增加中小学和大学,而

---

[1] 潘超.新生态下的继续教育转型发展[J].在线学习,2017(8).
[2] 李智平.全民学习时代电大发展服务的定位和拓展[J].湖南广播电视大学学报,2010(4).
[3] 张翠珠.学习型组织与组织学习初探[J].成人教育,2008(12).

且还必须超越学校教育的范畴,把教育的功能扩充到整个社会的各个方面。……所有的部门——政府机关、工业交通、运输——都必须参与教育工作"。[1]

(1) 经济发展方式转变对全民学习服务的新要求。我国现在已成为世界第二大经济体,正处在经济大国向经济强国迈进的新阶段,尤其要实现"中国制造"走向"优质制造""精品制造",实现价值链与产业链的升级,迫切需要培养更多水平更高的中高端人才。这就要求我们开放大学必须更加重视各类中高端人才的培养,切实提升从业者的素质和创造附加价值的能力,实现由服务人口红利为主向人才红利为主的转变。同时,地方经济社会的发展与地方开放大学的建设之间的内在联系可以概括表达为同制依存律、同构相合律、同量扩张律、同格延伸律和同向拓展律五个方面。具体是指地方开放大学的办学体制应随城市经济体制的转制而"改制";专业布局应随经济结构的建构而"调构";学生规模应随经济总量的扩大而"扩量";学历层次应随经济规格的提升而"升格";教学方向应随经济发展的走向而"取向"。[2]

(2) 经济增速调整对全民学习服务的新要求。当前,我国正处于经济增长速度换挡期、结构调整阵痛期、前期刺激政策消化期三期叠加的阶段。这个阶段短时期内不会结束,因此,我们必须加快向创新驱动发展转变。要实现创新驱动发展,形成"大众创业、万众创新"的局面,就必须加大创新型人才的培养,无论是尖端科技人才,还是数以亿计的技术技能人和普通劳动者,都要有创新意识和能力,可以将大量创新成果转化为现实生产力。这就要求开放大学必须更多地把资源配置和工作重心转移到内涵建设上来,着力提升创新型人才的培养质量,为创新驱动发展提供有力支撑。

(3) 保障改善民生对全民学习服务的新要求。就业是民生之本,也是保障和改善民生的基础工作。各级各类教育都要有职业意识、就业意识,这与教育的目的不仅不矛盾,而且本身就是发展的阶段性对这个时代教育的要求之一。当前,我国劳动人口已经开始出现下降,而新常态经济对结构调整的要求则越来越高,由此带来的就业结构变化,无论对个人还是对政府都是一个挑战。这就要求开放大学要把服务学习者就业创业以及转业摆在更加重要的位置,重点提升青年的创业和就业能力,以助推民生改善,促进社会公平。

---

[1] 联合国教科文组织国际教育委员会.学会生存——教育世界的今天和明天[M].北京:教育科学出版社,1996.

[2] 孙云.城市电大在社会经济进程中的变革规律[J].中国远程教育,2000,(5).

(4) 社会人才需求结构对全民学习服务的新要求。建设人力资源强国,实现教育现代化,关键是要形成结构合理、适应发展需求的教育体系结构。我国无疑是世界上教育规模最大的国家,但我们还说不上是教育强国和人力资源强国,我们的教育结构和培养模式总体上还不能适应新常态的需要。这就要求开放大学必须着眼于服务经济社会所需要的人力资源结构,积极参与推动传统教育教学变革,创新各类继续教育的发展,努力促进终身学习"立交桥"建设,成为人人皆可成才、人人尽展其才的重要支撑。

(5) 资源配置方式对全民学习服务的新要求。党的十八届三中全会指出,全面深化改革的核心就在于处理好政府和市场的关系,要使市场在资源配置中起决定性作用,要更好地发挥政府作用。发挥好市场机制作用,引导社会力量参与教育教学,是我国教育综合改革的重要内容。这就要求开放大学要进一步深化体制机制改革,调动社会各方面特别是行业企业参与的积极性,汇聚起推动教育变革的力量,不断提升开放大学对经济社会发展和人的全面发展的贡献率,这也是我们的重要课题。[1]2017年10月20日,苏州市社区教育服务指导中心、苏州市社会教育培训与研究基地正式揭牌,旨在优化整合各类资源,推进全民学习、终身学习、构建灵活开放的终身教育体系,为服务社区建设、社会发展提供创新思路。

(6) 能力补偿机制对全民学习服务的新要求。当人类追求个人和社会的全面发展,追求福利持续增长时,能力的重要性及其本质性会得以显现。教育收益具有多样性,而这种多样性的根本原因在于教育培养和提高了人的多种能力,能力是教育及其收益之间的一个重要中间变量,如果没有培养能力,全民终身教育就不可能真正产生如此丰富的收益。同时,能力产生收益的机制表明,人在完成功能性活动时,需要综合运用一个各种能力的组合,即能力清单。能力组合通过形成一定的结构发挥协调和协同作用,即通过能力结构单元发挥作用。作为手段的能力实现福利增长的方式不是个体自由,而是能力平等。教育之所以和经济学建立密切的联系就在于教育具有能力补偿机制,在全民学习服务的过程中提高了人们的认知能力、生活能力、生产能力、社会化能力及创新能力,并可以不断复制、传播和自生长。

(7) 信息技术重构对全民学习服务的新要求。2015年7月1日,国务院印发《关于积极推进"互联网+"行动的指导意见》,在益民服务领域鲜明

---

[1] 刘建同. 服务好全民终身学习的新常态——在中国成人教育杂志理事会第十一次会议上的讲话[J]. 中国成人教育,2014(24).

地提出"探索新型教育服务供给方式"的行动计划,将"互联网+"的价值追求界定为以现代信息技术职称的"组织变革",进而形成"经济社会形态"。以目前国内远程教育领域三家公共服务体系之一的奥鹏教育为例,奥鹏公共服务体系虽然是TCL集团和中央广播电视大学(国家开放大学前身)合作产生的,但它采取企业独立运营的方式,是以专业化公共服务机构的角色参与我国现代远程教育,其本身也是一项创新。从某种意义上说,现代远程教育公共服务体系是最典型的一种颠覆型服务模式。它给广播电视大学、开放大学乃至我国教育现有体制机制带来的启示,值得重视。[1]

(8)供给侧改革对全民学习服务的新要求。学习型社会建设是一项必须由各地政府统筹管理、开放大学体系主导办学,各行各业学习型组织人士共同参与才能完成的重大社会系统工程,需要不断完善和优化。一是"调结构",调整社会办学体系结构,将其办学网络体系的触角延伸到每一个区域学习型组织和行业学习型组织中,为其提供自由、灵活的学历和非学历教育培训。二是"保质量",进行供给侧结构改革,系统升级其开放教育质量保障体系和学习支持服务体系。三是"稳增长",在确保其传统的开放教育办学优势和规模的基础上"扩容量",稳定拓展其社会办学的疆域,让开放大学真正走进村镇、单位、企业、机构,甚至家庭,其成功与学习型组织文化对接,从而使其成为全民终身教育体系的系统学习"终端",以真正解决学习型社会建设的"最后一公里"问题,达到"转方式"的发展目的,以推动开放大学的办学模式,即由传统的相对封闭的内部社会系统办学模式,转型升级为更为开放的外部社会体系办学模式,从而真正完成"促发展"的改革使命。[2]

综上可知,开放大学是整个教育体系中最能适应中国特色经济和社会双重转型产生的学习和教育需求、最具改革和创新活力、最能面向未来的教育模式。[3]开放大学的建设必须坚持大学、平台、体系的整体性,三者融合的基础是开放的教育模式。就"平台"而言,网络平台并不等于学习平台,学习平台的本质是开放的学习制度及模式,所谓全民学习平台的搭建,是基于网络环境的开放学习模式的构建。我国目前已建设了大量优质教育资源共享平台,教育资源共享程度已明显提高,但各级各类共享资源的利用率还有待提升,主要问题在于管理服务平台与资源平台的融合以及国家平台与地

---

〔1〕 陈丽,郑勤华,林世员."互联网+"时代中国开放大学的机遇与挑战[J].开放教育研究,2017,23(1).

〔2〕 张亚斌,韩瑞婷.学习型城市建设中的开放大学体系创新发展品牌——基于首都北京的探索经验[J].江西广播电视大学学报,2016,18(4).

〔3〕 王一兵.开放大学的战略转型[J].广东广播电视大学学报,2017,26(1).

方平台的对接。就"体系"而言,社会化的教育体系并不等于终身教育体系,终身教育体系的本质是开放的教育支持与服务体系或模式,所谓完善终身教育体系,是开放的教育模式的构建。离开了开放教育模式这一现实基础,全民学习平台只是一种物质化的构架,失去了学习的本质意义;同样,离开了开放教育模式这一现实基础,终身就教育体系只是一种形式化的组织,失去了服务的本质内涵。在此意义上,无论是"平台"还是"体系",都是开放的模式。[1]

---

[1] 彭坤明.开放大学建设的哲学思考[J].中国远程教育,2011(2).

全民学习服务的模式研究之四：过程性转变

未来的教育要适应终身教育和学习型社会,这是由联合国教科文组织于20世纪70年代发表的《富尔报告》和90年代发表的《德洛尔报告》提出的共同结论。根据联合国教科文组织全球学习型城市评价指标体系初步框架,学习型城市的六大支柱分别是:贯穿基础教育到高等教育的全纳学习、充满活力的社区学习、有效的工作场所学习、广泛应用现代学习技术、增进学习质量和成就、活跃的终身学习文化。开放大学的诞生是基于建设学习型社会的需要。建设学习型社会的基点是"学有所教、学有所成、学有所用",目标是"有教无类、因材施教、人人成才",实现途径是"人人皆学、时时能学、处处可学",三者有机统一于实现学习型社会的核心价值——提升公民素质之中。"人人皆学"的全民学习观是对"有教无类"的转化和兑现;"处处可学"是接受"因材施教"内化为自己的学习需要;"时时能学"是践行"终身学习"使命的体现。[1]

全民学习和终身学习,就像是坐标上的两个数轴,从两个维度标示了人们的学习与其生存和发展的关系。我们百分之六七十的知识都是来自工作当中的思考和体悟。学习型组织作为一种生命力强大的自适应系统,是以解决问题为导向的。产品服务问题,制度流程问题,人的素质问题,当前和长远问题,局部和全部问题,重大紧迫问题和不重大紧迫问题等,都需要解决。而重点、难点、焦点问题往往是突破的瓶颈,需要将学术研究、解决实际问题和教育培训结合起来,这是一种学习工作化、工作学术化的模式,在工作中学习,在学习中解决工作中的问题。

一、学习性过程转变

18世纪,普鲁士人最先实施了我们现今的课堂教学模式,即在标准化课程表的禁锢下,原本浩瀚而美不胜收的人类思想领域被人为地切割成了一块块,一块块便于管理的部分,并被称为"学科"。同样,原本行云流水、融会贯通的概念被分成了一个个单独的"课程单元"。这样的教育初衷并不是培养出能够独立思考的学生,而是大量炮制忠诚且易于管理的国民,他们在学校里学

---

〔1〕 李海燕.开放大学:建设学习型社会的载体[J].高教探索,2016(12).

到的价值观让他们服从包括父母、老师和教堂在内的权威,当然,最终要服从国王。这样的教育体系在当时的很多方面都具有创新意义,让上万人成了中产阶级,为德国成为工业强国提供了至关重要的原动力。然而,普鲁士教育也阻碍了学生进行更为深入的探究,尤其是当今社会需要的是具有创造力、充满好奇心并能自我引导的终身学习者,需要他们有能力提出新颖的想法并付诸实施。不幸的是,普鲁士教育的目标与这一社会需求恰恰相反。也就是说,当我们用18、19世纪的体制,教20世纪的知识,去面对21世纪的挑战,疯狂追求教育"方法"和"成效"的时候,整个社会都患上了"教育焦虑症"。当我们只有把学生作为教学的中心,把教师作为学校的中心,让学校成为社区、社会的中心,才能真正把学生培养成我们社会需要的人。

20世纪的教育模式主要是为配合大量生产制造的工业环境,因而培养出大批符合各种工作需求的"工具人"。根据科大讯飞2017年发布的数据,在其人工智能平台每天的四十亿人次使用中,与教育学习相关的需求占比高达22%,在所有行业中排名第一。同时,在整个社会运作体系下,人类扮演着螺丝钉的角色,采用数字管理和评估,讲求的是操作流程正确无误,产品质量精良,其后果是业绩挂帅,竞争激烈,人情淡漠。随着人工智能技术使机器人逐渐取代职场上的工具人,21世纪对人类的要求是成为"有才有情"的人。这样的人能够做自己生命的设计师,能够与人合作并关爱他人,与自然和平共存、相伴相依。[1]在一项针对人工智能对职业替代的预测中,教师的可替代性仅为0.4%。也就是说,人工智能替代不了的是人类的沟通社交能力,机器不具备人类的感性、对未来的梦想以及天才的创意和灵感。

一方面,在传统教育目的观中,"个人本位"和"社会本位"教育目的观受近代以来"二元"对立哲学思想的桎梏,片面地从人的发展或社会发展制定教育目的;在教育目的的价值取向上陷入"个人本位"和"社会本位"非此即彼的两难困境,造成教育实践中的"钟摆"现象。围绕着如何看待个人发展与社会发展在教育中的关系,我们可以把以上几种教育目的观按照从个人到社会这样一个维度来展开,如图3-1所示。[2]另一方面,教育与生产劳动相结合是马克思主义教育观的核心内容。马克思《资本论》里面写道,生产劳动同智育和体育相结合,它不仅是提高社会生产力的一种方法,而且是造就全面发展的人的唯一的方法。20世纪90年代后,全球社会变迁速度加快,教育管理体制变革进入活跃时期,这些变革将一系列新主体带入教育系

---

〔1〕 邹景平.与生活深度结合做第一手的学习[J].在线学习,2017(5).

〔2〕 马德四.从二元对立走向多元价值:教育目的的生态价值观[J].渤海大学学报(哲学社会科学版),2003(3).

统,从而使学校与各方资源协调合作改进办学绩效的能力建设问题凸显,学习型组织理论运用而生。

图 3-1　个人本位和社会本位教育目的观

全民学习的终身教育涵盖了学前教育(家庭教育、幼儿园启蒙教育)、学校教育(初等、中等和高等的义务教育及学历教育)和继续教育(成人扫盲教育、成人各级各类学历教育、职业培训、社区教育等)。世界银行高级教育专家卡尔·达尔曼指出政府在非正规教育中的四大作用:提供基础的公共教育产品;规范市场标准、资历认证和证书制度;控制完善市场,保证教育的公平性;发展教育金融市场,完善教育的投入机制。所以,终身教育必须联系生活,联系实际,联系生产,让全民学习在做中学,在学中做。全民学习的主体既包括大学、中学、小学等正规的教育机构,也包括具有教育功能的社会组织,如政府、企业、社区、家庭、传媒、社会团体以及民间组织等非正规教育和非正式教育机构,呈现鲜明的多元特点。[1]

开放大学既是一所大学,又是满足中国特色双重社会转型产生的多样、多重、多元的学习和教育需求,集多种功能于一体,并覆盖全国城乡的庞大的综合教育实体,是我国现行教育体系中最能满足人们的不同学习和教育需求的教育机构。[2]同时,作为人才培养的基地,开放大学无疑又是全民终身学习的重要载体和核心力量,在服务社会的过程中充分发挥了有效服务的教育优势:一是把改善和促进学习者的生存与发展状态作为价值追求和情感归属,使其成为社会民众所欢迎的教育形式;二是为所有学习者提供了充分而平等的学习机会,使其具有高度普及型的教育形式;三是为最大化实现教学资源的社会化整合提供了有效保障和共享,使其具备公平性的教育形式;四是依据学习者的现实需求提供过程性与有效性的学习支持,使其成为社会民众自觉选择的教育形式;五是形成具有职业化特征的教学设计以及发展导向型的培养模式,使其成为促进社会再生产力发展的教育形式。

开放大学的教育模式包括理念的开放、对象的开放、体制的开放、过程的开放。在英国开放大学的开学典礼上,第一任校长洛德·克劳瑟宣告了

---

[1] 周蔚,朱燕菲.终身教育主体探析:要素功能与有机连接[J].终身教育研究,2017(3).
[2] 王一兵.开放大学的战略转型[J].广东广播电视大学学报,2017,26(1).

这所新型大学的特色和目标:"对公众的开放、场所的开放、手段的开放、最后直至观念的开放。"世界上的开放大学都十分注重对学习者四元特征(人口学特征、支持性特征、动力特征、策略特征)进行重点研究,注重学习者的学习过程,注重个性化的服务,注重过程服务,以提供有效、即时的支持服务以帮助学习者解决学习困难等。

华南师范大学副校长胡钦太认为:在未来三五年之内,高校会流行四种模式:混合学习、STEAM 学习、合作学习、学生从知识的消费者向知识的创造者转变。这四种模式均强调了学习过程的重要性,其趋势和走向必将使学校产生深刻变化。因此,特别是面对"发展远程教育和继续教育,建设全民学习、终身学习的学习型社会"的任务使命,开放大学要进一步扩大开放性,应从以知识传授为主转向以能力培养为主,从封闭转向开放,成为全民的学习基地和学习中心。另外,模式只是过程的一种暂时的抽象,活化才是其有生命的永恒的体征。由于相比于"模式","样式"更具"程序化"和"操作性"。所以,从"模式"向"样式"的转变,既需要人才培养的"模式框架",也需要教与学相得益彰的"样式特征",以使"过程"变成"流程","口号"变为"行动"。

华东师范大学教育高等研究院院长丁钢认为,教育的根本问题是个性化学习的问题。在共享教育体系下,人们可以根据各自的意愿和需要选择适当的学习手段和方法,表现出个人对于知识多样性、异质性发展的无限丰富的可能性,并使教育资源得以最大限度地有效利用与共享。共享教育更多强调怎样从终身教育到终身学习,强调个体为学习主体以及关注那些非系统知识、非系统能力的获得。因此,教育要从"如何教"走向"如何为个性化学习提供给养和支持",而"如何学"就成了教学方式转变的关键。从这点来看,共享教育与学校教育存在着内在的关联,同时也促进着学校教育教学的变革。[1]

二、服务性过程转变

学习型社会的一个重要特征是多元化,学习者应该拥有足够的选择权,国家也有责任和义务为学习者提供多样化的选择机会。西方有一句很好的话,政府管掌舵,让社会、企业等划船,让大家来划船。治理是各种公共的或私营的个人或机构管理其公共事务的诸多方式的总合,是使相互冲突的或不同的利益得以调和并且采取联合行动的持续的过程。教育治理,要从一元主体到多元主体,要从集权到分权,要从人治到法治,要从管制型政府到服务型政府。同时,"服务"是推动当今社会发展的动因,所谓"服务型社会"是指所有部门或行业,所有生产或消费的运行、管理与经营等均在服务

---

[1] 苏令.共享教育将催生新的教育格局[N].中国教育报,2017-10-10.

的标准下以服务为理念、以服务为手段、以服务为形式、以服务为目的方能取得成功的这样一种社会类型。

在服务型社会中,开放大学作为一个多元化发展的教育平台,为有学习需求的社会人群提供的服务。开放大学的教学与管理人员以"服务"为理念进行教育教学管理,对社会或学习人群提供有效的支撑形式服务,主要有三种模式:一是以资源为企业核心资源,为受众提供资源服务,从而获得发展的资源平台模式;二是以为受众提供教育服务为主、以教育资源为辅的服务平台模式;三是提供教育资源及服务的综合模式。[1]

从政府部门而言,在全民终身学习服务体系中,政府主体的服务职能表现在:遵循终身教育发展的客观规律,以全民终身学习的期待和需求为目标,充分利用自身强大的公权力,为全民终身学习服务体系构建提供各类保障服务。一是宣传舆论保障,"政府的首要任务之一是使有关方面在教育的重要性和教育在社会中的作用上广泛达成共识"[2],促进全社会成员形成共同的价值观。二是立法与制度保障,通过政府立法,保障公民受教育和学习的权利,引导和支持各种学习型组织的建设。三是机制调控保障,引导多种力量参与全民终身学习服务体系构建,统筹协调社会其他各部门、组织、行业、企业、民间团体等,促进多元主体间的通畅的合作伙伴关系。四是载体建设保障,建设以各级各类学校以及社区学院、企业大学等为主的现实载体,和以网络技术为支撑的虚拟载体,从而建立起完备的全民学习网络和服务网络。五是经费支持保障,实行以政府投入为主、社会各界共同参与的多渠道经费筹措办法。

从开放大学而言,2001年12月,教育部批准开展中央电大现代远程教育校外教学支持服务体系建设试点项目。2005年3月,教育部同意建设中央电大现代远程教育公共服务体系(简称中央电大公共服务体系)。中央电大于2003年2月成立奥鹏远程教育中心(简称奥鹏中心),作为具体负责公共服务体系建设、运行与管理的专门机构。奥鹏中心采用现代企业管理制度,引入市场机制整合各类教育资源,以连锁加盟方式主要在各级电大设立学习中心,为现代远程教育试点高校及其他远程教育办学机构和学习者提供支持服务,初步形成了中国首个"统一品牌,统一形象,统一模式,统一管理,统一考评"的远程教育公共服务体系。2006年6月,教育部启动"数字化学习港与终身学习社会的建设与示范"教学改革项目,由中央电大牵头组织,浙江大学、清华大学等高等学校和40余个相关单位参与实施,主要依托中央电大公共服务体系,在教育部的直接指导下开展数字化学习港的实践

---

〔1〕 陈海龙.数字教育业商业模式[J].牡丹江大学学报,2012(6).

〔2〕 联合国教科文组织.教育——财富蕴藏其中[M].北京:教育科学出版社,1996:154.

探索及相关课题研究,并进行数字化学习型社区、乡镇、企业、行业等典型应用示范。2007年2月,教育部又决定由中央电大牵头实施"数字化学习示范中心建设"教学改革项目,作为"数字化学习港与终身学习社会的建设与示范"项目的延续和扩展。[1]这一系列教改实践,其根本目的是以信息技术为支撑,促进教育资源整合与共享,构建数字化学习支持服务创新体系,搭建社会化终身学习平台,推进全民终身学习体系建设。

另外,大学所具有的学术功能和社会功能,对开放大学提出了由学术教育单向功能向全民学习服务多向功能转化的要求:

一是由"学历文凭证书"服务向"职业资格证书"服务转化。2013年10月,"建设学习型城市北京宣言"特别强调"促进工作场所学习",提出需要通过如下方式促进工作场所学习:"帮助公共和私人组织成为学习型组织;确保所有员工有机会接受继续学习和教育;鼓励雇主支持工作场所学习;为事业青年和成年人提供合适的培训机会"。因此,立足于推进工作场所学习,开放大学的教育必须和具有主轴意义的成人职场生活紧密联系,要面向社会成人开展职前、职后教育以及不断适应行业、企业需求的就业和再就业培训。[2]

二是由学术教育向生活教育转变。生活性是全民终身学习的重要内容,也是开放大学在开展社区教育、老年教育等的功能特色。一方面,互联网技术下大数据和人工智能的兴盛,颠覆了传统学校占主导地位的学习生态,取而代之的是"学习活动无边界",学习跨越了学校"围墙",学习活动可以发生在工作中、交谈中、旅途中,也可以发生在电影院、图书馆、家庭。开放教育已成为教育供给领域里增长的主要方面。另一方面,我国目前一些地方的社区大学立足于提高民众的生活品质,设置了相当数量与居民日常生活相关的课程,通过发展灵活的 E-Learning,以教助学、按需助学,建设"学习服务中心"(或"全民学习教育超市"),提供"一揽子服务"。"一揽子服务"是一种类似超市化的服务体系,包括教学服务、学习菜单服务、学习资源服务、其他服务等,旨在扩展个人的生活形态,改变个人的价值观。

三是由教育技术工具向学习交互工具转变。在各种教育形式中,全民学习受技术工具的影响显著。教学交互式开放教育的核心过程,教育技术工具和学习交互工具之间存在着一种相互推动的演进关系。一方面,新技术为学习交互提供新的支持;另一方面,学习交互也随着技术发展不断产生着变化,从全民终身教育教学的角度提出新的要求。通过对博客、微博和微信的分析,

---

[1] 严冰.发展社会化公共支持服务构建全民终身学习平台——广播电视大学的功能拓展与探索空间[J].中国远程教育(综合版),2010(1).

[2] 丁红玲.终身学习多元需求视域下成人高等继续教育机制再造[J].中国成人教育,2015(1).

可以较为清晰地发现工具在操作可用、联结构建、信息获取、内容加工和交流协作5个维度体现出了迥然不同的特点(表3-6)。从博客到微信,随着技术工具的发展,其交互特性发生了巨大变化。社会联结的基础作用凸显,时空差异不断弥合,媒体应用愈加灵活,文本内容日益碎片化,新交互模式不断出现。[1]

表3-6 工具交互性对比

维度	指标	博客	微博	微信
操作可用	界面	功能较少,较容易理解	功能较多,较容易理解	功能很多,很容易理解
	控制	操控较为烦琐	操控较为便捷	操控极为便捷
	反馈	反馈提示很少	反馈提示较少	反馈提示较多
社会联通	广度	以博主为中心的较小群体	较大群体,易于扩散	熟人为主,分层群体
	强度	低频交互,深入表达,情感强烈	频繁交互,多轮,碎片化表达	高频交互,高可信性,深入表达
	寻径	路径建立和发现支持弱	很强的路径呈现和推荐功能	较为稳定的关系路径
信息聚合	聚合	基于时间聚合,或RSS和标签的主题聚合	通过关系和内容聚合	主要通过关系进行聚合
	分享	简单转发	通过关系和内容聚合	主要通过关系进行聚合
	管理	通过RSS、标签和收藏进行管理	多种信息过滤手段(关键词、时间、类型),智能排序,收藏,评论	主要通过收藏进行管理
内容生成	表述	对文字深入表述有较强支持	长度限制影响表述深度	支持文字和富媒体深入表述
	呈现	图文为主	支持多种媒体,可使用短网址	灵活采集和整合多种媒体
	精炼	通过修改博文进行精炼	通过多轮交互精炼	主要通过多轮交互精炼
交流协作	实时	非实时	准实时	近乎实时性
	持续	持续时间较长	持续时间较短	持续时间很短
	线索	线索较清晰	基于特定主题,线索清晰,总体信息庞杂	单个用户分享,内容线索清晰,群聊线索复杂
	调控	评论为主要方式,效率很低	提供了@、##等手段,效率一般	实时性和@等功能的支持下,调控效率较高

---

[1] 孙洪涛,陈丽,王志军.远程学习工具交互性研究[J].中国远程教育,2017(4).

全民学习服务的模式研究之五：体验式学习

社会心理学提出学习者人格发育的七向量，由低到高的顺序包括能力培养、情绪管理、从独立走向互赖、成熟人际关系、自我认同、发展目标的确立、实现整合，这些向量反映的是学习者发展的不同领域和不同层次。在2017年贵州省大数据峰会上，阿里巴巴董事长马云做了主题关于教育大数据分享的演讲，他说：在未来三十年是最佳的超车时代，是重新定义的变革时代。如果我们继续以前的教学方法，对我们的孩子进行记、背、算这些东西，不让孩子去体验，不让他们去尝试琴棋书画，我可以保证，三十年后孩子们找不到工作。因为他没有办法竞争过机器时代。知识可以学，但智慧不能学，只能体验。在未来，大数据、机器将把人类知识领域的事全部做完，人类和机器的竞争关键在于智慧在于体验。

1984年，美国社会心理学家大卫·库伯在其专著《体验式学习》中提出了体验式学习理论，并强调了包括"体验过程和个体与环境的交互作用"在内的六大体验学习的基本特征。随着信息技术和互联网的快速发展，已改变了教育的传播方式，增强了学习的互动性、选择性，以学习者为中心的教育原则进一步确立。主体性教育理念得到广泛认可，人们越来越倾向于融实践性、自主性、感悟性和快乐性为一体的体验式学习方式，期待获得更鲜活的学习内容和更新颖的学习体验，希望从参与式、交互式的学习过程中，获得智慧和成长。联合国教科文组织提出：体验式学习是21世纪最重要的学习方式之一。"体验式学习"的理念已成为终身学习的新途径。

共情力是情商的核心，是人际有效沟通的关键。我们知道，下棋打牌有共同特点——可穷尽的计算量。但自然语言和体验过程的理解，本质上是无穷尽的。因为语言和体验的感受是在不断生长的，每时每刻都在变化。我们说，人工智能擅长的是人类左脑的功能，即依照既定规则执行或思考的工作，这些都有可能被机器人取代。而体验式学习所带来的感受情绪，是人类右脑的功能，机器对语言的理解和诠释能力有限，难以设身处地、感同身受地了解互动对象，也就无法在体验式学习过程中获得共情力。

体验式学习是人最基本的学习形式，是学习者通过不自觉或自觉的内省积累来把握自己的行为情感、认识外在世界的过程。主要包含四个步骤：（1）实际经历和体验——完全投入到当时当地的实际体验活动中；（2）观察和反思——从多个角度观察和思考实际体验活动和经历;(3)抽象概念和归纳的形成——通过观察与思考,抽象出合乎逻辑的概念和理论;(4)在新环境中测试新概念的含义——运用这些理论去做出决策和解决问题,并在实际工作中验证自己新形成的概念和理论。例如,到2025年,北京紫禁城开放面积将超过85%。故宫博物院院长单霁翔认为:故宫的活力在开放,每一位社会公众对于故宫文化遗产保护都有知情权、参与权、监督权和受益权。故宫的开放并不仅仅体现在参观人数与开放面积等"硬指标"上,也体现在打开宫门、以人为本的方方面面。像类似策展思路的变化,就越来越具有现代文化传播的意味。越来越多的专题展、故宫藏品"走出去"等,也使更多的文物能够"开口"讲故事。故宫文化创意产品的开发,也让故宫变得"可爱"起来。可以看出,文化给予教育的是一条绵亘不绝的河流,变化的可能是具体的呈现方式、不同的接受心理乃至各个不同的时代风气,而不变的是人们濡染其中的体验与诉求。[1] 又如:在苏州博物馆常设展厅内,有一款名叫"云观博"的导览App,这是国内首款基于AR(增强现实)技术的全博物馆领域应用软件,也是一种数字观展方式。它使用便捷、操作简单,只要用手机下载完成打开对着文物,它就能自动识别,并详细介绍文物内容。它不仅有普通话和苏州话两种语言的语音讲解,还能看到文物的高清大图和相关视频,多角度的细节展示让整件展品如同在手上旋转、把玩一样逼真,展品背后的故事也尽收眼底。[2]

多年来,尽管政府一直致力于推动各类学校和社会机构的教育资源向社会开放,但中小学、高等院校,各类科普机构、文化机构乃至企业等公共教育资源向社会开放度有限,利用率仍然不足。同时,一些民间社会组织拥有学习资源,也有参与社会服务的意愿,但缺乏与政府机构的合作渠道,没有找到服务市民的契合点,仍长期处于服务"小众"的状态。如何开发、整合好存量和闲置的社会教育资源,形成有效、可利用的公共资源,是当下构建终身教育体系,打造城市基础建设的努力方向。[3]

一是开展职业体验教学。职业体验教学是以学习者为本、以职业岗位为依据,通过课堂体验、实训体验、实践体验等形式,在教学方式上进行创新和改革,让学习者在真实的职业实践或体验中学习。例如,2015年5月,全国首届"职业教育活动周"在北京举行。在活动周期间,北京市100余所职业学校均向中小学生和社区居民开放,让中小学生在职业体验中提高职业

---

[1] 胡印斌.故宫的活力在于开放[N].光明日报,2017-02-16.
[2] 苏雁.展品"拿"在手里看[N].光明日报,2017-02-20.
[3] 周嘉方."终身学习体验基地:上海市民学习路径创新"研究报告[J].江苏开放大学学报,2016(3).

认知和实践能力,同时,帮助有需要的居民了解不同职业的特点,提升职业技能储备意识。[1]北京市教委职成处处长王东江说:"北京用终身教育的理念发展今天的职业教育,用职业教育的思想浸染今天的基础教育,促使职业教育在更长的教育时段和更广阔的人群中加快发展。"再如,苏州开放大学与苏州会议中心企业大学在物业方面可以开设物业管理综合实训室,借此可完成建筑智能化实训、物业安防系统综合实训、物业弱电设备综合实训、物业楼宇设施综合实训、日常物业服务实训等。

二是开发教育游戏场景。游戏在学习中发挥重要作用。教育游戏既是一门技术也是一门艺术,是运用技术手段创造学习环境的一种教育软件。它让游戏者通过虚拟情境真切感受到事件的发展,促使游戏者学习和巩固知识与技能。在整个游戏中场景最为影响游戏者,特别是影响学习者对教育游戏的选择和参与。而场景设计在整个游戏设计环节中对游戏世界观的架构、游戏风格气氛渲染等都至关重要。[2]《游戏让学习成瘾》一书介绍了美国很多大学的课程,包括理工类的课程已经游戏化了,学习的课程非常高效、轻松、有趣,具有很大的挑战性,因此我们的网络教学过程中游戏的作用会越来越大。例如,苏州拙政园2017年建成的VR虚拟现实体验馆,吸引了许多游客进行体验。游客在体验馆内乘坐六轴动感花轿,戴上VR眼镜即可领略园林的春夏秋冬,还可通过多感知互动游戏,实现与拙政园园主王献臣及江南四大才子之一的文徵明等历史人物的交流,让体验者在VR设备中畅游穿梭来回五百年前的古典园林。[3]

三是建立终身学习体验基地。体验式学习顺应了新学习理论的要求,也根植于多年来社区教育的广阔实践土壤。2013年,上海市教委集聚了行业资源、人文教育资源、高校资源、社区资源、校外教育资源等,通过组合、拓展、开放、共享和优化,把社会资源变为市民的教育和学习资源,以实验创新为着力点,组建了一批"上海市民终身学习实践(体验)基地",探索了"1+N"(一个基地多个站点)的体验模式。首批包括陈云纪念馆、上海市科普教育促进中心、上海第二工业大学(应用艺术设计学院)、闵行区社区学院等在内的8个特色体验基地挂牌成立,首批学习体验站分别为上海科技馆、上海公安博物馆、上海纺织博物馆、上海市禁毒科普教育馆等10家科普基地(场馆)。[4]学习者通过学习体验苑、情景式、场馆导览式、艺术导赏式、互动交

---

[1] 施剑松.职业教育体验:棒极了!——首届"职业教育活动周"启动仪式见闻[N].中国教育报,2015-05-11.
[2] 高明清.教育游戏场景设计与实现——以小学科学课程为例[D].芜湖:安徽师范大学,2014.
[3] 王建康.VR体验馆亮相拙政园[N].科技日报,2017-07-11.
[4] 龚瑜.上海组建市民终身学习实践(体验)基地[N].中国青年报,2013-07-13.

流式、公众参与式、沙龙活动式等多样化的体验方式,充分感受了体验式学习的乐趣,也对终身学习有了更深刻的理解。2017年1月,上海市民终身学习体验基地2016年度工作总结会在上海开放大学举行。8大市民终身学习体验基地(表3-7)负责人做了特色经验交流:(1)红色文化体验基地注重创新"红色＋绿色＋古色"的三色文化体验,做优每月一主题的特色专题体验活动。(2)科普教育体验基地加强分类指导,优化平台建设、品牌建设,提升内涵发展,拓展思路,创新形式,探索线上线下互通。(3)文化艺术体验基地注重体验式学习的艺术性、趣味性、教育性、参与性、互动性、舒适性,创建品牌。(4)海派文化体验基地积极探索常态化优质教育资源的供需对接,特色体验项目与社区学校课程班对接,与优秀学习团队对接。(5)智慧生活体验基地发挥自身优势,将校外教育资源有效地向社区、向市民辐射,探索二次体验与深层次体验。(6)服饰文化体验基地输出体验基地优质学习资源,向社会组织延伸;利用区域优势,积极开拓新体验点。(7)陶艺创作体验基地在深化内涵发展、创新服务发展上探索新机制、新模式、新经验,推进特色品牌建设。(8)创意手工体验基地注重五个平台建设,即学习体验平台建设、展览展示平台建设、师资培育平台建设、学习交流平台建设、传承发展平台建设。总之,通过情景项目体验、专题活动体验、社区参与体验和网络互动体验等,支持现有的体验项目与教育机构(如中小学、高校、社区学校)的特色课程、社会机构(如行业协会)的特色活动和社会组织(如企业)的特色项目对接,有效扩大了体验基地的辐射效应,积极构建分层次体验的模式,形成了"初次体验学习强调兴趣度,二次体验学习关注参与度,深层次体验重在探究度"的模式架构,实现了五种教育资源的整合,即以行业联动促进行业教育资源的整合、以辐射拓展促进人文教育资源的整合、以开放服务促进高校教育资源的整合、以区域联动促进社区教育资源的整合、以系统联动促进校外教育资源的整合。

表3-7　各体验式学习基地的实验基础与实验方向

基地名称	实验基础(条件、特色、不足)	实验方向
文化艺术	1. 有成体系的架构和多样的体验内容 2. 以艺术作品为主题开展专题活动 3. 体验项目建设欠缺整体设计	1. 侧重于"站点联动、项目组合、机制互联、资源共享"的体验基地运作机制探索 2. 整合民营资源,建立互利共赢机制专项实验 3. 走近高雅艺术体验项目设计和实施 4. 文化志愿者与体验基地双向体验服务可操作性实验

续表

基地名称	实验基础(条件、特色、不足)	实验方向
科普教育	1. 有成体系的"1+10"体验基地架构 2. 首创"学习体验苑" 3. 有志愿者资源可以利用 4. 体验项目与专题活动有特色	1. 侧重于资源整合和基地联动机制探索 2. "学习体验苑"体验式学习方式专项实验(互动内容设计、更新和成果呈现) 3. 科普教育志愿者服务与科普教育体验活动双进社区融合机制实验 4. 专题体验活动
海派文化	1. 利用区域的社会资源 2. 体验项目的形式和内容比较单一	1. 梳理海派文化的内涵(衣、食、建筑、语言等),拓展体验点,设计合适的体验项目 2. 立足黄浦区,尝试跨区建构市级的海派文化体验网 3. 侧重于"规范体验点管理"(运行框架、准入机制、志愿服务、培育指导、考核评估)基地合作联动机制探索 4. 体验项目的分类整合,深度和广度开发
智慧生活	1. 与市文明办合作建有"城市少年宫" 2. 与各区青少年宫有联系,且对其指导 3. 开展的体验活动以青少年为主要对象	1. 体验项目设计,内容聚焦"智慧城市、智慧生活" 2. 立足基地,探索基地对体验点"管理、协调、引领、指导、评估"机制 3. 区级体验点特色定位,亲子体验项目设计与亲子体验活动组织
创意手工	1. 在基地架构方面,已形成纵横结构 2. 对各体验站点的统筹、协调、指导、培训力度不够	1. 基地如何发挥应有的功能(如资源配送、对体验点的指导、对教师的培训) 2. 如何对纵向(区域内)和横向(跨区)的体验点进行统筹、协调、管理、指导、配送服务 3. 根据学习者的程度,对项目内容进行分层设计 4. "三馆一厅"情景式体验
陶艺创作	1. 体验项目明确,实践性、互动性强 2. 体验项目少,参与人数较少	1. 体验项目多媒体课件制作 2. 主动对接社区,加大宣传力度,吸引更多市民进基地体验 3. 发挥高校资源优势,为老年大学和社区学校陶艺班学员定制提高型的体验项目,为社区教师提供业务培训 4. 拓展鉴赏类、作品展示类的体验项目和专题体验活动

续表

基地名称	实验基础(条件、特色、不足)	实验方向
服饰文化	1. 服饰博物馆服饰文化资源丰富 2. 体验项目不多 3. 参与人群较局限	1. 如何使高校资源使用率最大化,立足服饰博物馆,开发设计与服饰文化相关的体验项目和专题体验活动,吸引更多市民进基地体验 2. 发挥高校资源优势,为老年大学和社区学校服饰表演班学员定制提高型的体验项目,为社区教师提供业务培训 3. 主动对接社区,加大宣传力度,扩大参与人群
红色文化	1. 利用周边的社会资源,形成了"1+6"的基地架构 2. 红色文化进社区、进高校、进地铁 3. 有组织红色文化系列活动实践 4. 地处远郊,交通不便	1. 体验项目的设计如何体现"核心价值观" 2. 主馆加专题馆的建构模式与套餐式体验服务 3. 红色文化进社区与发挥区域内"红色文化"资源优势

全民学习服务的模式研究之六:教育价值链

现代经济组织的竞争,更多的是系统与系统之间的竞争,是整个价值链与价值链之间的竞争。[1]美国学者迈克尔·波特(Michael Porter)于1980年在其《竞争战略》一书中提出了价值链在"竞争战略"中的作用。他认为,价值链将一个企业分解成若干与战略相关的活动,企业正是通过比竞争对手更廉价或更出色地开展这些重要的战略活动来赢得竞争优势的。传统价值链的出发点是企业的核心竞争力,即企业资产。然后,价值链会走向投入要素和原材料,其后是产品和服务、营销渠道,最后达到客户。这一价值链从资产开始,然后一路将资产转化为对客户极为重要的产品和服务。然而,这一整套流程需要我们做出改变,将客户成为价值链上的第一个环节。以客户为中心的理念从根本上改变了企业的供给和价值链活动,企业活动的目标从"做一切事情"或"做我们能做好的事情",变成了"做对客户重要的一切事情"或"做我们最擅长的事情",企业可以将其余的业务外包,或者寻找合作伙伴提供这些业务。也就是说,现代价值链应以客户为中心思想,其出发点是客户,最终目的地是资产和核心竞争力。以客户为中心的思想关注客户的需求和偏好,致力于为客户的需求和偏好寻找最好的选择方式。

美国古典人文主义教育家赫钦斯指出:"除了能够为每个人在其成年以后的每个阶段提供部分时间制的成人教育外,还成功地实现了价值转换的社会。成功的价值转换即指学习、自我实现、成为真正意义上的人已经变成了整个社会的目标,并且所有的社会制度均以这个目标为指向。"[2]作为教育管理者应当思考这些问题:客户的需求与偏好是什么?哪些渠道可以满足这些需求和偏好?有哪些服务和产品最适合这些渠道?创造这些教育产品和服务需要进行哪些投入?购买何种原材料?要进入投入和购买,需要哪些必不可少的资产和核心竞争力?

学习型社会的主要特征是全民学习、终身学习。面对这种巨量、持续、多样的学习需求,显然仅仅通过学校系统发展和学校办学容量扩张是十分有限滞后的,需要借助整个社会系统来调动全社会的相关资源才能满足。

---

〔1〕 彭志强. 商业模式的力量[M]. 北京:中信出版社,2013.
〔2〕 陈廷柱. 何谓"学习社会"——国外专家的若干见解[J]. 比较教育研究,2003(10).

这些资源的调动过程本身就意味着是教育价值链的再造过程。对区域教育竞争而言,价值链理论的主要意义在于,把多种比较优势组合叠加,形成一根链条,转化为整体的竞争优势。单一的比较优势往往难以形成持续、强劲的竞争优势,单一资源优势的过度发挥,可能会陷入"比较优势陷阱",沦为廉价生产要素供应地,而多个比较优势叠加后,会形成互补与合力,使得各优势的总能量以整体的非加和性的特点急剧扩大。在区域竞争中,竞争者大都只能模仿一两个特色,而很难模仿整个价值链,也就无法具备同等同质的竞争力。这样就能达到消除正面竞争、实现稳定发展的目的。

一、价值链的生态性

在人类赖以生存和发展的社会生态环境中,各种生态因素都不是相互孤立存在的,它们在一定范围或区域内,相互依赖且存在,相互作用且交融,相互牵制且促进,组成了一个复杂且动态平衡的生态系统和命运共同体。正如全民学习教育的生态圈所包括的政策环境、经济环境、文化环境、人口环境和技术环境等内容,具有生态系统演化的内源性驱动力和外源性扩张力。开放大学作为一个大学和社会子系统的存在,同样应发挥着自然、政治、地缘、经济、教育和学习等方面特有的价值链作用。一方面,开放大学应根据我国自然与社会生态的分布状况,通过与各地方政府的共建,建立一种"想学习者之所思,急学习者之所用,设学习者之所需"的专业设置机制和学习服务机制,从而做到"因地制宜,分区办学;因时制宜,分区教学;因人制宜,分区助学"。另一方面,开放大学应针对国际地缘政治生态环境的变化进行适应性调整(例如"一带一路"),建立一种能够适应周边各国的民族教育文化传统、知识吸收的风俗习惯、人才市场的发展走势、教育资金的投入流向、大众传媒的技术水平的终身教育态势,牢牢掌握本民族文化在该地域内的教育知识传播的话语主导权,形成充分利用本国文化的优势和资源,同时又吸收和借鉴国外先进文化的一个"有序推进、整体联动,向外传播、持续发展"的开放远程教育和国际安全发展战略格局,从而积极参与国际开放大学的教育话语体系构建。

综上可知,开放大学在构建全民终身学习价值链的过程中,要风物长宜放眼量,做好六个教育生态发展的战略转型。一是在教育战略规划上,要从注重地域内向型发展战略向注重地缘外向型发展战略的转型;二是在投入方向上,要从注重硬件设施建设向注重软件资源开发的转型;三是在教育职能上,要从注重普世教育公平向注重普惠教育公正的转型;四是在教育质量上,要从注重学历教育主导向注重非学历教育主导的转型;五是在教育管理上,要从注重传统大学管理向注重现代大学制度的转型;六是在教育重心上,要从注重职业阶段教育向注重人的终身教育转型。[1]

二、价值链的模式性

开放大学致力于全民终身教育,决定了学习者的教育需求不是一次性的,而是伴随终身的教育需求。与以企业为中心的运营模式一样,如何获取学习者的认同,把学习者培养成忠诚的"顾客",实现学生的价值最大化,是开放大学建设的基本出发点之一。

学习共同体是一种社会空间,包括个体空间、群体空间和公共空间。三类空间下的学习存在一定的独立性,表现为个体空间的私密性、群体空间的排他性、公共空间的全局性。在网络环境中,个体空间容纳着自身空间和外部空间信息互换的"交互流"、个体学习持续深化的"建构流"、知识技能逐步增长的"储备流"、在具体问题和抽象知识之间不断贯穿的"转化流"。群体空间活动的设计和开展促进了群体中个体的发展和学习共同体知识的增长,建立并维持和谐融洽的内部关系。公共空间作为学习共同体智慧供给的源头和新知汇集的归宿,其交互行为包含了成员个体对外进行信息传播的行为和群体之间的跨群交互行为。[2]

按照终身学习体系的内涵,可划分出全民学习价值链的基本要素与基本结构(表3-8)[3],并由此可演化成价值链中的若干资源建设模式。一是技术指导型建设模式,即以自动化处理和信息系统构造作为主要工作内容,各种技术因素占有主导地位。主要以资源获取、存取、组织、检索、发布、版权管理等方面的技术创新和开发为主要目标的建设模式。二是资源主导型建设模式,即以资源数字化为目标,借助于一定的技术手段,提供用户互联网资源浏览与检索的建设模式。现在网络化条件下的数字图书馆的建设和服务,大多采用资源主导型这一建设模式。三是需求主导型建设模式,即以主动地、适时地为用户提供满意的信息服务为中心,根据信息资源流和用户信息需求流两个方向,来组织信息资源建设的流程。它以计算机网络为平台,"自助服务"为主要形式,能提供用户满意的资源和便捷快速的服务。四是用户主导型建设模式,即搭建一个"用户需求平台",及时把握用户的个性需求、使用习惯、方式、特点,建立有效的反馈机制,根据用户需求变化及时调整服务策略和内容。五是服务主导型建设模式,即用户访问服务—需求

---

[1] 张亚斌.生态文化视角中的中国开放大学建设困境、体制设计与战略规划(续)[J].重庆广播电视大学学报,2013(4).

[2] 刘红晶,谭良.基于知识地图的MOOC学习共同体的学习研究[J].中国远程教育,2017(3).

[3] 方子春.区域终身学习体系建设研究——以天津为例[J].继续教育,2014(9).

分析服务—推送服务—定制服务—用户信息管理服务—个性化服务。

表 3-8　全民学习价值链的基本要素与基本结构

教育阶段	教育团体	教育内容	教育类型	教育形式
学前教育（胎儿教育、婴儿教育、幼儿教育）	学校教育	基础教育	学历教育	正规教育
学校教育（初等教育、中等教育、高等教育）	企业教育	专业教育	非学历教育	非正规教育
成人教育（成年公民）	社区教育	休闲娱乐教育		正式教育
老年教育（退休老人）	家庭教育			非正式教育

三、价值链的再造性

服务的价值链再造，是以服务区域经济为办学目标，应做好四个服务，服务政府、服务企业、服务社区、服务市民。具体来说，办学定位上从过去以学历教育为主向服务区域经济社会发展，满足市民终身学习需求转型；人才培养模式上从过去"单纯注重学历文凭"向培养"职业技能+职业素养+高适应性"人才转型，满足社会多元多层次人才需求；教学体系上改变过去的传统教学模式，向着职业化教学体系转型；办学模式上从过去封闭的学历教育办学向产教融合、校企合作转型。[1]例如，就城乡教育而言，伴随着新型城镇化进程的加快，农村将是未来开放大学发展的重点领域，它不但有极其巨大的潜在需求，而且这种需求的具体内涵也正在随着新型城镇化进行的加快不断发生变化。立足于服务新型城镇化进程中的新型农民的培育，开放大学要采用市场细分法，运用一定的细分标准，如性别细分、年龄细分、职业细分、受教育程度细分、心理因素、地理区域细分等，对农村成人教育市场进行细分，针对不同子市场的需求，设计和提供不同的教育支持服务。又如，就党建工作而言，从 2011 年 6 月新疆维吾尔自治区党校、行政学院在苏州大学设立教学培训基地，开启了校地合作，跨区联合培养党政干部的新模式。2011 年 12 月，青海省委党校与苏州大学签署战略合作协议，在苏州大学设立教学科研基地，积极探索"党校加高校"的教育培训模式。

同时，在"互联网+"时代，教育的价值链除了学校、培训机构、学习中心、教师、学生、家长，还有服务器制造商、服务器维护人员、网站架构师、课件剧本策划师、摄像录音、直播网站、平台设计运维，以及投资人、资本等，这

---

〔1〕崔文杰.独立设置成人高校职业化转型分析及实践探索——以北京市东城区职业大学为例[J].继续教育,2017(1).

些共同构成了"互联网+"教育的生态圈。尤其是融媒体教育的价值链再造,要求优质的教育资源应传之有道、开放有道。融合传播时代,电视观众不但没有流失,反而增多了;节目影响力不但没有下降,反而扩大了。

观察2017年以来的《中国诗词大会》《朗读者》《见字如面》等一批电视文化节目观者如云,好评如潮。这些节目无不借力互联网技术,提炼高质量话题,制造新闻事件,通过策划打通大屏小屏,连接线上线下,取得刷屏式关注。其中,《见字如面》可谓是一个巧妙的碎片化传播案例,宣发方利用短视频小而轻的特点,在正式开播前将每期节目切分为几分钟的"单曲版",陆续在视频网站推送,很快便在微博、微信、豆瓣等社交平台获得好评,网上评论和报道纷至沓来。优质内容借力社交网络裂变效应实现N次传播,产生巨大的长尾效应。当一个月后,节目正式在黑龙江卫视播出时,已形成了"千呼万唤始出来"的效果。《中国诗词大会》中腹有诗书气自华的武亦姝、《朗读者》中96岁高龄的老翻译家许渊冲,他们所承载的话题效应大大提升了观众对节目的关注度与参与度。《朗读者》的宣发团队深谙"对融媒体产品而言,影响力不单体现在收视率和口碑上,更要形成社会性的事件和现象"的道理,特别策划清华大学13位成员年龄加起来超过1 200岁的"朗读天团"朗读《告全国同胞书》的短视频,在网络空间引发一众青少年网民的集体致敬。[1]

四、价值链的公共性

"共生型"价值链是指建立在产业链基础上的经营主体内部和上下游经营主体之间为生产共同的最终产品所经历的增加价值的经营过程,它是链上主体(或组织)对供应链上相关产业层次间的价值创造、价值协调、价值增值及价值分配等活动。在我国经济社会全面转型时期,在公共产品资源投入不断增加的前提下,公共产品的投入和产出严重不对称,公共投资价值和效率降低,公共产品供给正逐渐从"数量型"供给向"价值型"供给转变。

从应然的角度而言,开放大学的办学目的不是谋求利益,获得利润,而是适应社会成员终身学习的需要,属于公益性事业。开放大学提供的终身教育服务,任何人都应该可以接受,同时任何人都不能不让其他人接受,从这个意义上讲,开放大学提供的教育具有非排他性和非竞争性。从实然的角度而言,教育是非营利性事业,学校是非营利性组织,它所提供的产品和服务是一种典型的公共产品。从世界各国的实践看,开放大学多采用政府补贴与收费相结合的多元投入方式。总之,无论是应然还是实然,开放大学

---

〔1〕 黄薇苇,鲍楠.融媒体时代优质文化节目还应传之有道[N].光明日报,2017-06-21.

都具有公共产品的属性,是准公共产品。[1]

开放大学在作为准公共产品的供给过程中,存在着价值链上不同层次的利益主体。在一个价值不断转移的世界里,我们的目光必须同时盯住价值链的两个、三个甚至四个客户群。破解不断变化的客户偏好之谜,是开放大学最具挑战性的任务。开放大学每个职能部门都可视为零部件供应商。因此,一个零部件供应商必须了解购买自己零部件的制造商、制造商产品的分销商以及最终消费者的经济动机。我们要一直思考一个问题:我们如何才能为开放教育的客户创造价值?

公共产品"共生型"供给价值链正是基于公共产品供给链上各主体的长期协作与持续发展的理念,以社会价值增值实现为目标,通过整合公共产品(开放大学)建设前、中、后过程中各种中间需求,把教育属性的公共产品供给建设前规划设计体系、建设中生产建设体系、建设后运营与服务体系,最终使学习者的教育使用和消费纳入一条合理的价值链体系中,以寻求一体化或协同化的方式降低教育的交易成本、建设成本和管理成本,从而增加教育公共产品供给价值链的整体价值最大化的渠道和方式。[2]

---

[1] 李江.规制视角中的开放大学[J].中国远程教育(综合版),2011(6).
[2] 何继新.公共产品供给"共生型"价值链协同优化管理研究[J].商业时代,2012(30).

全民学习服务的模式研究之七：学习服务体系

新制度经济学家诺斯认为："学习成为一种通道函数，通过这一通道，一种给定的信仰结构对源于经验的信息和不同时代个体和社会面临的不同经验进行过滤。"美国学者彼得·圣吉提出的组织学习模型既包括个人层面的学习——获取知识、技能和理解；也包括团队层面的学习——改变思维、愿景、战略思考和知识转让；还包括组织层面的学习——系统思维和知识转让。也就是说，组织的学习活动可以分别在个人、团队和组织三个层次上发生，也可以同时发生在这三个层次之间，包含着三个学习存量（个体学习、团队学习、组织学习）和两个学习流量（前馈学习和反馈学习）。其中，学习存量是指存在于学习系统内各层次上的学习，而学习流量是指发生在学习系统内各层次之间的学习。

一、学习服务的方式

当前，源于美国高等教育改革的"服务学习"（Service-Learning）正成为高等教育的主流。"服务学习"最初兴起于美国，由罗伯特·西蒙和威廉·拉姆齐两位教育学家于1967年提出，随后正式由美国南部地区教育委员会将其定位为"学校与社区的结合"。"服务学习"也是美国教育家杜威在应对世纪之交美国急速城市化与工业化的社会转型过程中，探索高等教育如何更好回应社会需求，让学生走出象牙塔，与社区工作结合开发而成的体验性学习模式。例如，在英国工业化和城镇化急速转型所带来的移民和城市贫困问题下，剑桥大学的师生以"服务学习"的形式为城市新移民或者贫困群体提供慈善服务。

学习不能离开社会而独立完成，一定是在社会关系中进行的，而且需要打造良好的社会关系。"服务学习"所提出的新教育思想是回应社会需求，将社会服务和学习知识融为一体，既是教育创新，也是社会创新，不仅把教育延伸到社会的教育创新，也具体体现为高校与社会建立的一种新型社会关系。"服务学习"具有良好的传导机制，其间接目的是在善的社会关系中推动"全民学习"与"社会治理"建立有效连接，其直接目的是开放大学的人才培养。例如，北京开放大学针对服务首都学习型城市发展目标，以广大市民的"衣、食、住、行、生、老、病、养"八个字为主线调整优化专业学院设置，提高服务能力。学校建设城市管理学院,以满足地铁和公共交通8万安全员的安全教育,以及家政服务、物业管理乃至220万外来人口素质提升的需求;建设创意学院,服务于北京作为国家文化中心功能的人员的学习需求;建立慈善义工学院,满足20万社会志愿者提升素质的需求等。[1]又如,台北市的社区大学是推动该学习型城市规划的主要力量,社会工作研究者、教育者和学生通过社工服务,在青少年社会工作、老人社会工作、毒品康复社会工作、农村社会工作、学校社会工作、精神健康社会工作、第三部门与社会服务、社会企业与社会发展等课程中就结合了"服务学习"的教育方法,全面构建6D(Dimension)城市,即人文品位、生态田园、水岸休闲、安全包容、福利友善、健康乐活六个方面触及了每一个市民的学习。

作为一种实践教学的课程设置,"服务学习"强调"课程"(表现为活动内容)与"服务"(表现为社区服务)并重,与传统社区教育中的社区服务有着区别性(表3-9)[2],由此将传统的学生学习场域由封闭的学校扩展到了社区和社会,将社区教育服务和个体学习与发展有机地结合在一起,有益于社区教育在开放大学中的进一步深化发展。

表3-9 服务学习中的社区服务与传统社区教育中的社区服务辨析

	为社区服务	加强课程学习	加强社团、活动主题学习	公民学习
传统的社区服务	是	否	否	否
强调"活动"的服务学习	是	否	是	是
强调"课程"的服务学习	是	是	否	是

二、学习服务的网络

开放大学要在全民终身学习过程中有所作为,应积极做好基于网络组织的"服务学习"体系建设,深刻且清醒地意识到:技术变革教育不能只谈技术,而应该把更多的精力放在新技术环境下学习方式和教学方式的变革上来。只有这样,教育方面的巨大收益才会到来。

网络组织是组织类型中的一种,在学习型组织的建设中主要发挥着学习的支持性与服务性作用。在全民学习服务的过程中,组织的网络路径运用于学习系统,渗透着结构功能理论、权变理论、控制系统理论及角色理论,

---

〔1〕 徐辉富,魏志慧,李学书.开放大学五年:总结与反思——"开放大学建设进展与成效研讨会"综述[J].开放教育研究,2017(6).

〔2〕 方志刚."服务学习"视域中的开放大学与社会责任[J].远程教育杂志,2013(5).

存在着大量关于网络组织的观点。一是所谓"网络组织"是指一些相关的组织之间由于长期的相互联系和相互作用而形成的一种相对比较稳定的合作结构形态,这样组织群就可以通过集体决策、联合行动来生产产品或服务,以便更迅速地适应不断变化的技术和市场环境,并提高自身竞争力。二是所谓"社会网络"是由某些个体间的社会关系构成的相对稳定的系统,主要包括关系要素和结构要素。关系要素关注行动者之间的社会性粘着关系,通过社会联结的密度、强度、对称性、规模等来说明特定的行为和过程。结构要素则关注网络参与者在网络中所处的位置,讨论两个或两个以上的行动者和第三方之间的关系所折射出来的社会结构,以及这种结构的形成和演进模式。这两类要素都对知识和信息的流动有着重要的影响。三是所谓"学习网络"是指伴随着特定的结构和角色用特定的方式塑造学习的过程,明确提出学校不是唯一的教育资源,除学校之外,还有许多机构和社会力量具有教育潜力,能够承担教育责任。其主要目的是:向所有希望学习的人提供一生中任何时候皆可利用的资源;使所有希望与他人分享自己的知识的人都能找到想从他们那里学到这些知识的人;向所有希望对公众提出问题的人提供相应的机会。

三、学习服务的体系

体系,是一定范围内或同类的事物按照一定的秩序和内部联系组合而成的整体。体系的生命力在于完备的组织架构、成员的科学定位、内部存在的有机联系和共同遵守的规则。[1]教育部部长陈宝生指出:"我们面对的是世界上最大的独生子女群和最大的网民群体。我们熟悉的教育理念、管理方式、人才培养机制、培养模式、教学内容和方法,都迫切需要做出改革和调整。"终身学习服务体系建设就是在政府的政策支持和积极推动下,社会各系统[2],包括了终身教育体系、终身学习的管理与指导机构、终身学习服务的社会保障等三大方面(表3-10)。[3]2017年7月25日,北京市教委发布《关于加快北京开放大学建设与发展的意见》,提出到2020年,初步建成具有首都特色、服务城市发展的全市开放大学办学体系。主要任务之一"加快建成覆盖全市的开放大学办学体系"要求:"健全北京开放大学系统(学院、分校、学习中心)不同层级办学和管理服务体系。研究制定开放大学体系建设的标准,完善课程、教学、管理、平台和评价标准,加强办学与管理的

---

[1] 吴进.差异化发展战略下的体系重构:开放大学的体制创新探索[J].终身教育研究,2017(3).
[2] 马成奎.简析终身学习服务体系建设[J].北京宣武红旗业余大学学报,2014(7).
[3] 杨树雨.我国建设学习型社会进程中的终身学习服务体系的建立[J].教师教育论坛,2008(11).

标准化、规范化建设。创新系统办学的体制机制,鼓励各分校结合区域或行业特点,打造办学特色和服务优势,形成系统共建课程、专业、教育项目和学习支持服务系统的协同创新机制,建立覆盖全市的市民终身学习服务体系。"

表3-10 终身学习服务体系结构关系表

一级体系	二级体系	三级体系	四级体系	
终身学习服务体系	终身教育体系	非国民教育系列	党、团、工、青、妇等政治团体教育系列	军队、武警等国家武装的教育系列
		国民教育系列	高等教育:高等院校举办的普通高等教育和高等职业教育	成人教育:成人文化学校举办的扫盲教育;成人职业技术院校举办的初、中、高等职业(技术)教育;各类组织举办的非学理论教育与培训(职业技术、素质、生活等)
			高中阶段教育:普通高中、职业高中、中等专业技术学校的教育	
			九年制义务教育:小学与初中的教育	
			学前教育:托儿所和幼儿园的教育	
		社会文化、科技、政治等教育基地	图书馆、博物馆、科技馆、文化馆、公园、少年宫、纪念馆、影剧院、文化娱乐中心、爱国主义教育基地等向公众开放机构开展的社会教育	
		社会公众传播教育体系	出版社、报社、杂志社、广播台、电视台、网站、短信发布机构等	
	终身学习的管理与指导机构	从国家到社区,各级政府设立的终身学习管理机构,学习与发展指导中心(部门)和学习内容与方法的辅导中心(部门)、各级各类组织内部设立的终身学习活动的专、兼职管理机构		
	终身学习服务的社会保障	有鼓励和支持每个人学习的法律法规与政策文件;学习费用的投入有保障;基地、设施设备,学习资料齐全;教师和学习指导人员的数量与质量配备合理,学习氛围良好		

体系的组织性与模式的规范性,是"学有所教"的有效性。"教而有效""教而有序",是对"学有所教"内涵的进一步揭示,也是对"如何实现各类教育资源有效整合,防止教育资源的扩散;如何保证教育服务机构设置的合理,防止教育功能的紊乱;如何加强学习服务行为的规范,防止服务有效性的缺失"等现实问题的回答。因为这些问题在本质上就是一个组织性和规范性问题。只有解决"有效性"和"有序性"问题,"学有所教"才能真正适应

及满足学习者的要求,防止教育资源的浪费和教育行为的扭曲,使建设开放大学成为必然的选择。[1]

四、学习服务的支持

开放大学承担着办学和社会化服务两大任务。开放教育的核心是开放学习,教学必然是注重"导学"和"助学"。开放学习需要支持,只有"支持"引领、"服务"跟上,"学习者中心"才能日趋凸显。需要强调的是,学习支持很重要,是教学的本分;但教育不等于服务、支持也不等于服务,千万不能误读教学的功能、曲解教育的本质,服务的缺位和服务的过度都是要不得的。在此,选取了英国开放大学、美国凤凰城大学、印度开放大学和香港公开大学四所大学从服务对象、管理服务、学习资源服务、学习过程辅导服务、技术设备支撑服务及运作机制六个维度进行比较(表3-11)。

表3-11 世界开放大学学习支持服务比较

	英国开放大学	美国凤凰城大学	印度开放大学	香港公开大学
服务对象	允许年满18岁的学习者根据自己的实际情况灵活选择学习;把为残疾人提供高等教育的机会视为自己不可推卸的责任	成人在职者,注意培养学生的职业技能;必须是年满23岁,平均年龄在35岁左右,有正当职业,平均具有10-12年工作经验	为社会各阶层提供高等教育,满足所有人的需求	凡年满10岁有志于进修的人士,都可以接受公开大学的专科和本科教育,还为特殊人群提供教育
管理服务	3个地区办公室负责运行三级支持系统和学习中心设立13个地区中心、293个地方学习中心,连锁服体系	在线、电话注册,助学贷款、转化学分、呼叫中心管理;提供7×24小时的call-center服务	设立区域中心和学习中心,提供报名、缴费、教材发放、学生咨询等服务	囊括了从学习准备、学习过程到学业成就等全部内容
学习资源服务	提供教学包、印刷媒体文字教材、学习指导、作业安排等教材印刷物,电视录像等视频媒体、声频磁带	学习资源中心、数字图书馆提供一些基于flash的模拟仿真	课程和学习材料(印刷材料、视听材料以及电子材料)、教材、培训手册	印刷教材、广播电视、录像、录音、电脑软件和光盘等;强调多媒体教学资源中,一定要考虑信息的容量和表达方式

---
[1] 彭坤明.开放大学建设初论[M].北京:中央广播电视大学出版社,2011:107-109.

续表

	英国开放大学	美国凤凰城大学	印度开放大学	香港公开大学
学习过程辅导服务	个别化辅导、持续性关注;为每一位学生分配一位指导教师,指导教师通过布置学习任务及时给予学生反馈	跟踪过程的咨询顾问;小班教学;通过智能答疑辅导系统获得帮助,也可以通过800免费服务电话	学生可根据自己的学习进度安排课程学习;在扩展中心由面授教师所提供的咨询服务等	为每个学生建立电子档案,便于学生了解自己的学习情况和学习进度;对于有学习困难的学生会安排特别辅导服务
技术设备支撑服务	借助完善的广播电视网络技术,获得专业教材制作、高端的卫星广播电视系统传输等	技术以简单、简洁、实用为主,课程资源呈现形式以文本文件为主	广播教学;教学中心有较完备的个人电脑用于处理学生入学的数据,与总部联网	提供良好教学设施,包括科技实验室、电子图书馆、多媒体实验室、自修室、残障学生专用设备等
运作机制	政府支持和市场运作。政府每年都向学校提供高于学费总收入的财政拨款,保障学校的日常开支	营利性、商业运作;通过远程教育委员会协调国内远程教育院校;最大限度地降低办学成本,以绩效评价促进效率和产出的提高	英迪拉·甘地国立开放大学同9所开放大学单独招生、大学之间互相协作有限;经费70%来源于中央拨款,30%来源于学费	自负盈亏;2001学年开始,接纳公开大学成为有资格申请研究资助局拨款的院校

基于"互联网+"创新学习载体,开放大学的学习支持服务包括非学术性学习支持服务、学术性学习支持服务和硬件支持服务三个维度。其中,非学术性学习支持服务包括入学教育、教学信息、教材发放和学习氛围;学术性学习支持服务包括面授教学、线上答疑、线下答疑、协同学习、作业批改和个别辅导,硬件支持服务包括教学硬件。开放大学应努力践行5A学习理念,即任何人(Anyone)在任何时间(Anytime)任何地点(Anywhere)以任何方便的方式(Anyway)获取任何想要学习的知识(Any knowledge),应积极架构方便快捷教务模块、智能教学辅导模块、优质普惠资源模块和情感互动交流模块。例如,残疾学习者由于受到行动上的限制,开放大学的远程教育学习支持服务对他们而言具有尤其重要的意义。

五、学习服务的项目

"数字化学习港与终身学习社会的建设与示范"项目是纳入教育部"高等学校教学质量与教学改革工程"统一管理的教改项目,由中央电大牵头组织,浙江大学、清华大学等高校参与项目实施,主要依托中央电大公共服务体系开展相关理论和实践研究。数字化学习港作为终身学习社会的一种基础建设,在各地设立若干数字化学习超市。数字化学习超市由分布在基层社区、乡镇、企业的学习中心组成,这些学习中心设立在与各类学习人群最近的地方。它以连锁运营和管理的方式组成社会化数字学习公共服务体系;公共服务体系的管理者负责组织建设标准化的硬件和软件网络学习环境,并以第三方的服务运营商身份,以市场机制组织学校、企业或名家提供教学资源和教与学的服务;国家行政部门依据法律、法规对数字化学习港实施监管;学习者通过多种接入方式和多种终端共享资源、按需选择,得到个性化的学习支持服务。[1]该项目自2006年6月启动至2012年,建成了4种类型共7个典型应用示范学习中心,探索了利用数字化学习手段和公共服务体系为基层提供教育服务的新模式和新机制。同时,不难看出,教育部率先批准依托开放大学系统建设公共服务体系,利用开放大学系统的优势,在办学的基础上拓展服务功能,是发挥开放大学作用和发展开放大学事业的一次宝贵机遇。

自2001年以来,广州电大相继实施了"广州远程教育中心""广州数字化学习港"项目,对发展数字化的终身学习公共服务进行了多方面探索,十多年的建设与发展历程大体可分为:酝酿论证(2001年)、务实开创(2002—2003年)、稳步推进(2004—2006年)、飞速发展(2007—2009年)、全面覆盖(2010年以来)五个阶段。广州数字化终身学习公共服务体系建设立足广州,面向珠三角地区,为各行各业教育受众提供普及性、公平性、低成本的远程数字化教育和公共服务。践行"有教无类"的终身教育理念,致力于打造无处不在的教育,广泛深入学校、家庭、社区、企业、机关、军营,建立数字化学习中心,真正实现教育零距离,让学习者实实在在感受到"教育就在身边、学习总在身边"。[2]并在提供服务的实践中,始终坚持全面教育、数字化教育、个性化教育、均衡教育、绿色教育的理念。

数字化终身学习公共服务体系建设是一个系统工程,既需要建设单位的有力组织和智慧,也需要参与各方的配合和支持,更需要政府的统筹和主导。广州数字化终身学习公共服务体系探索建立了"政府+电大+企业+学习中心"的业务管理模式,政府职能部门主导、电大牵头实施、广州远程教育中心运

---

〔1〕 任为民.学习型社会、数字化学习港与公共服务体系[J].开放教育研究,2007,13(1).
〔2〕 广州市广播电视大学,广州远程教育中心.广州数字化学习港——教育就在身边,学习总在身边[EB/OL].广州·数字化学习港门户网站,http://www.gzedu.com/index.do.

营、学习中心服务,形成四维互动的可持续发展长效机制(表3-12)。[1]

表3-12 广州数字化终身学习公共服务体系

政府职能部门	作为公共服务体系建设和管理的主导行政力量,负责统筹、协调与监督,出台有关配套政策,投入必要的资金,支持平台的建设和应用。同时作为购买服务方,促进教育项目的开展。如广州市教育局设立了数字化学习专项资金,出台了有关中小学教师继续教育的相关文件,建立了广州市教师远程培训中心,有力地促进了数字化终身学习平台的建设和应用推广
广州电大	作为牵头单位和实施主体,承担终身学习平台、资源的建设统筹和组织管理,依托现有的教学和管理队伍,负责平台硬件环境建设、学习平台规划设计、教学资源开发、教育项目整合、国有资产管理与维护等
广州远程教育中心	作为专营机构,按照市场机制运作,承担终身学习平台运行维护推广工作,负责网络运营环境建设,为网络教育项目提供运营管理和远程教学在线支持服务,拓展网络教育项目业务
学习中心	作为终身学习公共服务的终端,承担教育项目在当地的招生、宣传推广和教学支持服务,不断完善数字化学习环境建设,为学习者提供从咨询到考试的一站式学习支持服务

---

[1] 王学珍.广州数字化终身学习公共服务体系的建设与探索[J].西北成人教育学院学报,2013(5).

「第四篇」

在线学习的可为之道

远程教育的"在线化"

人类的教育是不断演变的。在农业社会,人类典型的教育形态是师徒制,"师傅+徒弟"是核心模式。到了工业社会,适应工业社会的教育模式变成了学校教育,学校教育的核心结构是"教师+教材+学生"。当下的信息时代,主流的教育模式和学习模式都已成为数字化学习,即在线教育。2016年1月,加拿大著名远程教育和培训机构 Contact North 发布了《在线学习未来 2016 年度报告》(以下简称《报告》)。《报告》预测有七种技术发展趋势将对在线教育的设计、开发、支持和传送产生直接影响,它们是:(1)机器学习和人工智能将越来越多地用于自适应学习领域;(2)手提、移动和一体化设备将继续发展并成为学习、交流和对等网络的实际工具;(3)预测分析在预防学生辍学和提供学习支持方面的应用会显著增加;(4)各种设备和系统的互联性将是物联网及其活动的显著特征;(5)游戏化和虚拟现实将在许多学科(尤其是实验型学科)的教学中发挥显著促进作用;(6)翻译引擎将持续改进并被嵌入许多应用程序中;(7)协作技术和知识共享将是各种学习形式的主要资源。

阿里前 CEO 卫哲认为:"教育在本质上是一种消费品。"他把教育产品分为快销品(图书)、相对耐用品(学具—学习机、教具等)、奢侈品(1 对 1 培训)。阿里云教育与创业孵化事业部首席架构师石立勇在《阿里云在线教育解决方案》的主题报告中指出:"目前国内在线教育行业主流已经演化到移动互联时代,部分业务已经步入大数据时代。在线教育从业者需要更加关注用户,关注业务,关注应用,资金、人力应更多投入到业务应用创新中,将复杂的基础设施交给专业的合作伙伴。"

当前,大部分在线教育平台只是把线下课堂搬到了线上,或者将教师等教育资源进行线上整合与分配,所谓的评测体系也只是统计功能,所谓的自适应推送也只是题海战术。2011 年,句酷批改网推出一款基于云计算的英语作文自动批改在线服务,其理念被称为"单点极致",即:当你跟用户说,我什么都能做的时候,用户的理解恰恰是你什么都不能做。只做一点,而且要做到最好。"只做一点"的目的是输出一种习惯,正如人们会不断换掉原有的品牌手机,改用其他品牌更好的手机,手机商家可能只能赚你一次的钱。但中国移动不是,只要你还用手机,它就能赚你的钱,这是通过一种消费习惯来盈利,它的生命周期更长。开放大学的办学,若只是聚焦在场地租借、短期培训、项目提成等方面,而忽略了对教育市场消费习惯的引导、影响及传播,就会受制于人,后继乏力。在线教育的作为就是应该培养潜在用户的教育消费习惯,从线下至线上、从显性至隐性、从单向至双向、从口碑至品牌,最大限度延长开放教育的生命周期。

人是一种倾诉性的动物,当任何事情超出他的预期值的时候,就会产生不吐不快的心理。很多时候,做教育就是做人性,把这些东西都研究透,落到产品上,才是真正地做在线教育。2017年1月,从第39次《中国互联网络发展状况统计报告》发布会上获悉,截至2016年12月,中国在线教育用户规模达1.38亿,较2015年底增加2 750万人,年增长率为25%;在线教育用户使用率为18.8%,在2015年基础上增加2.7个百分点。其中,手机在线教育用户规模为9 798万人,与2015年底相比增长4 495万人,增长率为84.8%;手机在线教育用户使用率为14.1%,相比2015年底增长5.5个百分点。同时,现阶段的在线教育呈现出五大鲜明的趋势,即虚拟产品支付意愿快速提高、一代网红老师出现、辅助技术成熟、广告变现有效以及新生内容驱动模式。另外,2017年8月,国务院印发《关于进一步扩大和升级信息消费持续释放内需潜力的指导意见》(国发〔2017〕40号)指出:"壮大在线教育。建设课程教学与应用服务有机结合的优质在线开放课程和资源库。鼓励学校、企业和其他社会力量面向继续教育开发在线教育资源。推动在线开放教育资源平台建设和移动教育应用软件研发,支持大型开放式网络课程、在线辅导等线上线下融合的学习新模式,培育社会化的在线教育服务市场。"我们可以预见:面向学习培训的在线教育服务已成为重点发展领域,数字家庭、在线教育、虚拟现实等产业有望迎来政策红包。据预测,到2020年,信息消费总额达到6万亿元,到2025年信息消费总额将达到12万亿元。

一、在线教育的智能学习

我们可以利用大数据开展对学生个性化的学习路径和学习资源的推进工作:收集平台上学生的相关数据——形成个性化的学习者特征——通过特征比较形成相似的学习者群体——将已完成学习的学习者中学习效果较好的学习路径和学习风格,推荐给未完成学习的相似学习者。

例如,学霸君做的是一个面向疑问的自发性精准数据捕捉平台,于2013年在国内首推拍照搜题这项功能,经过不断优化,拍照搜题命中率已提升至94%。近几年,学霸君搭建的智能技术方向主要包括了"敏捷数据收集+智能知识挖掘+高效内容呈送",即通过一问一答的互动呈现一个垂直的数据,当收集了大量这样数据资源的时候,就可以建立针对问题的优质讲解模型,我们的老师能够获得推送的大量信息供参考,而学生则可以通过这种高效率的学习方式做到今日事今日毕。[1]

麦子学院作为一个纯在线职业教育平台,结合线上所具有的数据采集、数据分析、数据预测的优势,在交互、氛围和自律三个环节上力求提升,把点播、直播、大数据等拼成一盘菜,不断进行优化,完课率目前已经超过85%。另外,能力天空免费开放能力天空网校平台,打造在线教育新模式的"能力教育生态圈"计划,即实现场地共享、课程共享和学员共享。

二、在线教育的联盟组织

基于现代管理学视角,同行业可以用来整合,上下游产业可以用来协同,异质性产业可以用来联盟。从内涵特征上来看,开放大学联盟的内涵特征主要体现在整合、开放、协同、联盟和多赢等方面。

一方面,开放教育联盟的上位概念"开放教育资源"是其成立的背景概念。当前在国际上也出现了很多相关的开放教育资源项目,如日本东京大学、大阪大学等六所高校联合推出的开放可见项目、中国的国家精品开放课程项目等,这些项目无疑都让学习者获益匪浅。

另一方面,开放大学的联盟是一种平等合作、长期合作、风险共担的关系。截至 2016 年年底,开放教育联盟麾下共有 18 个子联盟相互结盟,这些联盟分布于全球各大洲。例如,开放教育联盟是一个由美国牵头创设的全球性在线教育联盟,其宗旨为"在全球范围内推进、支持及提升开放教育发展",通过分享和使用全球范围内的电子平台上免费的、开放的和高质量的教育资源来推动世界的正式与非正式学习。作为一个包含了全世界 280 多个大学和相关学术研究机构的团体,该联盟目前已囊括了超过 3 万门线上教育课程,由全球 40 多个国家提供,使用超过 29 种语言讲授。[2] 又如,2013 年,UOOC(优课)联盟由深圳大学牵头成立。UOOC 联盟整合全国地方性高校优质教学资源,形成优质课程共享机制,为联盟高校学生及社会学员提供课程学习的选择和服务,促进高等教育均衡化发展,提升地方高校人才培养水平和社会服务能力。苏州大学作为联盟的最早成员之一,其MOOC 课程《古典文学的城市书写》深受欢迎,该课程是对《苏州诗咏与吴文化》的扩展,选择包括苏州内在的 20 多个中国历史文化名城,把古典文学

---

〔1〕 卓宇.学霸君首席科学家陈锐锋:"熊孩子"学霸君如何做在线答疑[J].在线学习,2016(8).

〔2〕 张睦楚.在数字时代探索教育"联姻"[N].中国教育报,2017-05-26.

和这些城市之间的关系做了系统梳理。2017年4月,中美高校在线教育联盟正式成立,旨在促进中美高校在线教育领域的合作发展、资源共享、学分互认,标志着UOOC联盟把触角伸向全世界。

三、在线教育的游戏化教学

游戏化(Gamification)学习的设计理念是新近热门的研究课题。在探究学习中,最基础、最核心的能力是问题解决能力。很多研究表明,游戏有助于问题解决能力的培养。借助各式各样的材料开展各类游戏,有助于抽象思维和发散性思维的发展,而这两种思维能力的发展又促进了问题解决能力的提高。

在美国新媒体联盟历年发布的比较有影响力的《地平线报告》和上海市发布的《上海基础教育信息化趋势蓝皮书》诸多相关报告中,都预测游戏化学习在未来将得到普及性应用,与移动学习、虚拟现实、STEM等结合,共同推动教育发展。Gamification这个概念是由英国工程师尼克·培灵在2002年提出的,意指"在非游戏的场合中使用游戏的元素",也就是将游戏的趣味性加入不同的场景中,例如使用游戏中常见的分数、等级、过关、勋章、积分点、排行榜等机制,鼓励玩家在游戏中不断挑战自己,达到最终的目的。例如,教育学习领域的"Pokemon Go"(精灵宝可梦)热潮才刚开始,很多受到启发的移动学习和增强现实教育应用在全球陆续推出。"Pokemon Go"的玩家多数是成人,甚至很多是第一次玩手机游戏的初玩者。如果将"Pokemon Go"拆解开来:Mobile(移动)、AR(增强现实)、LBS(地理位置服务)、O2O(线上线下结合)、Social(社交)、Gamification(游戏化),这些都是"Pokemon Go"最重要的元素。如果将英语学习融入Pokemon Go的场景中,应该可以让学习者快速认识各景点的地标或交通;如果将地理历史人文的导览说明融入Pokemon Go中,那么紫禁城或苏州园林,就会呈现很多导览说明;如果把可爱的宠物置换成为结合现实场景的物理、生物、化学等闯关题目,或是融入企业培训的活动或答题中……这些游戏让很多大人小孩更清楚地认识了自己的生活环境,甚至因此对现实生活中的某项景点更加留意,同时根据地图判断移动的位置和距离增加了判断空间和方位的学习机会,也因此增长了更多知识。[1]

四、在线教育的基础资源

近年来,国家开放大学建设的国家数字化学习资源中心正在致力于提

---

[1] 廖肇弘. Pokemon Go全球热潮与游戏化学习发展[J]. 在线学习,2016(8).

供三类基础资源：微课程、知识元以及虚拟仿真实验。

微课程具有三个特点：一是时长 5–15 分钟，集中说明一个教学问题；二是有明确的教学目标，教学策略，教学评价；三是以微蕴博，以一持万，重点培养学生的思维能力。

知识元具有三个方面的定义：第一，知识元表征教学中知识内容的最小单元，不可切分。第二，知识元和微课程是完全不一样的，它没有教学目标，没有教学策略，没有教学评价，只是围绕知识点"就事论事"，不进行相关比较和推论。第三，以图形化和图像化的媒介形式予以表达。

虚拟仿真实验的核心是变教师的单体劳作、独立劳作为整合劳作，有一个群体从事不同领域的不同素材产品的加工和整合。当这些教学活动组建得像百科全书，像辞典一样随处可触时，教师的作用就会发生巨大变化。

五、在线教育的评价维度

一个成熟的教材体系、与之对应的权威服务，以及智能平台三个核心要素是在线教育产品关键评价维度。2016 年，江苏省教育厅出台了《"十三五"江苏省高等学校在线开放课程建设实施方案》，"十三五"期间，江苏省每年立项建设 300 门左右在线开放课程。2016—2017 年立项建设省在线开放课程 300 门左右，包括公共基础课（含大学生文化素质教育课、创新创业类课程）80 门左右，专业基础课和专业核心课 220 门左右。《方案》明确：省在线开放课程以政府主导、高校主体、企业参与、多元评价、共建共享为建设机制，采用省、校两级建设方式，由学校申报或省教育厅指定确定选题，通过校、省逐级遴选的方式实施。同时，省在线开放课程通过江苏省高等学校在线开放课程平台进行共享和应用。课程资源将全部免费开放，任何单位和个人应在法律范畴内规范使用课程资源，未经许可不得用于商业经营使用。

另外，鼓励高校按照《关于深化普通高等学校学分制改革的意见》（苏教高〔2015〕23 号）的要求，在合作、共赢、协议的基础上，推进跨校修读在线开放课程的学分认定和学分互认，并逐步建立学生跨校修读课程、学校间互认学分的学习方式、教学管理和绩效考核制度。

六、在线教育的项目培训

学校好比医院、老师是医生、家长是监护人、学生是患者、书店是药店（卖 OTC 类产品）、培训机构是诊所或民营医院。这是一个典型的医患关系。OTC 类产品解决的是头疼脑热的问题；培训机构解决的是需要住院治疗的问题。在线教育和在线医疗的目标一样，让患者快速解决问题，最好是不住院，OTC 类产品一下能搞定，这是老师、学生、家长的共同诉求。

例如,2016年1月,教育部教育信息管理中心启动"教师在线教育"课堂研究及教师"在线教育技能认证"项目。据悉,教师可利用碎片化时间进行在线教育技能学习,取得由课题组和互联网教育委员会颁发的《教师在线教育技能认证》证书。该证书可作为教师评优、晋升职称、评聘等考评依据。[1] 又如,江苏开放大学采用线上线下相结合的"混合式"教学(学习)模式。MPOC(Massive Private Online Course)模式,即大规模私有在线课程,是江苏开放大学在线课程的运营方式。网上虚拟班级由单一的"按时间分班"拓展到"按地域分班""按校企合作分班"和"按需要分班",为今后实现"分层教学"打下基础;在线课程资源作为"教材"使用,既保证了课程教学的质量,也让课程导师在辅导时有了发挥的空间,为今后实现"百花齐放"式的教学活动的组织提供了机会。

七、在线教育的示范特色

2010年8月,"建好江苏学习在线网站"正式写入中共江苏省委、江苏省人民政府印发的《江苏省中长期教育改革和发展规划纲要(2010—2020年)》。2011年5月20日,江苏省教育厅委托江苏开放大学建成的"江苏学习在线"正式发布,这是全国首个资源型终身学习网站,被教育部认定为"全国终身学习公共服务平台建设示范基地",网站发布视频学习课程1.8万门,总时长59万分钟;开发公民素质教育荣誉证书23种,建成"社区教育学分银行"系统,注册用户累计完成学习时长达4.3亿分钟,发放学习证书9.2万张,所有学习证书全部实现自主学习、自主申领、自主打印和网络社会认证。

自"十二五"以来,江苏开放大学依托"江苏学习在线",积极搭建综合性数字化学习平台,开发数字化终身教育资源,现已有各类课程资源近20 000单元,开展了"民警职业能力拓展训练""农村妇女网上行""夕阳红扶老上网""社区教育大讲堂"和"江苏公务员职业道德主题教育"以及各类"社区教育工作能力素养培训"。2017年,江苏开放大学开始对"江苏学习在线"全面改版升级,以项目化为抓手,大力推进线上自主学习与线下培训体验相结合的2.0版社会教育。他们即将设立全国首家社会教育管理学院,并首创学习苑建设,在全省范围建立养教结合老年教育示范基地、老年学习体验区;加强社区教育队伍专业化培训,开展名师工作室建设;积极打造"江苏文化名片•开放大学堂"等特色社会教育资源。

---

〔1〕 刘钰. 教育部启动教师"在线教育技能认证"项目[N]. 现代教育报,2016-01-06.

远程教育的"网络化"

从《教育信息化十年发展规划(2011—2020年)》的提出,到搭上"互联网"行动计划的快车,再到大规模开放在线教育的蓬勃发展,网络正在深刻介入教育教学,也在不断适应人们对高质量教育的需求,更在为人才强国战略贡献力量。[1]自1999年实施的"高校网络教育试点"成为我国互联网教育的先行者,2016年网络教育本专科招生人数为230万,普通本专科招生人数749万,网络教育已经成为我国高等教育的重要补充。2017年10月,党的十九大提出要优先发展教育事业,办好网络教育。这是第一次在国家文件中将网络教育单独提出,充分体现了党中央对网络教育的重视和期望。网络教育既涵盖传统的函授教育,也包括如今的在线教育、移动学习以及人工智能等学习新形态,既协调了虚拟网络与实体平台的运作,又能建成校际联盟与资源共同体,已成为新时代构建符合基本国情的学习型社会的重要支柱。

一、政策性

1998年,国务院批转教育部的《面向21世纪教育振兴行动计划》中指出实施"现代远程教育工程",形成开放式教育网络,构建终身学习体系。随着我国网络教育多元化的发展,初步形成了专业化分工——教学资源和教学提供方、网络信息系统供应方、硬件设施及技术承包方和专业化的教育服务运营方,以市场机制相互合作,共同为学习者服务,构成网络教育的产业链。[2]自1999年,教育部首次批准5所普通高等院校开展网络教育试点以来,高校网络教育已覆盖了工学、理学、文学、法学、管理学等11大学科门类,办学类型包括本专科、第二学历等学历教育以及研究生课程进修班、专业能力培训、职业技术培训、资格证书培训等非学历继续教育,探索建立了适合在职人员远程继续学习、自主化学习的教学、管理及支持服务模式,以及网络教育的政策和监管体系。

在此发展背景下,教育部于2006年6月启动了"数字化学习港与终身

---

〔1〕 丁雅诵.互联网怎样改变教育[N].人民日报,2017-12-14.
〔2〕 任为民.学习型社会、数字化学习港与公共服务体系[J].开放教育研究,2007,13(1).

学习社会的建设与示范"教改项目。2010年,《国家中长期教育改革和发展规划纲要(2010—2020年)》确定了要"大力发展网络教育,建议以卫星、电视和互联网等为载体的远程开放继续教育及公共服务平台,为学习者提供方便、灵活、个性化的学习条件"。2011年,《国民经济和社会发展第十二个五年规划纲要》强调:"加快发展继续教育,建设全民学习、终身学习的学习型社会。"这些决策不断明确了网络教育在推进整个国家教育体制改革中的重要地位。2011年12月24日,国务委员刘延东出席中国远程教育十周年大会暨继续教育成果展,在会上做重要讲话:"要集全国之力,着力建设好国家开放大学。"开放大学举办网络教育的优势对普通高校网络教育的发展无疑是一种竞争。2017年10月,党的十九大提出要优先发展教育事业,办好网络教育。这是第一次在国家文件中将网络教育单独提出,充分体现了党中央对网络教育的重视和期望。[1]

二、共享性

凯文·凯利在2015年出版的《必然》中写道:"将从未被共享过的东西进行共享或者以一种新的方式来共享,是事物增值最可靠的方式,未来30年最大的财富会出现在这一领域。"国家信息中心数据显示,2016年我国超过6亿人参与共享经济,参与服务提供的超过6 000万人,其中平台员工数约为585万人。在细分领域中它是怎么改变我们的?2016年我国共享经济市场交易额约34 520亿元,同比2015年上涨了103%。其中生活服务、生产能力、交通出行、知识技能、房屋住宿、医疗分享等重点细分领域的交易规模已达到13 660亿元,同比2015年上涨96%。

教育需要跟上时代潮流。终身教育和终生学习,通常指从国民教育体系中的教育到贯穿人的一生的学习。两个概念之间似乎是一回事,然而,从终身教育到终生学习其实有一个非常明显的变化,即主体有根本变化:终身教育的实施是以社会、政府作为主体,而终生学习的实施是以个体作为主体。教育最根本的宗旨是以学习个体的要求不断改进以逐渐逼近不同差异个体的学习需求。在面对现实与未来的教育理念转化中,在这样的时代潮流下,我们需要教育的共享理念。

华东师范大学教育高等研究院院长、终身教授丁钢从三个方面解读了共享教育:一是从正式学习与非正式学习这一组概念来解读共享教育,认为"学校教育只占用我们人生当中约20%的时间,我们人生的约80%时间是处在非正式的学习状态当中。非正式学习必将促进共享教育的发展而渗

---

〔1〕 黄先开.新时代的网络教育:责任与担当[N].中国教育报,2017-11-28.

透入整个社会,且变得越来越重要"。二是从系统知识和非系统知识这一组概念来解读共享教育,认为"人的成长不仅仅在学校教育的范畴之内,我们如何在生活当中建立和非系统知识及其经验获得的共享路径,其实比只知道在学校里面学习系统知识更重要,对每个人的人生也更有意义"。三是从系统能力与非系统能力这一组概念来解读共享教育,认为"系统能力是基于学科与行业规范的知识学习而形成的能力,而非系统能力是基于日常生活经验的学习而形成的能力"。[1]

网络时代,数据为王。无论是学校还是社区,都会慢慢发展成为一个个学习中心,通过网络手段实现资源共享。不同学校和社区要结合自身特色建立自己的资源数据库,围绕学习中心来组建自己的资源系统,构建自己的资源优势。相信未来教育的发展趋势,将会逐步进入私人定制时代。学习则能够根据自身学习特点,在网络学校寻找私人定制课程,实现课程预约,还能跟其他国家的学习同道者一起上课。

三、服务性

北京开放大学校长黄先开将网络教育定义为"互联网思维、互联网技术、互联网模式与传统教育体系相互作用、深度融合的结果,它既是一种教育方式,又能成为一种独立的教育模式"。"互联网+教育"带来的最大变化是强调"服务",以服务学生为根本来重塑业务流程,教务信息化、招生信息化、考试信息化、教学过程信息化实际是将教育信息化落实到具体业务中。同时,"互联网+教育"为发展开放教育构建网络教育环境下的学习支持服务体系奠定了基础和保障。这种服务体系强调的是"以学为中心"的智能化的多元体系,包括管理、情感、课业、技术和技能等方面支持服务,注重对学习者的智慧分析、学习目标的智慧制定、学习资源的智慧推送、学习过程的智慧管理、学习活动的智慧设计、学习效果的智慧评价等方面,以促进智慧学习效果、发展学习者智慧为最终目标。[2]

"学习支持服务"是影响开放教育教学质量的重要因素。大卫·西沃特是英国开放大学的著名学者及远程教育领域"学生支持服务"概念的创始人、"持续关注"理论的倡导者和实践家。同时,英国开放大学的教授罗宾逊的研究报告《为学生学习提供支持》中指出,要将学习支持服务分为四个方面:一是远程学生面临的问题;二是学生对解答问题的要求;三是满足这些

---

〔1〕 丁钢.教育需要向共享教育的理念转化[N].光明日报,2017-08-08.
〔2〕 邢晓春,黄玉桂.远程学习支持服务的内涵及组成要素分析[J].山东广播电视大学学报,2010(2).

要求的方法;四是为学生提供支持服务遇到的困难。我国最早引入学习支持服务概念的丁兴福教授指出:"学习支持服务是远程教学院校及其代表教师等为远程学生提供的以师生与学生之间的人际面授和基于媒体的双向通信交流为主的各种信息的、信源的、人员的和设施的支助服务的总和,其目的在于指导、帮助和促进学生的自主学习,提高远程学习的质量和效果。"

　　开放大学是一个服务全民终身学习的大学,学生主要是在职成人,他们遍布在大江南北、山林田野、工矿企业、公司商场中。国家开放大学信息化部常务副部长蒋国珍认为:"服务于这样的群体,决定了我们的教学模式是混合式教学,混合式教学模式对应的环境是混合式学习环境。所谓混合式学习环境,包括网上学习环境(云平台)、面授教学环境(课堂)和连接网上和课程之间的教室(云教室)。它与普通高校基于面授的学习环境有明显的区别。"这个学习环境是在工业时代向互联网时代转型的时代背景下建设的。工业时代的教学环境是课堂,学校相当于一个企业,教室相当于一个车间。基于互联网环境下的教学需要的是"互联网+"环境下的教室,即云教室,和"互联网+"环境下的云平台。例如,华南理工大学网络教育根据地区行业企业特征,量身订制人才培养计划,采取网络教学与送教上门相结合方式,构建"以企业需求为导向、以学科知识为基础、以实践能力为核心"的订制式人才培养模式,联姻行业、企业,实施"行业企业直属班"的创新实践。[1]

---

〔1〕 刘婷.基于SWOT的视角普通高校网络教育发展策略研究[J].继续教育,2015(5).

远程教育的"场景化"

法国著名思想家卢梭在《爱弥儿》中这样论述教育:"每个人的一生都是由三种教育培养的:或受之于自然,或受之于人,或受之于物。所以,自然的教育、人的教育和事物的教育,都是我们人类必须接受的三种教育。"教育可以被分为三个阶段:以教师为中心的教育1.0阶段,学习的主要形式是教师单向传授知识;以学习者为中心的教育2.0阶段,脑科学、神经教育学的研究成果被应用到教学实践中,教师更多是思考通过怎样的学习方式催化学习者的学习热情;以自发组建学习型组织为中心的教育3.0阶段,在互联网技术的广泛应用中,社区和朋友圈成了信息交互的主要渠道,更加接近学习者个体的真实业务的场景化学习。学习者更愿意相信自己的判断,更喜欢通过虚拟社区找到一群志同道合的人,大家一起讨论创造和产出属于自己的知识体系。

管理大师彼得·圣吉提出了关于教育创新的新理念——万物互联,即学习者需要理解世界万事万物的相互关联。在教育过程中经常发现,很多学习者难以记住孤立的某个重要人物或概念定义,却能在生活场景的理解和应用中轻而易举地记住;很多学习者无法熟记长篇累牍的经典名篇,却能在立体化的图文联想、连接中轻车熟路地将其"拿下"。同时,结合近年来企业界被传为最佳实践的管理方法论——联想的复盘四步法(表4-1),将场景再现,把过去事情再推演一遍;将关键抓住,提炼出项目的关键点或里程碑,从而使小事情及时复盘,大事情阶段复盘,事件结束后完整复盘。[1]这些都直接带来我们在组织学习中的功能定位发生了三个变化:一是从学习规划的制定者变成学习平台的搭建者;二是从学习内容的设计者变成学习资源的提供者;三是从学习效果的评估者变成学习社区和学习文化的建设者与强化者。

---

[1] 王雪莉.网络时代的组织学习:网络时代的组织学习之道[J].清华管理评论,2015(9).

表 4-1　联想的复盘四步法

1. 回顾目标	2. 评估结果	3. 分析原因	4. 总结经验
回想当初的目的或期望的结果是什么	对照原来设定的目标，看完成如何	仔细分析事情的成功或失败的关键原因	总结经验，包括得失的体会，是否有规律性的东西值得思考和下一步的行动计划

　　进入到互联网时代以来，知识和信息摆脱了"纸张"这个"肉身"，通过数字信号和网络传输，实现了内容和对话的跨时空传播，进一步增加了学习的灵活性。这种跨时空的信息传播模式，带来了一场场景革命，对建立在实体空间上的社会组织结构形成了挑战。以前不能移动的"固定资产"——物理教室，在互联网时代变成了一种可携带、可以动的"轻"资产。[1] 自"中国未来学校创新计划"2013 年启动以来，中国教育科学研究院建立了未来学校实验室，组建了覆盖全国的"中国未来学校联盟"，包括 20 个实验区、10 余所示范学校以及 400 多所成员学校，并连续两年被列为教育部教育信息化重点工作。未来学校实验室由三部分学习区域构成，分别是主动式学习区域、探究与创造学习区域、非正式学习区域。每个学习区都配备了可移动、易于变换的桌椅设施，提供更加丰富的技术和资源，支持教师开展多样化的教学活动，促进学生的高级认知活动。探索非正式学习与正式学习的融合，开展包括学习角、开放式长廊、社会性活动空间以及生活休闲空间等方面的探索，给学生提供更多的活动和交往空间，让学生在交往中建立人际关系、掌握行为规范、了解自己与他人的思想感情以及控制自己行为的心理能力促进学生的社会性成长，让学生在交往中获取更多的积极体验。

　　"互联网＋"模式是去中心化和场景化的。"互联网＋"平台本身是一个技术工具、是一种传输管道。"互联网＋"则是一种能力，而产生这种能力的源头是一个个场景，核心是在场景中聚合的线上信息资源和线下服务。基于"互联网＋"平台最大限度地连接教育垂直行业的资源并进行整合，才能产生强大的生态力量，去变革和创造未来。《2016 中国智慧学习环境白皮书》指出："全方位学习"是自"终身学习（教育）"之后与学习型社会相关的核心概念，它有赖于智慧学习环境的有效支撑。受国家有关政策的支持，学校、家庭和社区的信息化环境建设将进一步得到强化，或许将成为三种典型的智慧学习环境场域，使得城市智慧学习环境有系统化发展趋势。智慧城市中的主要学习场域包括学校、家庭、社区、公共场所和工作场所五种相对独立的典型场域，也包括教室、场馆、学区和农村四种细分和延展的场域。

---

〔1〕 郭文革.再论在线学习的灵活性：教室将变成一种"轻"资产[J].中国远程教育（综合版），2017(1).

这种学习场域划分将为城市智慧教育的设计和评价提供框架。由此,基于场景的组织学习,无论在方式和内容上,都有助于我们在变幻莫测的环境中聚焦经验产生的场景,通过对于场景的条件变量保持敏感的认知和理性的分析,从而获得与时俱进的开放态度。

从认知和实践的关系来看,"实践场所+在线教室"将成为学校教室的竞争对手。2016年,一款可以实现全场景一体化的儿童教育机器人Bingo亮相2016世界机器人大会。Bingo机器人是一款可以在幼儿园、早教机构以及儿童家庭等各类场景中实现教育一体化的服务机器人。同年,网易在业界首次提出"场景化云服务"的定位。作为互联网基础服务之一的云服务也开始对教育进行了场景化的定制。不久后,网易云推出的"专属云"服务,将教育作为其中重要的一环,而拥有了云服务作为大数据基础后,在线教育在人工智能领域的发展终于具备了技术基础。[1]在内容数据方面,从数据和算法进行挖掘、打造知识图谱;在教学数据方面,通过语义识别、图像识别、人脸识别、情感识别、手势识别等方面进行探索,以解决供求端的优质教育资源赋能的问题。

2017年,全新版谷歌地图提供了一系列教育功能被应用于课堂教学中:(1)旅行者。旅行者提供可交互场景,使用户在场景中探索全球的美景。学生可以在BBC地球的"自然宝藏"中了解野生动物;(2)"好运"键。用户只需点击按钮即可访问一个意想不到的地方,获得一场意外的旅行。系统中有2万多个场景。用户若是对这个地方感兴趣,便可查看相关的历史资料、图片;(3)3D景象。用户可以借助该功能在三维世界中领略全球美景,并轻松生成明信片链接,与他人分享;(4)家。该功能可以让用户通过虚拟旅行体验世界各地的文化;(5)谷歌VR地球。借助VR技术,用户可以身临其境地探索世界不同地方。同年,Oculus与洛杉矶儿童医院开展了VR for Good计划,利用虚拟现实技术模拟真实的儿科复苏医疗场景,进行医疗培训。为医院和医学院校设立VR培训模块库,让新手对虚拟儿童进行治疗操作,能解决原本医疗培训中使用人体模型的高昂费用和操作不当的风险性。

2017年3月,百度教育内容生态高峰论坛在京召开。在教育领域与科学技术的双重探索中,百度教育正以"ABC"(人工智能技术AI、大数据技术Big Data和云计算Cloud)为推动力,朝着内容化、智能化、个性化方向发展,致力于激发人们为提升自身价值的内在学习需求,为用户提供个性化的知识获取路径。论坛上,一个简短的Demo视频展示了未来语音合成的应用

---

〔1〕 叶丹.人工智能催生在线教育新风口[N].南方日报,2017-07-20.

场景,惊艳全场,视频的内容是百度教育利用语音合成技术让留守儿童听到自己妈妈讲故事的声音。除了语音合成技术之外,百度教育还通过人工智能等技术,营造特定的"沉浸式"阅读场景,将最终实现阅读的"去碎片化",让阅读更有价值。与此同时,通过阅读 App 里面的数据,或者文库的数据、搜索的数据,把这些数据进行深度分析和挖掘,判断出用户的属性、用户的画像、用户的偏好以及判断内容的好坏,建立一个智能教育内容。这个内容投放到平台之后能够反馈数据和信息给出版社,从而产生更好的内容,达到了一个良性的生态循环。

2017 年 8 月,一场主题为"让天下没有不赚钱的民宿"的新商业模式发布会在浙江莫干山举办。阿里巴巴与莫干山民宿达成合作,将民宿主与线上商家进行对接,在民宿场景下让消费者体验所见即所得、所用即可买的场景化新模式,一方面打造民宿 IP,另一方面则通过民宿的线下场所,满足商家在内容和新营销场景方面的需求。对商家而言,通过卧室、卫生间、厨房等实际的居住场景,为这些商品做展现和销售,这相当于获得了新的淘宝客场景和通道。他们不仅可以获得民宿场景内的品牌和商品曝光,还可以通过民宿及第三方平台完成线上线下导购的动作。更重要的是,在这个新链路中,它通过优质的传播内容,完成精准消费人群的触达。同一时间段,苏州针对文庙府学、书院遗存多的特点,推出了"研学游:六艺夏令营"。六艺为礼、乐、射、御、书、数,是古人正心、修身、齐家、治国、平天下的基本技能,也是中国传统历史文化传承的主要教育内容。该夏令营旨在通过在历史遗迹中提供历史教育场景,配以古乐器、古琴、砚台、篆刻等非遗项目体验,给青少年和家长带来古典文化学习体验的空间和平台。

2017 年 9 月,作为首支被邀入驻天猫平台的舰长级教育品牌,沪江网校联手天猫全面掀起在线教育品类开学狂欢首秀,打造教育场景消费升级新主张。当晚,沪江网校在淘宝直播、一直播、CCtalk 三大平台同步上线直播活动,集结了直播、网红老师、明星、专家等多重元素,给 1 330.3 万名网友献上以"新学期学习智有一套"为主题的教育与综艺跨界的直播节目秀。通过"明星 + 名师 + 专家"的直播互动方式带来平台上以 Uni 智能课程系列为主的在线课程。Uni 智能课程采用了"了解你、匹配你、陪伴你"三个阶段的学习步骤,提供"精准测评—量身定制—课程学习—强化练习—成长曲线"的五大智能模块,建立了由大数据组成的知识题库,在反复的测评过程中根据用户的知识点情况去匹配题库里的知识点,生成有针对性的学习方案,不断调整学习者的学习节奏。

2017 年 11 月,"游戏化学习与智慧教育"国际学术会议暨中国教育技术协会教育游戏专业委员会 2017 年会在南京举行。香港中文大学教授、新亚书院副院长李浩文作主旨报告，题为"慕课中的故事化学习法：双城记"，分享了与墨尔本大学合作的"离散优化建模"慕课项目，该项目通过将《三国演义》中的情节做成教育游戏，融入学科知识，让学生在游戏中学习。[1]

我们的意识和行为都在一个特定的场景下发生，而对应的学习设计需要符合这个场景。从学历继续教育到非学历继续教育，从教育刚性需求到非刚性需求，如何加强学习设计？英国开放大学的经验或许能引发我们的一些思考：学习设计始终坚持不变的三个原则是以学生为中心，团队协作，使用工具和活动。全日制教学最大的特征是"同时同地"，老师和学生"同时在场"，可以按照情况，对教学活动进行灵活的修改和调整。在线教学的最大特点是师生"同时不同地"，或者"既不同时又不同地"，这样相对应的学习设计是从"教"到"学"的教育理念的具体体现，是对移动互联网环境下"以学生为中心"新教育场景的一种呼应。另外，当前在线教育的模式中，工具类占有相当一部分市场份额。人工智能技术最终通过工具来体现，产品则主要体现在机器人、App及相应的智能硬件。人工智能将来要实现的是与人类的紧密贴合，甚至未来可以实现"思考即学习"的可能，那么连接人与知识的工具将不再是刚需。

人工智能将进一步改变教学场景。未来最为珍贵和重要的资源将会是数据，数据就是大数据时代的石油和黄金。2017年7月8日，国务院印发了《新一代人工智能发展规划》，为加快人工智能的创新应用，提出了"智能教育"，为"人工智能+教育"指明了发展方向。教育将是人工智能技术最佳的应用场景之一，比如：基于语音识别技术的口语智能评测、内容与学习方式的智能化精准分析等。人工智能要在教育行业大显身手必须具备两个核心条件，一是在未来的几年内将教学活动数据化的工作做好，积累足量的数据；二是训练数据的手段和方法，包括了计算能力和算法。

---

［1］ 黄蔚.聚焦游戏化学习与智慧教育[N].中国教育报,2017-11-28.

远程教育的"区块链"

首先讲一个故事：拜占庭帝国想要进攻一个强大的敌人，为此派出了10支军队去包围这个敌人。这个敌人虽不比拜占庭帝国，但也足以抵御5支常规拜占庭军队的同时袭击。基于一些原因，这10支军队不能集合在一起单点突破，必须在分开的包围状态下同时攻击。他们任一支军队单独进攻都毫无胜算，除非有至少6支军队同时袭击才能攻下敌国。他们分散在敌国的四周，依靠通信兵相互通信来协商进攻意向及进攻时间。困扰这些将军的问题是，他们不确定他们中是否有叛徒，叛徒可能擅自变更进攻意向或者进攻时间。在这种状态下，拜占庭将军们能否找到一种分布式的协议来让他们能够远程协商，从而赢取战斗？这就是著名的拜占庭将军问题——在缺少可信任中央节点和可信任通道情况下，分布在网络中的各节点应如何达成共识。所以，拜占庭将军故事的最后，数学家们设计了一套算法，让将军们在接到上一位将军的信息之后，加上自己的签名再转给除自己之外的其他将军，这样的信息模块就形成了区块链。

《失控：全人类的最终命运和结局》是著名作家凯文·凯利写于20世纪90年代初，关于自然万物、人类社会和科学技术如何进化的著作，基本可以概括为三句话九个字：分布式、去中心、自组织。该书专门解释了分布式网络的特性：没有强制性的中心控制；次级单位具有自治的性质；次级单位之间彼此高度连接；点对点间的影响通过网络形成了非线性因果关系。这些其实就是区块链技术的全部精要。《区块链革命：比特币底层技术如何改变货币、商业和世界》一书的作者亚力克斯·塔普斯科特认为，区块链革命是第四次工业革命的动力之源。互联网第一代是传递信息，在第二代，我们可以利用区块链去完成价值的转移，确定买卖双方的身份，建立一种信任。因此区块链不是数据革命，而是信任革命，也是人人都可获得的机会。

"数字中国"建设取得显著成效，信息化能力跻身国际前列，其中区块链技术首次被列入了《国家信息化规划》。信息技术创新代际周期大幅缩短，创新活力、集聚效应和应用潜能裂变式释放，更快速度、更广范围、更深程度地引发新一轮科技革命和产业变革。从区块链革命看社区教育在城市发展体系建设中，有几点值得借鉴：

一、开放和共识

开放意味着去中心化。区块链的分布式技术是一个完全去中心化的东西,与我们现在城市的交通状况恰好是相反的,城市的交通状况是车越多,路越堵,而分布式技术是上网设备(或是参与的社会组织)越多,就能够从更近的地方提取,路就越通畅。分布式技术所带来的分布式学习,是一种能够在任何地方任何时候按照任何进度开展教与学的互动,也具有远程教育的特点。但是,在远程学习环境下,教师和教学机构继续对学习内容和学习环境保留一定控制权。而在分布式学习环境中,这些都不是集中控制,也不是任何人所能控制或说了算的,其效果和效率取决于能否使用可靠的网络通信技术。[1]

同时,去中心化的核心是实际完成的工作、创造的价值以及收到的价值之间的关系。例如,去中心化交通平台 La'Zooz 的理论是,你可以一边开车,一边让它的 app 收集有关你的驾驶模式方面的数据,然后就可以挣到 Zooz 点数。又如,健康保健研究实体可以给患者或者普通人付费,如果后者把自己的医疗数据分享出来的话,而前者可以通过汇总这些信息形成集体智慧,再提供个性化或者比较性的洞察。换而言之,去中心化是一种全新的工作体系,即:(1)每一个市场都有自己的"工作单元",这些"工作单元"内含了各种活动;(2)每一个工作单元都给市场、其他用户或者最终用户产生了价值。这是网络效应理论的扩展,因为每一个用户的动作都有利于其他用户;(3)作为所创造价值的回报,用户可以获得原生的令牌货币,也就是该市场自己的货币;(4)整个市场的价值会随着活动和内部所创造价值的规模而相应增加。

共识在人类开始群体生活之时便已存在,是一种让一个多样化团体在不发生冲突的情况下做出决策的方法。共识的达成需以下三个条件:一是团体成员共同接受法律、规则和规范;二是团体成员一致认可实施这些法规的机构;三是身份认同或团结意识,这样团体成员才会承认他们就达成的共识而言是平等的。一方面,任何人都可以参与到区块链网络,每一个教育单位都能作为一个节点,每个节点都允许获得一份完整的数据库拷贝。节点间基于一套共识机制,通过竞争计算共同维护整个区块链。任一节点失效,其余节点仍能正常工作。另一方面,物联网的生态系统包括了物理基础设施的网络,无论是设备、车辆或公共站点,获取及交换数据对系统的有效运作起了关键性作用。应用到城市和社区当中时,这种模式涉及商业区和居

---

[1] 索姆·奈杜,肖俊洪. 融入主流的开放、灵活和远程学习[J]. 中国远程教育,2017(3).

民区之间网络的高效运转,取决于城市和社区基础数据库的容量、速度、便捷性、可更新能力,需要建立在公开、安全、及时和稳定的互联网数据技术之上。

2016年9月,在上海举行的"2016第二届区块链全球峰会"上,万向控股宣布未来7年将投资2 000亿元在杭州建设"万向创新聚能城"项目。将联合IBM,微软,ConsenSys,以太坊,HyperLedger等区块链创新企业和机构,共同开发杭州萧山万向创新聚能城。通过信任城市平台建设,能够实现如下收益:(1)搭建去中心化的可信任的可信数据网络平台,为城市数据的信任传播提供技术平台保障。(2)建立一套城市信任体系和规范,指导城市信任体系建设。(3)实现城市政府、企业、个人诚信系统的搭建,完成诚信体系的建设、使用、监管。2016年11月,在上海开放大学召开的"面向开放远程学习未来领导力和创新"的国际会议中,英联邦学习共同体主席兼首席执行官阿莎·坎瓦尔教授所做的《开放远程教育未来领导力与创新》的主题报告指出,开放远程教育的领导者要做到三个必须:一是必须相信开放大学的社会使命,拥有清晰的愿景,并紧跟技术发展;二是必须培养变革的支持者,制定促进创新的政策和流程;三是必须不断发展,以满足利益相关者的需求。

二、资产和契约

区块链技术随着比特币出现后,出现了智慧资产和智慧契约,并应用于政府、医疗、科学、教育、文化与艺术等领域,衍生出社会再生产力——"智慧资产公益型组织"。这种组织的生成背景基于:由于种种因素的制约,许多知名的公益机构与公众的沟通甚少,一些公益机构更是因为某些事件的影响,公众对大型公益机构及组织缺乏足够的信任;纵观整个公益机构,捐款单位多是以企业、大型组织、富人群体为主,捐款来源单一且不稳定,社会中的个人往往缺乏对公益慈善事业的主动关注和参与积极性,经济欠发达地区的人们慈善意识也相对淡薄。这时往往需要公益机构或政府呼吁、组织捐款,实现资金的筹集。而小型公益组织则面对更加艰难的境遇——由于缺乏完善的监控和管理体系,公众对自发的公益组织或个人不够了解、难以信任,许多倡议活动和捐款活动的推进过程举步维艰。这些问题,都成了阻碍公益发展最难以突破的壁垒。

在2017年1月的达沃斯论坛上,蚂蚁金服透露,公司计划10年内发展20亿用户,将进一步探索区块链技术的应用。目前,蚂蚁金服已在旗下的一项慈善捐助中引入了区块链技术,旨在让用户能够跟踪他们的善款流向。同年同月,国内首个村级区块链创新联盟在海南省文昌市龙楼镇好圣村成立,这距离全球商业区块链理事会的成立,仅仅过去4天。该联盟的成立,意味着区块链技术很快将在农村实施,这将进一步激活广大农村与农民的创造力,以及体制的革新。因此,利用基于区块链技术的共识协议,民间公益组织可以拥有自己的信息注册系统,并可以通过直接在区块链中记录实时交易数据来实现管理,从而大大降低经营成本和管理成本。同时,通过使用数字货币或者数字令牌,信息将在区块链中自动传播。参与者能够更加信任数据的完整性,而不需要额外花费费用去审计。

目前,我国终身教育资源普遍存在分布不均、无法有效共享、信息化成本过高、学习者信息过于碎片化等问题,而区块链技术能在有效整合教育资源的同时,实现跨平台、跨国优质教育资源共享,从而让学习者通过更少的成本享受更好的教育。2017年年初,EduChain(教育链)成立。这是国内首个基于区块链的教育应用落地平台,定位为教育垂直领域应用落地孵化器,拥有服务功能。系统内置有专属代币EDU,兼其权益属性和流通属性,致力打造成为教育行业公链。EduChain创始人江登指出,"当前,有更多的普通老师或是在中国教育体制下不能进入正规学校的老师,可能有更好的教学想法、作品和课件等,但却没有一个很好的平台让他们去施展。如果将这些资源上到教育链,通过建立客户评价体系进行公正的评价,把每一个知识点、每一个科目、每一个方向最好的资源积累起来,从而形成我们的行业壁垒,形成更好的引导,让学习者通过更少的成本享受更好的教育"。

三、结构和框架

1992年,博特在《结构洞:竞争的社会结构》一书中提出了结构洞理论(Structural Holes),研究人际网络的结构形态,分析怎样的网络结构能够带给网络行动主体更多的利益或回报。结构洞就是指社会网络中的空隙,即社会网络中某个或某些个体和有些个体发生直接联系,但与其他个体不发生直接联系,即无直接关系或关系间断,从网络整体看好像网络结构中出现了洞穴。[1]博特认为,个人在网络的位置比关系的强弱更为重要,其在网络中的位置决定了个人的信息、资源与权力。因此,不管关系强弱,如果存在结构洞,那么将没有直接联系的两个行动者联系起来的第三者拥有信息优势和控制优势,这样能够为自己提供更多的服务和回报。个人或组织要想在竞争中保持优势,就必须建立广泛的联系,同时占据更多的结构洞,掌握

---

〔1〕 董雪梅,李妃养.基于结构洞理论的农村民间借贷监管研究[J].南方金融.2011(8).

更多信息。[1]简单而言，人总是信任特定的人，并依赖于特定的人产生交换。当两方关系并不十分密切时，与双方关系都很密切的第三个人就占据了一个结构洞（图4-1）。因此，个人或组织要想在竞争中保持优势，就必须建立广泛的联系，同时占据更多的结构洞，掌握更多的信息。

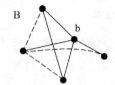

图4-1　社会网络结构图

政府公共服务问题是发挥政府作用、履行政府职能的核心问题，也是促进经济增长和社会进步的重大理论与实践问题。利用新技术来不断适应新形势需要并改善公共服务领域的管理水平至关重要。世界多国政府正在积极探索区块链技术发展在公共服务领域广阔的应用价值，如实现公共资产的可追踪，推动政府信息的公开与透明，提升社会福利管理水平、提升基础设施服务水平、推动教育医疗现代化，等等。这些公共服务体系的构建，必须在国家主权范畴下，在法律与监管下，从改进与完善自身架构入手，以分布式账本为基础，以规则与共识为核心，实现不同参与者的相互认同，进而形成公有价值的交付、流通、分享及增值，以此建立主权区块链。

从信息互联网到价值互联网，区块链科学研究所创始人梅兰妮·斯万认为：区块链是任何事物所有量子数据（指离散单位）呈现、评估和传递的一种新型组织范例，而且也有可能使人类活动的协同达到空前的规模。正如社交应用的重点是链接。互联网的社交圈中环环相扣的链接印证了"你可以通过6个人认识全世界的人"的名言，说的就是这种关系的链接。移动社交时代下的微信作为一种强社交联系，所有的用户都在这个链条上。当某个环节出现问题时，总会有其他途径绕过问题环节。这也间接说明，终身教育资源在全民学习型社会的各个环节并非是单向的，而是互通的。

从迈向全纳、公平、有质量的教育和推进全民学习、终身学习的学习型社会建设来看，基于区块链技术的理论支撑——"绳网结构"可以较好地解释如何打破学校和社会这堵墙，如何通过从教育需求侧拉动向供给侧推动，如何通过机制创新进一步释放学校、社会方方面面的办学活力。该理论指出，区块链是一个个区块按照时间戳顺序形成的链，就像是一条条"绳"，主

---

〔1〕　聂磊."结构洞"理论分析——解析《结构洞：竞争的社会结构》[J].群文天地（下半月），2011（8）.

权区块链框架下不同应用场景产生的"绳"具有彼此连接的现实需要和内生动力,把不同区块链相互连接就像把"绳"结成"网",实现链与链之间的数据流通、业务交互和价值交付,进而形成跨区域、跨场景、跨部门区块链应用的立体空间。

四、治理和监管

治理,是某一系统参与者制定规范,保护其私人权益;而监管则是由外部机关制定规范来保护公众利益。区块链技术作为一种链,是把每一个账的信息用一块一块的链串接起来,这样易追溯。同时从金融上来讲,是由单账户变成多账户,由一个账房先生变成多个人都可以记,这里头带来的变化,也就是说账本和记账人的分离。分离了以后,账本和记账人之间开放,就把记账和管账的活动开放出来,这是对金融带来最本质的变化。这时候就是说,账本使用范围扩大,使得账本范围扩展,不同的角色可以参与到账本里面来。这其中涉及两个算法,一个是记账的共识算法,确定由谁来算法,怎么选出一个账房先生的算法,这是一个比较核心的算法。再有一个是加密的算法,为了安全和隐私。形成两个结构和两个算法,结构加算法确定了网络的特征,这样有助于减少欺诈,提高数据安全性,还可以搭建政府和公民之间的新关系,在二者之间透明公开地搜集和选择数据。

由此可知,区块链提供了一个在我们陌生人之间建立起信用的技术手段,也就是说,人们所有的交易行为都在网上,而且记录是公平记录,分布在多个节点上。同时,完全透明和实时更新也将有助于监管机构。由于社会组织会被智能合约来约束,就可以把功能内置于合约,如果达到了触发条件以确保被监管。因此,对于参与社区教育的企业和机构来说,一方面要通过内部治理的优化来满足客户需求,另一方面要积极参与相关联盟的规则制定。

总体来看,当前区块链技术的应用主要表现为区块链1.0(可编程货币)的日益成熟和区块链2.0(可编程金融)的初步应用,同时也呈现出向区块链3.0(可编程社会)延伸的应用态势,其中,将区块链技术与政府治理及公共服务相结合——建设区块链政府,是公共管理领域的一个崭新亮点,即区块链去中心化的特性使得各个治理主体呈现出分布式、开放性的特征。政府部门在社会治理体系中不再占据唯一的中心地位,与其他治理主体(或社会成员)处于相对平等的地位,治理体系呈现分布式结构。例如,2016年12月18日至22日,以"年轻,就要'益'起来"为主题的姑苏区青年社区领袖培训营在苏州开放大学举办。来自社区、高校、社会组织的170余名青年聆听专家授课并完成一份社区青少年服务项目书。姑苏区下辖16个街道

166个社区,区域内有6-35周岁的青少年21.4万人。区域内有大量的外来务工人员子女、贫困青少年家庭、残障青少年等需要帮扶,也有大量的青少年在课余和校外需要通过社区接触社会、拓宽视野、结交朋友、增长技能。对此,姑苏区团委提出了青年社区领袖培育计划,通过培育青年社区领袖、扶持青少年社区服务项目,建设青少年社区服务阵地,并凝聚社会组织、高校志愿团队、青年教师、青年社工等不同领域团员青年中的"能人志士",走进社区,为需要帮助的青少年提供服务。本次培训期间,还成立了姑苏区青年社区领袖联合会,为学员及志愿加入的会员打造一个长期交流学习、共享资源并参与青少年服务的平台,帮助他们提升能力、共享资源,结交志同道合的朋友,也为他们参与政府部门的青少年服务工作提供渠道。

阿里生态与映客直播

北京时间 2014 年 9 月 19 日晚上 23：53，阿里巴巴集团在美国纽约证券交易所正式挂牌上市。8 名用户代表敲响了阿里巴巴在纽交所上市的钟声，阿里选择了八位客户，包括华盛顿州的樱桃种植者、奥运跳水冠军、手镯淘宝店主劳丽诗、微博红人快递哥、北京申通胜古分部经理窦立国，以及一位淘女郎等人。在聚光灯的焦点，阿里巴巴展示了其引以为傲的生态系统。

上市之前的同年 9 月 6 日，在马云致投资者的公开信中，就提及关键词"生态系统"达 24 次之多。"我们不是一家拓展技术边界的科技公司，而是一家通过持续推动技术进步，不断拓展商业边界的企业。我们不是靠某几项技术创新，或几个神奇创始人造就的公司，而是一个由成千上万相信未来，相信互联网能让商业社会更公平、更开放、更透明、更应该自由分享的参与者们，共同投入了大量时间、精力和热情建立起来的一个生态系统。"当腾讯选择用最擅长的游戏业务完成在社交和媒体内容领域的变现的同时，阿里巴巴则通过大数据云计算、支付和金融、物流、大文娱、农村淘宝等一系列布局，初步具备了向整个商业社会提供互联网基础设施，并以之升级整体商业形态的生态建设能力。现今的事实展现，阿里巴巴已雄踞中国互联网 B2B（企业到企业）、B2C（企业到消费者）、C2C（消费者到消费者）、网络支付、网络贷款等多个重要垂直市场老大，并在进军云计算和大数据（阿里云）、物流（菜鸟）、搜索（UC）、地图（高德）、娱乐、医疗健康、文化甚至足球。

通过观察阿里巴巴的生态系统建设，我们会有这样的思考：对于开放教育的市场而言，未来的竞争不是企业、单位、部门之间的竞争，而是生态系统之间的竞争。我们所处的环境是变化的，社会是转型的，没有人能够完全预知未来，一切取决于自身的智慧和应对策略。但是有一点是明确的，哪个企业、单位、部门胜出取决于哪一方的系统更具竞争力更有价值，双方都要慎重考虑自己的生态体系是否更有竞争力。当开放教育的生态系统超越了教育传统的行业界限，它既可以在常规的教育行业界限内部成长，也可以跨越常规的教育行业分界线。阿里巴巴的生态系统理论不仅提供了理解"互联网＋"环境下的各种战略联盟的方式，也可以从一个新的角度系统地思考开放教育未来的发展趋势，帮助我们制定正确的战略，预测潜在的变化，采取恰当的行动，并有效地规避和减少风险。

2016年3月2日,2016阿里巴巴商业服务生态峰会在杭州召开。罗振宇先生阐述了其关于可能人类生意有四代交易入口的想法,他认为：农耕时代,商业价值是时间就是金钱,工业时代,效率就是生命,而我们这代人遇到的是"知识就是力量",增大供给的可能恰恰是在知识侧提高起来。当交易需求的稀缺形成流量入口(第一代交易入口)、消费能力的稀缺形成价格入口(第二代交易入口)、信任度的稀缺形成公平入口(第三代交易入口)之后,第四代交易入口则是知识入口。例如,当你问自己的父母,老爷子过生日要点啥,我送你。他基本上都是我啥都不要。为什么？其实缺的并不是消费意愿和消费能力,缺的只是知识。没有知识在这个时代已经没有消费能力,当他不知道埃及的金字塔,埃及对他而言没有任何意义。当他不知道新年音乐会的时候,他不知道要去维也纳金色大厅,当他不知道滑雪乐趣的时候,他不知道瑞士对他的乐趣……未来主导这个市场的,是知识的倡导者,或者说手艺人(工匠精神),再进一步说是"品牌的人格化"。服务的最高境界是什么？诚品书店创始人说得好：精进自己,分享他人。换而言之,在将来的商业社会中,你自己作为一个大的引力体,你可以吸附多少资源,才是本质和关键。

当知识与个体人格中的自我提升特征(学习态度、学习效果、搜索工具的运用程度、学习时间管控力、信息资源的处理、学习的主动性和参与度)相结合作为第四代交易入口的时候,资本会变得越来越不值钱,而个体作为吸附资源的引力体,将成为价值增益的本质和关键,开放教育将变得大有文章可做。

未来的开放教育需要考虑,如何把教育资源变成一种元素,变成一种跟生活方式相关的内容？开放教育其实正在形成一个新的、具体的产业链,既生产内容,又生产商品,甚至生产生活方式和传播生活方式。当开放教育的资源市场越来越多元化,其伴随而来的服务商势必会从教育行业领域拓展至全行业领域,从组织对象发散至个体对象,这既包括云客服、多媒体制造者,也包括以后的网红、达人的加入都会越来越丰富这个生态。

据《新京报》报道,2016上半年,在线教育融资总额仅有4.68亿美元,比去年同期下降了近50%。《2016在线教育趋势报告》更是指出,2015年仅5%的企业实现盈利,多数在线教育企业在亏损。在线教育寒意森森,而以映客为代表的直播平台却开启了"直播+"的热潮,一种新型的"在线互动"正在席卷着体育、传统媒体、科普、医疗等多个领域。

2016年10月9日公布的App Store中国社交总榜免费榜名单上,映客以国内纯直播社交平台第一、社交免费榜第一、总榜第18的成绩,继续领衔直播第一梯队。映客的定位是"90后"的视频娱乐直播平台,旨在打造"90

后"单身人群最喜欢的视频社交应用,其在互联网上的宣传口号"你丑你先睡,我美我直播"一下子抓住了"90 后"人群的心。

映客首创的智能实时美颜功能,在很大程度上笼络住了一大批爱美且有消费意愿的"90 后",可以说颜值成了网红经济的第一批活跃元素。

随后,映客又首先植入"打赏"功能,一方面让众多主播实现了不菲的收入,另一方面也为直播平台带来了流量。"打赏"的这种模式,变成服务对象直接对服务成果给予激励,使供需双方形成了更为紧密的互动。

2016 年 5 月 31 日,米未传媒创始人马东带着全体艺人"污力天团"入驻映客并进行首秀。和我们以往看到的明星主播的方式不太一样,"污力天团"做的是综艺直播,采用了映客全球首创的三连麦技术。映客拥有的三连麦技术,可以实现一个人同时和另外两个人连线,如同电视台把嘉宾请到演播室,这样的直播技术就可以省去了演播车,或者不再受嘉宾时间约束,随时随地拿起手机就可进入节目。节目直播当天氛围火爆异常,661 万人一起体验了这场有趣、开心直播。直播平台难以沉淀出优质内容一直广为诟病,在被问及污力天团如何确保直播内容二次传播价值时,牟顿觉得在内容沉淀上,大众可能混淆了直播和点播的界定:"直播并不是为了沉淀优质内容而做的,它本来就没有带着沉淀优质内容的目的而运营。直播和点播的最大不同就是及时性、互动性、社交性。但这不意味着直播内容就可以没有设计。"

"互联网+"概念的提出将互联网从工具变成了平台,实现了质的飞跃。而映客首提的"直播+"则是把手机视频直播这一交流工具提升到了社交平台的层级,以此让直播有了无限嫁接的可能。比如,在"直播+媒体"方面,奥运会期间映客与央视、光明网、央广等平台合作推出了一系列活动,并且在央视上投放了广告,这些动作使得直播行业得到了主流媒体的认可;在"直播+体育"方面,傅园慧在内的一系列奥运会体育明星和活动,都在映客上进行了直播;另外,协和名医顾锋在映客进行了她的直播首秀,被媒体解读为"直播+医疗"。值得一提的是,映客的"直播+公益"模式为公益带来了新的生命力。在由映客发起的"小映助学""小映帮我""2016 Music Radio 我要上学映客直播 1200 助学行动"等"直播+公益"活动,让公益更加透明直接。

目前映客拥有 1.3 亿下载量、日活跃用户在 1 500 万人,其代表的直播技术不断成熟,"直播+"模式也不断完善,这些都可以成为开放教育,尤其是在线教育寻求新生不可忽视的一大参照目标。也许未来映客的平台上会出现教育频道,里面有精品课程、名师问答、知识专享等细分模块。随着时间的推移、科技的发展,直播录播课用户习惯一旦培养完成,将会对传统的线下教学呈碾轧式的压力。这或许会成为开放教育突破当前困境打造"赢响力"的捷径。正如新东方创始人俞敏洪所说:"原来的互联网教育100%是基于PC端,而有了iPad和智能手机之后,教育的面貌被彻底改变,更多的转变成碎片化学习的状态,这本身也是移动互联的特征。比如等飞机、坐公交的时候,会通过手机等移动端找些视频来看,这会让过往两三个小时的成段的课程变得不合时宜。"于是,我们看到了著名经济学家张维迎、《百家讲坛》名师纪连海都出现在了直播平台中,用最潮流知识传播与互动方式诠释着开放(在线)教育的新内涵。

大数据的区域融合

数据被喻为21世纪的钻石矿,已成为与物质、能源同等重要的国家基础性战略资源。自2014年3月"大数据"首次出现在《政府工作报告》中以来,国务院常务会议一年内6次提及大数据运用。大数据不是一种技术,也不是一种新型的工具,而是立足对维度交错、来源多元、类型多样的大规模数据的深度挖掘与分析,寻求数据背后的隐含关系,使人们能够脱离以往常依赖于小样本数据的推测或感性化偏好性选择,转向基于理性证据的决策。作为一种对于现实的新型的观点和观察方式,大数据对于世界的重新认识和思考,以及我们前进方向的重新思考。

2015年是中国大数据发展政策出台的密集期,9月国务院印发《促进大数据发展行动纲要》,系统部署大数据发展工作;11月《中共中央关于制定国民经济和社会发展第十三个五年规划的建议》中首次提出了推行国家大数据战略。同年5月,清华大学宣布依托"学堂在线"启动国内首个基于混合式教学模式的学位项目——"数据科学与工程"专业硕士项目,旨在培养数据存储、运行监管、智能分析挖掘及战略决策等大数据专门人才。同时,有助于实现从以教为中心向以学为中心的转变,促进优质教育资源的开放和共享。该学位项目依托"学堂在线"平台建设了满足培养要求的完整系列的数据科学与工程专业在线课程组,做到了线上与线下、学习与实践的高度融合。

大数据产业包括大数据技术自身运用所产生的产业,也包括运用大数据技术同传统产业相结合,促进产业转型升级所产生的产业,同时带动以云计算、物联网、人工智能等为标志的新技术产业与制造业、服务业相结合,促进产业转型升级,当前,大数据产业集聚发展效应开始显现,出现京津冀区域、长三角地区、珠三角地区和中西部四个集聚发展区。例如,北京依托中关村在信息产业的领先优势,快速集聚和培养了一批大数据企业,继而迅速将集聚势能扩散到津冀地区,形成京津冀大数据走廊格局。长三角地区城市将大数据与当地智慧城市、云计算发展紧密结合,使大数据产业既有支撑又有的放矢,吸引了大批大数据企业。这些既是推进工业经济和信息经济交汇发展、提升城市竞争实力的现实选择,也是实施数据决策和数据治理、构建服务型政府和智慧型政府的必由之路。

苏州作为长三角地区的大型城市,当前正面临实施"一带一路"倡议、长江经济带建设、"长三角城市群"深度布局、苏南国家自主创新示范区核心区建设等难得的历史机遇,同时也面临新常态下经济增幅趋缓、结构调整阵痛、传统产业产能过剩等现实挑战。例如,姑苏区2015年服务业占比为87.8%。受"退二进三"政策的作用,二产占比降低,主要是建筑业和制造业。姑苏区一方面提出了"十三五"规划打造"3+3+3"产业体系,即提升发展旅游业、科技服务业和文化创意业三大战略主导产业;优化发展商贸业、商务业和现代物流业三大优势支柱产业;培育发展金融创新服务业、健康服务业和教育培训业三大新兴产业。另一方面于2016年启动"信息数据资源中心"项目,目的打通部门之间、区级之间、上下级之间的数据渠道,建立人口、法人、地理信息数据库,各部门再建子库,建立信息交换的标准等一整套的标准。其中,天空信息主要依托江苏省所有大学学生基本数据,开展业务研究;美亚视野拥有大量的欧美进出口贸易数据;市民卡公司拥有交通刷卡数据、市民基本信息等数据资源。

基于大数据,可以实现对多维教育数据的深度分析,进一步整合学校、家庭、社区与教育管理部门的协同努力支持学习者的发展。2016年12月,苏州市人民政府正式发布了《苏州市大数据产业发展规划(2016—2020年)》(以下简称《规划》),提出构建苏州市"城市云",即通过构建"政务云""公众云"和"企业云",形成面向政府、市民和企业全方位服务的"城市云"体系。通过"城市云"的建设,将数据整合为城市核心系统的公共资源,形成集中、统一、共享的云平台。其中"公众云"作为"城市云"的主体部分,广泛融合政务数据、社会数据,支撑数据对外共享开放,主要包括政府为企业办事的审批服务,以及政府为市民提供的便民、惠民信息服务,如教育卫生、人口计生、社会保障、工作就业等,也包括大型国有商业机构如银行、保险、证券、水电煤气等,及一些中介机构和市场主体所提供的信息服务等。同时,《规划》提出构建以人为本、惠及全民的民生服务新体系。围绕服务型政府建设,在健康医疗、教育、交通、食品安全、文化旅游、资源保障等领域全面推广大数据应用,利用大数据洞察民生需求,优化资源配置,丰富服务内容,拓展服务渠道,扩大服务范围,提高服务质量,提升城市辐射能力,推动公共服务向基层延伸。《规划》提出构建苏州市教育大数据中心,建立教育大数据管理规范和数据采集标准,整合及汇集各类已建应用的业务数据,包括教育管理类数据、学校教学类数据、学生健康及学习行为数据等,进行伴随式采集和更新,形成苏州市教育大数据中心基础体系,从而进一步形成市、区两级数据采集与共享体系,推动形成覆盖全市、协同服务、全网互通的教育资源云服务体系。这些都对苏州开放大学的未来建设发展有值得借鉴学习之处。

人的学习历程就像一个汽车组装的过程,分为多个环节,每个大的配件都是由相对应的小零件组装而成的,而一个知识点的获取过程就相当于一个零件的装配过程,如果用残缺的零件组装成一辆车,这辆车肯定开不了多远。为避免出现这种情况,汽车制造过程中会设置检修环节。其实学习也一样,我们在学习过程中遇到问题很容易囫囵吞枣,蒙混过关,导致我们的知识积累出现漏洞,久而久之,纰漏越来越大。因此,建立一个相应的智能化分析体系,开发知识导航系统(GPS系统),通过GPS系统划出问题所属的一个大的知识结构体,培养受教育者从宏观到微观看待问题的习惯,这是开放教育在大数据运用中的重要作为。

从学业的内涵与功能的评价角度而言,依托大数据技术,教师可以动态收集、整合、处理并分析学生的学习过程信息、课业与学业表现信息、个性特征信息、身心健康信息、社会交往信息、学习环境信息等发展性数据,有效呈现出学习个体的发展与成长情况,发现学习个体间的发展差异及所需要的学习支持和发展路径。[1]

从知识的宏观与微观的辩证角度而言,知识金字塔分为四层,从下到上分别是数据、信息、知识、智慧。比如,209,这是一个没有实际意义的数据。但是"公元前209年,陈胜和吴广在湖北大泽乡起义",这是信息。如果我们继续描述"这次起义改变了中国历史上第一个王朝的命运,而这个改变从此形成中国历史长期发展的一个周期性的规律",这是知识。再继续,"中国面临着一个非常大的问题——如何摆脱这个周期性规律",摆脱周期性规律的核心和关键就是智慧。一方面,正视时代发展,爆炸的是数据,是信息,而不是知识,更不是智慧。大数据可以通过助力学习预警、适应性学习、深度学习和智能评价,来促进智慧学习的发展。另一方面,我们要发展高层次的思维能力,就要使我们获得的数据在数据的基础上形成信息,在信息的基础上形成知识,在知识的基础上形成智慧。

---

〔1〕 郑燕林.大数据让学生不再成为"隐形人"[N].中国教育报,2017-02-18.

大数据的"三个如何"

社区教育干部是社区管理队伍重要成员,如何紧跟时代步伐,主动运用大数据新技术,助推社区教育和社区管理工作,苏州市教育局以"大数据管理与应用"为主题,于2017年4月6日至9日组织了全市社区教育管理干部赴贵州考察学习。

"十三五"时期,大数据被贵州定位为"引领经济社会发展的战略引擎",贵州将提升政府治理能力列为发展大数据的三个目标之首。2016年2月,国家大数据(贵州)综合试验区在北京揭牌。"聚通用"是指贵州针对政府数据资源共享开放进行的一场攻坚会战,一方面加快提升政府治理能力现代化水平,一方面带动社会数据资源共享开放。截至2016年年底,贵州法人单位、人口、空间地理、宏观经济四大基础库如期建成,并实现整合共建无缝共享,成了全国第一个把四大基础数据库建成的省。贵州已完成353个数据资源目录的梳理和170个数据集上"云",并发布了共享数据集118个;已有108家省直部门网站与省政府门户网站实现数据交换,并面向公众开放了13个省直部门数据资源。同时,贵州在全国率先开放省级政府可机读活数据集,率先建设了统筹省级政府数据的云上贵州系统建设,率先围绕大数据应用建设了智慧城市云服务平台,率先举办了以大数据为主题的博览会和峰会,率先举办了大数据商业模式大赛和草根创业大赛。未来五年,贵州将逐步形成大数据全产业链、全治理链、全服务链,进行"三步走",让基础数据库真正变成基础云。第一步是发挥贵州省大型绿色数据中心建设的先天优势,建成南方数据中心,打造全国大数据内容中心;第二步是在数据资源基础上,开发一批应用,打造立足西南、面向全国、辐射"一带一路"的全国大数据服务中心;第三步是利用数据流吸引资金流,开展大数据交易和结算,打造大数据时代的金融中心。[1]

在贵州大学的理论培训中,贵州大学计算机科学与技术学院的秦永彬博士和徐晶博士分别做了《大数据技术概述与应用探讨》和《基于大数据处理的新型管理模式研究》的学术讲座,现将学习收获与心得记录一二。

---

〔1〕 闵捷.大数据,贵州到底怎么样[N].光明日报,2016-11-23.

一、大数据如何对教育产生深刻影响与变革

第四次工业革命是以互联网产业化、工业智能化、工业一体化为代表，以人工智能、清洁能源、无人控制技术、量子信息技术为主的全新技术革命。第四次工业革命主轴为大数据，而大数据的基本思想是指当物质世界的潜力越来越难以挖掘的时候，通过数据分析提供的指导来优化物质世界运行，有望打开广阔的增长新空间。党的十八大以来，《"互联网+"行动计划》《促进大数据发展行动纲要》《新一代人工智能发展规划》等有关政策密集出台。《促进大数据发展行动纲要》中明确提出建设"教育文化大数据"，教育大数据已成为国家战略。

习近平总书记在2015年5月给国际教育信息化大会的贺信中指出："当今世界，科技进步日新月异，互联网、云计算、大数据等现代信息技术深刻改变着人类的思维、生产、生活、学习方式，深刻展示了世界发展的前景。"大数据技术和"以评促学"思想的融合，让传统教育信息化发生了三个层面的根本变革。第一个层面是学习方式变革，使知识获取已经无处不在；第二个层面是教学模式变革，使精准评价构建学为中心；第三个层面是商业模式变革，使以数据服务作为核心。

从技术角度看，大数据的云化包含两个层次：一是把大数据部署在云系统上，即底层运行基础设施的云化，对运行维护人员和系统所有者有较大影响；二是对上层提供的大数据服务的云化，对使用大数据的人员有影响。全面云化网络构架的三个层次：首先是无处不在的连接，以数据中心为中心，实现场景的互联互通，将人、物、数据和应用全面连接起来。其次是开放的云平台，通过网络云化管理实现业务的快速部署和简易运行维护，资源的集中调度提升了效率，而开放的API灵活对接网络设备和行业应用，便捷的行业化扩展带来商业模式的创新。再次是社交化的行业应用，借助云端大数据分析提供丰富的行业SaaS服务，打破应用的"孤岛"，让企业和用户、企业和企业、用户和用户分享网络、应用和数据带来的数字化收益。贵州省"十三五"教育事业发展规划明确提出"要建设贵州智慧教育云平台，到2020年实现宽带网络校校通、优质资源班班通、网络学习空间人人通"的目标。2017年3月29日，贵州省与科大讯飞宣布正式达成了战略合作关系，并共同启动了国内首个人工智能"大数据+"教育工程。提供技术支撑的科大讯飞以自主研发的人工智能"大数据+"教育云平台为基础，致力于为传统教育教学植入"智慧基因"，将语音与人工智能、大数据、云计算等技术运

用于传统教育教学，实现了对"教、学、考、评、管"等教学活动的全链条覆盖。[1]另外，如国家教育资源服务平台（http：//n. eduyun. cn/）是以云计算为基础，通过信息技术与教学过程深度融合，搭建涵盖核心应用的教育云平台，同时汇聚第三方优质资源及应用，面向教育机构、老师、学生、家长提供一站式的教学服务。又如"和教育"（http：//edu. 10086. cn/）是中国移动围绕国家"三通两平台"总体规划，基于"移动学习"教育部—中国移动联合实验室研究成果打造的云平台，汇聚了北京师范大学、科大讯飞、新东方、好未来、凤凰传媒、华师京城、北京四中等知名教育机构的优质资源，以 K12 教育为切入点，围绕教师、学生、家长之间真实的客户关系，构建以知识点地图为核心的优质教学资源库，为客户提供各类教育细分产品，满足不同客户的个性化需求。

  从资产角度看，随着大数据理念在全球的发酵，以美国、英国、法国等为代表的发达国家率先将大数据作为新型战略资源，视其为"未来的石油"。大数据是"工业时代的价值思维"的批判，也是对互联网时代"创新式资产变革"的回应。作为信息时代核心的价值载体，大数据必然具有朝向价值本体转化的趋势，而它的"资产化"，或者未来更进一步的"资本化"蜕变，将为未来完全信息化、泛互联网化的商业模式打下基础。正如国内互联网三巨头 BAT 坐拥大数据金矿，但所获大数据资产与能力各有不同：百度拥有两种类型的大数据，即用户搜索表征的需求数据、爬虫和阿拉丁获取的公共 web 数据；阿里巴巴拥有交易数据和信用数据，这两种数据更容易变现，挖掘出商业价值。除此之外阿里巴巴还通过投资等方式掌握了部分社交数据、移动数据，如微博和高德；腾讯拥有用户关系数据和基于此产生的社交数据。这些数据可以分析人们的生活和行为，从里面挖掘出政治、社会、文化、商业、健康等领域的信息，甚至预测未来。因此，教育大数据从战略高度应定位为推动教育变革的新型战略资产、推进教育领域综合改革的科学力量以及发展智慧教育的基石。教育大数据的最终价值应体现在与教育主流业务的深度融合以及持续推动教育系统的智慧化变革上，具体表现在驱动教育管理科学化、驱动教学模式改革、驱动个性化学习真正实现、驱动教育评价体系重构、驱动科学研究范式转型、驱动教育服务更具人性化，真正具有全员（从全日制学生到全民，面向所有人）、全程（从学前教育到终身教育，服务各个教育阶段）、全方位（家庭、学校、社会"三位一体"教育，无处不在的教育，虚实融合的教育）的特点。

---

[1] 骆飞. 贵州启动首个人工智能"大数据 +"教育工程[N]. 经济参考报,2017 - 04 - 07.

二、大数据如何实现教育资源的精准化需求与推送

大数据发展的核心动力来源于人类测量、记录和分析世界的渴望。[1]根据《大数据时代》的作者维克托·迈克·舍恩伯格的观点,大数据的核心功能体现在预测上面。而且这种预测的基础来自数据的相关性而非因果联系,这是大数据时代带给人类思维方式的最大变革。这一点已经在商业、农业、医疗等诸多领域得到了广泛应用。例如,沃尔玛可以根据消费者的采购行为进行数据分析,从而把顾客习惯同时购买的商品摆放在一起进行销售,并且取得了非常好的效果。谷歌公司则通过分析网民搜索内容分析全球流感与相关疫病的状况,建立"谷歌流感趋势",与美国疾病控制和预防中心提供的报告对比,该指标追踪疾病的精确率达到97%。阿里公司根据在淘宝网上中小企业的交易状况筛选出财务健康和讲究诚信的企业,对他们发放无须担保的贷款。目前已放贷300多亿元,坏账率仅0.3%。[2]这些领域的成功经验无疑给教育行业提供了有益的参考和借鉴。

2015年,我国正式启动了"互联网+"行动计划和大数据战略,发展教育大数据已成为当前推进我国教育领域深化改革与创新发展的战略选择。教育大数据之"大"并非指数量之大,而是强调"价值"之大,即能从繁杂的教育数据中发现相关关系、诊断现存问题、预测发展趋势,通过连通、感知、交互、适配、记录、整合等技术方式,不断发挥教育大数据在提升教育质量、促进教育公平、实现个性化学习、优化教育资源配置、辅助教育科学决策等方面的重要作用。同时,大数据使教育评价内容更加丰富多元,不再仅仅注重学生的学习成绩,而更加关注身心健康、学业进步、个性技能、成长体验等方面。评价内容从单纯对知识掌握状况的评价,转向知识、能力和素养并重的综合性评价;评价方式从传统的一次性、总结性评价,转向过程性、伴随性评价;评价手段从试卷、问卷,转向大数据采集分析系统。[3]换而言之,大数据时代的教育是面向学习者的,学习者是具有无限扩张潜能的资源用户,与学习者相关的各种资源数据库蕴含着巨大的教师教学的价值、学习者的学习价值和潜在的社会商业价值。教育数据的收集方式要从"报送式收集"向"伴随式收集"转变,以突破教育小样本和个案研究的局限,量化学习过程和学习状态,为学生进行个性化支持提供可能,拓展探索教育规律的广度,服务于教育精准管理与决策。

---

〔1〕 胡德维.大数据"革命"教育[N].光明日报,2013-10-19.
〔2〕 邬贺铨.大数据时代的机遇与挑战[J].求是,2013(4).
〔3〕 吴砥,余丽芹.大数据推进教育深度变革[N].中国教育报,2017-09-21.

从大数据产生的背景而言,商业上的需求是主要驱动力,互联网的社会化是直接推动力。当商业需求驱动和互联网社会化结合在一起,就形成了"社会化商业"。它是指一个组织自觉利用社会化工具,社会化媒体和社会化网络,有计划地整合 web 技术和互联网空间来重塑其品牌——消费者的沟通关系及其组织管理和商业运作模式。

从大数据现有的技术而言,大数据技术突破了小样本和个案研究的局限,找到数据不再是个难题,如何分析数据才是最大的难题? 我们一般将数据的挖掘使用分为三个阶段:(1)一开始把数据变得透明,让大家看到数据,能够看到的数据越来越多。(2)可以提问题,形成互动,很多支持的工具来帮我们做出实时分析。(3)信息流来指导服务、物流和资金流,数据要告诉我们未来,告诉我们往什么地方走。总之,通过机器学习采集学生学习数据,将数据分析结果传递给教师,教师通过数据分析结果了解学生的学习情况。这种模式将会是未来趋势。

大数据分析了解用户行为和习惯,通过合适的方法(协同过滤推荐、基于内容的推荐、基于知识的推荐等)寻找有价值的信息,进行精准广告投放和营销。例如,网购中可预测需求、供给和顾客习惯等,做到精准采购、精准投放。目前的大数据已可实现了微博数据信息分析(舆情、用户画像)、网购数据信息分析(精准营销)、手机用户使用信息分析(移动设备数据)、传感器数据分析(健康数据分析)等应用。换而言之,在教育大数据技术的驱动下,研究者可以量化学习过程和学习状态,更快速准确地找到影响因素和干预策略,拓展探索教育规律的广度,促进教育领域人工智能应用的开发。

三、大数据如何使教育从"管理"走向"治理"

2016 年 10 月 9 日,中共中央总书记习近平在主持中共中央政治局第三十六次集体学习时,明确提出"建设全国一体化的国家大数据中心"的必要性,"要深刻认识互联网在国家管理和社会治理中的作用,以推行电子政务、建设新型智慧城市等为抓手,以数据集中和共享为途径,建设全国一体化的国家大数据中心,推进技术融合、业务融合、数据融合,实现跨层级、跨地域、跨系统、跨部门、跨业务的协同管理和服务"。

当前,政府形态从侧重于"以政府为中心"的 1.0,经历侧重于"以国民为中心"的 2.0,正在步入侧重于"以每个人为中心"的 3.0。大数据从表现看,是服务的方式转变了,但实质上,对于政府而言,是工作流程的再造。按照《国务院办公厅关于加强政府网站信息内容建设的意见》(国办发〔2014〕57 号)关于推进政府网站集约化建设的有关要求,贵州省建成上线了中国·贵州政府门户网站云平台,包括站群平台、统一数据交换平台和政务应用三大子系统。其中站群平台重点解决了数据的"聚集"问题,统一数据交换平台重点解决了数据的"融通"问题,政务应用重点解决了数据的"应用"问题。这三大子系统要解决的核心问题就是政府数据的"聚通用",即聚为基础,搭建统一平台,力推数据集聚;通为手段,统筹数据标准,有序共享开放;用为目的,注重示范带动,推进社会应用。

教育作为城市重要的公共服务之一,教育的智慧化也是构成智慧城市的基本要求。教育大数据的结构模型由内到外可分为基础层、状态层、资源层和行为层。其中,基础层存储国家教育基础性数据,包括教育部2012年发布的7个教育管理信息系列标准中提到的所有数据,比如学校管理信息、行政管理信息、教育统计信息等;状态层存储各种教育装备、教育环境以及教育业务的运行状态信息,比如设备的能耗、故障、运行时间、校园空气质量、教室光照、教学进程等;资源层存储教育过程建设或生成的各种形态的教学资源,比如PPT课件、微课、教学视频、图片、游戏、教学软件、帖子、问题、试题试卷等;行为层存储广大教育相关用户(教师、学生、教研员、教育管理者等)的行为数据,比如:学生的学习行为数据、教师的教学行为数据、教研员的教学指导行为数据、管理员的系统维护行为数据等。不同层教育数据的主要采集与生成方式、应用场景也有所不同(表4-2)。[1]

表4-2 教育大数据采集方式与应用场景比较

数据层次	数据采集方式	数据应用场景
基础层	人工采集、数据交换	宏观掌控教育发展现状、科学制定教育政策、合理配置教育资源、完善教育体系等
状态层	人工记录、传感器感知	教育装备的智能管理、教育环境的智能优化、教育业务的实时监控等
资源层	专门建设、动态生成	各种形式的教学与培训,如课堂教学、教师培训、网络探究学习、移动学习、协作学习等
行为层	日志记录、情景感知	个性化学习、发展性评价、学习路径推送、教学行为预测等

互联网中的数据,需要用管理的眼光去分析和关联,才有价值。没有商业模式(价值交换规则)的价值,就没有价格。没有价格,就无法流通。无法流通,就不能兑现价值。管理就是服务,大数据就是让服务过程更加的人性化。同时,数据解放知识,人的本身才是教育的重点。以大数据为支撑的新

---

[1] 杨现民,唐斯斯,李冀红. 发展教育大数据:内涵、价值和挑战[J]. 现代远程教育研究, 2016(1).

型现代教育治理与科学决策逐渐成为一种未来的趋势。传统的政策调研和观点式决策逐渐向以多元丰富政策证据为支撑、大数据为助力的现代教育治理模式转变。

大数据管理创新,使教育变革(开放大学的"新型"办学)成为"可能";而伴随而来的教育(人才培养)模式创新,通过重构价值链条,使各行业的管理融合、业务融合、服务融合成为必然趋势,也让这种可能变为"现实"。例如,美国"西维塔斯学习"(Civitas Learning)公司则在高等教育领域内建立起规模庞大的跨校学习数据库,里面记录了100多万学生的个人信息记录和700万个课程学习记录,运用大数据技术可以让用户提前发现导致学生成绩下降甚至辍学的警告性信号,并提供改进课程体系和优化教学资源的相关性建议。另外,我们要学会"用数据讲故事"(数据可视化),让数据融入教育职能与工作的流程中去;要学会利用互联网的创新基因,自下而上的改造力,形成互联网时代需要的创造力和学习力。

互联网思维中的人才培养

目前,我国劳动力从数量红利转向素质红利时代,"互联网+"产业结构调整,根本上需要人力资本结构的高级化。据相关数据统计:2013 年,我国 6 岁以上人口人均受教育年限为 9 年,"十三五"规划提出到 2020 年必须达到 10.5 年。现行的传统教育体系已无法完全支撑,2017 年 1 月 19 日,国务院印发《国家教育事业发展"十三五"规划》(以下简称《规划》)。《规划》明确表示:"互联网+教育"成为国家教育事业重要抓手。《规划》原文指出:推进"互联网+教育"发展,继续推进"三通两平台"建设与应用,推进数字教育资源普遍开放共享。面向教育发展落后地区和特殊人群,提供公益性数字教育资源服务。加快教育大数据建设与开放共享。发展现代远程教育和在线教育,实施"互联网+教育培训"行动,支持"互联网+教育"教学新模式,发展"互联网+教育"服务新业态。同年 12 月 26 日,《2017 互联网教育服务产业研究报告》(以下简称《报告》)在京发布。《报告》从教育服务品质视角提出了互联网教育服务产业公司 4S 评价模型,即规模(Scale)、专注(Speciality)、服务(Service)、领域(Section);从学前教育、基础教育、高等教育、继续教育和职业与成人教育五大领域分析了不同教育服务产业层次蕴含的不同服务及内容,指出随着社会经济水平和生活水平的提高,人们的教育需求正从标准化教学向个性化学习和终身学习发展,而教育服务供给也将由"标准化供给"向"个性化服务"转变。

一方面,成人高等教育在不同历史发展阶段有函授、夜大、网络教育等三种标志性形式,分别发挥了各自不同的历史作用。在"互联网+"成为国家战略的背景下,三教融合发展是必然趋势。随着"互联网+教育"的迅速发展,在现代信息技术与远程开放教育深度融合的社会需求下,开放大学办学系统提出了"命运共同体建设"的五大任务目标,即提供教育信息化云平台,汇集并建设优质特色数字资源,应用大数据服务教与学,搭建终身学习立交桥,面向行业(区域)走向教育国际化。国家开放大学提出了六网融通的发展模式,即网络核心课程、网络学习空间、网络教学团队、网络支持服务、网络考试测评、网络管理体系。其中,网络支持服务主要的承担者包括导学教师(班主任)、学生工作人员、远程接待中心与辅导教师等,支持服务内容包括专业课程选择、课程学习辅导、情感支持、技术支持、职业指导与心理咨询、奖励评优、学生活动与学生社团、咨询服务等。[1]全国政协委员、北大慕课工作组组长李晓明认为：当互联网有了成千上万门免费开放、"人人皆学、时时可学、处处能学"的大学课程,中国就有率先实现一种"全民义务基本高等教育"的机遇,让每个愿意学习的人都可以免费获得一种系统化的高等教育,其实践将成为全面建成小康社会进程中一个闪光的元素。

另一方面,基于强大的互联网背景,一直有人会问：未来的学校还有存在的价值吗？学校在任何时候都不会消亡。教育是人与人内心的交流,涵盖了情感层面,而情感永远不可能用机器来代替。北京师范大学教授、教师发展中心主任李芒认为,"互联网+"时代,教师有三大内容需思考,分别是思维方式的转变、教学理念的转变以及所应具备的专业精神。其中,互联网的思维方式有四种：第一是关联式思维,网络把人类的时间、过程、内容统统碎片化,以碎片化的内容和方式培养出的人,对社会的价值有限。因此,人类被网络碎片化是一件危险的事情,必须重拾体系,用体系分析和看待问题。第二是淘金式思维,身处信息社会,采取淘金式思维方式来认识世界、改造世界、分析世界,这是专家和新手的区别。第三是托付式思维,现代人类托付式感觉日益明显,同时托付可以倒逼人类的诚信大幅提高。第四是有限式思维,教育技术如同一把锤子,只要手里有锤子,看什么都是钉子,这就犯了有限式思维的毛病。2015年年底,华南师范大学推出了新一轮教学改革的行动计划,主题是"互联网+创新人才培养"。该行动计划强调实施"互联网+混合式教学模式",激励和约束教师在教学中采用线上、线下相结合的混合式教学模式,稳步推进课堂教学方式变革,旨在培养学生学习与创新技能、数字素养技能、职业和生活技能等。

在"互联网+"时代,如何探索"互联网+"与人才培养的融合,进一步放大人才作为第一资源的作用,不遗余力培育人才,不求所有开发人才,是开放大学需要深入思考的问题。

一、智慧教育

互联网与教育的融合,极大程度改善了国内教育资源分配不均的现状,实现教学资源和智力资源的共享与传播,推动了优质教育资源共享和教育资源配置的优化,也为个性化学习、全民学习和终身学习提供了可能。[2]而智慧教育正是第四次工业革命和第二次信息革命背景下教育发展的高级阶

---

〔1〕 张安然."六网融通"人才培养模式下开放教育学生活动的思考[J].新课程研究旬刊,2017(3).

〔2〕 盛雪云."互联网+"：继续教育转型发展助推器[J].在线学习,2017(7).

段和未来方向。

随着互联网技术不断发展,教育信息化越来越聚焦于利用现代科技提供有力教学帮助,调动学习者的学习积极性,让学习变的有效而有趣。在物联网、云计算、大数据等新一代信息技术基础上形成的智慧教育,具有个性化学习空间、高沉浸学习交互体验、精准科学教育治理等特征,可以使学生和家长通过线上平台进行学习,与线下学习形成一个互补,真正实现从规模化教育转向个性化教育的理想将变为现实。例如,智能钢琴的出现,让音乐教育的信息化创新成为热门话题,是对教育的融合创新做出的全新注释。智能钢琴具有很强的学习服务支持系统,它内置音乐学院名师录制的教学视频,并不断更新,实现名师零距离;它具有弹对跟进功能,即当演奏出现错音时,五线谱光标会停止前进,第一时间发现并纠正错误;它自动纠错,自动评分,自动入数据库,并进行大数据分析,清晰展示学习者每一遍、每一天、每个月的学习情况和变化曲线。同时,智能钢琴的在线远程学习系统还打破一些边远、欠发达地区钢琴教育师资匮乏的局限,让那里的学生同样能享受到优质的钢琴教育资源。[1]

综上所言,互联网的知识开放进程,学习科学和信息技术正在推动着教育观念的改变。智慧教育对传统教育发生了三大变化:一是人类的知识建构走上了分布式知识网络体系,在这一体系中,知识的存储不再仅限于人脑,而在服务器,实现了人机交互的互联互通;二是人类的学习方式发生了变化,终身学习成为工作生活中的需要;三是迈入了混合教育阶段,也就是教育的线上线下结合。

二、产业发展

2016年10月,《江苏省"十三五"互联网产业人才发展规划》正式印发。文件指出:"互联网+"、"中国制造2025"、国家大数据战略等部署进一步掀起了加快发展互联网经济的浪潮,在积极运用互联网思维、促进经济转型升级、主动适应经济发展新常态的情况下,江苏互联网产业人才培养、储备、引进将面临巨大挑战。文件要求:进一步完善人才培养体系,进行政策创新,统筹推进高端技术人才、操作应用基础人才以及区域特色人才队伍建设。引导社会组织和资本积极参与互联网人才培养和服务。相关院校、社会培训机构和重点企业要加强人才培养的合作,建立多元化、多层次、全方位人才培养机制。加大本省人才的培养力度,激发本土人才的创新活力,培育"互联网+"协同制造人才,着力构建工业互联网人才体系,大力推进"互

---

[1] 潘超.智能钢琴引发的教育思考[J].在线学习,2017(8).

联网+"工业人才高地建设。

德国提出的工业4.0,是为了提高德国工业的竞争力。而中国创新性地提出"中国制造2025",是以ICT技术来改造和提升整个传统产业,它重要的核心人物是信息化人才、信息化产业、产业化产业。ICT人才生态建设对"中国制造2025"将起到强有力的支撑作用,未来两年,ICT生态链产业人才需求将超100万人,这从一个侧面证明整个ICT行业的人才需求量非常巨大。2017年3月24日,《中国远程教育》杂志社所属远教时代文化传媒和校企桥在浙江宁波举行战略合作签约仪式,双方将在中国ICT人才生态建设等方面展开全方位合作。作为双方长期战略合作的起点,同时为有效指导和协助高校及职业院校培养创新型ICT人才,支持国家战略转型的创新人才需求,双方在4月下旬正式发布了中国首部ICT人才深度调研报告《2017—2018中国ICT人才白皮书》。白皮书深入调研了ICT领域超过3 200家企业的人力资源信息,内容包括:国家政策与专家解读、ICT行业背景分析与发展、中国ICT人才需求数据与分析、高校ICT人才培养方案建议、院校教育转型与创新创业案例五部分。例如,作为校企合作互联网解决方案的提供商和专业平台,校企桥致力于搭建高校与企业之间人才、业务和信息互通的立交桥。通过联结"千校万企"的互联网平台服务,校企桥帮助大学生实现在线学习智能匹配高质量实习和就业;助力企业实现精准人才招聘、定制人才培养与输送。校企桥从ICT行业切入,已与行业标杆企业华为、Redhat(红帽)、腾讯等建立战略合作伙伴关系。目前校企桥平台已入驻高校600余所,为超过3 000家企业提供校企对接及ICT人才服务。

另外,随着体育产品生产智能化和科技化,产品营销网络化和个性化,赛事运营平台化和系统化,场馆利用智能化和信息化,健身服务协同化和个体化,服务型、创新型、实践型、国际化、信息化的体育产业人才正成为产业创新发展的支撑。[1]例如,Keep作为"App Store年度精选应用",致力于为用户提供健身教学、跑步、骑行、交友及健身饮食指导、装备购买等一站式运动解决方案。不同层次、不同需求的用户都能找到符合自己需求的视频课程,得到相关的系统性指导,科学且人性化的训练机制则可以帮助用户更好地坚持下去。从2015年2月上线至今,Keep已经影响了超过1亿人的运动习惯。

三、校企合作

在大数据发展的时代,"校企合作"作为一种注重培养质量,注重在校学

---

[1] 白丽,孙晨晨.互联网时代体育产业人才的培养[J].体育学刊,2016,23(4).

习与企业实践,注重学校与企业资源、信息共享的"双赢"模式,更符合在互联网时代的发展需求。2016年1月13日,广东开放大学举办"互联网+"教育创新研讨会,就"互联网+教育"背景下的校企合作、产教融合、MOOC课程制作、教学模式和人才培养模式的创新等内容开展交流研讨。同时,广东开放大学——慧科教育集团课程制作暨实习实训中心和广东开放大学慧科互联网+学院正式成立。2017年9月26日,北京开放大学与江苏传智播客教育科技股份有限公司通过校企合作、联合共建的方式共同筹备发起的国内首家"互联网+创业教育"学院正式揭牌成立。该学院是以"互联网+"产业发展及创新创业驱动经济社会发展对人才的需求为导向,集学历教育、行业技能培养、创新创业孵化职能于一体的校企合作特色学院,以满足首都信息技术创新发展对IT人才的需求。2017年11月28日,全国首家微博城市新媒体学院在宁波广播电视大学揭牌,这是互联网巨头新浪微博,以校企深度融合的方式在国内成立的第一家新媒体学院。该学院将努力探索高校与社会力量共同办学的新思路、新机制、新体制,旨在建成立足宁波、辐射华东的新媒体教育培训示范项目。同时,由宁波市网络文化协会与宁波广播电视大学合作共建的宁波电大网络传播学院也挂牌成立。该学院将注重加大对全市网络传播、网络技术、网络安全等方面人才培养步伐,积极探索合作办学新模式。

企业大学是校企合作的新平台。目前,企业大学正在成为高等教育体系中一种重要的新生力量。互联网思维对企业大学的影响是颠覆性的,是从"我办你学"向"大家办大家学"方向发展。企业大学至少应做好三件事:第一,解决想做还是不想做的问题——情绪和动机会影响奋斗的效率。第二,解决会不会做的问题——解决的是经验和技能的问题。第三,解决怎么做得更好的问题——解决的是创新问题。因此,企业大学不是企业知识的创造者,更像一个知者与求知者之间经验知识交流的平台,企业与员工管理互动、文化交融的平台。企业大学的知识体系不是按照学科,而是按照岗位能力构建的,对发展具体环境下的组织绩效或个人绩效是非常有效的。2016年9月,方太大学正式挂牌成立。基于人才发展,不是某一部门在做,而是一整套流程。业务部门、企业大学、人力资源三者共同构成了人才发展的铁三角(见图4-2)。业务部门在三角形的顶端,代表着"以业务为导向";企业大学和人力资源在三角形的左右底端,表示企业大学和人力资源都以业务部门为重,分别为业务部门服务;三角形正中心为学员,代表着"以学员为中心"并形成金字塔的人才梯队;三条边都服务于人才培养发展,三角形的左边线代表企业大学通过学习路径、学习项目、课程开发、讲师队伍等方式来支持业务部门,三角形的右边线代表人力资源通过任职资格、人才梯队、绩效评价、薪酬分配来支持业务部门,三角形的底边线代表人力资源与企业大学输出在员工赋能、人才政策、能力评价、组织诊断等方面的合作;左边的箭头线代表业务部门向企业大学输入岗位需求,右边的箭头线代表人力资源通过组织诊断形成组织需求,下边的箭头线代表人力资源向企业大学输入组织需求,进而形成三位一体的关系。从图中可以看出,方太大学不仅仅是一个职能部门和服务部门,与传统人力资源不同的是,它完全可以成为半个业务部门。

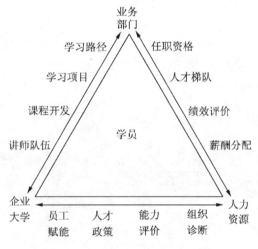

图 4-2　方太集团的人才发展铁三角

「第五篇」

多元教育的可为之道

城 乡 教 育

乡村与城市作为经济社会活动的两大空间载体,相互依存、互动共生、不可偏废。回顾宋代以前的城市化历程,中国呈现出两种城市化的传统:第一种是政治力量驱动的城市化,可谓由"城"而形成"城市",城,即国家构建的政治中心;第二种是经济力量带动的城市化,可谓由"市"而形成"城市",市,即民间自发形成的区域经济中心。后一种城市化,跟今日人们常说的"城镇化"接近。[1]

从秦汉的乡亭里、北朝的邻里党直到民国的保甲,都是一种官方对"编户齐民"的编制,但市政和乡政并无严格区分,二者均由设在县一级的官府统一管理。这种城乡合治的管理体制下的城乡教育关系,无论是蒙养教育还是高等教育,城乡教育都体现了"无差别的统一"。即城乡教育的要求是一样的,在培养规格上也没有什么不同,都以儒家经典为主要学习内容,并都服从于选拔人才和教化民众这两个目的,以维护"家天下"的统治。近代清朝衰落和西方列强入侵,中国城乡间对抗性矛盾加剧。"城市与乡村无差别的统一"关系,被"外国帝国主义和本国买办大资产阶级所统治的城市极野蛮地掠夺乡村"和压迫乡村的关系所取代。背负"救亡图存"的压力,近代中国的城乡教育发展走上了抛弃儒家教化传统,寻求现代、科学和理性教育的路径,从价值、精神和文化层面逐步"失去乡村"。[2]

1949年后的中国城乡教育,在二元的城乡关系下,中国城乡教育的发展采取了以"城市为导向"和"城市优先"的发展路径,虽然在教育普及方面取得了巨大的成就,但在精神层面即价值上与乡村社会渐行渐远,而且在农村中小学布局调整过程中进一步在空间上失去乡村。特别是从20世纪90年代到21世纪初的20多年间,中国的城市在空间上扩大了3倍,城镇化率增长到52.5%,城市人口首次超过乡村人口,城乡社会结构发生了历史性转变,中国已由传统的农业国迈向工业化国家。中国的快速城市化出现了与泰国、韩国一样的问题,各类资源越来越向大城市集中。以教育为例,改革

---

[1] 梁颖睿.金诚集团董事长韦杰:建立中国新城镇基因[J].凤凰周刊,2016(29).
[2] 饶静,叶敬忠,郭静静.失去乡村的中国教育和失去教育的中国乡村[J].教育科学文摘,2015(3).

开放初期,集中在中心城市的更多的是高等学府,但在近年来的城市化进程中,中学、小学乃至学前教育的资源也都流向大城市。各地最好的中学均在省会城市,一些超级中学也开始出现,很多地方上有条件的家长也开始越过地方,将孩子送到中心城市接受中学、小学教育;而一些地方传统名校,则因为师资不足与本地优秀生源的流失而渐趋衰落。另一方面,东西部之间的差距越拉越大。东部地区无论是经济发展水平、收入水平,还是人口密度、就业机会,以及公共设施与公共服务水平都远高于西部地区。

费孝通教授在1983年《小城镇·再探索》一文中,提出了"经济发展模式"的概念,引发了全国对发展小城镇的高度关注。即要从整体出发,探索每个地区发展的背景、条件以及在此基础上形成的与其他地区相区别的发展特色,促使他进入不同地区经济社会发展道路的比较研究。[1]费孝通教授认为,中国是一个农业国家,目前已有12亿人口,大部分居住在农村。这十几亿人吃、住、工作的确是个大问题。多年来,由于我们严格控制城乡人口流动迁移,用行政手段划清城乡户口,农民进不了城,于是农村中"隐藏"着大量的剩余劳动力,这十来亿人如果都住进大中城市,需要花多少钱建设多少个大中城市?这根本没有现实可能性。解决农村剩余劳动力问题要以小城镇为主,大中城市为辅。

李克强总理强调,推进城镇化,核心是人的城镇化。因为在唯物史观视野中,城镇是社会分工发展的产物。最大的分工就是城镇与乡村的分化与对立。城镇与乡村的分离不仅表现为物理空间的差别,更重要的是形成了城镇特有的社会关系和交往方式。从马克思主义城镇观的历史功能而言,城镇发展同生产力、生产关系之间表现为双向的建构关系,一方面城镇发展受特定的生产力和生产关系状况制约,另一方面又是生产力发展和生产关系再生产的基本路径。作为分工的产物,城镇社会关系具有历史的本质,消灭城乡差别是根本目标。城镇发展的终极价值指向是人的解放。[2]2013年,中国社会科学院当代城乡发展规划院发布了《城乡一体化蓝皮书》,重点强调了在我国当前的新形势下,城乡一体化的实现必须要按照"四化同步"发展的战略进行,以城市带动乡村。随着我国经济结构调整和体制改革的深入,城乡一体化的进程正在逐渐加快。未来五年,中国将有1亿农民工转变为市民。城镇人口比例将从近50%提高至75%,总人数达6亿。未来十年,中国的城镇化将成为经济提振内需的长期利器。由发改委牵头,包括国

---

〔1〕 宋林飞.费孝通小城镇研究的方法与理论[J].南京大学学报(哲学·人文科学·社会科学),2000(5).

〔2〕 庄友刚.树立马克思主义城镇观[N].光明日报,2017-05-08.

土资源部、住建部等在内的十多个部委共同参与编制的城镇化发展总体纲要《全国促进城镇化健康发展规划(2011—2020年)》提及,这一轮城镇化将拉动40万亿投资,涉及20多个城市群,180多个地级市,1万多个城镇,以及4亿新增人口。

在从工业文明向生态文明转型的过程中,许多社会问题的产生都与城乡发展失衡相关,重构新型城乡关系、人与自然的关系,成为时代的呼唤。从我国现状分析而言,当前现代社会的基本特征是:(1)产业结构:一二三到二一三、三二一。(2)人口结构:非农活动人口为主。(3)社会结构:中产阶层为主体。(4)城乡结构:二元化解体、城乡互补、协调,一体化。

同时,当前农村的主要问题是:一是贫困问题。全国2 010个县(含县级市)有590个国家级贫困县,14.8万个重点贫困村,2 600多万贫困人口,其中2 300多万属于绝对贫困人口。若按联合国贫困标准,贫困人口超过1亿。二是农村基层政权功能弱化。国家、乡村集体、农民的利益博弈,乡镇是治理对象,利益受到挤压,功能全面收缩,能做能不做的事不做了,应该做的事打折扣了。而乡镇是我国农村十分重要的政权组织。三是环境污染问题。污水和生活垃圾的处理跟不上,工业化后带来很多污染源,塑料、化肥、农药、易拉罐、范围广、控制难。全国有3亿多人喝不上干净的水,1.5亿亩耕地遭到污染。四是基础教育投入减少。三级办学,两级管理。县:高中;乡镇:初中;村:小学。农村教育经费短缺,教师队伍薄弱、校舍简陋、设施落后等。五是农村公共事业建设倒退。修桥补路、改水、血防、救济、优抚等,对农民来说很重要,客观上缺经费,现在没法办。人才外流:精英流失;空心村。六是公共卫生体系不健全。乡村没有重大疾病控制的机构,导致难以有效控制重大疾病的流行。七是农村治理中不规范现象增多。乱收费,乱摊派,资金使用不规范,农村治理中的随意性。

在传统的教育学语境中,"农村教育"提法之外大多就是"教育"了,很少有"城市教育"的提法。这不是因为"城市教育"没有问题,而是因为在现代化进程中的集体潜意识里,"城市教育"和"教育"基本是等同的,"城市"无意中被隐去了。城乡教育一体化作为城乡一体化的重要组成部分,是在当前新型城镇化建设和"四化同步"建设的背景下提出的,是在教育领域追求城市与乡村的和谐发展,帮助乡村共同分享城市优质的教育资源,打破城乡二元经济结构对教育的束缚,通过加大农村教育经费投入、优化城乡教育资源配置等手段,实现城乡教育资源的优势互补和资源流动,从而最大限度地缩小城乡教育差距,实现城乡教育的互动发展。[1]它不仅是实现教育

---

〔1〕 施滋英.城乡教育一体化问题探究[J].中国成人教育,2015(5).

现代化的重要战略选择,也是促进新型城镇化建设和经济社会健康持续发展的重要途径。

党的十八大报告首次提出了坚持走中国特色新型城镇化道路。《国家新型城镇化规划(2014—2020年)》也指出了"走以人为本、四化同步、优化布局、生态文明、文化传承的中国特色新型城镇化道路"。从空间社会学的角度出发,法国哲学家亨利·列斐伏尔精辟阐释了空间与广大社会成员日常生活实践的密切关系,描述了社会空间建设中人的主客体双重性,体现了传统城镇化向新型城镇化转型过程中空间变迁的人文意涵。因为宝贵的文化记忆记录了历史进程中人们在空间实践的感知与劳动成果,无论是节日文化、民俗文化、地域文化、饮食文化,还是一段文字,一点笔墨,一首歌曲,一块砖瓦,一个旧时的物件儿,都有着历史文化的厚重底蕴,都可是一段岁月中人类生活实践的记录。在城镇化建设中关注文化传承,关注生活细节与空间感知的融合,不仅是对人类生活的空间实践足迹的一份尊重,也是空间变迁过程中人们在岁月传承基础上新的教育实践与创造。〔1〕

城镇化步伐的加快,对农民工的劳动就业能力和职业素养提出了要求。一方面,农民工生活在农村向城市转移的过渡阶段,不从事农业活动;而受文化教育程度和专业技能缺失的限制,这一群体难以在城市中获得稳定且待遇优良的工作。另一方面,随着我国产业结构的调整优化,新一代的农民工相较于以往老一代的农民工,有着自发性的就职提升需求,期望通过一定的职业教育、继续教育和成人教育等提高自身知识水平和专业技能,以有效促进农村剩余劳动力向城镇的有效转移。〔2〕因此,开放大学在新型城镇化的建设过程中既有办学机遇也有教育担当。作为之处可以有:(1)发展现代农业,提高农业组织化程度,大力培育现代职业农民,有知识、懂技术、会经营。(2)土地流转引发农民组织化程度提升,需要培养现代职业农民,职业化、专业化、智能化。"三权分置"显露了农村职业教育供给侧改革的契机。(3)放宽户籍限制,推动农民工市民化。市民化是指作为一种职业的农民和作为一种社会身份的农民在向市民转变的过程中,其原有身份地位、职业活动、生活方式和价值观等发生变化,发展出相应的能力,学习并获得市民的资格、适应城市并具备一个城市市民基本素质的再社会化过程。(4)农业人口非农化,劳动力转移城镇化,积极关注留守农民。留守农民文化素质低,接受培训能力差;留守农民培训成了被"遗忘的角落";培训重技

---

〔1〕刘迟.空间社会学对新型城镇化建设的启示[N].光明日报,2017-06-30.
〔2〕郜攀峰.城镇化进程中农民工职业教育培训"提质增效"的策略[J].中国成人教育,2017(15).

能培训,轻文化、道德和法纪培训;留守农民年龄大、生活和心理压力大。

附表(5-1):"十三五"新型职业农民培育发展主要指标

指标	2015年	2020年	年均增长	指标属性
新型职业农民队伍数量	1 272万	2 000万	146万	预期性
高中及以上文化程度占比	30%	≥35%	1个百分点	预期性
现代青年农场主培养数量	1.3万	≥6.3万	≥1万	约束性
农村实用人才带头人培训数量	6.7万	16.7万	≥2万	约束性
农机大户和农机合作社带头人培训数量	示范性培训为主	≥5万	1万	约束性
新型农业经营主体带头人培训数量	示范性培训为主	新型农业经营主体带头人基本接受一次培训	≥60万	预期性
线上教育培训开展情况	试点性开展	完善在线教育平台,开展线上培训的课程不少于总培训课程的30%;开展线上跟踪服务	≥6%	预期性

乡村教育

乡村是农耕经济的载体,也是文化传承的载体,是中华五千年文明之根。乡村教育问题是我们这样一个"以农立国"的特殊国度的特殊问题。民国时期,知识分子精英倡导与亲身践行了乡村教育运动,追求乡村教育的真谛。新中国成立到"文革"后,在政府主导下,知识分子上山下乡,出现了乡村教育的激进式发展。改革开放后,乡村成了逃离之乡,乡村教育成为城市模式的翻版。正如梁漱溟所言:"我们现在不愿把生存和教育的保障归于国家负责,就是我们不愿意抑蔽这个痛痒亲切的生命所在——乡村。"[1]

清末民初,乡村社会中存在新旧并存的二元教育格局,乡间私塾以其特有的灵活性和乡土适应性位居乡间文化的霸主地位,以学校教育为代表的国民教育尚未得到基层民众的普遍信服。从"经济人"的角度看,这是农民理性选择的结果。从"社会人"的角度看,与塾师在"乡村人脉网络"中的作用及享有的"软性权力"有关。[2] 从20世纪20年代开始,乡村教育运动以农村为基地开展了一系列的教育改革和实验活动,涌现出一批将理论与实践相结合的乡村教育家(如梁漱溟、晏阳初、陶行知、黄炎培、余家菊、卢作孚、王拱璧、黄质夫、张謇、容闳、罗辀重、蒋经国、刘寿祺、陈礼江、金海观、寸树声等),旨在探求一条教育救国的改良主义道路。学术界一般认为1920年余家菊在《中华教育界》上发表的《乡村教育的危机》一文首倡"乡村教育"一语。[3] 此文根据事实,指陈乡村教育危机之所在,可谓是"国中言乡村教育第一文"。[4] 乡村教育的实施是从1925年开始,黄炎培在1925年8月提出的《山西划区试办乡村职业教育计划》成为第一部开展农村改进实验的方案。随后,中华职业教育社提出《试验农村改进计划》。在实验区的21项事业中,前四项内容分别为:"研究改良农事,推行试验有效之农会工作方法";"研究增进工艺效能";"推行义务教育,凡学龄儿童不论男女设法使之就学";"对年长失学者,施以平民教育"。1931年,梁漱溟创办了山东乡村

---

〔1〕梁漱溟.梁漱溟教育论著选[C].南京:江苏人民出版社,1990:297-299.

〔2〕许庆如.中国近代乡村教育研究的回顾与展望[J].河北师范大学学报(教育科学版),2012(9).

〔3〕顾明远.中国教育大系(历代教育名人志)[M].武汉:湖北教育出版社,1994:585.

〔4〕余家菊.余家菊景陶先生回忆录[M].台北:台北慧炬出版社,1994:211.

建设研究院,以县为实验区,实行政治、经济、教育方面的全面改革,进行乡村建设。他总结出中国问题的根本所在是"文化失调",着力于传播科学技术,并培养农民的团体精神,以儒家文化中的精义来塑造其心目中的"新农民",恢复或重建因"西洋文化的侵入"而失调的中国文化。1926年7月,中华职业教育社将沪宁线上的昆山徐公桥村列为第一个试办区域,将"划区施教"和"富教合一"作为共同构成乡村建设的试验原则,并于1934年交地方办理,旨在以教育为中心,协助解决农民生计入手,引发民众自治,改善乡村面貌。到1935年止,全国各地共建立了各种形式的实验区193处。[1]

1949年后,新中国的社会结构呈现出明显的总体性社会(Totalist Society)特征。所谓总体性社会是一种松散的集权体制,指一种结构分化程度很低的社会。在这一社会中,国家对经济以及各种社会资源实行全面的垄断,政治、经济和意识形态三个中心高度重叠,国家政权对社会实行全面控制。[2] 在毛泽东等领导人眼里,乡村是革命的基地,教育是革命的利器,必须加快乡村教育的发展。因此,在乡村教育中,外显的主要矛盾是教育发展的水平与质量、普及与提高的选择。[3]

1958年9月,中共中央、国务院颁布了《关于教育工作的指示》,后被概括为"三结合""六并举"。之后,伴随着工农业的大跃进,教育也出现了大跃进。"文革"前夕,掀起了知识青年的上山下乡运动,目的是为了接受贫下中农的再教育,去除小资产阶级意识。这些知识分子的到来与前一阶段精英分子的自觉行为不同,他们是被迫而来的,而且在他们的内心世界依然有着对城市的无限向往。这种激进式乡村教育的盲目扩展,忽视了乡村教育相对的独立性,甚至以牺牲教育质量和断送人才为代价,隐藏着危机,也发挥着一种负向作用。

改革开放后,城市又成为现代化的先导与主体,农村则被动的跟随其后。城市强势文化开始逐步的蚕食乡村原有的内在精神元素与弥足珍贵的价值成分。相当长一段时期以来,我们把乡村教育主要定位于农村中的"双基教育",对于较发达的农村地区来说,双基教育的重心是普及九年制义务教育和全面扫除青壮年文盲;对于欠发达农村地区来说,双基教育的重心是普及小学教育与初步扫除青壮年文盲。在城市取向的乡村教育中,乡村孩子有两种基本的出路:一种是"鲤鱼跃龙门型",另一种是"脱轨型"。后者

---

〔1〕 树雨.中国学习文化与学习型社会建设探索[M].社会科学文献出版社,2016:37.

〔2〕 孙立平.极权主义·现代化理论·新制度主义:社会主义研究中的范式演变[C]//中国书评(总第2期).桂林:广西师范大学出版社,1994.

〔3〕 刘云杉.从启蒙者到专业人——中国现代化历程中教师角色演变[M].北京:北京师范大学出版社,2006:125.

的这部分人只是少数鲤鱼跃龙门成功者的"陪读",大部分背井离乡,开始了城市打工生活,即使受到嘲笑与愚弄,甚至是打击,他们也不愿回到乡村。在这个过程中,乡村社会由玛格丽特·米德所言的以年长者为主导的前喻文化迅速向以年轻人为主导的后喻文化过度,年长者在乡村文化秩序中迅速边缘化和没落化,逐渐带来的原来乡村文化价值体系的解体。[1]

乡村教育不仅要实现对城市化和工业化提供人才的功能,更要承担为农村发展和乡村文化振兴培养人才的重任。1997年以后,随着"三农"问题的日益凸显,"三农"研究逐渐成为显学。2004年2月,教育部宣布实施"一村一名大学生计划"。同年7月,中央电大正式启动该计划试点工作。试点工作的落脚点是为"三农"服务,为现代农业建设和社会主义新农村建设服务,为农村培养三种带头人,即发展农村经济和农业生产的带头人、农村科技致富带头人和发展农村先进文化的带头人。2008年10月,党的十七届三中全会提出要"大力办好农村教育事业,发展农村教育,促进教育公平,提高农民科学文化素质,培育有文化、懂技术、会经营的新型农民",这为"一村一名大学生计划"试点工作指明了努力方向,也为以"四个面向"为重要办学特色的广播电视大学面向农村开展远程开放教育提供了更加广阔的发展空间。2010年,国务院发布的2010年中央一号文件《关于加大统筹城乡发展力度进一步夯实农业农村发展基础的若干意见》中,首次使用了"新生代农民工"的提法,并要求采取有针对性的措施,着力解决新生代农民工问题。2017年4月,国务院总理李克强部署落实2017年经济体制改革重点任务,提出推进职业培训对新生代农民工全覆盖。2017年10月,在党的十九大报告中,习近平总书记首次提出"实施乡村振兴战略",明确新时代乡村的振兴发展必须要围绕着"产业培育、环境改善、人才培养"三条主线,协同配套推进。

如何"培养造就一支懂农业、爱农村、爱农民的'三农'工作队伍"?国务院发展研究中心主任李伟认为:"要在继续推动农业人口转移进城、降低乡村人口占比的同时,注重解决农村人口和农业劳动力的老龄化问题,引导部分农民工返乡,来自农村的大学生回乡,在城市长大的科技人员下乡,到农村去创业。高起点发展现代农业、乡村休闲旅游养老等产业。"国务院发展研究中心农村经济研究部第一研究室主任、研究员程郁认为:"当前农村不仅缺乏以新技术、新思维推动农村创新发展创业的精英人才,同时也缺乏各类专业人才。引智回乡和育才强村是当前农业农村发展的迫切需要。"四川师范大学校长汪明义认为:"促进社会全面发展是现代大学的重要职责

---

[1] 王玉国.百年乡村教育价值取向及对未来的启示[J].教育学术月刊,2009(11):12-14.

和使命。大学应立足自身优势,找准发力点,着力为补齐全面建成小康社会的短板服务。到2020年全面建成小康社会,最大的短板在农村。这就要求大学聚焦农村,自觉为实施乡村振兴战略服务。"

因此,面对全面建设小康社会对农村发展与农村人力资源开发的要求与期待,需要地方开放大学重新认识和解读乡村教育,深入调研农村的现代化发展对教育提出的广泛和深刻要求,加快乡村教育的区位概念向功能概念的转换[1],形成一个为农村现代化发展服务的开放教育学习支持系统。例如,四川师范大学和兄弟院校、地方政府在四川省南充市仪陇县联合共建新农村建设学院,着眼于城乡统筹发展,瞄准社会主义新农村建设和乡村振兴战略精准发力,着力实施五大教育。一是对农民实施人文艺术教育,提升其自我发展的精神驱动力;二是对乡村干部实施乡村治理综合能力教育,提升其推动乡村振兴的领导力;三是对农村青年实施技术技能教育,提升其可持续致富能力;四是对乡村中小学校长实施教育素质能力教育,提升其办学治校能力;五是对农村居民广泛开展卫生健康教育,促进农民关注身心健康、美化生活环境,努力创造属于自己的幸福生活。[2]又如:苏州农业职业技术学院以高职院校定向委托培养、农民社区学院订单培育、田间课堂专项培训为路径,将教育办到生产一线,在农业企业、专业合作社、农场、生产基地设立农民社区学院教学点,打造和完善了社区学院三级网络体系,探索建立了校地联动、教产衔接、开放融合的新型职业农民培养模式。

另外,时任江苏省委书记李强在2017年8月的全省特色田园乡村建设座谈会上做了题为"探索乡村复兴的江苏路径"的讲话,指出要从乡村的现状和实际出发,着重把握好四个方面的问题,即注重乡土气息,在风貌塑造上留住乡村的"形";彰显个性特色,在文化传承上留住乡村的"魂";提升多元价值,在功能布局上体现乡村的"全";焕发内生活力,在宜居宜业上留住乡村的"人"。他强调,要关注乡村的差异性、多样性,找到不同乡村的"性格",内外兼修,多角度、全方位发掘乡村的个性和特色。从内在来说,要注入生态文化、历史文化、民俗文化等元素,深挖历史古韵,弘扬人文之美,培育村落的独特气质。江苏文化有吴韵、有汉风,还有金陵文化、维扬文化等等,这些都是特色田园乡村建设可以依托的深厚文化积淀。同年10月,江苏省首届乡土人才传统技艺技能大赛上,来自全省各地的380名技艺技能达人一展绝活。乡土技艺技能人才是非常宝贵的人力资源。用活乡土技艺技能人才,推进地方文化产业发展,就要充实这类人才蓄水池,像苏州的一

---

[1] 张乐天.重新解读农村教育[J].教育发展研究,2003,23(11).
[2] 汪明义.大学要为实施乡村振兴战略服务[N].人民日报,2017-11-01.

些雕刻、刺绣大师,在不断自我提升技艺的同时,还建起了人才培养基地,用自己的技艺和才干带动了一群人,走出了共同致富的特色之路。[1]例如,"非遗研培计划""传统工艺振兴""乡土人才保护",国家、省市层面的一系列行动计划吹响了苏州吴中区"乡土人才"发展的号角。针对民间技艺传承人普遍学历低、年龄大的现实,苏州吴中区和苏州工艺美院联合举办了"苏作传承人学历教育大专班"。

---

[1] 马也.用活"乡土人才"提升文化产业爆发力[N].苏州日报,2017-10-11.

非遗教育

当代德国文化学者扬·阿斯曼说过:"我们常常忘记,遗忘才是人类生活的基本形式,而回忆是对抗这种自然规律和实践的努力,是少之又少的特例。二者都是对过去的构建和拆解,都帮助人们继续生活下去。"非物质文化遗产是人类的"活态灵魂",是民族传统文化的珍贵记忆,是民族文化的生命密码,承载着独特而丰富的想象力、文化意识和民族精神,对于人类生存与发展具有独特的教育意义与价值。

2017年年初,中办和国办印发的《关于实施中华优秀传统文化传承发展工程的意见》第十二条"融入生产生活"的原则。2017年6月10日,是我国首个"文化和自然遗产日",6月28日则是苏州第13个文化遗产保护日。自明清以来,苏州文化积淀深厚,崇文风气浓郁,教育较为普及,读书蔚成民风,状元文化是苏州传统文化的重要组成部分;苏州名贤深受儒学文化浸润,对儒家所崇尚的仁、义、礼、智、信都有着可以传世后人的实践事迹;文庙是儒家文化最典型的物质载体,苏州至今仍保留着府学文庙和县学文庙(存大成殿)的儒学遗迹,这在全国也是非常罕见的;苏州有古典园林和中国大运河苏州段两项世界文化遗产,昆曲、古琴等六项世界非物质文化遗产代表作,是双遗产城市。2017年6月起,苏州创建中华优秀传统文化传承发展示范城市暨遗产专线游活动方案正式发布,苏州市文物局将联合苏州市旅游局、苏州市教育局围绕儒家文化和传统文化为主题,串联文庙、书院、藏书楼、状元府第、名人故居、园林等相关遗产点,规划定制一批传统文化遗产精品线路,突出研究、学习、游览三大主题,配套苏式传统饮食和住宿体验,全力打造具有苏州特色的传统文化传习品牌基地。

保护传承非遗刻不容缓,而用鲜活的非遗教育打造文化传承的主渠道,则是教育界应该努力的一个方向。我国非物质文化遗产蕴含着中华民族特有的精神价值、思维方式、想象力和文化意识,是维护我国文化身份和文化主权的基本依据。早在2010年6月,教育部举办"全国首届职业院校学生技能作品展洽会",全国19个省、市、自治区的100多所学校2 000余件作品参展,安徽省教育厅组成了非遗教育成果主题展。之后,非物质文化遗产教育工作在全国各地纷纷开展起来,开设非遗教育的学校也越来越多。教育部、文化部、国家民委三部委在2013年、2016年两次遴选公布了162个"全国职业院校民族文化传承与创新示范专业点",为选拔和推出优秀艺术设计人才和非物质文化遗产传承人搭建广阔平台。2015年11月,文化部联合教育部正式在全国范围实施非遗传承人研培计划。随后出台的《中国非物质文化遗产传承人群研修研习培训计划(2016—2020)》提出,5年内培训人数要达到10万人次。2015—2016的两年间,中国已有57所艺术类院校加入队伍,全国非遗传承人群和非遗技艺得到高度关注和重视。同时,"匠人精神"被公众普遍认知和传播,许多民间组织、公益组织、企业品牌、设计机构开始加入非遗教育的队伍,手工艺人的个体创造力得到高度激发。[1] 2017年3月17日,南开大学与天津市文广局签署战略合作框架协议,就非物质文化遗产保护教育传承展开合作,成为国内第一所将系统的"非遗"文化传承保护纳入通识课程体系的综合类高校。该校"非遗公选课"将中华优秀传统文化中的生命观、生活态度、创造智慧分做开物、乐心、养正、修治等四个单元进行表达。打破地域界限,汇集了技艺、音乐、节令、剪纸、年画、蓝染、瓷、古琴、法鼓与传统医药、传统武术、茶道、花道、古书画装裱修复、青铜器修复、古钟表修复等代表性项目。

　　从非遗的定义和特征来看,活态或再生产是非遗生存的希望。非物质文化遗产的活态传承应从教育、生活、市场等方面展开,使传统民俗的活态延续成为文化遗产活态传承的首要条件,使文化遗产教育贯穿于教育体制中,使开发传统文化创意产业在市场流通中加大宣传。长期以来,非遗保护都依靠政府在政策和资金方面的支持,但这些支持毕竟有限,要想实现非遗文化的传承,必须要增强自身造血功能。但在现实中,非遗的受众人数是一大瓶颈,但借助网络平台,受众不再是问题,更多的人直接观看到非遗文化产品的产出过程,既有兴趣又有购买力,让非遗变现成为现实。

　　2017年被称为"非遗直播元年",直播让古老的非遗"活"起来,以互动的方式进入现代生活。2017年6月6日至18日,移动社交直播平台花椒直播举办"传承·匠新——非物质文化遗产巡播"第一季,探索"直播+非遗+电商"模式。"玉雕""龙泉剑""古法制香"等10余个非遗项目及其传承人,通过直播吸引了超过700万网友围观,并为手艺人带来上百万元订单收入。[2] 同时,由光明网与斗鱼联合发起的"致·非遗、敬·匠心"大型系列直播活动在中国各地开展了非物质文化遗产探寻之旅,从2017年5月至8月的三个月内,推出移动直播30多场,直播总覆盖观看人数近3 000万,有效传播覆盖用户量达1.73亿人次。直播探访团队在深入到各项技艺的发

---

〔1〕 章莉莉.非遗手工艺的活态传承和文化创新[J].上海艺术评论,2016(5).
〔2〕 钟星星."直播+非遗+电商"助力非遗产业化[N].农民日报,2017-07-10.

源地后,在当地博物馆或艺术的支持下,在非遗传承人的带领下,让网友们通过斗鱼直播不仅初步地了解非遗技艺,更是通过细致地挖掘它们背后的起源故事和在历史长河中的发展流传,让网友们对我国璀璨的文明史有进一步的认识,也极大地激发了年轻网友们对非遗保护和传承的兴趣。

非遗涉及人类生活的方方面面,需要全社会的共同努力。与非遗社会宣传比较,学校非遗教育所发挥的作用和意义,更显深远和重要。非遗教育是融合多门类教育特点的新型教育,是国民教育体系的重要组成部分。一方面,青少年处于文化启蒙、人格养成、世界观形成的关键阶段,非遗教育从娃娃抓起事半功倍;另一方面,国民教育学校的文化教育资源丰富、完整,有进行系统全面传统文化教育以及与其他学科融合的教育和研究的最佳条件。而且,任何形式的社会非遗教育宣传都不可能送达所有人,唯有通过一代代的学校教育,特别是终身教育,才能触及每一个公民,形成全社会、全民族的文化认同。例如,昆山巴城是"百戏之祖"昆曲最早的发源地,昆曲在这里完成了"昆腔前身—昆山腔—昆曲—昆剧"的华丽演变。近年来,巴城改造、扩建以巴城老街为核心区的"昆艺老街",传承发扬昆曲大美;吸引、筛选一批昆曲相关产业投资落户,勾勒文化产业多元化发展。作家杨守松的《大美昆曲》获中宣部"五个一"工程奖、俞玖林工作室落户巴城老街、以昆曲为题材的《粉墨宝贝》连连斩获国家大奖、巴城镇石牌中心小学的"小梅花"班16载新人辈出……力争呈现一个富有原色文化魅力、充满蓬勃产业生机的"昆曲特色小镇"。[1]

因此,在全民学习型社会的推进过程中进行非遗教育,培养各层次非遗工作人才以及开展相关研究,是教育系统无可替代、责无旁贷的责任和义务。培养非遗传承人,教育是主渠道,学校是主阵地,开放大学理应成为非遗教育的主体。[2]

开放大学要在搭建全民终身教育平台的过程中,树立一种活态传承的理念,把优秀的非遗项目、社会主义核心价值观与群众喜闻乐见的文化娱乐方式结合起来,以丰富而生动的教学形式寓教于乐于全民学习过程中。2012年5月,苏州碑刻博物馆成立了全国博物馆行业中第一家碑刻技艺展示体验中心,由碑刻技艺传承人及碑刻专业人员现场展示碑刻技艺部分工艺流程,如刻碑、拓碑等,观众还可以参与拓碑互动体验。2015年,苏州碑刻博物馆碑刻技艺展示体验中心在吴江过云楼艺术馆成立首家分部,旨在搭建一个以苏州碑刻技艺为载体的公共文化服务平台,开设互动体验项目,

---

[1] 宋桂昌,俞莹.巴城打造昆曲小镇[N].昆山日报,2016-10-10.
[2] 于日锦.非遗教育,做鲜活的文化传承[N].光明日报,2017-08-24.

拉近"非遗"与公众的距离,将传统绝技通过多种方式直观呈现。2007年,苏州碑刻制作技艺被批准进入第一批江苏省非物质文化保护遗产名录。2017年6月7日,苏州职业大学举行"苏州职业大学碑刻技艺体验中心"暨"苏州碑刻博物馆碑刻技艺展示体验中心苏州职业大学分部"揭牌仪式,这也是苏州碑刻博物馆碑刻技艺展示体验中心的第二家分部。同时,该中心也是学校的一个思想政治教育实践教学基地,目的是使越来越多的大学老师和大学生了解苏州碑刻技艺,一方面,充分吸纳高校资源,参与传播、研究、发展、创新这个古老的优秀传统技艺;另一方面,开展"碑刻技艺进校园"项目化活动,为师生提供文化滋养,让碑刻技艺成为"活的"文化遗产。[1]

---

[1] 姜锋.苏州职业大学有了碑刻技艺体验中心[N].苏州日报,2017-06-22.

游学教育

学习者成长的过程离不开体验性和群体性,研学旅游是一种综合实践育人的有效途径,有助于学习者动手动脑、发现问题、研究问题,有助于道德养成等。在我国古代,"游学"是圣贤的成长之路,是重要学说、思想的形成与传播之路。孔子曾带领众弟子周游列国,夫子甚至说:"道不行,乘桴浮于海。"所谓"游必有魂,游必有心,游必有学,游必有文,游必有方,游必有乐,游必有体(育)",这描述的大概是一种古今在场、身心在场、思悟在场、情理在场、文武在场的深度学习,是一种有灵有肉的深度学习,是一种可以生发无限智慧的集体思维训练。

清末以来,由中央政府或地方政府教育机构派出的教育考察团不计其数,其组成者多居要职,他们的考察见闻以及感想,直接促进了社会教育形式在中国的出现。清末出使欧洲五大臣之一的戴鸿慈早在1900年便认识到了办报纸是开民智的重要方法。1906年,戴鸿慈上奏请开办图书馆、博物馆、万牲园和公园,认为这是各国的"导民善法"。[1]

1917年暑假,毛泽东邀请在长沙楚怡小学教书的老同学萧子升等,一同去农村进行一次长途研学旅行。他们有意识地不带一文钱,采用"游学"的办法来解决食宿问题。这次旅游,历时一个多月,行程900里。途径长沙、宁乡、安华、益阳、沅江等5个县的广大农村。1917年冬和1918年春,他又和蔡和森到农村做了两次调查。这种徒步旅游,是青年毛泽东对中国社会的深入学习,也是他提倡活读书、读活书的实验。鲁迅先生曾带着学生到南京参观南洋劝业会,寻求别样的世界和别样的人们,第一次见到了"自来灯"、电话等许多异乎寻常的洋玩意儿。另外,像西方的苏格拉底、歌德等人,也曾有过重要的游历期。[2]

日本的研学旅行注重制度完善、法律保障以及政府各部门、社会各界的支持,积累了成熟经验。借鉴日本的作法,我国正积极建立符合我国国情的研学旅行制度。一方面,使充分认识研学旅游在全面育人中的价值。另一方面,是通过多方合作解决整体规划和制度建设问题。2013年2月2日,国

---

[1] 李凯一.传统延续与跨国影响:清末民初社会教育的起源[J].终身教育研究,2017(2).
[2] 杨桂青.研学旅游贴近天空和大地的深度学习[N].中国教育报,2017-04-20.

务院办公厅印发的《国民旅游休闲纲要(2013—2020年)》中提出"逐步推行中小学生研学旅行"的设想。通俗地来说,研学旅行是指由教育部门和学校有计划地组织安排,通过集体旅行、集中食宿方式开展的研究性学习和旅行体验相结合的校外教育活动,要求有符合当地情况、反映当地特色的校本教材和乡土读本,有综合实践育人的研学基地。特别是在以数字化标榜深度学习的网络时代,作为一种大型的学习方式,这样的学习更有体味和灵性。2014年8月,国务院在《关于进一步促进旅游投资和消费的若干意见》中明确提出了"研学旅行"和"夏冬令营"的概念。2016年11月,教育部、国家发改委等11部门印发的《关于推进中小学生研学旅行的意见》提出,要将研学旅行纳入中小学教育教学计划,并与综合实践活动课程统筹考虑,促进研学旅行和学校课程有机融合。研学旅游作为落实立德树人根本任务的重要教育形式,其大力开展,必将形成对校内教育的有益补充,促进素质教育的实施。

从游学发展而言,"研学教育元年"已全面到来。游学行业最早发端于1885年的美国夏令营。而在中国,"游学1.0时代"是在中华人民共和国成立初期,称为"精英国培型",即由国家出资的公益活动,仅限少数优秀学生,具奖励性质;"游学2.0时代"是在20世纪90年代,称为"大众旅游型",即游学产业萌芽,但产品多以旅游为主,质量参差不齐,局面混乱;"游学3.0时代"是在21世纪前十年,称为"专业教育型",即产业运作走向专业化,产品聚焦素质拓展、学习、游学三大类,出现代表性企业;"游学4.0时代"是在21世纪第二个十年,称为"平台整合型",即产业活跃发展,游学市场处于爆发前夜。行业加速整合,更为规范标准。[1] 2017年11月30日至12月1日,第十六届全国基础教育学习论坛在北京召开,在论坛期间,成立了中国首个"研学教育共同体"。该共同体由国内研学教育专业机构世纪明德联合政府主管单位、研学专家、研学旅行试点省份、研学旅行示范教育局、研学旅行示范学校、研学旅行示范基地、优质营地共同启动,其真正价值在于探索研学旅行课程化、品质化、创新化的发展需求,构建研学旅行理论、经验、模式、机制、成果等资源共享的交流平台,这也标志着"游学5.0时代"的到来。

从游学目的而言,随着我国居民家庭收入稳步增长以及家长教育理念的转变,国民旅游需求日益旺盛,消费水平不断提升,旅游市场进一步细分,亲子旅游热度不减,"教育+旅游"的研学游成为新的增长点。途牛旅游网发布的《在线海外游学市场消费分析2017》报告数据显示,超过六成的家长对游学产品有较高的消费意愿,尤其是年收入20万元以上的家庭,希望孩

---

[1] 胡彦然.游学4.0时代即将到来[N].中国青年报,2016-04-25.

子游学的意愿最高。目前,市场上的海外游学产品主要包括名校交流、冬/夏令营、文化体验等。游学目的方面,65%的人以"开阔增长见识"为动机,58%的人希望"提升外语语言能力",55%的人准备"锻炼独立自主能力",希望"体验中西方文化差异"的人占比52%。对于学生游学群体而言,和同学朋友一起参加海外游学是主要方式,出游人次占比达62%。成人游学市场升温呈持续上升态势。不少"白领"选择包含技能提升等内容的游学产品。2017年11月4日,苏州市人民政府印发《关于加快推进文化和旅游深度融合的实施意见的通知》,明确要求:文化和旅游快速融合发展,产业结构不断优化,文旅生产要素高效聚集。通过"一都一城一中心"建设,加快打造"手工艺与民间艺术之都""世界遗产城市""吴文化中心"等一批具有苏州标识的文化品牌和文化名片。建设一批文旅融合新项目,如文旅风情特色小镇建设工程、"博物馆城"建设工程、环古城黄金旅游通道打造工程、历史文化古镇古村落和街区提升工程、文旅特色产业园开发工程、"城市客厅""小镇客厅"建设工程等。

从游学功能而言,美学家朱光潜先生看到了消遣与民族生命力之间的关系:"我经过几个大学和中学,看见大部分教员和学生终年没有一点消遣,大家都喊着苦闷,可是大家都不肯出点力把生活略加改善,提倡一些高级娱乐来排遣闲散时光。从消遣一点看,我们可以窥见民族生命力的降低。这是一个很危险的现象。它的原因在一般人不明了消遣的功用,把它太看轻了。"目前,我国法定节假日是115天,意味着我国国民一年至少有1/3的时间在闲暇中度过。另据统计,我国中小学生每年有170天左右的假期,即一年中有近1/2的时间可以用于休闲。这个数字已经接近世界发达国家。2017年8月,苏州成为首批"中国旅游休闲示范城市"之一。旅游休闲城市不再是旅游功能与休闲功能的简单叠加,而是基于城市浓厚的休闲氛围、随处可见的休闲空间,旅游者在该城市能体验到比观光旅游更深层次的休闲旅游。这也是近年来旅游业转型升级的发展方向。因此,休闲教育是一种终身教育活动,传授休闲知识、技能和技巧,引导人们确立科学的休闲价值观,提高生活满意度、幸福感和生命质量,实现人的自由、全面发展。学校休闲教育的开展可以采用课程整合模式和研学旅行模式,融合传统文化艺术、乡土地理、运动健体、科普实践、棋类益智等各类休闲教育的内容和元素,重视校本课程、地方课程、综合实践活动课程在实施休闲教育中的功能与作用。[1]

从游学市场而言,在2017年的全国两会中,"全域旅游"被正式写入政

---

〔1〕 王双,刘燕飞.休闲教育中藏着民族生命力的密码[N].中国教育报,2017-06-22.

府工作报告,中央层已将"全域旅游"定位为国家战略,加快旅游目的地建设和旅游业转型升级,使得"全域旅游"有望成为未来5-10年旅游业发展最大红利。全域旅游是指在一定区域内,以旅游业为优势产业,通过对区域内经济社会资源尤其是旅游资源、相关产业、生态环境、公共服务(含教育)、体制机制、政策法规、文明素质等进行全方位、系统化的优化提升。全域旅游所追求的,不再停留在旅游人次的增长上,而是旅游质量的提升,追求的是旅游对人们生活品质提升的意义,是旅游在人们新财富革命中的价值(含教育价值)。苏州作为全国首批全域旅游示范区创建城市,提出了"城市即旅游,旅游即生活"的理念,强调"大产业",做好"旅游+"这篇大文章,加快旅游同工业、农业、文化、教育等深度融合。由苏州市旅游局组织编制的《苏州市全域旅游发展规划》提出构建"一核、一环、六板块"的空间发展布局,谋划"全景式打造、全季节体验、全产业发展、全社会参与、全方位服务、全区域管理"六条战略路径,明确以遗产文化旅游、苏式会奖旅游、水乡休闲度假为三大拳头产品,以研学旅游、乡村旅游、体育旅游、夜间旅游、精品民宿、水上旅游、养生养老旅游、婚庆旅游为八大主题产品。2017年6月8日,2017中国研学与亲子旅游高峰论坛在苏州举行,共同探讨"中国的研学旅行如何走出特色之路"。论坛现场,同程旅游举行了《跟着书本去旅行》新书首发仪式,并同步发布了暑期市场的多款研学产品。北京世纪明德教育科技股份有限公司董事长王学辉预测,未来3-5年,泛游学行业市场规模会到千亿级,每年增长30%到50%。他认为,这一方面得益于《意见》出台,另一方面是因为以"80后"为主的年轻家长教育观念转变,素质教育成为刚需,夏令营等活动成为一种时尚的学习方式。同时,由于游学行业具有"低频、高价、非标准、难评价、季节性强、决策者和使用者分离"等特点,未来这个行业会是典型的纺锤形结构——几家平台型企业与众多"小而美"的机构并存,销售额几千万的中型公司的空间将被压缩。[1]

从游学方式而言,研学旅行倡导自主学习。例如,在四川成都,蒲江茶文化游学、蒲江光明山花果游学、都江堰水文化游学等十余条游学路线非常有名。游学集知识习得、文化熏陶、野外拓展、技能训练为一体,让市民在游览式、互动式、情景式、体验式的学习中寻找到乐趣和收获,现已逐渐成为成都市民热衷的一种学习方式。成都社区大学优化社区教育的教育模式实现了市民的自主学习。把"要我学"变成"我要学"。[2]苏州作为国务院首批公布的历史文化名城,文化积淀深厚,文物遗存丰富。根据国家文物局部

---

[1] 陶冠群.2017中国研学与亲子旅游高峰论坛在苏举行[N].苏州日报,2017-06-09.
[2] 潘超.政策促动下的社区教育新局面[J].在线学习,2017(1).

署,苏州市文广新局(文物局)联合教育、旅游部门,以文庙、书院等遗存为代表性遗产点,以儒家文化和苏州传统文化为主题,与旅游企业合作规划定制一批儒学文化遗产专题游线路。目前,已规划有六艺夏令营、状元文化游、名贤遗迹游、文庙儒学游、古典园林和昆曲双遗产游等专题游线路。例如,吴江七都具有浓厚的社会文化底蕴,既有已故国学大师南怀瑾在此开办的太湖大学堂,也留有中国社会学大家费孝通先生的《江村经济》,还有一个包括音乐教育、音乐培训、考级中心、音乐创作以及乐器创造等功能集合的音乐产业。作为全国第二批特色小镇,七都被誉为"太湖国学音乐小镇",以国学和音乐为两大特色,把文化和旅游融合在一起。同时,抓住每年的太湖开捕节为契机,通过太湖渔歌、传统服饰秀、木偶昆曲表演、少儿国学诵读等表演形式,展现当地的人文风情和民俗文化,以及传承了几百年的太湖渔俗。

从游学基地而言,加强研学旅行基地建设,解决的是研学去哪儿的问题。相关部门、组织要密切合作,依托区内自然和文化资源,打造一批安全适宜的研学旅行基地。例如,在苏州吴中区推进文旅融合发展的战略格局中,"研学旅行+"在凸显人文山水、打造太湖品牌、集聚高端产业、推进创新创业、兴盛文化旅游、建设美好和谐的苏州山水南城等各方面都有着独特的作用。同时,吴中高新区还有着东西呼应、南北辐射、连接内外、覆盖城乡的区域交通网络,特别是我国首家校外教育股——年接待量逾四十万人次的原创读行学堂也花落吴中区,这为推进研学旅行奠定了坚实的基础。苏州原创读行学堂立足吴中的"拥抱太湖""跟着课本游苏州"等校本编撰和基地建设,相关部门有效整合和设计成湿地花卉寻趣游、江南农耕寻访游、现代农业体验游、苏州地质探访游、现代科技体验游、民生安全体验游、水生蔬菜探访游、原创素质提升游等特色旅游线路,让研学旅行真正成为文旅产业的一个新亮点。[1]

从游学特色而言,红色旅游是党的事业,是国家战略,具有国家记忆、人民有感、共同价值的特点。红色旅游的发展目标是充分显示伟大民族精神,特别是中国共产党领导人民在革命和战争时期的重大事件、重大活动和重要人物事迹的历史文化遗存,彰显红色记忆。中办、国办先后印发了红色旅游一期、二期、三期规划纲要,布置红色旅游工作。在2004—2010、2011—2015两个规划纲要的推动下,2015年全国红色旅游人数达到10.27亿人次,红色旅游景区达到249个,综合收入达到2 611.74亿元,取得了显著的社会效益和经济效益。《三期规划纲要》则明确了"十三五"时期红色旅游发展的指导思想、基本原则和发展目标。党的十八大特别是旅游业"515战

---

〔1〕 周澜源.从开掘"研学旅行"看文旅融合发展[N].苏州日报,2017-05-16.

略"实施以来,红色旅游工作始终坚守红色,遵循旅游发展规律,坚持全域旅游发展理念,特别是在强化基础工作、推动红色旅游发展提质增效、深化红色旅游国际合作、发挥红色旅游扶贫富民作用等方面取得了令人欣喜的成绩。[1]例如,井冈山是中国共产党的第一个农村地区革命根据地,也是国家启动"精准扶贫"战略以来,592个国家贫困县中第一个脱贫"摘帽县"。井冈山境内有100多处保存完好的革命旧居、遗址。2016年,通过正规培训机构到井冈山学习的党政干部达29.26万人次,这让井冈山的贫困户,又多了一条脱贫之道——从红色培训中获得机会。目前,拥有红四军军部旧址、步云山练兵场等众多遗址的坝上村,已被全国青少年井冈山革命传统教育基地(全国团干教育培训基地)定为教学点,用于开展"红军的一天"体验式教学,以体验"红军的苦与乐"。[2]又如,2017年5月4日至5日,全国旅游系统红色旅游工作专题培训班在江苏常熟举办。之所以选在常熟,正是由于常熟主动顺应旅游发展新趋势,大力实施全域旅游战略,倾力打造以沙家浜红色经典品牌为龙头的旅游产品体系,坚持"红色资源"与"绿色资源"有机结合、"红色资源"与"文化产业"深度融合。培训期间,中国旅游研究院院长戴斌在题为《红色旅游的大数据与小故事》的专题演讲中指出:"现在各地的红色旅游不同程度地存在着传统有余、时代感不足,规划、展示和宣传方式陈旧,年轻人少感甚至是无感的现实问题"。提出要"在完善红色旅游经典景区体系的基础上,着力提升红色旅游的教育功能",要"善于讲好红色旅游的故事,让受众,特别是广大青少年有获得感。年轻人的爱国主义教育并不能只有靠宏大叙事,不能简单重现历史场景,一味庄重严肃地教育。教育者和被教育者要有平视感,要有细致、真实、鲜活的言行去打动人心"。

从游学配套而言,衍生服务产品的开发研学旅行提供了全方位的保障服务功能,同时也形成了宣传推广自身企业(组织)产品的一系列游学项目。例如,同程旅游联名信用卡是苏州银行与同程国际旅行社有限公司共同合作的项目,以推广"人文旅游"及"吸引年轻的消费群体"为发卡主题,将互联网基因植入消费支付场景。招商银行启动境外游学实践计划,选拔出具备全球竞争力和国际视野、志在推动国际交流的优秀学生代表,免费赴美与全球各领域顶级专家近距离沟通。浦发银行信用卡中心推出了VISA持卡客户子女美国深度游学体验之旅活动,等等。又如,医疗健康旅游已成新趋势。有研究报告显示:2015年,全球医疗健康旅游产业约占全球旅游产业经济总体规模的14%。悠久的中医药文化是一块金字招牌,苏州市天灵中

---

[1] 王洋.坚持全域旅游理念谋划红色旅游发展[N].中国旅游报,2017-05-05.
[2] 吴天适.井冈山:红色引领绿色崛起[N].南方周末,2017-07-20.

药饮片有限公司将目光瞄准了健康产业,建设健康旅游基地,李良济中医药健康旅游基地项目也应运而生。该基地逐步形成集中医医疗、养生保健、文化展示、技艺展示、药植观赏、药膳品尝、中药产品销售等为一体的中医药健康旅游服务品牌。作为苏州市科普教育基地,2015年,包含李良济国医馆、吴门中医药文化展示馆、中药养生体验馆和中药饮片生产、传统膏方制作技艺展示在内的第一期项目的四大板块已建成投用。第二期项目李良济地产中药材植物园随即开工建设,将于2020年投入使用。

民俗教育

著名的民俗学家 W.R.巴斯科姆曾说:"作为一种教育形式的民俗在世界很多地区均可找到。"[1]民俗教育也谓"民俗文化教育",是一种以日常的生活形态存在,包孕了丰富的地方性知识文化,并具备一定教育功能的生活文化教育活动;也是一种以风俗教育为主,渗透于家庭教育、学校教育和社会教育之中,对于影响和规范人们的思想行为具有重要意义的一种教育形式;更是一种"缄默的知识",是我们"习而不察""为而不显"而又"不证自明"的"原理",似乎根本不需要什么论证,却自有持久的历史文化的说服力,其合法性根植于历史性、集体性的文化力。民俗教育与学校教育一起构成了"人的教育"中不可或缺的"教育大系";又与乡土教育互有侧重,"乡土"更侧重于教育空间,"民俗"则更注重教育内涵。

根据内容划分,民俗教育可分为衣食住行日常生活民俗教育、人生礼仪及交际民俗教育、岁时节日民俗教育、游艺竞技民俗教育、文艺民俗教育、语言民俗教育、组织民俗教育、信仰民俗教育、生产商贸民俗教育等(表5-2、表5-3、表5-4)。[2]《周礼》曰:"俗者,习也,上所化者曰风,下所化者曰俗。"民俗有相当一部分内容是针对教育修养,借助于环境、历书、家训、格言、谚语等各种载体加强对人的教化。20世纪90年代,民俗学教育家钟敬文先生提出了文化三层说:"中国传统文化有三个干流。首先是上层社会文化,从阶级上讲,即封建地主阶级所创造和向有的文化;其次是中层社会文化,城市人民的文化,主要是商业市民所有的文化;最后是底层(下层)社会文化,即广大农民所创造和传承的文化。"[3]民俗则位居中、下层民间文化的一部分。他强调了民俗文化比其他教育形式有着更大的,更实际的教育职能,认为:"在中国任何一个乡村和市镇里,都可以收集到许多谚语。这些谚语,内容非常复杂,包含着关于天文、气象、人情、职业等知识。它是民众经验的宝库,民众思考的渊源,而且直接间接地,都有相当的教育作用。歌谣至少

---

[1] W.R.巴斯科姆.民俗的四种功能//世界民俗学[M].阿兰·邓迪斯编,陈建宪等译.上海:上海文艺出版社,1990:412.

[2] 柯玲.民俗教育原理[M].北京:光明日报出版社,2015:1-6.

[3] 钟敬文.民俗文化学[M].北京:中华书局,1996:15.

可以滋养民众的心灵,使他们对人生、事物发生兴趣和理解;传说往往不但给以他们以知识,而且注入一种道德的教训。其他,像民间趣事、谜语等,也大都有智慧的或伦理的启发作用。"[1]

表 5-2　基于生命教育与民俗文化交织的教育内容

生命教育阶段	主要内容	举例
婴儿期的祈子和胎教民俗	主要包括求子、孕期习俗以及庆贺生子等方面	"洗三"礼,满月礼
儿童期的启蒙与益智民俗	集中体现在丰富的童谣儿歌和儿童游戏	绕口令、踢毽子
青春期的社交与性别教育民俗	学习生产生活技能,积极融入家庭和社群生活	贵州八连村流行"认姨妈姊妹"和"打伙计"
成年期的责任与社会教育担当民俗	婚姻嫁娶,完成在家庭和社会中身份的转变,延续家族传承并繁衍下一代	中国传统婚俗
老年期的丧葬与孝道教育民俗	感知自身衰老并面临疾病的考验	为死去的亲人服丧分为五级,从斩衰、齐衰、大功、小功到缌麻

表 5-3　基于民俗文化资源的教育目标

序号	目标领域	目标内容
1	生命意识教育	了解民众的生活文化,从而懂得敬畏生命、珍惜生命、关爱生命,并能进一步思考生命的价值;学会热爱自然、爱护动植物、保护环境,并拥有博爱之心,培养生态意识与公益意识
2	人伦秩序教育	了解民风民俗中的长幼亲情习俗,知道长幼有序的人伦秩序,从而珍视人间真情;理解法律规约下的人权平等,遵守伦理规约
3	礼仪规范教育	了解地方民间人际交往中的习俗习惯、岁时节庆中的礼仪,知道民间礼仪风俗,知晓"入乡随俗"的道理,培养知书达礼、懂规识矩的现代农民
4	故土情怀教育	了解自己、自家及姓氏的来历,了解自己生活的地方,熟悉它的历史、它的甘苦荣辱、它的特产特色等,培养爱家、爱乡、爱故土、爱祖国的情怀
5	自立自强教育	了解当地名人志士治学风范、励志故事,懂得人格自立和精神自律,明白自身担当的多重角色;学会自理自护,主动承担责任和义务;敬重名人先贤,勤奋学习,努力成才

---

[1] 钟敬文.民众文艺之教育的意义[M]//董晓萍编.钟敬文教育及文化文存.海口:南海出版公司.1992:19.

续表

序号	目标领域	目标内容
6	民族精神教育	了解当地体现民族抗争的历史事件、故事和传说,增强民族自尊心和自豪感,培养国家意识、文化认同意识和公民人格意识,自觉担负起地方振兴、民族复兴的历史使命
7	革命传统教育	了解当地的革命烈士的战斗故事和英雄事迹,弘扬革命英烈为民族独立、祖国解放而英勇奋斗的精神,树立共产主义信念,形成正确的世界观、人生观和价值观
8	理想道德教育	了解当地名人贤达对家乡、对社会的贡献,了解家乡的建设与发展,在追求个人幸福的同时关注大众的福祉,培养高尚的道德情操,做有理想、有道德、有文化、有继承的社会主义建设者

表5-4 基于民俗文化资源与系列民俗教育活动的教育主题

序号	类别	名称	主题
1	古镇情怀	园林篇	"三色"游古园(红色、绿色、特色)
2		乡贤篇	"四礼"谒乡贤(礼清官贤人、礼教育贤达、礼文化贤士、礼艺术贤士)
3		老街篇	"五线"逛老街(历史线、文化线、生态线、商贸线、艺术线)
4		乡情篇	"六韵"访古镇(传说之神韵、民俗之风韵、风景之情韵、美食之丰韵、诗文之意韵、工艺之雅韵)
5	古镇节庆	清明篇	道德清明(清明由来民间习俗、祭奠祖先珍爱生命、缅怀烈士树立理想、植树插柳绿化校园)
6		端午篇	康乐端午(端午由来民间习俗、品尝美食感受生活、防病除瘟健康生活、游戏竞技以文咏志)
7		中秋篇	团圆中秋(中秋来历民间习俗、举家欢庆其乐融融、祭月赏月追思畅想、诗话中秋怡情养性)
8		春节篇	和美新春(春节来历民间习俗、感受年俗放飞理想、文娱游乐喜迎新春、创作春联寄托祝福)

我们现实中的节令、机会、传统娱乐活动等产生的"生活相""生活场"和"生活流",不仅提供了民俗教育生存与发展的背景与平台,也是在保护着族群的文化基因,缓冲社会冲突和矛盾,更是增强了民族群体的认同感,指引人们建立个体与外界和谐的现实关系,延续并制约人类文化生命的成长。

民俗德育与学校德育具有一样的教育功能,即社会性功能、个体性功能和教育性功能。社会性功能是德育对社会政治、经济、文化发生影响;个体性功能是德育对个体生存、发展和享用产生的影响,其中享用是个体在道德学习过程中体验的幸福、尊严等。教育性功能是德育自身的教育价值,以及其对智育、体育和美誉等的促进作用。民俗德育具有普通性、实用性、长期性、稳定性、自然性、体验性、规范性和导向性等特征。例如,美国在学校教育和社区活动中涉及了各类民俗活动,让学生在丰富多彩的活动中体验一种"美国精神"。韩国的中学传统道德教育是以生活文化、传统节日等作为主要素材,培养学生的"四德",即"善、爱、和、礼"。我国在《国家"十一五"时期文化发展规划纲要》中明确要求:"改造和发展富有浓郁民族特色的民间传统节庆内容、风俗、礼仪,维护民族文化的基本元素;继续完善中华民族始祖的祭典活动,充分发挥春节、元宵节、清明节等传统民族节庆的作用;高度重视国庆节、'五一'国际劳动节等重要节日、纪念日,广泛开展主题宣传教育活动。"

昆山周庄镇有着"吴地文化的摇篮,江南水乡的典范"的称誉。"吃讲茶"是周庄土生土长的具有地方特色的传统民俗文化。它来源于旧时发生争执的双方到茶馆里请来老长辈、村上德高望重者以及社会公众出面调停,评判是非,充当着"民间法庭"的角色。随着现代社会的发展,"吃讲茶"逐渐衍化为一种说邻居、道街坊、聊行情、通市面、加强群体联系、促进邻里和谐的社会活动。该镇社区教育中心创新其形式与内容,以建设村级基层"吃讲茶"分会(场所)课堂,积极发掘"吃讲茶"民俗文化传统资源,不断以讲信仰信心、讲内外形势、讲身边典型、讲养生之道、讲党性民情、讲正气新风、讲社会责任、讲民主法治、讲科学文化,在全镇各社区和农村打造社会主义核心价值观"能量站",全面推进新农村建设,得到了《光明日报》《新华日报》《苏州日报》等多家新闻媒体和网站报道与宣传。

常熟梅李镇古有黄香"扇枕温衾"、丁兰"刻木事亲"和孟宗"哭竹生笋"载入二十四孝,今有薛馥华、王惠英入选中国好人榜孝老爱亲典型。近年来,梅李镇以民俗教育的"孝爱文化"为抓手,将孝廉文化融入各个游园中,将每年的7月定为"孝廉文化月",依托孝廉文化广场、孝廉教育馆,在机关、企事业单位中开展"孝廉在梅李"主题活动;将每年5月的第二个星期天(母亲节)定为梅李的"孝爱日",成立孝爱志愿者服务团;在每年中秋节前后,向全镇70岁以上老人免费发放"孝爱葡萄";成立"孝和"工作室,积极参与社会治理创新实践,成为创新之举。[1]

汤泉是全国首批、江苏首家中国温泉之乡,南京市乡村旅游示范街镇,浦口老山现代文化休闲旅游度假区的核心城镇,民俗文化底蕴深厚。2012年起,汤泉根据《关于全面推进"一村一品"民间特色旅游文化工程的实施意见》(汤街委发〔2012〕7号)的安排,形成了各具特色的民间传统文艺节

---

[1] 商中尧,袁鼎.梅李镇多维度打造特色"孝爱文化"[N].姑苏晚报,2017-08-30.

目,如九龙社区的《马灯》、高华社区的《双喜灯》、泉西社区的《荷花灯》、三泉社区的《茶山会》等。汤泉"一村一品"民间特色灯舞的挖掘打造,丰富了居民的业余文化生活,也促进了百姓的整体文明素质和社会的和谐程度,2014年被南京市成人教育学会评为"南京市终身学习活动品牌"。

武汉武昌区紫阳街复兴路社区于2015年打造了名为"民俗宝贝"的公益项目。民俗宝贝的"民俗"是指各类音体美的民俗体验活动,"宝"特指老人,取自"家有一老如有一宝","贝"指孩子。目前,"民俗宝贝"已成为复兴路社区创建终身学习型社区的重要载体,以紫阳街辖区周边的居民为主要服务对象,整合辖区所有资源(教育资源),为居民提供一个全面、长期的公益性全民学习、终身学习的平台。

天下将兴,其积必有源。"一则神话,可以坚固全团体的协同心;一首歌谣,能唤起大部分人的美感;一句谚语,能阻止许多成员的犯罪行为。"[1]民俗教育主体的凸显启发了我们的教育研究要关注民间民众的教育行为与教育智慧,相信如此的研究不仅仅是一种事象的研究,更是一种以生活为取向的整体研究。[2]

---

〔1〕 钟敬文.民间空学和民众教育[M]//民间文艺谈.长沙:湖南人民出版社,1981:38.
〔2〕 刘胡权.论教育民俗的教育研究价值[J].当代教育科学,2016(24).

国民教育

一百多年前,近代著名的翻译家、教育家严复指出:"盖生民之大要三,而强弱存亡莫不视此:一曰血气体力之强,二曰聪明智虑之强,三曰德行仁义之强。"而在当时的中国,"民智已下矣,民德已衰矣,民力已困矣。……是故虽有善政,莫之能行。"因此,国强民富最根本的途径在于"鼓民力、开民智、新民德"。[1]与此同时,旅日中国留学生与日本著名教育家之间有过一场关于中国教育的坦诚对话。对话的全部内容,后以《支那教育问题》为题,被收录在当时由梁启超主编的《新民丛报》上。曾任东京高等师范学校校长26 年的嘉纳治五郎结合自己在中国的考察观感,认为中国民众普遍缺少的是"公德"心,"凡教育之要旨,在养成国民之公德,故虽不可服从于强力,而不可不服从于公理。能服从公理而不服从强力者,其教育必为无弊"。"设使人人谋利己而不谋利群,必见公众之不保,而个人何有焉?故论事实,则必以公众相保因而人人获利为目的;论教育,则必以一人舍身而使一群获利为目的。此之谓公德。"[2]

观今之日本 NHK 国家电视台每天的少儿节目中,有一个固定时间段播放的是一个 3 岁左右的儿童,在最短的时间里自己穿衣服或是叠衣服,节目几十年如一日没有变化。可见日本政府为了培养国民素质,确是下了很大的功夫。2016 年起,席卷我国各地的共享单车掀起全民骑车热潮,但随之而来的横七竖八乱停放、私自上锁据为己有等种种不文明现象却让人大跌眼镜。在共享单车的发展过程中,伴随着"中国国民素质提高"的议题。

国民素质反映着一个国家的精神面貌,甚至是综合国力。它是一个综合的概念,包括了很多方面,具体可以分为三类八种:三类素质是指自然素质,心理素质和社会素质;八种素质是指政治素质,思想素质,道德素质,业务素质,审美素质,劳技素质,身体素质,心理素质。美国学者英格尔斯通过对现代化问题进行研究,也揭示了现代国民素质与社会发展的关系。他认为:"如果在国民之中没有我们确认为现代的那种素质的普遍存在,无论是快速的经济成长还是有效的管理,都不可能发展;如果已经开始发展,也不

---

[1] 王栻.严复集(第一册)[M].北京:中华书局,1986:13–18.
[2] 王涵.中日学者关于中国教育的一次对话[N].人民政协报,2007–01–20.

会维持太久。"[1]

思想政治教育是提升国家治理能力和国民素养的重要途径。邓小平在1989年针对当时的情况曾经尖锐指出："我们的最大失误是在教育方面,对青年的政治思想教育抓得不够,教育发展不够。"要说素质,思想政治素质是最重要的素质。不断增强学生和群众的爱国主义、集体主义、社会主义思想,是素质教育的灵魂。吉林大学博士生导师陈秉公教授指出,马克思主义思想政治教育是人类思想政治教育发展的新阶段,是以政治思想教育为核心与重点,思想教育、道德教育和心理教育共同推进的综合教育实践。1999年6月15日,党中央和国务院召开了改革开放以来的第三次全国教育工作会议。此次会议的主题是,动员全党同志和全国人民,以提高民族素质和创新能力为重点,深化教育体制和结构改革,全面推进素质教育,振兴教育事业,实施科教兴国战略,为实现党的十五大确定的社会主义现代化建设宏伟目标而奋斗。会议提出,各级各类教育都要把全面推进素质教育,提高受教育者的全面素质,作为教育工作的战略重点。既要重视和不断加强、改进文化知识教育,又要重视和不断加强、改进思想道德教育。通过思想道德教育,增强受教育者的思想政治素质和社会责任感,培养敬业爱岗和服务质量意识,养成既讲竞争进取,又讲团结合作的风气。还要努力普及科学技术教育,提高全民的科技水平,为推广应用实用技术,发展高新技术提供人力基础。[2]2017年4月13日,中共中央、国务院印发的《中长期青年发展规划(2016—2025年)》公开发布。规划针对年龄范围为14-35周岁的青年,结合到2020年全面建成小康社会这一奋斗目标,分2020年和2025年两个时间节点,分别提出了青年发展要达到的总体水平和目标:一是到2020年,具有中国特色的青年发展政策体系和工作机制初步形成,广大青年思想政治素养和全面发展水平进一步提升,在决胜全面建成小康社会伟大实践中的生力军和突击队作用得到充分发挥。二是到2025年,具有中国特色的青年发展政策体系和工作机制更加完善,广大青年思想政治素养和全面发展水平明显提升,不断成长为志存高远、德才并重、情理兼修、勇于开拓,堪当实现中华民族伟大复兴中国梦历史重任的有生力量。[3]

教育的根本意义在于养成国民精神。国民素质教育关系到一个国家的

---

[1] [美]阿列克斯·英格尔斯,戴维·H.史密斯.从传统人到现代人——六个发展中国家中的个人变化[M].顾昕,译.北京:中国人民大学出版社,1992:454.

[2] 《教育必须以提高国民素质为根本宗旨》(1999年6月15日),《十五大以来重要文献选编》中册第881页.

[3] 朱基钗.为青年发展事业指明方向——聚焦首个青年发展"10年规划"[N].中国教育报,2017-04-14.

繁荣昌盛。2007年2月25日,春节长假过后的第一个工作日,华声论坛辣眼时评栏目出现一篇原创帖——《致胡锦涛总书记的建言信》,作者卢迅先生在文中建议中央尽快把计划生育之控制人口增长的工作重心转移到全面提高国民素质上来。2015年3月8日,全国政协委员、全国政协文史和学习委员会副主任、香港金城营造集团董事局主席兼行政总裁王国强在全国两会期间受访时表示,希望中央政府多分配一些资源给民间团体,共同做好国民教育,特别是青少年的教育。他认为,中国经济发展起来后,居民收入增长,生活开始富裕。但是,国民素质跟不上经济发展,出现不匹配。"过去一两年,很多中国公民外出旅游,发生很多不文明事情,香港部分青少年参与'非法占中',对社会有不正确思想。这就是因为国民素质跟不上经济发展引起的,应该从小开始教育我们青少年。"2017年3月10日,全国政协十二届五次会议在人民大会堂举行第三次全体会议。会上,全国政协委员、凤凰卫视控股有限公司董事局主席兼行政总裁刘长乐做了题为《提高国民素质重在道德引导和法治规范》的发言。刘长乐表示,当前,国民素质和社会文明程度显著提高,已确定为"十三五"时期的主要目标之一。然而,公民素质教育贯穿社会生活的各个层面,涉及多个政府部门,缺少总体推进的战略与方法。为更好贯彻这一国家意志,建议成立国家级国民素质教育提升机构,该机构具有权威性、系统性和长期性,负责打造与完善国民素质教育体系,量身订制素质教育的覆盖面和重点方向。[1]

在新时代背景下,一方面,我们需要开创大学素质教育新局面。概括地说,就是做到"五个坚持":一是坚持立德树人、以文化人,把提高大学生的思想道德素质、文化素质、业务素质和身心素质融为一体,增强高校的道路自信、理论自信、制度自信、文化自信;二是坚持文化素质教育与思想政治教育相结合,人文教育和科学教育相结合,把大学生的价值塑造、人格熏陶、能力训练和知识学习融为一体;三是坚持全程育人、全方位育人。建设素质教育五大课堂并注重结合,即第一课堂的素质教育通识课程,第二课堂的课外活动和社会实践,第三课堂的住宿学院或书院育人,第四课堂的专业教育渗透,第五课堂的校园文化建设等;四是坚持提升教师的师德修养、文化素养和大学生的综合素质相结合,引导广大教师以德立身、以德立学、以德施教,通过教师发展引领学生健康成长;五是坚持大学素质教育与中小学素质教育相衔接,学校教育与社会教育、家庭教育相结合,共担素质教育的时代责

---

〔1〕 安蓓,吴雨.刘长乐委员:提高国民素质重在道德引导和法治规范[N].新华日报,2017-03-10.

任和历史使命,用中国梦激扬青春梦,为学生点亮理想的灯、照亮前行的路。[1]

另一方面,我们需要努力建立健全一种新型绿色国民素质教育体系。概括地说,这种新型教育模式的基本指向是:坚定秉承"育人为本"的核心理念,基于中国"天人合一"的优秀文化底蕴,顺应人的自然天性和多样化个性,注重人自身内在的多元化全面发展要求,使人们能够在人与人、人与自然良好互动的和谐环境中,自由、自在、自主地健康成长,直面现实,学会学习、学会生活、学会工作,学会与自己、与他人、与社会、与自然环境和谐相处。[2]我们欣喜地看到:2011年,环境保护部、中宣部、中央文明办、教育部、共青团中央、全国妇联六部门联合发布《全国环境宣传教育行动纲要(2011—2015年)》,将加强基础教育、高等教育阶段的环境教育和行业职业教育,在相关课程中渗透环境教育的内容,鼓励中小学开办各种形式的环境教育课堂;推进高等学校开展环境教育,将环境教育作为高校学生素质教育的重要内容纳入教学计划;大力开展环保行业职业教育与培训,推动将环境教育纳入国民素质教育的进程。[3]2015年6月,第六届中国生态文化高峰论坛上,与会专家提出了应该将生态文明教育纳入中小学义务教育和国民素质教育之中的建议。中小学可从开设"环境伦理课"开始,向学生普及爱护自然、健康生活和绿色消费的观念。同时,还可充分发挥国家生态文明教育基地的作用,使其成为公众接受生态文明教育和青少年开展生态实践的良好平台。

正如国家开放大学校长杨志坚所谈及,有两种大学非常伟大,比如北大清华这类名校,为国家培养了很多精英、栋梁,遍及各行各业。另一个伟大就是我们这一类大学,它为教育公平,为国民素质的提高,为百姓获得感和幸福指数的提升提供一种可能和条件。他自信地指出:"国民素质的提升,是国家开放大学很重要的一个使命。要培养精英,培养硕士、博士、博导,各种商业领袖,科技领军人物,政治精英,那可能不是我们的责任。但是你看,很多两会代表都是国开学生,虽然不能完全说是我们培养出来的,但是他在我们这里学习,也为我们争光。这也是我们价值的一种证明。"

---

[1] 肖坤.开创大学素质教育新局面[N].中国教育报,2017-03-20.

[2] 李宝元.建立新型国民素质教育体系需要绿色人本战略[N].中国教育报,2010-12-06.

[3] 刘琴.环境教育将纳入国民素质教育[N].中国教育报,2011-05-28.

生命教育

生命教育是一切教育的前提。2017年,俄罗斯的"蓝鲸游戏"和日本的"人体刺绣"两类危险游戏相继传入中国,受到了媒体和民众的关注。"蓝鲸游戏"要求青少年在50天内完成系列自残任务,最终诱导青少年走上自杀之路。"人体刺绣"则让参与者在手臂、手掌等位置用针线缝出各式图案,以达到自伤的目的。[1]

"生命安全教育"最早是由美国的杰·唐纳·华特士于1968年首次提出。美国人类学家保罗·康纳顿将社会记忆区分为个人记忆、认知记忆和社会习惯记忆。青少年社会记忆的载体包括个体、同辈群体、家庭和学校等,以"转危为机"的思维来利用社会记忆的发展进行青少年生命教育,在社会记忆理论的指导下对青少年的社会记忆进行恢复和重建,可以使其更好地认识"生"与"死",学会珍爱、尊重生命,在生活中懂得感恩、报恩和施恩,影响其树立正确的价值观和人生观。[2]

一、生命科学教育

人的可持续的全面的发展离不开学习和所受的教育,由生命科学教育引导的人的素质培养则统筹兼顾地促进了人的内在自我的一种认识和进步。北京大学生命科学院院长周曾铨教授认为,在"社会普遍认同生命科学将成为21世纪科学研究主旋律"的今天,我国"生命科学基础教育滑坡现象却非常严重"。我国中学目前生物学教材水平相对低于数理化教材水平;其次,生物学教学内容和方法比较"死"也是一个弊病。这种情况在中学、大学都有,中学更突出,大学则是因经费不足而减少或停开实验室的比较多。

2016年1月,由重庆市科协、重庆市红十字会、第三军医大学共同主办的首届重庆市青少年生命科学教育活动暨重庆市红十字青少年生命科学科普教育实践基地启动仪式举行。该基地依托第三军医大学国家重点培育学科、国家发改委国家地方联合工程实验室解剖教研室师资及标本陈列馆资

---

[1] 徐碧波,谢涵. 危险游戏入侵促生命教育升级[N]. 中国教育报,2017-08-02.
[2] 李龙. 社会记忆理论视角下的灾后青少年生命教育探讨[J]. 中国社会工作,2017(19).

源建设,启动后,可为全市各中小学提供生命健康科学普及场所,普及人体结构知识,提高生命科学素养,增进健康意识,培养他们对生命科学技术的兴趣和爱好。

2016年6月,位于苏州工业园区的冷泉港亚洲DNA学习中心正式对外开放,这是苏州工业园区管委会与美国冷泉港实验室合作的针对中国青少年进行的生命科学教育项目。该学习中心持续加强科普教育形式多样化,通过夏令营、冬令营、周末课程、进校课程、DNA社团、为大学生提供创业基地等,渗透科学创新教育思想,给公众普及生命科学知识,促进生命科学教育的全民化。目前,该学习中心已经被评为江苏省科普教育基地、苏州工业园区科普教育基地、苏州工业园区生物医药科技教育基地。

二、应急救护教育

从应急救护角度来看生命教育,不仅充实了生命教育的内容,更重要的是为生命教育的实施开辟了一条新的途径。应急救护是"第一目击者"对伤病员实施院前救援的重要环节,不仅包括对生命的关注,而且包括生存能力的培养和生命价值的提升。有资料显示,美国要求1/3的公民都要学习和掌握急救知识,新加坡应急救护培训率达20%,瑞士甚至达到70%以上。而我国由于各种原因应急救护教育普及率极低,平均每天约有1 500人死于心脏骤停,居全球之首,而60%以上的猝死事件都发生在医院之外。

内蒙古红十字会和自治区教育厅联合自2011年起在各级各类学校开展应急救护培训。自治区要求各学校将应急救护培训工作纳入教育教学体系,义务教育阶段学校应急救护培训每年不少于4课时;高中及以上阶段学校每年不少于8课时;有条件的学校,可对学生进行不少于16课时的初级救护员培训。[1]

长期以来,苏州市委、市政府关注群众性自救互救体系建设,连续多年将公益性应急救护培训列入市实事项目。2017年9月8日,苏州市红十字"急救小天使"培训基地揭牌成立。对于7-15岁青少年,该项目设置了周末2小时的基本技能课程;对于家长、老师、高中以上青年,则设置了周末两天的急救员技能课程。[2]

---

[1] 郝文婷.内蒙古应急救护培训纳入教学体系[J].中国教育报,2011-10-08.
[2] 陆珏."急救小天使"培训基地成立向青少年普及急救知识[J].苏州日报,2017-09-09.

三、公共安全教育

国际安全科学领域有一条著名的"海恩法则":每一起严重事故背后,必然有29次轻微事故和300起未遂先兆,而这些征兆背后又有1 000个事故隐患。从目前情况看,自然灾害、事故灾难、公共卫生和社会治安等突发事件的关联性越来越强,高风险城市和不设防农村的问题并存,互相影响、互相转化。[1]另外,古根海姆学者奖获得者米歇尔·渥克撰写的《灰犀牛:如何应对大概率危机》一书让"灰犀牛"为世界所知。类似"黑天鹅"比喻小概率而影响巨大的事件,"灰犀牛"则比喻大概率且影响巨大的潜在危机。灰犀牛体型笨重、反应迟缓,你能看见它在远处,却毫不在意,一旦它向你狂奔而来,定会让你猝不及防,直接被扑倒在地。它并不神秘,却更危险。可以说,"灰犀牛"是一种大概率危机,在社会各个领域(如公共安全领域)不断上演。很多危机事件,与其说是"黑天鹅",其实更像是"灰犀牛",在爆发前已有迹象显现,但却被忽视。因此,如何构建有效的公共安全体系,成为我们亟须解决的重要课题。

一个国家的社会公共安全力量包括物质和精神两大类,前者可以称之为"硬实力",后者则可称为"软实力"。"硬实力"主要是以国家法律为强制力,以警察为主体的专业化公安力量与强制性手段来构成和实施的。而"软实力"则是由公民(包括公安从业人员)的社会公共安全意识、知识和技能、见义勇为精神等来构成的。这样一些精神性的"软实力"因素是不可能在人们头脑中自发产生和形成的,必须靠有组织、有目的、有计划的公共安全教育和人们的思想觉悟才能形成并发挥作用。[2]

一个好政府的首要问题不在于它管多少具体的事情,而应该把提倡公民的公共精神看成是其最重要的任务,而且在公共精神的教育与提升方面,公共权力机关应起着表率的作用。[3]故而,政府在与开放大学合作时,必须以利益的共荣为原则,通过资源整合、利益共享和风险共担,共同应对风险社会所带来的一系列问题,以公共安全教育和公共精神的培养推动合作模式的健康发展。

我国目前确定的公共安全教育对象,按照构成人员的不同大致上可以分为:普通民众,学生群体,应急救援队伍,政府应急管理人员,特殊行业人

---

〔1〕邓正刚.建我国城乡一体化的公共安全体系[J].中共中央党校学报,2012,16(1).

〔2〕张兆端.社会公共安全教育研究[J].江西警察学院学报,2011(6).

〔3〕[英]J.S.密尔.代议制政府[M].汪瑄,译.北京:商务印书馆,1982:26-27.

员,弱势群体等。[1]按照层次性可以分为:一是面向学校的公共安全教育,这是全民公共安全教育的基础,是实施素质教育的重要内容;二是面向社会的公共安全教育,涵盖理论教育、知识教育、历史教育、法制教育、技能教育、形势任务教育、国家安全教育、环境安全教育、信息安全教育等方面。例如,2015年4月27日,深圳首个特种设备安全教育基地正式揭牌对公众开放。根据深圳市市场监管局对该市电梯安全教育基地建设规划,该局在2017年建成18个电梯安全教育基地,涵盖3种创建模式。第一种是市场监管部门与制造企业共建模式,第二种是由市场监管部门联合安监部门共同创建模式,第三种是市场监管部门和品牌电梯企业共建模式,采取大巴巡展,培训授课等方式走进校园。[2]又如,2017年9月18日,由苏州市公安局、苏州市禁毒支队、反诈中心等联合组织的"青盾行动"——苏州高校公共安全教育开学第一课巡讲活动启动仪式在苏州职业大学举行。此次宣讲包括拒毒防毒、反诈防骗、消防安全、交通安全、治安防范、心理疏导六项内容。

四、死亡教育

生命教育是教育的永恒主题,死亡教育则是生命教育的核心内容。生命之所以有意义,正是因为有了死亡的存在,对死亡的认知就是对生命的认知,对死亡的理解和尊重就是对生命的理解和尊重,善待死亡就是善待生命。因此,生命教育鼓励人们探求死亡的课题、直面永恒的死亡,从中寻求有限生命的可爱,勇敢面对生命中的艰难困苦,赋予生命的意义。[3]

死亡教育最早是在美国开展的。自1960年起,死亡教育在美国大学学院开始有系统并有计划性地推广。1974年,全美大学学院设有"死亡与死亡过程"等课的已达165所;中学程度以上的有关死亡教育的课程已达1 100所以上。[4]1977年,美国《死亡教育》杂志创刊,列温顿(Leviton)在首期刊登一篇有关死亡教育的文章,在健康教育界首先提倡死亡教育,他曾指出死亡教育的影响如下:(1)因为抓住了根本问题,可以帮助人们根据轻重缓急安排自己的众多目标。(2)使人们正确规划自己的人生,并且规划如何才能"安适死"(Appropriatedeath),Wessiman提出,安适死包括"察觉"

---

〔1〕 顾林生,韩敏,陈志芬.北京市应急管理委员会办公室委托课题"北京市应急管理基地建设研究"项目——"我国公共安全教育现状研究"[J].中国应急管理,2009.

〔2〕 刘强,傅江平.深圳大力推进公共安全教育体系建设[N].中国质量报,2016-02-04.

〔3〕 谢云天,徐学俊.中国内地近十年来死亡教育研究述评[J].设计艺术研究,2007,26(06).

〔4〕 唐庆,唐泽菁.死亡教育漫谈[J].外国中小学教育,2004(12).

（Awareness）、"接受"（Acceptance）、"合适的时间"（Timely）、"安详"（Propitious）四个因素。（3）使我们愿意为下一代提供一个充满慈爱、关怀的世界。（4）在我们所爱的人去世之前，教会我们如何运用自尊和对他的尊重进行沟通。[1]到了1987年，全美共有85%的药学专业和医学专业为学生提供死亡教育。1992年，美国目前有52%的医学系及78%的护理系都设有三个必修学分的"死亡与濒死"的课程。

我国有忌谈与回避死亡的民俗传统和文化心理背景，这是一种有缺陷的文化构成。特别是在我国当下的社会转型期间，开展死亡教育十分有必要性：一是物质的丰富与无意义感的产生；二是生存压力的增加使人产生了逃避的欲望；三是空间距离的缩小与心灵距离的疏远，使学生承受孤独和拥挤的双重痛苦；四是传统意义的理想化和说教方式，忽视了生命的最初意义，不懂得生和死。[2]面对社会转型，死亡教育能够解构流行的物质符号及话语，建构新的人文精神和人文空间，通过功能性作用的发挥，将人们的价值观重新带回终极性意义的追求，使社会转型期由混沌走向有序。这既是全社会的责任，也是社会教育的责任。

死亡教育的目标层面可以分为认知、情感、行为和价值（表5-5）；中心主题包括"限制于控制""个体性于群体性""脆弱性与坚韧性""生活品质与意义探索"等；主要对象包括患者、患者亲属、医务人员、社会大众等；主要内容包括死亡的本质及意义、对死亡及濒死的态度和引起的情绪问题、对死亡及濒死的调整、特殊问题的探讨等（表5-6）。

表5-5 死亡教育的目标层面

认知层面	为学习者提供各种与死亡相关的信息，并通过帮助使其体验这些信息，通过提供实例以及案例谈论，使学生了解并能整合这些信息
情感层面	让学生学会如何面对死亡，濒死和丧恸的感情与情绪，重点在于教导人们在面对丧恸时，如何正确处理自己的哀伤情绪。分享并讨论哀伤的情绪体验是重要的方法。此外，对没有经历过丧恸的人，可以教会他们运用同理心技术正确帮助丧恸者调节情绪
行为层面	让人们知道什么样的反应是正常的，自己应该如何或正确帮助别人表现哀伤的情绪
价值层面	帮助人们澄清、培养、肯定生命中的基本目标与价值，通过死亡的必然性来反思生命的意义及其价值

[1] 袁峰,陈四光.美国死亡教育发展概况[J].湖北第二师范学院学报,2007,24(1).
[2] 宋晔.一个亟待关注的课题：生死教育[J].上海教育科研,2003(02).

表 5-6　死亡教育的主要内容

死亡的本质及意义	1. 哲学、伦理学及宗教对死亡及濒死的观点 2. 死亡在医学、心理、社会及法律上的定义或意义 3. 生命的过程——老化 4. 死亡的禁忌 5. 死亡的跨文化比较
对死亡及濒死的态度和引起的情绪问题	1. 儿童、青少年、成年人及老人对死亡的态度 2. 儿童生命概念的发展 3. 性别角色和死亡 4. 了解及照顾垂死的亲友 5. 濒死的过程与心理反应——死别与哀恸 6. 为死亡做好准备 7. 文学及艺术中的死亡描写 8. 丧偶者及孤儿的心理调整
对死亡及濒死的调整	1. 解释死亡 2. 威胁生命重症的处理,与病重亲友间的沟通方法与看护,对病重亲友的安慰方式 3. 器官的捐赠与移植 4. 有关死亡的社会事务——遗体的处理方式、殡仪馆的角色及功能、葬礼的仪式及费用等 5. 和死亡相关的法律问题,如遗嘱、继承权、健康保险等 6. 生活状态和死亡状态的关系
特殊问题的探讨	1. 自杀行为 2. 死亡的伦理与权利:安乐死、堕胎、死刑等 3. 意外死亡、暴力行为、他杀死亡 4. 艾滋病

五、临终关怀教育

如果一个社会,能够让每一个成员都走上善终这条路,这应该就是一个文明的标志。临终关怀作为一种关注人性的高质量的公共服务形式,已日益引起全社会的重视和关注。世界卫生组织支持临终关怀的发展,努力创造临终关怀的全球意识,把每年的 10 月 8 日定为临终关怀和姑息治疗日。在世界卫生组织的指导和领导下,创办了国际性的、区域性的和国家性的临终照护协会。这些协会在建立、提高、发展临终关怀意识方面起了重要作用,协会工作包括召开国际或区域性会议,进行培训,共享信息,制定姑息照护的实践和政策等。[1] 2006 年 4 月,中国生命关怀协会成立,标志着我国临

---

[1] Mwangi SM. Development of Palliative Care around the World[D]. Ohio: Miami University, 2011.

终关怀事业进入了一个新的历史发展时期。

国外倾向把姑息照护和临终关怀结合在一起。2008年,美国医学专家学会把临终关怀和姑息医学定为亚专业,有自己专门的知识和实践体系,隶属于急诊医学、麻醉学、老年医学等10个专业。这10个专业不仅把临终关怀理念融入各自专业中,而且在各自的专业方面促进临终关怀的教育、科研和政策发展,从而达到提高照护质量、以患者为中心的目标。[1]

---

[1] 张晓飞,唐四元.临终关怀教育和培训研究进展[J].中国老年学,2017(9).

老年教育

美国著名心理社会发展论者埃里克森指出,人到老年往往会处于自我完善和自我绝望两端之间。按照世界卫生组织的界定,生命质量是指个体根据其所处的文化背景、价值体系对自身生活的主观感受,包括自然生命质量、精神生命质量、价值生命质量和智慧生命质量。

世界上较早进入老龄化社会的国家和地区普遍出台终身教育、老年教育领域法律法规,并将老年教育政策作为重要的社会政策。从1972年法国图卢兹社会学大学的皮埃尔·维斯教授等发起创办的全球第一所老年大学(第三年龄大学)以来,各国纷纷成立老年大学、老年学校、老年协会等机构,以促进老年教育事业发展。1976年,《教育老年学》杂志在美国创刊,标志着老年教育学学科开始形成新的独立学科。1982年,联合国召开老龄问题首次世界大会,通过了《老龄问题维也纳行动计划》,其中第45条建议提出"教育作为一项基本人权,提供教育必须避免对老年长者的歧视。教育政策应该通过核拨适当资金和制订适当教育方案来体现老年人受教育的权利和原则。应当注意使受教育的方法适合年长者的能力,以使他们能平等参与所提供的任何教育。应当考虑老年人接受大学教育的想法"。当前,许多国家通过兴办第三年龄大学、推动社区老年人互助学习、倡导老年人利用网络自主学习等多种形式发展老年教育。

在中国,1983年9月18日,山东省创办了中国第一所老年大学——山东红十字会老年大学,标志着中国老年教育从此兴起。到1985年,全国已有老年大学61所,学员近4万。1988年12月,中国老年大学协会成立,标志着我国老年教育进入了一个新的阶段。1990年5月正式成立,由我国老干部和老红军组成的、少年儿童的一个组织机构——关心下一代工作委员会,就发挥各个领域的老学者、老专家、老劳模的优势,深入基层,对青少年进行革命传统、爱国主义、集体主义、社会主义教育,法制和科学技术教育。这是在国家层面上承认年长者人力资源可以再开发、再利用。[1]进入21世纪,我国老年人口量的变化转向质的变化,各地将老年教育纳入了全面、协

---

〔1〕 丁盼盼.福建省老年人力资源开发研究——基于老年教育角度[D].福州:福建农林大学,2012.

调和可持续发展的轨道中。2006年,《我国老龄事业发展"十一五"计划纲要(2006—2020年)》指出,老年人脱贫致富、现代农业技能等培训要进入农村老年教育的课程。2007年,《国家教育事业"十一五"规划纲要》强调,要办好老年大学,扩大覆盖面。2010年,《国家中长期教育改革与发展规划纲要(2010—2020年)》新增了要"重视老年教育"的重要内容,指出"发展老年教育,是积极应对人口老龄化、实现教育现代化、建设学习型社会的重要举措,是满足老年人多样化学习需求、提升老年人生活品质、促进社会和谐的必然要求"。

当前我国已进入老龄化社会,2015年年底我国60岁以上老年人口已经达到2.22亿,占总人口的16.1%,预计2020年老年人口将达到2.43亿,未来20年我国人口老龄化形势将更加严峻,"未富先老"的特征日益凸显,对我国社会主义现代化进程产生全面而深远影响,特别是老年人的精神文化和学习需求增长较快,发展老年教育的形势和任务更加紧迫。

一、《"十三五"国家老龄事业发展和养老体系建设规划》

中国于1999年进入老龄化社会,具有老年人口基数大、老龄化速度快、未富先老等特点,带来了持续、深刻的挑战:人口老龄化意味着劳动力短缺、人口红利消失,老年赡养比例增加,国家财政(养老金支付)面临巨大压力;人口老龄化特别是高龄化将带来老年人生活照料问题;如何使老年人过上有欢乐、有幸福、有创造、有价值的生活是进行政策安排时必须考虑的问题。

当前,我国已成为世界上人口老龄化程度比较高的国家之一。根据预测,2010—2020年,中国将迎来人口老龄化第一次增长高峰期,老年人口年均净增从"十一五"时期的480万人提高到"十二五"时期的800万人。到2015年年底,我国60岁以上老年人口已经达到2.22亿,占总人口的16.1%。2020—2035年将迎来人口老龄化的第二次增长高峰期,连同第一次高峰期的叠加效应,老年人口每年净增1 000万。[1]2050年我国老年人口数量将达到4.8亿,占全球老年人口的1/4。未来我国人口老龄化形势将更加严峻,"未富先老"的特征日益凸显,对我国社会主义现代化进程产生全面而深远的影响。

目前,许多国际组织已把"成功老龄化"作为发展战略和政策理念来推动。"成功老龄化"起源于"健康老龄化"的研究,兴起于"积极老龄化"的实

---

〔1〕 中国人口与发展研究中心课题组.中国人口老龄化战略研究[J].经济参考研究,2011(34).

践。成功老龄化(Succeccful aging)是指在老龄化过程中,外在因素只起中性作用甚至于抵消内在老龄化进程的作用,从而使老年人的各方面功能没有下降或只有很少下降。[1]成功老龄化包括了健康老龄化、积极老龄化、和谐老龄化、适度老龄化、有保障的老龄化等内容。作为一种社会目标,成功老龄化不仅仅要关注如何应对老年群体的需要,而更多的是要揭示:怎样的老龄化社会才是人们所期望的社会,才是成功的社会。这就包括了老龄化社会中的生活方式、社会理念、社会需求和社会体系的设置等各方面的特点。[2]从社会学角度而言,成功老龄化的社会是一个养老准备充分、代际关系和谐、人口结构合理的社会,一个老年人能够享受尊严、做出贡献的社会。从教育学角度而言,成功老龄化的社会能够有效地通过老年教育的普及化、平等化、社区化、多样化等,如《礼记》所曰"大孝尊亲,其次弗辱,其下能养",活的有尊严。

基于对成功老龄化的概念理解,我们将"老年发展"定义为了老年人积极的社会发展,就是老年期的继续社会化,就是老年生活的学习化和工作化倾向,具体包括了老年期的健康发展、知识发展、角色发展、心理发展、婚姻发展和价值发展等,其目标归纳为了6个"老有":老有所养、老有所医、老有所为、老有所学、老有所教、老有所乐。2017年,国务院印发《"十三五"国家老龄事业发展和养老体系建设规划》(以下简称《体系建设规划》),明确了"十三五"时期促进老龄事业发展和养老体系建设的指导思想、基本原则、发展目标和主要任务。《体系建设规划》提出:"到2020年,多支柱、全覆盖、更加公平、更可持续的社会保障体系更加完善,居家为基础、社区为依托、机构为补充、医养相结合的养老服务体系更加健全,有利于政府和市场作用充分发挥的制度体系更加完备,支持老龄事业发展和养老体系建设的社会环境更加友好,及时应对、科学应对、综合应对人口老龄化的社会基础更加牢固……65岁以上老年人健康管理率达到70%,经常性参与教育活动的老年人口比例达到20%以上……"[3]

例如,顺德职业技术学院针对老年人"医养结合"康复护理服务市场人才的巨大需求,开办了康复治疗技术专业(老年康复方向),围绕老年人多发的中枢神经系统、运动系统、心血管系统等三大系统疾病,和物理治疗(PT)、作业治疗(OT)、言语治疗(ST)、中国传统康复技术四项核心技术,构

---

[1] 杜鹏,加里·安德鲁斯."成功老龄化研究——以北京老年人为例"[J].人口研究,2003(3).

[2] 张肃然.如何实现成功老龄化[N].大众日报,2016-11-02.

[3] 新华社.国务院印发《"十三五"国家老龄事业发展和养老体系建设规划》[N].光明日报,2017-03-07.

建知识、能力、素质相融合的课程体系,培养技术好、能力强、素质高的人才。2017年,该专业已被教育部、民政部、国家卫生计生委联合确定为全国职业院校养老服务类示范专业点之一。[1]

2017年6月6日,国务院办公厅下发《关于制定和实施老年人照顾服务项目的意见》,重点列出20项实施任务。其中,"文化教育服务"类明确了四项重点任务:(1)鼓励制定家庭养老支持政策,引导公民自觉履行赡养义务和承担照料老年人责任。倡导制定老年人参与社会发展支持政策,发挥老年人积极作用。(2)推动具有相关学科的院校开发老年教育课程,为社区、老年教育机构及养老服务机构等提供教学资源及教育服务。支持兴办老年电视(互联网)大学,完善老年人社区学习网络。鼓励社会教育机构为老年人开展学习活动提供便利和优惠服务。(3)老年教育资源向老年人公平有序开放,减免贫困老年人进入老年大学(学校)学习的学费。提倡乡镇(街道)、城乡社区落实老年人学习场所,提供适合老年人的学习资源。(4)支持老年人开展文体娱乐、精神慰藉、互帮互助等活动,鼓励和支持为乡镇(街道)、城乡社区综合服务设施、为老年人服务机构和组织因地制宜配备适合老年人的文体器材。引导有条件的公共图书馆开设老年阅览区域,提供大字阅读设备、触屏读报系统等。

从全国养老职业教育发展来看,养老服务类专业学生毕业后进入养老行业的比例不高,到岗第一年的流失率可能达到30%,第二年50%,第三年70%甚至更高。2017年9月23日,上海市民政局与上海开放大学举行签约仪式,合作成立上海开放大学民政学院。该学院的首届"老年服务与管理专业"大专班同时开班,旨在提升本市养老服务人员和养老机构管理者的专业素养与技能。本届"老年服务与管理专业"共吸引了来自15个区,158家养老服务机构,299名养老服务产业的从业学员,平均年龄40岁。该专业的设置与传统大学开设的理论专业相比具有非常明显的特色:在培养目标上,老年服务与管理专业秉承着理论与技能齐头并进的职业教育思想,努力将学习者培养成有文化、重实践、强技能、懂管理的现代养老行业从业人员;在培养模式上,希望学生们接受的是"理论+技能+人文"的训练,理论知识包括现代管理学、老年社会学基本理论、老年人生理、心理、营养、疾病预防、养生保健等基本理论,技能涵盖了老年生活照护、疾病照护、安全照护、康复照护、急救等基本操作。[2]

---

[1] 李丹.育"医养结合"人才助老人安度"夕阳红"[N].中国教育报,2017-03-07.
[2] 王蔚.上海首开老年服务大专学历班[N].新民晚报,2017-09-23.

二、《老年教育发展规划（2016—2020年）》

中国老龄问题研究中心研究员徐勤曾在2006年"中国老年社区卫生服务研讨会"上指出：中国约有47%的老人没有上过学，具有小学和初中文化程度的老人约占46.2%，农村老年文盲和半文盲的比例高达54.2%。这些数据有力地说明了我国老年群体整体受教育水平偏低，同时也说明了发展老年教育的领域具有巨大潜力。另外，老年教育的发展受到经济社会发展阶段和资源条件的限制，人均GDP 10 000美元是老年教育可以起步的标志性条件之一，第三产业的发展对老年教育的发展具有推动作用。

党的十八大提出要"积极应对人口老龄化，大力发展老龄服务事业和产业"，我国老年教育事业由此快速发展，初步形成了组织、教育、文化、民政、老龄等多部门共同推进老年教育的格局。国家"十三五"规划也明确要求开展应对人口老龄化行动。《老年人权益保障法》规定，"国家发展老年教育，把老年教育纳入终身教育体系，鼓励社会办好各类老年学校"。教育规划纲要也明确要求"要重视老年教育"。但是，我国老年教育还存在资源供给不足，城乡、区域间发展不平衡，保障机制不够健全，部门协调亟待加强，社会力量参与的深度和广度需进一步拓展等问题。为积极应对人口老龄化、实现教育现代化、建设学习型社会，国务院办公厅于2016年10月印发了《老年教育发展规划（2016—2020年）》（以下简称《规划》）。

《规划》的总体思路指出，发展老年教育要坚持"党委领导、政府主导、社会参与、全民行动"的老龄工作方针，以扩大老年教育供给为重点，以创新老年教育体制机制为关键，以提高老年人的生命和生活质量为目的，整合社会资源、激发社会活力，提升老年教育现代化水平，让老年人共享改革发展成果，进一步实现老有所教、老有所学、老有所为、老有所乐，努力形成具有中国特色的老年教育发展新格局。《规划》进一步明确：老年教育的增量重点放在基层和农村，形成以基层需求为导向的老年教育供给结构，优化城乡老年教育布局，因地制宜地开展老年教育。"到2020年，以各种形式经常性参与教育活动的老年人占老年人口总数的比例达到20%以上。"

《规划》构建了发展老年教育的"三五"发展框架。一是提出五项主要任务：(1)扩大老年教育资源供给，建立健全"县(市、区)—乡镇(街道)—村(居委会)"三级社区老年教育网络；(2)拓展老年教育发展路径，探索养教结合新模式，发挥老年人的智力优势、经验优势、技能优势；(3)加强老年教育支持服务，推动信息技术融入老年教育教学全过程，整合文化体育科技资源服务老年教育；(4)创新老年教育发展机制，扩大老年教育消费，支持和鼓励各类社会力量通过独资、合资、合作等形式举办或参与老年教育，促进老年教育与相关产业联动;(5)促进老年教育可持续发展,加强学科建设与人才培养培训、理论与政策研究和国际交流。二是提出五项重点推进计划:(1)社会主义核心价值观培育计划;(2)老年教育机构基础能力提升计划,到2020年,全国县级以上城市原则上至少应有一所老年大学,50%的乡镇(街道)建有老年学校,30%的行政村(居委会)建有老年学习点,各省(区、市)选取若干个养老服务机构,开展养教结合试点;(3)学习资源建设整合计划,到2020年,各省(区、市)都应初步建立起支撑区域内老年教育发展的老年学习资源库;(4)远程老年教育推进计划,探索以开放大学和广播电视大学为主体建设老年开放大学,开发整合远程老年教育多媒体课程资源,到2020年,力争全国50%的县(市、区)可通过远程教育开展老年教育工作;(5)老有所为行动计划,组织引导离退休老干部、老同志讲好中国故事、弘扬中国精神、传播中国好声音,建立由离退休干部、专业技术人员及其他有所专长的老同志组成的老年教育兼职教师队伍,推动各类老年社会团体与大中小学校合作,到2020年,争取每个老年大学培育1－2支老年志愿者队伍,老年学校普遍建有志愿者服务组织。三是提出五个方面的保障措施:(1)加强组织实施,建立健全党委领导、政府统筹,教育、组织、民政、文化、老龄部门密切配合,其他相关部门共同参与的老年教育管理体制;(2)推动法规制度建设,探索开展老年教育发展情况调查统计工作,支持社会组织等第三方开展老年教育发展状况评估和研究;(3)加强队伍建设,鼓励普通高校、职业院校相关专业毕业生及相关行业优秀人才到老年教育机构工作;(4)完善经费投入机制,形成政府、市场、社会组织和学习者等多主体分担和筹措老年教育经费的机制;(5)营造良好氛围,广泛宣传老年教育发展中的典型经验、案例、做法和成效。[1]

老年教育是一个国家提供给老年人口的公共服务,现在的老年人和年轻人都会因此获益。作为一种准公共产品,老年教育存在供给难题。各国老年教育资源组织模式的比较为中国老年教育的发展提供了借鉴,如共享高等院校、政府集权、社区服务、自治自助、非营利企业资助等(表5-7)。[2]

表5-7 老年教育和多种教育形式结合

序号	可结合的教育	结合的形式	代表国家/地区	结合特点
1	直接融合正规学校	高等院校	瑞典、德国、美国	正规学校教育,减免学费
		职业院校	澳大利亚	

---

[1] 高靓.开创中国特色老年教育发展新格局[N].中国教育报,2016-10-26.
[2] 黄燕东.老年教育与老年福利[M].杭州:浙江工商大学出版社有限公司,2016:3.

续表

序号	可结合的教育	结合的形式	代表国家/地区	结合特点
2	大学院校内设	内设高龄者学习中心	美国	正规老年学校教育优惠、免费或只收少数资料费
		社区学院内设	美国	
		内设终身教育学院	韩国	
		第三年龄大学、自由时间大学	法国	
3	政府单独办学	老年大学、老年学校	中国	正规老年学校教育，康乐休闲
		美国高龄者中心	美国	帮助弱势群体
		日本高龄者教室、长寿学院、日本老年大学	日本教育部门开办、日本社会福利部门	正规老年学校教育
		长青学院	台湾地区	政府的社会服务
4	社团、老人会、宗教团体办学	韩国老年大学、老年学校	韩国老人协会	正规老年学校教育具有较多的宗教课程
		牧善中心	美国的教堂	
		义工组织	英国的基督教老化委员会	
		松年大学	台湾地区基督教长老会	
5	远程教育（政府、社团组织、非营利企业）	电视老年大学、网络大学、博客、广播	世界各国，典型美国、日本、中国等	非正规老年教育
6	非营利企业办学	老年寄宿学校、美国高龄者服务与咨询中心	美国	以市场需求为导向，收费，但收支平衡
7	自组织学习团体	英国、新西兰和澳大利亚的第三年龄大学，美国退休学院	英国、新西兰和澳大利亚，美国	与大学院校合作或利用大学资源
8	自组织娱乐团体	老年人自己组织的活动，如晨练队、武术队、腰鼓队、歌唱队等	中国	街道、居委会等基层组织

从倡导"健康老龄化"到提倡"积极老龄化"是人类老龄观的重大变革。

在"积极老龄化"的理念影响下,社会开始引导老年人积极参与社会,不断提升老年人对志愿服务和生产活动的参与度。老年教育作为终身教育体系的一个独立教育阶段,也是终身教育体系的最后教育阶段,被视作为社会管理的一座"富矿",体现了"积极老龄化"的目标。

老年福利院是韩国老年人进行终身学习的主要场所。依据元英熙、崔慧智以首尔市老年福利院为对象进行的调查,就"老年福利院的核心产业是什么"这一问题,56.2%的工作人员认为是"终身教育"。[1]韩国庆熙大学教育学院教授崔一先指出:目前为止,老年福利院在社区中以类似"岛"的方式存在。它的地理位置虽然位于社区,但与大多数社区居民的生活分离,只服务于福利院的会员。随着平均寿命延长使生活在同一时代的年龄段数量逐渐增加,但生活中各年龄段之间自然地接触与交流的可能性反而减少了。社会成员各年龄段间的沟通可能会逐渐产生障碍,鸿沟也会越来越深。因此,不能将老年福利院作为社区中仅为老年人设立的"孤岛",它在社区中应该为促进世代间沟通与和谐的中心。为此,老年福利院应该具备服务老年人的终身教育机构的职能,大力发展多种社会参与项目,使老人们作为社区市民中的前辈,引导社区这个共同体走向成熟。[2]

社区已成为老年教育的新兴载体。2017年6月12日,江苏省教育厅等十一部门印发的《关于加快发展社区教育的实施意见》(苏教社教〔2017〕1号)指出"面向老年群体开展内容丰富、形式多样的培训和活动",即认真贯彻《教育发展规划》,把老年教育作为社区教育的重点任务,充分利用社区教育、文化、体育、养老等公共服务设施资源,办好社区老年学校,建设一批在本区域发挥示范作用的乡镇(街道)社区老年人学习活动场所,老年人社区教育活动参与率在20%以上。不断扩大老年教育资源供给,积极开发养生保健、科学健身、文化艺术、信息技术、家政服务、社会工作、医疗护理、园艺花卉、传统工艺等老年教育课程,满足社区老年人的学习需求。积极探索养教结合新模式,在各类社区居家养老场所内,开展形式多样的老年教育。

2017年6月9日,《广东省人民政府办公厅关于大力推动老年教育发展的实施意见》(粤府办〔2017〕41号)的工作目标明确:"到2020年,基本形成布局合理、机会均等、内涵丰富、灵活多样、服务完善,覆盖省、市、县、乡、村5级的现代老年教育体系。全省建成10所省级示范性老年大学、19所市级示范性老年大学、19所以上县级示范性老年大学,培育500所老年示范校

---

〔1〕[韩]元英熙,崔慧智.从核心项目看老年福利院的中心性与固有性——以首尔市老年福利院为例[J].社会福利实践与研究,2015,12(2).

〔2〕崔一先.韩国老年人终身学习场所:老年福利院的运营与发展问题研究[J].江苏开放大学学报,2017(4).

和示范站(点)。全省以各种形式经常性参与教育活动的老年人占老年人口总数的比例达到25%以上,其中珠三角地区达到30%以上。"一方面,在扩大老年教育资源供给方面提出:(1)将培育和践行社会主义核心价值观作为老年教育的重要内容,研究制定老年人学习发展指南;(2)探索建立老年教育通用课程教学大纲,编写相关读本,设计形式多样的教育活动项目;(3)鼓励和支持各类高等院校提供和开发老年教育学习资源。推动非教育机构参与老年教育教学资源开发,到2020年,初步建立起支撑全省老年教育发展并符合老年人学习特点的老年学习资源库;(4)部门、行业企业、高校等举办的老年大学要采取多种形式,逐步从服务本单位、本系统离退休职工向服务社会老年人转变;(5)整合利用现有的社区教育机构、乡镇成人文化技术学校等教育资源,以及群众艺术馆、文化馆、体育场、社区文化活动中心(文化室)、社区科普学校等开展老年教育活动;(6)支持各市、县(市、区)定期开展老年教育优秀研究成果交流活动;(7)加强与先进国家、地区在老年教育研究领域的交流与合作;等等。另一方面,在开放大学办学层面提出:(1)支持各级广播电视大学和开放大学举办"老年开放大学"或"网上老年大学";(2)各级广播电视大学、开放大学与各地老年大学要共同承担牵头开展本区域内老年教育学习资源建设工作,并促进各级各类教育资源共享;(3)依托广东开放大学、广东老干部大学等机构建立若干个老年教育研究基地;(4)支持广东开放大学率先建设具有全省示范作用的老年健康艺术教育学习体验基地,推动有条件的地市老年大学、广播电视大学和开放大学建设具有地方特色的示范性老年教育学习体验基地。

根据苏州市民政局统计数据显示,2016年年底,苏州市户籍人口达到6 781 957人,其中老年人口1 708 816人,比2015年增长52 235人,占户籍总人口的25.2%,老龄化程度首次超过25%。各市区普遍呈现增幅加快、老龄化趋势加重、高龄老人增多、老龄化差别加大等特点。2016年12月23日,"苏州老年健康服务业协会"成立大会在苏州举行,包括老年健康领域的政策研究者、知名专家、产业代表等在内的200余人参加了成立大会。苏州老年健康服务业协会是全国首个致力于老年健康服务业的非营利性社会团体法人组织,也是全市性、行业性、非营利性的社会团体法人组织,致力于推动我市老年服务业健康发展。协会将为市民提供健康服务平台,依托由全国6 000余个专家团队组成的数据库,为市民、养老机构、企业等提供大数据分析,以及专业咨询服务等。同年同月,苏州市人民政府发布《苏州市大数据产业发展规划(2016—2020年)》,要求"构建苏州市养老数据资源中心及应用服务平台",即整合分散在民政、人社、卫计等部门的老年人数据,以及机构养老、居家养老、社区养老等业务数据形成全市养老基础数据库。结合老年人居住状况、经济状况、兴趣爱好、健康状况等多维度数据,有针对性地提供医、养等多方面的个性化、智能化服务。利用互联网＋物联网等技术,并通过积分交换机制,广泛收集养老事业、养老产业领域动态数据,充实完善养老数据资源中心,打造全市养老信息化生态。通过对养老大数据分析挖掘,使政府养老服务政策更精准、社会养老服务产品更丰富、家庭养老服务选择更方便,推动苏州养老事业和养老产业良性、健康发展。

2017年1月,苏州开放大学拟定了《苏州老年开放大学建设方案》,提出建设目标:"苏州老年开放大学是以现代信息技术为支撑,面向老年人和养老服务从业人员开展学历与非学历教育的新型老年大学,促进终身教育体系和学习型社会形成,为老年人'老有所学、老有所乐、老有所为、老有所养'做出贡献。将探索以苏州开放大学为骨干的城乡协同发展老年教育的新模式,努力建成具有示范作用和地方特色的老年教育基地;开拓办学合作路径,积极延伸至养老机构,努力建成'养教联动'示范基地;发挥老年教育资源辐射社区的功能,努力建设一批示范性的'学习苑'。"

在教学组织方面,苏州开放大学将构建以专职人员为骨干、兼职人员和志愿者相结合的教学和管理队伍,鼓励在校大学生骨干以兼职方式参与苏州老年开放大学的教学组织管理;鼓励开发多元化的老年教育课程主题,使这种多元化和多方面补偿能力与提高老年生活质量和福利水平的目标相一致(表5-8);鼓励公民参与老年教育志愿服务,将老年教育志愿者纳入本地志愿者服务管理体系,拟研制出《老年教育教学质量监控与评价信息化实施方案》《老年大学(学校)课程标准框架》《老年教育办学质量评价标准》和《老年大学(学校)自我评价实施方案》等文件。

表5-8　多元化的老年教育课程主题

以老年人为对象	
保健养生学习活动	以促进老年人保持身心健康为主,如养生保健、看病及用药知识、健康常识等
体育休闲学习活动	增加老年人体能的户外活动,如太极拳等
艺术与公民教育学习活动	协助老年人提升美学知识,通过艺术抒发与表达自我的生命故事,如美术、音乐、戏剧欣赏等课程
家庭人际学习活动	增进家人世代间关系融洽之活动,如老年夫妻活动、婆媳活动、祖孙活动或者代际互动等
消费保护学习活动	以建立老年人正确消费观为主,如不购买来路不明的药品和食材等
理财规划学习活动	协助老年人妥善规划,晚年生活无忧,如规划退休基金、金钱运用等观念

续表

以老年人为对象	
职能发展研习活动	让有能力与有需求的老年人重返职场
观摩学习活动	以拓展学习经验为主,如参观学习、旅游学习等,让老年人走出家庭,接触社会
老年义工研习活动	以实现老年人自助助人为目的
科技咨询研习活动	以提升老年人咨询知能为主,如学习电脑操作、参观科技展览等
以即将退休者为对象	
理财规划学习活动	学习规划退休基金、健全的家庭财务管理观念等
退休生活规划研习活动	学习退休、培养兴趣、学习妥善规划时间等
保健养生学习活动	学习养生保健、用药知识、健康常识等
老年家庭生活适应研习活动	学习家庭人际关系、家庭生活的规划等
以一般社会大众为对象	
认识老化	认识老人的身体及心理变化
家庭伦理教育	家族成员相互尊重及关怀的教育
代际教育	世代间的交流、经验传承、祖孙活动等
居家安全及照顾教育	认识老年人的生理和心理变化,学习照顾老人,检视居家安全等
以各级学校学生为对象	
认识老化	认识老年人的生理和心理变化
祖孙/老人经验传承活动	世代互动、老化体验教学、文化技艺的传承等
校外观摩及关怀活动	参观老人相关机构,社区服务及关怀老人等活动
高龄议题社团活动	鼓励学生以社团方式,探讨老龄问题及服务偏远地区的老人

资料来源:朱芬郁.高龄教育:概率、方案与趋势[M].五南图书出版有限公司,2011年.

在师资队伍建设方面,苏州开放大学将采用以现有师资为主体,社会资源为补充,省校提供培训的三位一体组建方式,鼓励教师参与老年教育相关工作,并纳入本校工作考核;鼓励第三年龄志愿者(60-75岁)中有能力的长者(包括离退休老干部、民间艺人、能工巧匠及有其他专长的老同志)作为老年教育的教师资源、校外教师等参与从事老年教育工作。

在资源供给方面,苏州开放大学将注重共享性与个性化相结合,依托省校开放供给老年教育普适性学习资源,以"养、教、医、体、娱"为主题,整合优秀传统文化、非物质文化遗产、地方特色老年教育资源,自行建设个性化的老年教育资源,纳入省校老年教育资源规划,实现全省共享。在评估评价方面,其组织运行情况将接受省校的定期评估与不定期检查,结果汇入《江苏社会教育白皮书》。

健 康 教 育

一、从教育走向促进

当前,由于工业化、城镇化、人口老龄化以及疾病谱、生态环境、生活方式不断变化,我国仍然面临多重疾病威胁并存、多种健康影响因素交织的复杂局面,特别是与生活方式密切相关的慢性病呈井喷之势。在我国,心血管病、肿瘤、糖尿病、呼吸系统疾病4种慢性病导致的死亡占总死亡人数的86.6%。数据显示,中国现有确诊慢性病患者近3亿人,并且六成与不良生活方式有关。2009年,中国启动实施了新一轮医药卫生体制改革,确立了把基本医疗卫生制度作为公共产品向全民提供的核心理念,提出了保基本、强基层、建机制的基本原则,取得了重大阶段性成效。近年来,我国健康促进工作稳步推进,取得了显著成绩。中国居民健康素养水平从2008年的6.48%,已提高到2015年的10.25%,但离2030年30%的目标还有较大距离。

健康教育和健康促进是系统的社会活动。早在20世纪20、30年代,我国早期的健康教育学者将现代健康教育理论和方法引入中国。同时,中国"乡村教育"及"农村建设运动"的倡导者们,曾在河北定县等地开创农村社区健康教育工作,留下宝贵的历史经验。1935至1936年,先后成立了中国卫生教育社和中华健康教育学会,标志着中国健康教育的兴起。20世纪70年代,芬兰北卡利亚、美国斯坦福社区等地的经验充分证实社区健康教育是预防疾病、促进健康行之有效的战略措施。20世纪80年代,美国政府就颁布并实施了全国性的健康战略计划,如《健康人民1990》《健康人民2000》等,日本、新加坡等也均有类似政策出台。1978年,世界卫生组织明确提出初级卫生保健是实现"2000年人人享有卫生保健"目标的基本策略,将健康教育(包括社区健康教育)列为初级卫生保健八项任务之首。1990年4月,在全国健康教育工作会议及中国健康教育协会第2届理事会扩大会议上,将"卫生宣传教育"改为"健康教育"[1]。1995年8月,卫生部等7部委联合下发了《中国城市实现"2000年人人享有卫生保健"规划目标》和《中国城

---

〔1〕 刘纯艳.社区护理学[M].长沙:湖南科学技术出版社,2002:64.

市实现"2000年人人享有卫生保健"评价指标体系》,以提高在一级、二级、三级城市中小学学生和居民健康教育的普及率。健康教育和健康促进被列为《中国农村初级卫生保健发展纲要(2001—2010)》8项任务之一。2005年1月,卫生部发布了《全国健康教育与健康促进工作规划纲要(2005—2010)》,提出了健康教育和健康促进的总目标:建立和完善适应社会发展需要的健康教育与健康促进工作体系,提高专业队伍素质;围绕重大卫生问题针对重点场所、重点人群,倡导健康的公共策略和支持性环境,以社会为基础,开展多种形式的健康教育与健康促进活动,普及健康知识,增强人们的健康意识和自我保护能力,促进全民健康素质提高。

  2016年10月25日,中共中央、国务院印发《"健康中国2030"规划纲要》(以下简称《纲要》),把健康促进与教育工作放在了突出位置。《纲要》是中华人民共和国成立以来首次在国家层面提出的健康领域中长期战略规划,也是保障人民健康的重大举措。《纲要》提出16字的指导原则,即健康优先、改革创新、科学发展、公平公正,强调要把健康融入所有政策,加快转变健康领域发展方式,全方位、全周期维护和保障人民健康。[1]同年11月,国家卫计委、财政部、环保部等10部门联合发布《关于加强健康促进与教育的指导意见》(以下简称《指导意见》),这是推动各级政府建立长效机制,推动各部门建立健康影响评价制度。《指导意见》提出了五方面工作,即推进"把健康融入所有政策"、创造健康支持性环境、培养自主自律的健康行为、营造健康社会氛围、加强健康促进与教育体系建设。《指导意见》要求建立健全以健康教育专业机构为龙头,以基层医疗卫生机构、医院、专业公共卫生机构为基础,以国家健康医疗开放大学为平台,以学校、机关、社区、企事业单位健康教育职能部门为延伸的健康促进与教育体系,加强健康促进与教育人才队伍建设,从而使健康促进县(区)、学校、机关、企业、医院和健康家庭建设取得明显成效,影响健康的主要危险因素得到有效控制。随后不久,国务院又印发《"十三五"卫生与健康规划》,确定了卫生与健康领域要重点推进的十项工作任务。其中,第二项为"推动爱国卫生运动与健康促进,推进健康城市和健康村镇建设,提高全民健康素养,增强人民体质",第十项为"加快健康产业发展,支持社会力量以多种形式参与健康服务,满足人民群众多样化、多层次健康需求"。

  三十年前,第一届全球健康促进大会在加拿大召开,通过了具有里程碑意义的《健康促进渥太华宪章》,说明了人们的健康更多取决于个人选择而不是社会行动。2016年11月21日,第九届全球健康促进大会在上海召开。

---

〔1〕 康元."健康中国2030"——健康中国有了指标[J].现代养生(下半月版),2016(11).

大会的三大主题是良好治理,健康城市以及为了健康促进的健康素养。大会发表《2030可持续发展中的健康促进上海宣言》,强调城市和社区是实现健康的关键场所,指出:"人们每天生活、工作、休闲和购物的场所与健康息息相关。健康是任何城市实现可持续发展的最有效标志之一,健康使城市对全体居民而言更包容、更安全、更有活力",提出"优先实施能够为健康、福祉和其他城市政策创造共同利益的政策,充分利用社会创新和交互式技术;支持城市改善公平和社会包容,通过加强社区参与提高社区不同人群的知识和技能;以人民健康和社区和谐为核心,重新调整医疗卫生和社会服务方向,实现公平最大化"的承诺。

从工作开展的角度而言,健康教育与健康促进二者之间既有区别又有联系。首先,健康教育要求人们通过自身认知、态度、价值观和技能的改变而自觉采取有益于健康的行为和生活方式。因此,从原则上讲,健康教育最适于改变自身因素即可改变行为的人群;而健康促进是在组织、政策、经济、法律上提供支持环境,它对行为改变有支持性或约束性。其次,健康教育作为健康促进的重要组成部分,与健康促进一样,不仅涉及整个人群,而且涉及人们社会生活的各个方面。在疾病三级预防中健康促进强调一级预防甚至更早阶段。再次,健康教育是健康促进的核心,健康促进需要健康教育的推动和落实,营造健康促进的氛围,没有健康教育,健康促进就缺乏基础。而健康教育必须有环境、政策的支持,才能逐步向健康促进发展,否则其作用会受到极大的限制。最后,与健康教育相比,健康促进融客观支持与主观参与于一体。健康促进包括健康教育和环境支持,健康教育是个人与群体的知识、信念和行为的改变。"十三五"期间,"健康苏州促进工程"正在全面推进。其中,"全民健康教育与健康促进行动"明确:建立健康知识和信息发布平台,完善市、县二级健康巡讲队伍建设,加强健康生活方式指导员培训。创新健康教育的方式的载体,引导医疗卫生机构积极开展健康教育。开展城乡居民健康素养干预及监测。到2020年,苏州全市95%的学校达到健康促进学校标准,城乡居民健康知识知晓率达80%以上,健康行为形成率达65%以上。

从教育模式的角度而言,2016年10月,中共中央、国务院印发《"健康中国2030"规划纲要》,《纲要》中提出,"加强健康人才培养培训,支持建立以国家健康医疗开放大学为基础、中国健康医疗教育慕课联盟为支撑的健康教育培训云平台,便捷医务人员终身教育"。2017年1月,国家卫生计生委又发布《"十三五"全国卫生计生人才发展规划》,《规划》中指出,"实施医师规范化培训,创新教育培养机制。优化继续教育实施方式,探索新型互联网教学模式和方法,开展多形式的继续医学教育活动。支持国家健康医疗开放大学建设"。紧跟其步,厦门市委、市政府高度重视,迅速行动,在国家试点工程和厦门开放大学筹备建设两项开创性任务中统一思想,明确目标,创新工作思路,统筹规划实践路径。2016年10月,国家首批健康医疗大数据中心及产业园建设试点工程落地厦门,并在同年11月成立国家健康医疗大数据中心与产业园建设试点工程厦门园区。2017年4月24日,由国家卫计委与教育部联合发起的国家健康医疗开放大学成立大会在北京召开,会上,国家健康医疗厦门开放大学授牌成立。该开放大学将采取线上理论教育和线下实训基地培训考核相结合的模式,其教育发展将助力厦门打造现代信息智能、高端高新高效、集聚开放共享的新型国家试点工程和开放大学生态体系,推动健康产业建设成为我市乃至国民经济重要支柱产业,也为建立中国医学教育新模式走出一条新路子。据了解,厦门市明确提出了开放大学发展过程中的三个阶段性目标:到2017年年底,国家试点项目厦门数据集聚完毕,开放大学完成网络平台试点运行;2018年年底,国家试点项目完成东南区域四省数据汇集,建成东南数据中心,形成100亿规模的大数据产业集群,且开放大学建成"医学教育慕课"平台,启动国家远程继续教育信息平台厦门频道,建设和集成一批数字化优质学习资源。2019到2020年,力争让大数据中心和产业园区建设试点形成可复制、可推广的经验。[1]

  从评价体系的角度而言,健康教育与健康促进的评价体系主要包括管理体制、组织网络、教育和促进模式、运作机制、人才培养、经费筹集、管理方式、效果等方面。其评价指标包括:(1)生理健康。包括身高、体重、行为发展和营养摄入等。(2)心理健康。包括人格、智力情绪和情感、总体心理健康评价。(3)健康结果。包括发病率、患病率、死亡率、病死率、期望寿命、生存质量(ADL等)、生命质量(如DALY、QALY)等。(4)健康行为。包括吸烟率、烟草消耗量、饮酒率、酒精消耗量、吸毒率、未婚少女怀孕率。(5)社会健康。包括行为模式、生活态度、人际关系。(6)卫生政策。包括重视程度、资源分配、社区参与、管理体制等。(7)社会经济。包括GNP、人均收入、人均住房面积、就业率等。(8)卫生服务。卫生服务需要量、需求量、利用量和利用率、卫生资源、卫生服务费用等。

  从社会治理的角度而言,健康促进教育有利于健康的社会治理模式的建立。随着我国经济发展进入新常态,医疗卫生发展要更加注重从体系和结构调整中提高效率。整合相关部门特别是教育单位机构,使之能够通盘考虑卫生系统的供需双方、筹资水平与费用控制、投资与成本等各方面情况,形成整体方案,更好地节约医疗资源,提高使用效率。政府可更多地将

---

〔1〕 陈莼.国家健康医疗厦门开放大学成立[N].厦门日报,2017-04-25.

医疗卫生与生命、人民健康等相关领域统筹协调,合理监管,重点加强慢性病危险因素的综合控制[1]。例如,《纲要》对加强心理健康服务提出了明确要求。2016年12月,国家卫生计生委、中组部等22个部门联合印发《关于加强心理健康服务的指导意见》,对加强心理健康服务提出具体要求:将心理建设纳入国家治理体系,用心理学技术加强精细化治理,针对容易出现的心理行为问题采取有效干预措施;提升公众心理健康素养,将心理健康教育作为各级各类干部教育培训的重要内容,全面提升干部的心理素质;加强心理健康服务体系建设,构建基层心理健康服务平台,依托城乡社区综合服务设施或综治中心建立心理咨询(辅导)室或社会工作室(站);加强心理咨询师职业资格鉴定的管理,逐步将心理健康服务专业人员和机构纳入法制化管理;等等。[2]

从服务项目的角度而言,应引导社区居民健康需求和健康消费,提供深层次健康教育与健康促进内容。比如提供老年健康教育与健康促进服务、临终关怀教育、生殖保健健康教育服务等。通过可持续服务,把各级各部门的民生工程项目、权益保护项目、国际合作项目等进行资源的整合共享,如开展初级卫生保健、创建卫生城市、菜篮子安全、绿色证书工程、跨世纪青年科技培训工程、广播电视教育、救灾防病、生态家园富民计划以及幸福工程、春蕾计划、安康计划等。以服务达到三赢效果和目的(卫生行政部门、医务人员、社区居民),进一步完善"三维立体"健康教育与健康促进服务,即横向的"平台"服务,纵向的"三位一体(生物、心理、社会)"服务,立向的连续性服务[3]。2017年4月,苏州市人民政府办公室印发的《苏州市"十三五"卫生与健康规划》提出:实施健康苏州战略,努力打造"全国重要的生命健康产业基地、国内知名的新型医疗和养生休闲服务中心",为健康服务业创造更为广阔的发展空间,实现发展方式由以疾病为中心向以健康为中心转变,实现创新驱动发展的卫生服务供给模式转型升级。

二、从社区走向社会

社区健康促进是指通过健康教育和社会支持改变个体和群体行为、生活方式和环境影响,降低社区的发病率和死亡率,提高社区人民的健康水平和生活质量。社区健康促进的两大构成要素是健康教育及其他一切能促使行为和环境向有益于健康改变的社会支持系统。围绕"建设健康社区"的目

---

[1] 方鹏骞,陈江芸.国家战略:健康中国的挑战与应对[N].光明日报,2017-02-16.
[2] 王国强.心理健康助力全面小康[N].人民日报,2017-09-25.
[3] 鲍勇,何园,张静,莫志兵,李新华.中国城市社区健康教育与健康促进工作规划的构思[J].中国全科医学,2004,7(3).

标,社区健康教育与健康促进从整体上对社区人群的健康相关行为和生活方式,以及影响社区健康的自然和社会环境因素进行干预。它既适用于社区急、慢性疾病的预防和控制,又适用于社区生态和社会环境的改善;既可促进社区居民对社区医疗保健服务的利用,又可促进社区医疗保健服务质量的提高,为社区居民创造健康、文明的社区生活环境。[1]例如,浙江省宁波市镇海城区后大街社区的健康教育馆有4项功能。一是健康信息交流场所。居民以聊天方式,营造"健康话题大家聊"的氛围。二是健康教育课堂。组织居民开展小型分类的健康教育讲座,播放健康教育录像资料,使居民直接获得较为权威的卫生保健知识。三是健康教育展馆。社区购进一些实物模型,健康测试仪器,卫生保健知识书籍杂志等,并在墙面配挂活动式《中国公民健康素养66条》等健康知识宣传图片,形象直观地向居民宣传健康知识。四是医务人员义诊场所。邀请社区内的专业医务工作者,直接为社区居民提供医疗咨询和诊疗服务,指导居民的健康保健行为。[2]

一方面,不同社区有不同的健康问题,不同的问题应制定不同的干预策略,其基本内容包括信息、材料、传播渠道、技能指导、干预活动。这样的干预活动在芬兰很活跃,形式多样。例如,营养干预活动推出"胆固醇项目""草莓计划";运动项目在全国倡导"人人享有健康运动",推广"健康效益"活动。另一方面,做好社区健康教育与健康促进工作必须依据一条基本原则,即尊重社区的价值观念、知识、文化和决策,努力促进社区参与,提高社区能力并对社区赋权,这项工作不仅要得到政府的支持,而且要在社区居民的积极参与下,并且充分发挥出社区自身能力才能得到顺利完成。同时,也要取得社会其他部门的帮助,向其他行业和部门"推销"这种健康的共同目标是我们共同的责任。[3]因此,适时制订社区健康促进计划,使其成为指导性文件,既能厘清健康促进教育项目之间的关联性,又能制订健康促进教育工作的长期计划、短期计划、年度计划和单项计划。

2016年,苏州市健康市民"531"行动计划全面启动——按照"急病要急、慢病要准"的理念,苏州市将建立胸痛、卒中、创伤、危重孕产妇和危重新生儿五大"急病"城市多中心疾病协同救治体系,建立肿瘤、心脑血管病、高危妊娠等三大类疾病高危因素筛查机制,建立一个市民综合健康管理服务平台,最终形成分级防治体系,进一步降低致残率和死亡率。按照计划,到

---

〔1〕 唐政,李枫.城市社区健康教育与健康促进的组织实施[J].健康教育与健康促进,2009(2).

〔2〕 顾素玲.社区健康教育馆模式的探索[J].浙江预防医学,2010,22(3).

〔3〕 鲍勇,何园,张静,等.国外城市社区健康教育与健康促进回顾与瞻望[J].中国全科医学,2004,7(3).

2017年,该"531"体系将在市区建成并运行,2020年覆盖全市。[1]例如,苏州高新区把创建省级"慢性病综合防控示范区"写入政府工作报告,并建立起了政府主导、多部门合作、专业机构支持、全社会参与的慢性病综合防控机制,为全区群众撑起了一把"健康保护伞"。2016年共投入资金125万元,建成10个健康小屋,实行统一标配,实现慢性病管理、健康干预、社区卫生调查等内容。例如,苏州晶端电子有限公司建立了2 200平方米的"市级健康食堂",健康知识宣传渗透到了每个角落。墙上布置着苏州全民健康生活方式行动宣传栏,每个桌子角上都贴有内容不同的健康知识小标签,电子屏上的流动字幕上播放着食品营养小知识。在食堂进门处还有一个"健康自助小屋",在这里员工能自助测量身高、体重、血压、血糖。

2016年9月3日,2016中国老年医学和老年健康产业大会(CCGI)在苏州举办,大会围绕"发展老年医学,推动老年健康产业"的主题,指出:到21世纪中期,我国超过60岁的人口数量将超过5亿,如此规模的群体,在亟待各地政府以及社会组织携手提供贴心的服务与行之有效的方案的同时,也标志着老年健康产业正逐步演变成为巨大的商业蓝海。大会设24个专题论坛,聚焦老年健康服务业、老年继续医学教育、转化医学与老年健康、老年常见综合征、互联网+老年医学、老年养生与护理、老年代谢障碍疾病、老年认识障碍疾病、老年心力衰竭、老年心血管病预防、老年高血压、老年人心脑血管急救,新增了老年综合评估与操作实践、社区老年医学、老年人营养管理、老年多学科团队诊疗(MDT)模式等论坛,探索和引领我国老年医学和老年健康产业发展。[2]2016年12月23日,苏州老年健康服务业协会正式成立,协会是全国首个致力于老年健康服务业的非营利性社会团体法人组织。协会目前已有35家社会养老机构、社区养老服务公司等成为首批理事单位,涵盖保险公司、养老机构、设备企业、苏州市社会福利总院等。未来,该协会将共同探索苏州特色老年医养结合服务新模式。

2016年12月,苏州市人民政府正式发布《苏州市大数据产业发展规划(2016—2020年)》(以下简称《规划》),提出"构建以人为本、惠及全民的民生服务新体系",加强健康医疗大数据应用,即完善市民健康信息服务体系,推进苏州市电子健康档案和电子病历数据整合共享,建设覆盖公共卫生、医疗服务、医疗保障领域的医疗健康管理和服务大数据应用体系,推动医疗救治服务向日常健康服务转变。同时,提出"构建新型健康管理生态",建立城市居民健康状态辨识指标和综合干预方案,即以"纵向分层,横向跨域"为指

---

[1] 陆珏.苏州全面启动健康市民"531"行动计划[N].姑苏晚报,2016 - 03 - 27.

[2] 何兵.35家单位聚焦苏州市老年健康服务产业迈入新阶段[N].姑苏晚报,2016 - 09 - 04.

导方向实现苏州市居民健康的新型管理模式。纵向分层依托精细化的传感器设备、泛在的物联网及移动互联网络以及先进的人工智能技术实现健康管理设备与医疗设备智能化,实时采集应用人群的实时健康数据,实现健康、医学数据的交换和无缝连接,为基于健康医学的预防、康复、调养、保健方案制订提供支撑。"横向跨域"实现个人健康档案与大数据综合平台的互联、共享、协同处理,利用大数据技术分析居民健康档案数据,加强居民健康监测和评价,提供针对性的健康教育,探索遗传性疾病等科研应用实现对国民健康档案的全生命周期动态多维管理,构建全局性医疗数据质量跟踪和管理机制。另外,2017年4月,苏州市人民政府办公室印发的《苏州市"十三五"卫生与健康规划》指出:苏州市"十二五"期间积极实施全民健康促进,全市累计建成健康主题公园50个,健康步道178条,健康教育园75个,形成了覆盖城乡的健康教育场景体系。

综上所述,中国城市社区健康教育与健康促进工作规划框架已形成。其主要内容包括:力求使健康教育与健康促进工作具备"地区居前列,全国有地位,国际有影响"的管理格局;具备两级政府领导、两级管理、三级服务,卫生部门实施、居委会参与的齐抓共管的组织网络格局;具备面向社区和家庭,广泛和积极开展系统化和综合性的,以服务全体城市社区居民为目的的服务网络格局;具备能系统培养医学教育人才,以家庭健康教育与健康促进为切入口,实施家庭健康教育与健康促进制度,提高全民生活质量和生命质量的社区卫生服务纵深发展格局;启动纵向和横向的健康教育与健康促进的信息网络,全面提高健康教育与健康促进信息现代化的现代管理格局。由此可见,健康教育正从过去使公众知识、态度与行为改变的单一模式转变到同时考虑倡导公共卫生政策,改善卫生服务与健康产品供应,多部门协同作战的健康促进活动[1],前途充满作为,普惠民众深远。

---

〔1〕 安力彬,郑昊.中国健康教育与健康促进发展现状与对策[J].现代预防医学,2008,35(21).

后 记

凡是过去,皆为序章。一座城市蕴含着丰富的自然资源、人力资源、智力资源、文化资源、社区资源,等等。在推进学习型城市建设中,充分发挥社会在学习资源供给上的想象力,将如此丰富的资源置于终身学习立交桥所能联通的维度和所能融汇的广度之中,相信一定能够有效提升学习资源挖掘和利用的可持续性,获得社会各方面的联系和支持,使各利益相关者切实认识到学习型城市建设的价值,并找到自身追求和奋斗的方向。

幸福都是奋斗出来的,实现梦想,必须脚踏实地,一步一个脚印向前迈进。时代赋予了开放大学全新的使命担当和社会责任。教育和科技的深度、跨界融合,推动了"学习的革命",催生了"互联网+教育"新业态,愈发要求开放大学在终身教育体系中发挥重要的角色作用,在与传统校园教育的"错位发展"中探索技术与教育深度融合的教育模式,在区域经济社会发展的坐标中谋划和设计可为之道,不断提高办学的导向力、引领力、维系力,真正办好"老百姓身边的大学"。

有必要说明的是,此书的撰写过程和出版凝聚了许多人的心血,他们也是作者。苏州职业大学曹毓民校长和陶亦亦副校长为本书的框架结构提出了好点子。苏州开放大学戴涵莘、杨立群、俞渊、任侃侠、李琦、薛铭、高觐悦等同仁开展了务实求真的工作实践和创新。国家开放大学王硕、江苏开放大学吴进、省委党校孙华、市委党校施明、市教育局屠家洵、市民政局胡跃忠、市公安局刘旸、市卫计委周红、市红十字会张献忠、团市委万利、市会议中心杨羽、中国创意产业联盟丁铖等专家学者提供了丰富多元的教育资源对接。因此,我的江苏省终身教育研究会课题项目"苏州开放大学为全民学习服务的模式研究"(编号17SZJB019)作为阶段性研究成果已不完全属于我个体的劳动,而是许多同仁、专家、学者支持和帮助的结果,我把本书的出版看作是对各位同仁、专家、学者表达谢意的方式。同时,感谢苏州大学出版社坚持以学术为重,热情地支持本书出版。

  书是写尽,又写不全的。完成的是一个阶段的小结,尽的是出版时的相对完整,写不全的是认识的深化没有穷尽。由于水平和时间所限,撰写过程中错误和疏漏在所难免,会留有种种遗憾。能弥补这种遗憾,只能恳请读者的批评指正了。我殷切地期待着。

  最后,值此改革开放四十周年之际,谨以此书向投身全民终身教育事业的同志们致敬!

吴 隽

2018 年 2 月于天风楼